古代地中海の聖域と社会

Sanctuaries in the Ancient Mediterranean World

Edited by Satoshi URANO

浦野聡 編

勉誠出版

はしがき

本書は、二〇一四年六月、立教大学において開催された日本西洋史学会六四回大会小シンポジウム「古代地中海世界における聖域と社会」の報告者、司会者を中心に、それぞれがその後の研究の進展を踏まえて稿を整え、足りないヘレニズム時代についてラザフォードさんの寄稿と竹尾美里さんの労訳業を得ながら一書となしたものである。

序章においてその一端を示そうとしたように、古代地中海世界は、ひとつの世界として人類史上、前例のない規模で高度な文化と複雑な社会経済関係が発展することを許し、宗教やひとびとの信仰を多様な方向に展開させた世界であった。「宗教の闘技場」にもたとえられるこの世界を、同じユーラシア大陸の西半分で展開したオリエント世界と一続きのものととらえれば（実際、かなり重なっている）、そこには、やがてキリスト教とイスラム教という、いわゆる「三大世界宗教」のふたつが拮抗する中世世界が育っていくことになる。

古代地中海世界に残るひとびとの宗教的実践や信仰の多様な痕跡は、多彩な文献・記録史料や考古・美術資料に残り、それらの宗教現象は、これまでさまざまに論じられてきた。関連書物や研究論文も、内外で枚挙にいとまがない。そうした中、そこで宗教祭儀が執り行われ、やがて信仰告白の言葉が発せられるようになる「聖域」という場＝空間に注目してみたら、中世世界を準備した古代地中海の豊かな宗教現象に対する見方に、何か新しい地平が開けるのではないかという期待が、先のシンポジウム企画の背景にはあった。キリスト教・イスラム教・仏教といった世界宗教がひとびとの心や思考を支配するようになる以前、ひとびとはどこで何を感じ、考え、信じていたのか。また、どのような場で、安心を求める反復行為としての「祭儀」を超え、「信仰」の名に値する言語的・内省的精神活動を生みだしてきたのか。「聖域」空間に注目した本書は、ギリシア・ローマの政治や社会にも説きおよび、いわば「社会空間の精神史」の試みとなることを目指している。

各著者によりアプローチはさまざまである。上野論文や田中論文のように、特定の時代を切り取り、その中における社会と「聖域」の構造的動態を読み取ろうとする論考があれば、奈良澤論文や中川論文のような、社会＝「聖域」関係の通時的動態に注目する論考もある。師尾論文や藤井論文のように、「聖域」をめぐるいくつかの重要な社会現象を史料に寄り添いながら丹念に跡付けようとする論考、ラザフォード論文のように、「聖域」を媒介とした社会関係の骨組みを理論的に明らかにしようとする論考、さらに、定点観測による視線の一貫性に価値を見出すそれから、概観の見通しのよさを尊しとするそれまで、実にバラエティに富む。構成は、古典期のアテナイを中心とするギリシアから始まり（Ⅰ）、ヘレニズム時代のギリシア・エーゲ海域（Ⅱ）、ローマ共和政時代から帝政時代にかけてのイタリアと帝国東部（Ⅲ）が続き、最後に、古代末期以降ビザンツ時代までの東西ローマ帝国（Ⅳ）で結ぶ、という類書の伝統に則った配列を取り、全体として、幅広い時代と地域を扱うよう配慮している。加えて、編者が担当した序章では、「聖域」の起源までも視野に入れ、さらに大きな時間軸の中で古代地中海世界の「聖域」がどのように位置づけられうるかということについて仮説的な見通しも示した。

その一方で、巻末に掲げた地図をご覧になればお分かりいただけるとおり、広大な地中海世界のこと、扱う地域に偏りが出るのは不可避であり、本書全体を通じて、エジプトの大半とキレナイカ（東リビア）を除く東地中海地域が一大焦点になっている。西ではアフリカ（チュニジア、アルジェリア）とヒスパニア（スペイン）、北フランスとブリタニアに論及されず、イタリアはローマ近郊の一聖域、ガリア（フランス）も南フランスに記述が限られる。これは、ギリシア・小アジア・シリアと島嶼部、ローマ近郊と南仏以外の地域が取り上げるに値しないからというわけでは決してないが、だからといって、扱う地域が、著者たちの都合によって恣意的に選ばれているというわけでもない。さして数多くない日本の西洋古代史研究者には、時代ごと、古代地中海世界の姿をよく知りうる地域を研究の対象にしようという意識は強く、世界の学界における研究のトレンドに鋭敏に反応して、「聖域」の展開にしかるべき意義を認めうる地域を慎重に選んだ結果とお考えいただきたい。今ここで一般的にのみ述べておくなら、各論考は、「聖域」をめぐる重要な社会現象や社会的諸関係を知りうるための史資料、特に重要なそれらが多く残されたところの「聖域」を論及の対象に選んでいる。そうした現存史資料の多さにこそ、それらの「聖域」をめぐって古代特有の宗教的社会現象や社会関係が活発に形成された事実が反映されている、と編者は理解している。

＊

さて、以上が本書についてあらかじめ述べておくべきと思われるはしがきだが、編集作業にもめどが立ってきたころ、勉誠出版編集部の豊岡愛美さんから、ひとつの要請をいただいた。地中海世界の神々と聖域に比較的なじみのない読者の方々が、本書ではじめて出会う様々な神格や聖域について、本書の各著者が種々の理由で十分な説明を与えていない場合、どのようにしてそれらを調べたらよいのか、事例を挙げて具体的に示してほしいというのである。なるほど、本書は、研究の最前線にいる我が国有数の若手研究者からの寄稿を中心に編んだ専門論集であるから、それらの点の説明はややもすれば不親切であろう。また、幼いころからギリシア・ローマ神話や英雄伝になじんでいる欧米の読者ならまだしも、我が国の若い学生諸君がゼウスの聖域だ、アルテミスの神殿だと言われて、ピンとこない可能性は多分にある。本書を手にしてくださる読者の方々は、もちろんギリシア・ローマの神話や宗教に多少なりとも興味をお持ちのみなさんであろうから、すべての神々や聖域について説明は煩瑣に過ぎようが、少しだけ神話などに興味を持った若い読者の方々なら、ひとつ例を挙げてみるだけで理解や興味の持たれ方も違ってくるかもしれない。そこで、試しに、本書のいくつかの論文に現れる「アポローン」とその「聖域」について、学生諸君が最も慣れ親しみ、真っ先に検索するであろうインターネット事典、ウィキペディアに当たってみた。

この事典は、特に英語のページが、読者の多さも反映して充実していることが知られているが、まず、最初にアクセスするであろうその日本語のページで検索してみる。そこでは、アポローン（アポロンで検索するとアポローンの項目に移動してくれる）が、ゼウスを父、レトを母とし、アルテミスを双子の姉妹とするオリンポス一二神の一柱であり、詩歌の神、羊飼いの守護神、疫病と治癒の神であると同時に、予言の神でもあることが述べられる。この最後の情報は、本書で、「アポローンの神託（所）」に言及されるとき、あらかじめ知っておくと理解の助けとなる重要なそれである。予言の神であるからこそ、ギリシアの共同体や人々は、自らの未来の運命についてアポローンに尋ね（ることが多かっ）たのである。この項目は、引き続き、信仰の起源についての様々な学説、属性、神話におけるエピソードなどを一通り取り上げてから、「信仰」の項で、代表的な聖域としてデルポイの神託所と聖域にまつわるエピソードを挙げ、そこで行われるピュティア大祭について説明し、そのほかの代表的聖域としてデロス島のアポローン聖域、ディディマのそれがあることに触れて、主要な解説を終える。なかなか行き届いた事項解説というべきで、各地の高名な聖域についても触れ、ピュティア大祭がギリシアの各国からひとびとを集めたことや諸国の親善に寄与したことなどにも触れていて要を得ている。取り立てて目くじらを立てるような過不足はないといえるであろう。ただ、読者の興味が、なぜ、デルポイ、デロス、ディディマのアポローン聖域がとりわけひとびとの崇拝を集めたのか、という点に及ぶとき、そこから得られる情報は多くない（デロスについてのみ、アポローンの生誕地とされた、との短い解説が付く）。また、アポローン以外の神々からは神託は得られなかったのか、あるいは他の神々の祭礼との関係はどのようなものであったかなど、関心が拡がれば拡がるほど、事項解説という事典の弱点が露呈する。少なくとも、この項目の日本語版の作成に携わったひとたちは、日本人向けにはそこまで説明する必要なし、と判断したようである。

それでは、英文のページはどうであろうか。やはり書き出しからして力の籠もり方が違う。ギリシア語の様々な方言での表記の違いを列挙しつつ、「オリンポスの神々のうちで最も重要で複雑な神のひとつ」と述べて始める。説明事項が詳細に及ぶことの予告であるが、実際記述は長大で、アポローンの性格や添え名を延々と網羅し、起源についてもその多元的な性格を微細に述べていく。本書に関係ある神託や祭儀、聖域についても、一三の神託所と二六の神殿を列挙し、それぞれに短いコメントをつける。神殿については、プラン上の発展が論じられるため、平面図が付されたものすらある。それぞれの所在の地名にはリンクが張られているから、さらに詳しく知りたい方は、クリックしさえすれば、そちらに転送される。アポローンにまつわる神話についての詳細なリストが続いた最後には、一九四三年から二〇〇五年までの一六冊の代表的研究が参考文献として挙げられる。全体では、二〇〇近い出典註が施されている。

日本語のページをはるかに上回る豊富な情報量だが、まず日本語の項目を読み、さらに関心を深めて、上に述べたような疑問を持った人の役に立つであろうか。確かに、重要な情報はある。デロスのアポローンとデルポイのアポローンは来歴が異なり、ひとつの都市にそれぞれを起源とするふたつのアポローン聖域が並び立つ場合があったということや、上記三つの高名な神託所のほかにもクラロスやパタラなどひとびとを集めた神託所が小アジアにあり、デロスでは夏に神託が発せられたのに対し、デロスからアポローンが最初に移ったとされるパタラでは冬に発せられたといったようなことである。しかし、その一方、そうしたアポローン自身にまつわる由緒ある神託所のほかにも、トロイア戦争でコリントスに捕虜として連れてこられたひとびとがテネアという都市内集落を形成し、そこでアポローン・テネアトスとして祀った聖域が神託所となった、というような、さらに初学者を混乱させそうな来歴を持つ神託所も挙げられている。また、本書の序章で、編者が名前だけ言及しているアポローン・ライルベーノスの聖域などは、実際に訪れてみると、マイアンドロス川を見下ろすなかなか立派な神殿だが、そのようなローカルな聖域は、二六の神殿リストには取り上げられていない。すなわち、地中海世界にアポローンの神殿・聖域は、あまりに数多く、いかに情報を充実させようが、事典の事項で網羅的に列挙・解説することは不可能な一方、挙げている聖域も、なぜそこが取り上げられるのか説明がないため、結局、読者は、全体像がつかめず、かえって途方に暮れることになる。長大であるからこそ分かりにくい。不特定多数の匿名編纂者によって事項が執筆されることとの宿命であると同時に、欠点であろう。

編者は、読者のみなさんに、本書で扱われる聖域や神格について、ある程度事典等で調べることはもちろんお奨めするが、どのような事典に当たっても、十分な予備知識が得られるというわけではなく、またその必要もないということを、あらかじめお伝えしておきたい。おそらく、古代地中海世界の神々や聖域は、古代日本の神々や聖域よりもはるかに理解しにくく、十分な予備知識を得たいと考えてもきりがない。日本の場合、神話的出典は、『古事記』や『日本書紀』に限られ、したがって、あらかじめ得られる予備知識も、調べさえすれば、異論の余地のない程度に充実したものになりうるだろう。それに対し、古代地中海世界の場合、神話的出典は、ホメロスの『イーリアス』や『オデュッセイア』、ヘシオドスの『神統記』のような、高校の教科書にも取り上げられる作品に限られるわけではなく、ホメロス外伝にあたるような後代の文学作品や演劇、詩が多数残されており、それらの記述相互に齟齬や矛盾もある。遺跡になって残っている聖域の数は、あまりに多く、祀られている神格を特定できない場合も少なくない。つまり、古代地中海世界の聖域や宗教現象は、どれだけ解明が進んだところで、なお多くの謎に満ちており、それゆえにこそ、世界中の一流の学者たちが興味を覚え、様々な方法を使ってそれらの解明に尽くしている。教科書的な記述には乗りにくく、最低限必要な予備的情報といっても、ウィキペディアの日本語ページに示された程度のそれしかないと言っておくのが誠実なところであろう。

研究という作業には、終わりも完成もなく、ひとつの謎を解明すれば、また新たな別の謎を生む。それは、永遠に in progress だが、しかし、日々進展していることは確実であり、そうした進展の一端をお見せしたいというのが本書の意図である。いま、こうして一書に結実したところから読者諸賢が何を得てくださるか、容易に予想できぬところながら、人間の行動や思考に、宗教が極めて強い影響を与えていた古代という時代ならではの宗教的諸現象に、多様なアプローチや多彩な問題発見のきっかけが潜んでいるということを知っていただければ、と思う。上にお名前を挙げた豊岡さんをはじめとして、シンポジウムで司会を務めてくださった法政大学の後藤篤子さん、青山学院大学の阪本浩さん、中央大学他の志内一興さんら、執筆者一同、お礼を申し上げなければならない方々は数多い。シンポジウムからはじまり、本書の上梓に関わってくださったすべての皆さんに心からの感謝をささげる。

編者記す

目次

古代地中海の聖域と社会

序章　古代地中海聖域の精神的・身体的トポグラフィー

浦野　聡

一　聖域の起源

古代の地中海世界には、人の住むところはもちろん、人跡疎らなところにも、実に多くの、そして様々な聖域が存在した。そのことは、地中海の古代遺跡を訪れたことのある方ならよくお分かりいただけると思う。ギリシア・ローマ風神殿に特有な基壇や周柱などは、観光の目玉としてかつての偉容をしのばせるべくあちこちで復元されており、学生とともに遺跡巡りをしても、三日も経てば「また神殿ですか」といった顔をされる。「聖域 Sanctuary」と書かれた案内板も、いたるところにみつかる。実際、観光遺跡で「聖域」という場合、神殿に祀られた神格を特定できていなかったり、複数の神格が祀られていたり、比較的広範囲に多様な宗教建築物が群集していたりで、漠然とそのようにしか呼べないという場合が大抵なのだが、古代人が、祭壇や社《やしろ》を設けるなど、儀礼や礼拝を意識して空間を画していた痕跡があれば、そこはいにしえの「聖域」であったとみて間違いない。

そもそも、ひとが、様々な困難への不安から神的な力の存在を着想し、その人智を超えた力に、自らの集団とその子孫の将来を託して厄災の除去を願うことが宗教の本質なら、聖域とは、その願いを神(々)に叶えてもらうための、なんらかの心理的代償行為を繰り広げる場であった。そうした行為は、多くの場合、神(々)の力を表象する象徴物の前で行う祈り・誓い、踊り・歌唱、祭列、物質的犠牲を伴う供物・動物の奉納、身体的犠牲たる苦行・清めといった儀礼行為の諸形態に様式化される。それらは、宗教社会学・人類学的に見れば、人間集団が、危機を克服するに際してかつて示した団結や犠牲、またそれによって得られた安心の記憶を呼び覚ますための行為であったから、(1)やがて特別の意味を持たせた特定の場所で、しばしば定期的に繰り返されるようになっていった。かくして、儀礼のための場所は、人間が暮らす日常世界からも神的力が圧倒する自然世界からも切り離され、この世でもあの世でもない、いわば神々の超越世界への神聖にして犯すべからざる入口と認識されるようになる。小は祠から柵に囲われた祭壇や社、大は石垣の上に置かれ列柱廊や森に囲まれた神殿にいたるまで、だれの目にも明らかなように聖別され、神像や神の属性を示す象徴物で満たされていくのである。聖域の成り立ちは、およそこうしたものであったと理解される。(2)

大規模に営まれた聖域の歴史は古く、人類最古の大規模聖域と推定されている東アナトリアのギョベクリ・テペ(一万二〇〇〇年前)では、長期間、丘陵地のひときわ高い丘に何層にもわたって造営された複数の巨石サークルは、いずれも農耕・牧畜の成立に先んじるものという(写真1)。(3)この聖域は、ガゼル等の野生動物や、野生小麦から作った酒がそこで飲食された痕跡は残すものの、(4)

写真1.　ギョベクリ・テペの聖域

居住された形跡は有さず、近隣に住居跡も発見されていないことから、定住以前のものですらあるらしい。(5) 宗教観念や象徴（物・行為）が誕生し、それに応じて聖域が発展するための前提は、ふたつ考えられる。ひとつには、人類が自らを自然と区別された存在と意識し、何らかの知的・精神的やり方で自然現象と折り合いをつけていこうとするようになること、(6) ふたつには、人類が自らの間でも狭い血縁に限られない大きな社会的結びつきを意識し、同様に知的・精神的やり方で集団を形成・統御するようになることである。もし宗教発生の前提がこうしたものであったなら、聖域の形成もすぐれてひとびとの世界観や人間観の変化という精神的活動にかかわるものということになり、それを設けたひとびと自身の定住がそれに先立ったはずと信じる理由もない。(7) ギョベクリ・テペの、多人数の共同作業を推測させる巨石の列柱、狩猟民に死をもたらす危険な生物（蛇、サソリ、捕食動物等）を繰り返し描いた彫刻意匠、そしてまた祭儀に伴うと思われる共同饗宴の痕跡は、実際、狩猟採集社会ならではの芸術精神と、社会結合の成長を如実に示していよう。

ギョベクリ・テペの聖域がいかなる契機で成立したのか、また、後代にどのような影響を与えたかといったことについては、この遺跡の特異性・孤立性により、不明な点も多い。にもかかわらず、野生種の小麦の原産地に位置するこの聖域が、複数の狩猟採集民集団の邂逅の地点、すなわち、おそらくそれぞれのテリトリーの交点に、相互の協調を確認しあう共同祭祀・饗宴の場として形成されたものであった可能性は高い。また、この聖域の終末期に当たる時期、北方三〇キロメートルに形成された初期農耕集落のネヴァル・チョリで、集落内に巨石列柱のミニチュア版の祭儀施設が作られていることにてらせば、(8) そこでの祭祀の記憶は、ひとびとにその継承を促すだけの心理的な影響力を十分に有していたらしい（図1）。すなわち、聖域の始原を巡っては、文明の形成に先立つ人間の精神構造と社会結合の複雑化（少なくとも、共同の建設作業や共同祭祀・饗宴等を可能にする）が、その誕生と人間社会への定着にきっかけを与えたと考え得るのである。

聖域の起源に関するこうした新たなパースペクティブ――すなわち、聖域は、人間精神の対自然・対人認識における変化が、儀礼行為という人間行動に結実して成立したものであるという――が、こんにちの学界で広く支持を集めつつあるとき、私たちは、その後の聖域においても、その発展の諸相に、人間社会における精神活動と身体活動の相互関係（これを「精神と身体のトポグラフィー」と呼ぼう）の動態をよく看取しうるものと期待してよかろうし、こうした期待は、本書の企画の広い背景をなしている。以下では、本書で扱われる地中海世界における聖域発展の世界史的意義ということに留意しながら、その精神的・物質的（＝身体的）な背景と帰結について概観してみよう。

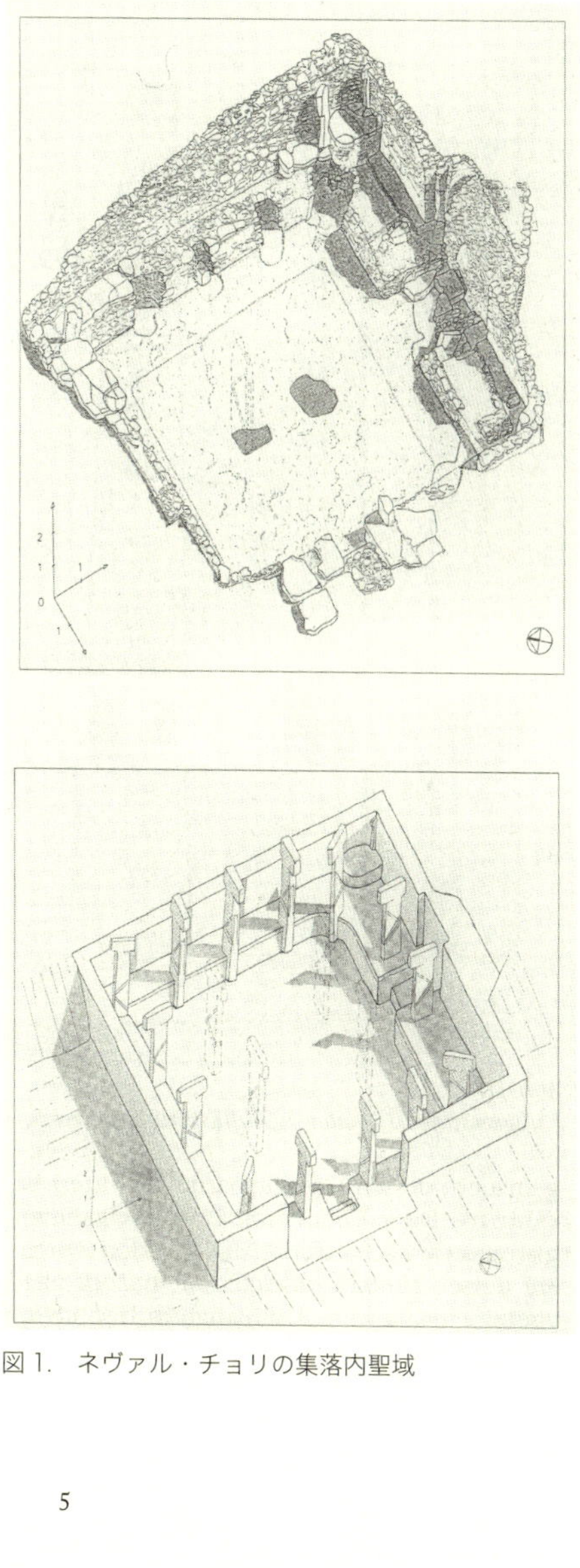

図1.　ネヴァル・チョリの集落内聖域

二　聖域の発展

ギョベクリ・テペの聖域が放棄されてから数千年のうちに、人類は、定住生活という、自然からの独立と幅広い範囲の他者との共存を一層自覚した生活様式を選びとることになる。その一方、農耕・牧畜という、自然環境の精緻なコントロールとニュアンスに富んだ分業・協業を必要とする生業形態を採用し、社会のさらなる複雑化と文明化への道を歩み始めた。それに応じて、人類がいかなる宗教生活を営み、いかなる聖域を形作るようになったかということについては、新石器時代以降、青銅器時代に及ぶ文明の多元的・輻輳的な消長、拡大、交代を物語る証拠も多彩で、とうてい簡潔に述べうるところではない。ただ、新石器時代に続く金石器時代の後期以降、その後の文明化に基礎を与えた、いわゆる「都市革命」の時代には、定住遺跡に、大規模な祭儀施設と解される建築物や空間の痕跡が広く確認されている。すなわち、南メソポタミアのいくつかの有力都市国家のジッグラトや大神殿に典型的に見られるような、建築・装飾技術の粋を尽くした巨大な宗教施設が段丘上にそびえる聖域の痕跡である（写真2）。これら先駆的な聖域が地中海世界の聖域のあり方に与えた影響が、直接的なものであったか否かについては議論の余地もあろうが、定住や農耕・牧畜の開始、都市の形成が、ひとびとの精神と聖域の発展に新たな条件を課したことは間違いなく、以下、とりわけ聖域の隆盛をもたらしたいくつかの要因について簡単に触れておくこととしたい。

写真 2.　ウルの大ジッグラト（前三〇〇〇年期末～前六世紀）

まず指摘すべきは、農耕・牧畜、定住という人類史上の事件――今からおよそ一万～八〇〇〇年前に「肥沃な三日月地帯」で起こり、地中海地域を含む周辺に伝播した――が、富や財の蓄積を生じさせ、ひとびとを特定の場所と環境に縛りつけた点で、人類が社会の軋轢や自然の災厄に直面する恐れを新たな次元に拡張した、ということであろう。移動民と定住民の軋轢、財の分配をめぐる不和、作物に壊滅的被害を及ぼす天変地異、人的資源を大きく損なう疫病等の不安は、人口が増え[9]、フリーライダー（共同生活の責任を果たさず、その果実のみを享受する者たち）を含めた社会集団の規模が大きくなればなるほど、増したと推察される。人類は、そうした災厄からの安心を得るため、独占放棄と互恵的贈与を象徴する初穂の奉納儀礼の形式を発展させ[10]、やがて、知識と技術を独占し特別のカリスマを獲得した者たちの下に、種々の保存可能な奉納物を集めるようになって

写真 3.　ペルガモンのアクロポリス

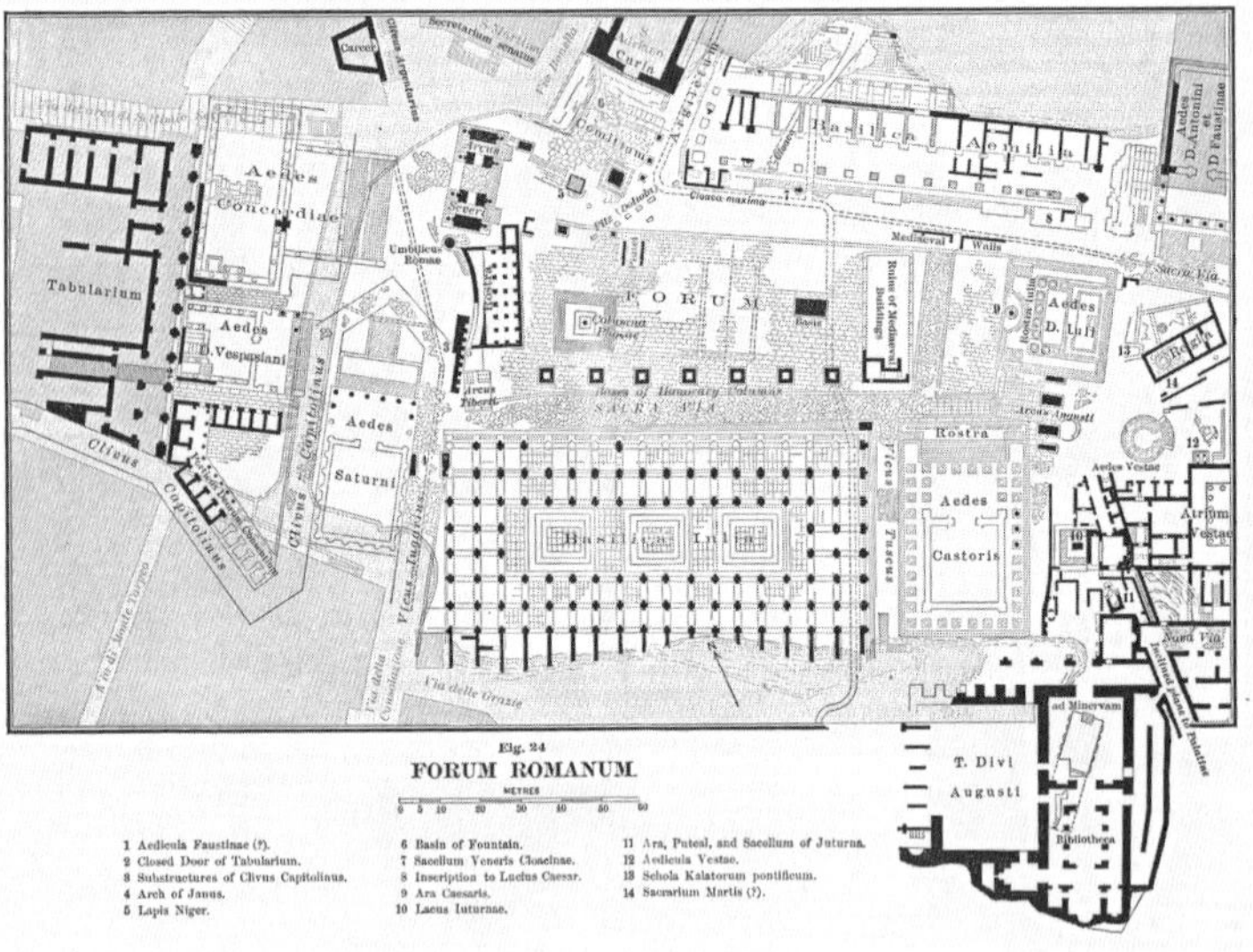

図 2.　フォルム・ロマーヌム

いく。王や神官団、そして国家の成立である。考古学発掘の成果にてらしてみると、保存財産管理のための陶製タグはすでに新石器時代には出現しているが、その使用の痕跡は、祭儀のための公共空間と目される場所において確認されており、神政政治的な権力と財の結合が都市＝国家の開始を告げたことの証左とみなされている。[11] 少なくとも南メソポタミアでは、繰り返し整地され、築き直される段丘上に宗教施設を持つ聖域がまず先に成立し、その周囲に人口を集め都市として発展していった可能性が高いという[12]（六五〇〇〜五〇〇〇年前）。すなわち、聖域の形成という宗教的な発展が、都市の形成という社会的発展に先立っていたと考えられるのである。対自然関係と社会関係をコントロールするための技術、すなわち、とりわけ文字による管理記録を用いた流通と再分配のシステムは、こうしてできた都市をハブとして進化し、その後に成立するいくつもの王国や帝国の存立の基礎となる。そうした統治技術の発展に応じて、聖域は、システムの管理者＝支配者に権威を与え、またその権力を誇示するモニュメンタルな舞台としての性格を獲得していった。地中海世界でも、その面での発展は、ヘレニズム諸王国やローマ帝国の、支配者崇拝を含意する国家祭儀が執り行われる聖域（例えばペルガモンのアクロポリスやローマ市中心部を想起）でひとつの頂点に達することになる（写真3・図2）。

その一方、今ひとつ指摘しておくべきは、都市の聖域が、権力といかに深く結びつき、いかに壮麗に飾り立てられることになろうとも、なお原初的宗教行為の諸形式を、集団の破滅や救済の古い記憶とともに墨守したということである。ブルケルトが博学と豊かな着想をもってあざやかに示したように、オリエントから地中海世界にかけての地域で発展した儀礼や神話は、農耕牧畜や定住がはじまっても、狩猟採集時代に由来するデモンストレーションやアクションのパターンの古層を頑強に保持し、血にまみれた動物犠牲が止むことも、狩猟時代からの荒ぶる神々の神話が忘れ去られることもなかった。(13) 都市が多くの人口を養うようになり、文明的生活がひとびとに不可欠と感じられるようになればなるほど、突然の天候不順やそれによってもたらされる飢餓、あるいは、疫病、地震、社会混乱等は、文明の高みを脅かして人類を野蛮の生活に引き戻しかねない出来事とみなされ、ひとびとの不安を大きくする。ブルケルトによれば、古くはメソポタミアのイナンナ神、ヒッタイトのテリピヌ神やエジプトの太陽神等にまつわる神話として知られ、古代地中海世界を含め、いたるところに残る、神の隠れと連れ戻し・帰還の神話は、そうした不安に際しての人間古来の行動様式を反映しているという。(14) 失われた神を求めて都市を出、探し、取り戻す行為は、ひとびとに荒野や森、洞窟にひそむ神秘の場所を発見させることになったし、そこで執り行ったなんらかの儀礼行為のおかげで危機を逃れることができれば、そこはひとびとの記憶に残る重要な聖域として感謝の祈りや奉納物を捧げる場所になった。(15) 都市の中心から離れた聖域に、都市から定期的に祭列を仕立てて詣でる祭儀の事例は、古代地中海ではいくつも知られている。そうした郊外の聖域の多くは、ギョベクリ・テペのごとき、もともと複数の近隣集落の領域の交点に設けられた共同祭祀場由来で、のちに有力都市の領域に組み込まれた聖域か、あるいは、都市を支える農村領域を神々の支配する自然・野生の領域から区分する、まさにその境界に置かれた聖域であったと推定するのが妥当と思われる。[16] いずれにせよ、近隣共同体との緊張の高まりや害獣との闘い、作物の不作による飢餓といった危機の克服、ないし回避（へのひとびとの願い）と関連して成立した聖域であったといえるだろう。この種の聖域も、古代地中海世界で、有力な聖域類型として存続した。

三　聖域発展の古代地中海的条件

青銅器時代以降の地中海世界の聖域は、およそ以上のような文明社会ならではの前提条件・前史をもって、エジプト、シリア・パレスチナ、小アジアなど地理的にも重なるオリエント世界からの影響を受けつつ、成長を遂げた。[17] とはいえ、ギリシア・ローマ的地中海世界には、聖域を、ほかのどの世界よりも多様で豊かに繁栄させうる独特の要因があった。

そもそも地中海域は、パーセルとホーデンがその記念碑的大著[18]で繰り返し強調して止まないように、私たち日本人にはたやすくイメージしがたいほど、十分に起伏に富んだ地形や地勢、また変わりやすい気候といった断片的で変化に富んだ環境にさらされてきた。とりわけ古代においては、そうした事情に応じて、社会や政治、生産の組織ばかりか、信仰や宗教のあり方も断片化・個別化しやすかった。おのおのの共同体は、独立の政治的統一体＝都市国家・部族として、それぞれの創始・来歴にまつわる伝説・神話を大切にし、互いに神殿や聖域の来歴や格式、壮麗さを競い合ったが、むしろ、そうした競争は、統一権力の下、コミュニケーションの容易になったローマ帝政時代に頂点を迎えたといってよい。都市のアイデンティティーの強さに応じて、その聖域もその数だけ形成されたし、特にローマ帝政期に頂点を迎えたエウェルジェティズムevergetismと呼ばれる、富裕者の都市社会に対する政治的緊張に満ちた恩恵施与行為は[19]、神殿設立・更新を後押しすることもしばしばで、聖域の豪壮さを比類ない水準に押し上げた。

その一方、同じくパーセルとホーデンが再三指摘するように、地中海域の断片化した自然環境にさらされていた諸共同体が、独力で生き抜いていくのは難しい。個々の共同体は、生存のため気候変動リスクに応じた混合農法を採用するにしても、孤立のリスクは高く、必要に応じた資源の交換や移転のため、広範なコミュニケーションや協力関係を築かねばならなかった。ギリシア人はオリンポス一二神を軸とした神話を、おそらくヒッタイトやその他の東方民族の影響を受けて織り上げていったが（早くも前八世紀のアルカイック期には完成していたとみられる）、そうした民族の共通の神話的基盤は、ギリシア人全体のアイデンティティー形成に大きな力を持ったばかりではない[20]。やがて地中海域のさまざまな民族の多神教と習合して（ないし、視点を変えてみれば様々な民族の多神教が自己表現手段としてギリシア・ローマの神話的基盤を採用して）、ともすれば敵愾心や猜疑心から互いに争いあうばかりになりがちの諸共同体を共通の信仰の枠組みの中に結び合わせ、相互の協調関係を促す働きをした。その点で、上に述べた都市間の神格や聖域の格式をめぐる競争は、競合相手の殲滅や従属を目指すという原理主義的性格のそれから、参拝者の数や、王、皇帝、総督といった支配権者たちからの恩寵を競う、いわば実利的競争にとどまったといえる[21]。守護神格同士の類縁関係や系譜に関する創作交じりの伝説が各地で形成され、それに基づく都市同士、あるいは権力者と都市との間のネットワークが生み出されていく。そのような共通の価値観・文化的枠組みの中で、聖域のあり方に関しても、標準化とも呼ぶべき効果が生じ、都市的風景を特徴づけるギリシア風神殿が各地に普及したばかりか、やがてキリスト教の時代になると、教会堂という新しい聖域のあり方が、比較的短期間に爆発的に広まる土壌を準備したものと考えられる。地中海を通じた文化的・宗教的コミュニケーションは、ひとつの文化的・精神的背景を持つ世界を生み出し、ギリシア・ローマ風の特定の聖域様式が、その世界大に伝播していく枠組みを与えたのであった。

このような地中海世界の「競合と協調のネットワーク」の中で各地に叢生した聖域の具体的な様相は本書所収の各論文で個別に詳しく取り上げられるが、以下、多少の重複も覚悟で瞥見するのは、聖域を巡って形成され、キリスト教の出現とともに大きく変化した古代地中海世界のひとびとの精神と身体のトポグラフィーの動態に簡単な見取り図を与えるためである。まず、この世界の政治的・文化的覇者となったギリシアとローマの神々の聖域について見てみよう。

四　ギリシア・ローマ的伝統宗教の聖域

各都市国家（とそれに準じる部族などの共同体）の中心には、都市を守護する主神の聖域と、およびしばしばそれに付随して縁故の深い神格（神々の場合もあれば、半神半人の英雄の場合もある）の聖域が(22)

あった。都市のひとびとは、そこで、神格が、戦争や飢饉、天災など危機をもたらす（した）と信じる場合には、償いや宥めの気持ちから、それらの克服に力を貸す（した）と信じる場合には、期待や感謝の念から、いずれの場合も犠牲を捧げて、それらの神格に対する祭礼を催した。また、事あるごとに神託に神意を伺っては、神的力との関わりの中で辛うじて生かされていると感じている自己の将来の安寧を願いもした。

都市国家の存続にとって重要な祭儀や祈りは、都市の城壁内やその近くばかりでなく、都市の農村領域の辺境の聖域でも行われていた。カリアのストラトニケイア市域のラギナやパナマラ、あるいはヘレニズム時代以降のミレトス市域内のディディマのように、毎年、行列を仕立ててそこに赴き、祀られた神格に犠牲と祭礼を捧げることで、自らの支配領域の安全を願うための聖域があった。また、都市の国家的宗教生活という点からは、はるか都市外の聖域も見逃せない。神託所としての名声を博したデルフォイ、ドドナ、クラロスの聖域や、汎ギリシア的祭儀を主催するオリンピアのゼウスとヘラの聖域、イストミアのポセイドンの聖域など、有力都市の影響からある程度逃れていたために国際的な性格を獲得して、各地からひとびとを集めた聖域であり、しばしば各都市の政治的命運や国際的地位を左右した。広く高名でなくとも、伝説や神話にまつわる故地や、あるいは古代の当時ですら由緒の定かでなくなっていた場所にさえ、河川や泉、森林や山岳、岬や島、洞穴や岩等をそもそもの崇拝の対象物として祭儀や礼拝、祈願が行われ、社や神殿、またその周辺に聖域が設けられた。(23) 神木や初穂、動物を神々に捧げるため、都市城壁内外の神殿に帰属せしめられた森

写真4.　ディディマのアポローン神殿

林や耕地なども聖域に属した。

都市の公式祭儀や祈りに際しては、名望を持つ、ないしは、持ちたいと望む富裕者が、祭礼を司る神官職を公職のひとつとして務め、祭礼の費用を負担する一方、市民たちはそれぞれに祭礼団体や性別団体、年齢別団体を作って祭儀に参加した。聖域での儀礼行為が、国家成員の公的生活に結びつくことは、古代の諸世界では特に珍しくなかったが、神官団が専門職化することなく市民の中から選ばれていたことは、民主政や寡頭的共和政が主たる政体であった古代地中海世界の都市ならではの特質といえよう。こうした特質は、聖域とそこでの祭儀を、不断の政治的・社会的圧力にさらすことになる。やがてローマ帝国の支配が定着すると、抜け目のない名望家は、例えばカリア（現トルコ南西部）のアフロディシアスの名望家たちがそうしたように、ローマとの関係を強調し、聖域を整美することで祭儀の格式を高める一方[24]、皇帝権力という上級権力のて入れが、とりわけ、格式の高い聖域と祭礼をさらに大きく壮麗なものとしていった。こんにち地中海域各地に残る神殿遺構の大多数はローマ時代に作られたものと言ってよく、未完に終わったとはいえ、サルデスのアルテミス神殿やディディマのアポローン神殿などは、ローマ帝政期の大聖域の規模や壮麗さをよく偲ばせてくれる（写真4）。都市の聖域は、このようにして、キリスト教が国教の地位を獲得するまで、時にはその後でさえ、ひとびとの公的生活の中で、政治的・社会的動向を鋭敏に反映しながら、中心的地位を占め続けていた。

都市のひとびとの関心が、それほどまでに強く聖域とそこでの祭儀に向かっていたのは、そもそも、地中海各地に集住や植民などを通じて作られていった都市というひとびとの容れ物そのものが、広い意味での聖域であったからだろう。いくつかの都市の創建神話や伝説は、占いや神託に諮りながら念入りに場所を選び、真剣な儀式と儀礼をもって都市空間を聖別したことを伝えている。[25] その後も、市民たちは都市の永続と繁栄を願って、創建にまつわる伝説上の出来事や創建者を記念し、都市創建という聖なる出来事を祭儀の形で毎年再演することで、都市空間の安全とそ（こで）の生命力の再生を図った。これらの創建記念祭事は都市主神の祭儀と一致する場合もあったが、都市内外の伝説の場所で創建者を祀る聖域を生む場合もあった。いずれにせよ、それらの祭儀は、そのほかの数々の祭儀とともに都市の祭事暦に組み込まれ、ひとびとにとって平凡な日常にアクセントを与える楽しみの機会となっていく。すなわち、とりわけローマ帝政期以降、神官やそのほかの公職を競って求めた都市上層民のエウェルジェティズムが、神殿のみならず、劇場や競技場、柱廊や広場など様々な都市的アメニティーを充実させ、祭儀に際し、それらの施設を用いて行われる競技会や演劇、饗宴、行進等にも潤沢な資金を提供することになったからである。

都市内の様々な祭儀に関係する公共施設は、こうして、濃淡はありつつも、いずれも一種の聖域性を持つ場所として、市民の社会生活にとり、欠くべからざる社交の場になった。それら聖域性を持った建物は、都市内外の人通りのある場所や神秘的な伝説の場所にあって都市のランドマークとして機能し、ひとびとの移動や居住の在り方も規定する空間になる。(26) その一方、都市の農村領域まで含んだ都市空間それ自体が聖域としての性格を持ったのなら、城壁（その外には死者の穢れを忌んで墓地を設けることが多かった）によって邪悪で危険な外界から一層慎重に保護されていた市内の要所や家々も、それぞれに聖別して守られるべき場所となった、というのは判りやすい道理であろう。聖域に通じる道、四辻、街区の境界、ヘスティアやラレースと呼ばれる家の守り神を祀る祭壇や竈、食卓など、都市内・家内の随所に聖性・宗教性は結晶化していた。ひとびとはそここで、街区や家内の安全を願って神格への奉納を行うのみならず、自らのちょっとした幸運も祈った。(27) その反面、これはのちに東方の影響を受けてのことと考えられているが、(28) 他者に不幸をもたらす呪詛板は、霊験があると信じられた特定の神像の足元や市壁外の墓地にある早世者の墓に埋められたり、神聖な泉に投げ入れられるばかりでなく、まさに家内信仰の裏返しで、呪詛の対象となるひとの家の戸口に打ち付けられたり、敷居に埋められたりした。(29) そのように古代人の生活は、公私ともに、随所の聖域で営まれる宗教的行為とともにあったといえる。

五　外来宗教と聖域

ギリシア・ローマの伝統宗教以外の宗教が、先進地域である東方から盛んに流入し、幅広い信者を得て発展を遂げたということも、古代地中海世界ならではの特徴である。もちろんその中には、遠くペルシアやメソポタミアは言うに及ばず、小アジア、シリア、パレスティナ、エジプトといった地中海世界を構成する諸地域発祥の宗教も含まれていた。ギリシア・ローマ時代は、きわめて数多くの個人名が文学作品や碑文、パピルスに残されたことからもわかるように、個人主義が芽生え、その浸透度は、史上空前に発達した時代であった。地中海世界の競合と協調のネットワークは、共同体間のみならず、商取引や留学・求職活動、裁判・請願、使節などのために移動する個人同士の間にも形成されたから、ひとびとの間に、他者と異なる私的・個人的な信仰への欲求が生じたのも自然の成り行きであったといえる。そうしたひとびとの信仰への期待にとりわけよくこたえ、価値観を共有する信徒仲間同士の社会的結びつきを生むことになったのが、伝統的ギリシア・ローマの神々の宗教というより、東方宗教であった、ということであろう。(30)

エジプトのイシス神が前六世紀のアテネで、小アジアのマグナ・マーテル（キュベレ）が前三世紀のローマで、それぞれ崇拝されていたことから明らかなように、外来宗教は、かなり早くからギリシア人やローマ人に受け入れられていた。その後、とりわけローマの平和の下に現れた国際的で世界市民的な時代相は、都市国家や家族といった既存の社会結合の枠組みに即した精神的拘束を薄

写真5.　ペルガモンの「赤のホール」（二世紀初、エジプト諸神のために建てられたと考えられている）

れさせると同時に、個々人の心を捉える東方宗教や東方諸神の信仰を一層社会に浸透させ、そのことが聖域のあり方にも新しい展開をもたらす。すなわち、各地の市壁内では、船乗りの神・婚姻と結合の神として知られるようになったイシス神崇拝者たちが、商業用広場に大きな礼拝施設を設けたり（写真5）[31]、ミトラ教やキリスト教の信者たちが民家を礼拝施設に転用したりする（図3）[32]一方、郊外ではとくにキリスト教徒の間で殉教者の墓の周囲が、礼拝のための聖域空間となっていったのである。

個人の帰依に基礎を置く東方宗教は、限られた数の入信者の密儀宗教といった性格を多かれ少なかれ有し、密儀のための閉鎖的な聖域空間を必要としていたから、民家は礼拝や集会の場所とされるのにむしろふさわしく、またとくに迫害を受けたキリスト教の場合、殉教者の墓の周りには屋根

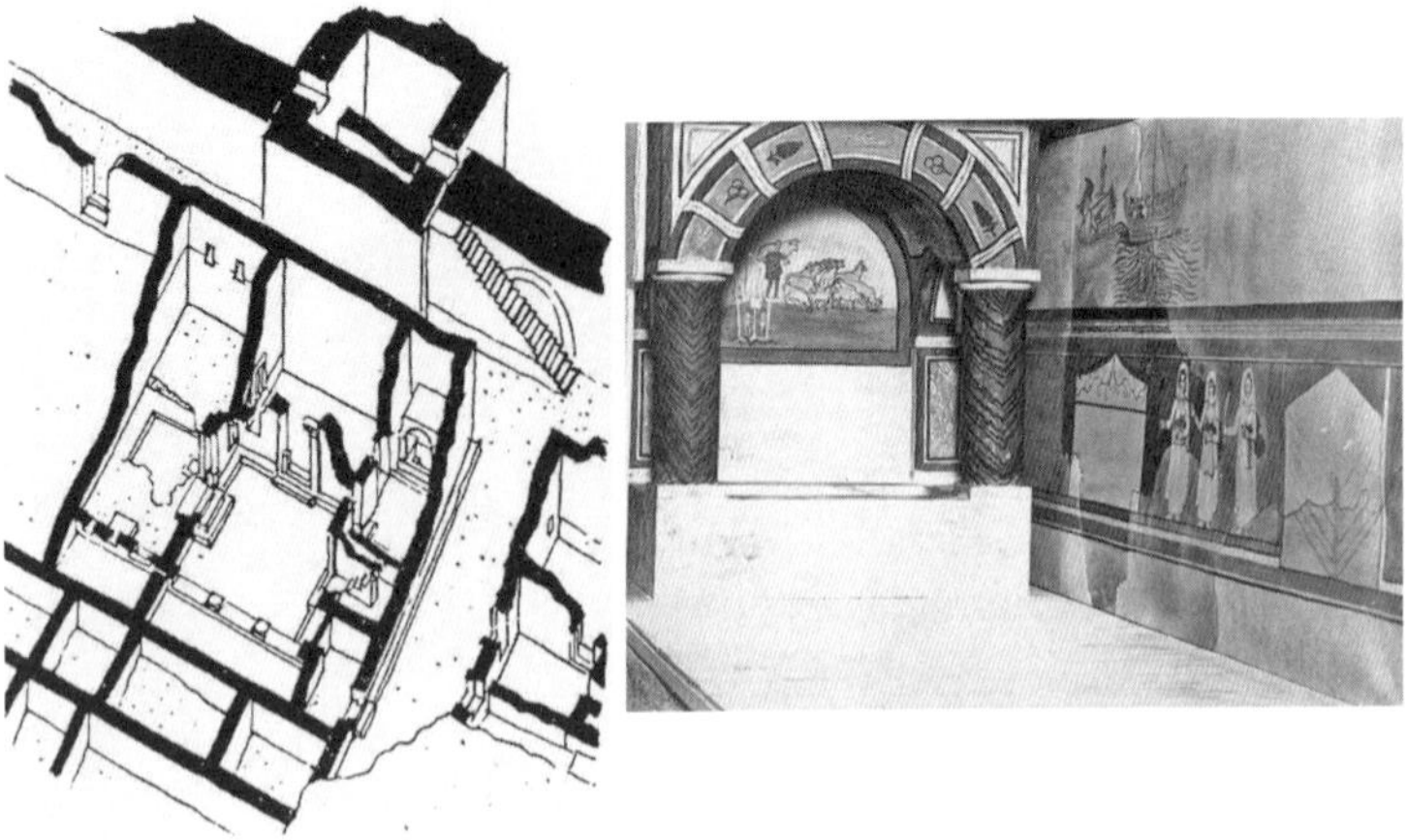

図3.　初期のキリスト教礼拝施設（ドゥラ＝エウロポス、三世紀前半）

がかけられ、後の聖域空間としての教会堂や聖人廟堂の、過渡的原型のひとつになった。[33] キリスト教の教会堂や廟堂の内部には、聖書の場面やキリスト、聖母、使徒、聖人の姿が描かれ、典礼に参加する信者に対して、教義や教訓を視覚面から教育する役割を果たした。古代の教会では聖書の朗読や説教が大きな位置を占めたから、堂内の設えや装飾は、単に荘厳な雰囲気を醸し出し畏敬の念を起こさせるだけでなく、言葉によって伝えられる教えを、印象的に信者の心に刻み付けるのを助けたであろう。

　唯一神と普遍愛という原理、救済に向けての予定的な教義体系を持つキリスト教が支配的宗教の地位を占める時代になっても、超自然的な神や聖人の力が、荒々しい自然との関係で意識され、畏敬されたことに変わりはない。教会や修道院は、司教座を中心とした市域や聖人墓周辺の城壁外にばかりでなく、わざわざ荒涼たる砂漠や険しい山間を選んで建てられていった。二心ない信仰の高みを目指すひとびとが世俗から離れて禁欲に身をゆだね、道を修めるためであったのが一番の理由だが、山間や荒野にあったかつての異教の聖域への接近を禁じる形で教会が建てられることもあった。それは異教の神々に象徴される自然の力を人間の容易にコントロールしかねる魔力と見、神や、聖職者たちの力を借りてそれを抑えつけたいというキリスト教徒たちの恐れと切望の表れでもあっただろう。ただし、キリスト教の聖域は、それが教会堂や修道院である限り、あくまでも聖職者に管理される閉じられた空間であり、柱頭聖人（禁欲修行のため、柱の上に起居する宗教の達人）のようなスペクタクルな見ものの周りにひとびとが集い祈る場合でさえ、そこで示されたのは、信仰上の模範的姿であって、毎週のミサで聖書の言葉や説教としてとして与えられる、信徒にふさわしい生活を送るための倫理的なメッセージと同根のものであった。

オリエントの国家宗教・聖域の系譜を引き継ぎ、地中海世界のひとびとの精神・思考・行動様式を規定してきたギリシア・ローマ古来の宗教と聖域が、いつ、いかにしてキリスト教という、同様にオリエントに起源は持ちつつも、隣人愛の倫理と貧者への慈善に強い関心を持つ啓典宗教・入信宗教とその聖域＝教会に取って代わられたかという点については、容易につまびらかにしえない。最近三〇年でも、レーン＝フォックスが三世紀の半ば以前の社会のあり方に大きな転換点を見る(34)一方で、ヴェーヌはコンスタンティーヌス帝による国家的肩入れに画期を見出す(35)など、研究者の間でも見解は分かれているが、これは、古代において宗教別人口などの統計がない以上、永遠に答えを得ることのない問いであろう。とはいえ、私たちは、次のことは確実に言いうる。すなわち、古来の聖域に対するひとびとの利害関心は、三世紀半ば以降急速に失われる一方、[36] キリスト教国教化以降には確実に、各地に教会堂が多数作られるようになったということである。どうやら、聖域は、三世紀後半から四世紀にかけての時期、儀礼行為というアクションパターンの繰り返しにより、ひとびとが自らの不安を除去し、社会的連帯を確認・更新する場であることを止め、啓典にしめされた神の言葉や、信仰の達人である聖職者の言葉に導かれて、ひとびとが倫理的価値観の共有を確認し、魂の慰めを得る場へと、大きくその本質を変えた、と言えそうである。[37]

筆者は、こうした変化は、先立つ時代、すなわちローマの平和時代の精神世界・物質世界の枠組みの中で、地中海世界のひとびとが、世界観・人間観を、人類史上の事件と呼べるほど大きく変えた結果、起こったものと考えている。宗教と聖域の形成が、定住や都市形成といった社会の変化に先んじていたのは、すでに見たとおりであるから、キリスト教社会への転換が、それを促す政策によって、というより、ひとびとの精神・メンタリティーの変化があってこそ成り立ちえたのだとしてもなんら不思議はないだろう。この導入章を結ぶにあたり、キリスト教の公認や国教化といった顕著な政治的・社会的変化には、それに先立つ精神的転換があったとの想定を念頭に、いかにして精神と社会の中に、ギリシア・ローマ的聖域からキリスト教的聖域への移行が準備されたのか、示唆的と思われる事例に触れつつ簡単に見通しを示してみたい。ローマ帝政期、小アジアのリュディア地方、カタケカウメネと呼ばれる地域に栄えたアクシオッタの神々の聖域における儀礼行為と信仰のあり方を知らせてくれる史料、特に「告白碑文」、ないし「懺悔碑文」として知られる碑文は、一世紀後半から三世紀にかけて小アジアで先駆的に起こったひとびとの精神やメンタリティーの変化をよく示しているように思われる。これまで、この信仰については、碑文学者を中心に論じられてきたが、聖域との関連については、あまり関心を持たれることなく議論が進められてきており、二〇一二年から二〇一五年にかけて現地を訪れる機会を得た筆者は、暫定的ながら、私見を示す責任があるものと自認している。

六　アクシオッタの神々の聖域と「告白碑文」

「告白碑文」ないし「懺悔碑文」とは、小アジアのリディアとフリュギア地方を中心に、一五〇件内外、公刊されている特別な奉納類型の碑文群であり、ここ三〇年来、さまざまな研究者によって論じられてきた。A・ハニオティスによれば、「正義を求める嘆願」と呼ばれる、不当な扱いや不法行為の被害を受けたと申し立てる者が神々に対し誓いを立てて、自らの面目の回復と加害者への天罰を求める呪詛と関連深いものであるという(38)。しかし、それらと決定的に異なってユニークなのは、嘆願・誓願が神意に叶って天罰が下された後、嘆願した者が神々に感謝のために捧げた奉納碑なのではなく、天罰を下された悪行の張本人、あるいは、その者が死んでいたり未成年であったりすれば、その子孫や家族が、神々に告白した罪の内容を記し、懺悔のために捧げた奉納碑である、という点である。嘆願・誓願が偽りに基づくものであった場合（誓いを立てた内容に偽りあり、あるいは、願いが叶えられたのに神に誓った約束の履行を怠った等）にも天罰が下され、その罪が「告白」される事例も少なくないから、嘆願者が碑の奉納主となることもあるが、その場合でも、懺悔の奉納碑であったことに変わりはない。年代を確定しうる限り、一世紀後半のものが最古であり、二世紀から三世紀にかけてその数は増える。

神判を委ねられる神格は、ゼウスやアポローンなど、聖域によって様々だが、アクシオッタの聖域では、小アジアに古くから知られるメン神(39)（および、むしろ、その名の地域的転訛と思われるメス神やメイス神）に個人名や地名が属格で付せられた神、また、同じく個人名や地名が属格で付されたその母メーテル（・アルテミス）神、あるいはアポローン（・ボゼーノス）神などであった。これらの神は、いくつかの告白碑文の冒頭に記されているように、「アクシオッタを支配するメス神は偉大なり！」といった歓呼により称えられるのを常とし、その性質は、厳格この上ない。金銭貸借が関係するような民事の係争案件でも、偽誓に対して下される天罰が発狂や死であったりするし、衣服や石を盗んだ児童や少女にも死がもたらされたりする。懺悔の奉納碑が捧げられるまで、神（々）の怒りは止まなかったから、ひとたび神の怒りの恐怖を覚えると、自らには何ら罪のない、悪行者の子孫や親族も、少なからざる費用をかけて、聖域に碑を奉納したのであった（写真6）。

これまでの研究史の中で、こうした実践については、かつては、ツィンゲルレやペッツル(40)によって、神官団のイニシアティブによる公衆の面前での神聖裁判とみなす見解も出されていたが、最近では、古い神明裁判の伝統に基づく、村落民の素朴な信仰の表れとみる見解が優勢である。ハニオティスやゴードンといった研究者は、顔見知りの村落社会内で、諍いの当事者たちが、村の聖域や神殿の神々に対し、不当行為を行ったと見なす同じ村人に罰が与えられるべく願う嘆願を公にしたと考える。そして、その後の当事者の一方の死などの不幸が、天罰と解釈された上、神官の誘導の助けを借りて、贖いの奉納が促された、とみなすのである[41]。

こうした見解は、宗教社会学や人類学研究の成果も踏まえ、しかるべき妥当性を持つものとして

写真6.　告白碑文
この碑文は、テオドロスという"ジゴロ"が、人妻や未婚女性たち三人との不貞行為のため、盲目にされてしまったので、その罪を告白し、碑を立てることで、罪をゆるされると記す。(Petzl, No.5, 235/6年、シランドゥス、マニサ考古学博物館蔵)

広く受け入れられていると思われるが、いくつか、先験的に前提に基づいている点や、十分な説明を与えていない点があり、それらは、この地域における信仰の本質理解を左右する重要な論点であるので看過できない。何より、この碑文に記された様々な係争の当事者のすべて、ないし大半が、お互いに日々顔をつきあわせている、村落という狭い世界の住民であったということの明白な証拠はない。居住地や係争事件が起こった場所がそれと明示されることは稀で、当事者同士の関係も、親族関係にある場合以外、係争案件をめぐる関わりでしか、言及されることはない。告白碑文の少なからぬ部分を占めている神聖義務違反（不浄な衣服での聖域侵入、神像への不敬行為、神木の切り取り等）に関するそれらでは、告白者の社会的背景は一切分からないし、浴場での不特定の衣服泥棒に対する呪詛から発した告白碑文[42]などは、むしろ、住民が相互の顔を見知らぬ場に集うことの少なくない都市の社会関係を連想させる。すなわち、マイオニア、サイッタイ、コリュダといった近隣都市の住民が告白碑文に登場している可能性は小さくない。[43]

その一方、神格と結びつけて、おそらく村落を指すと思われる土地の名前が示される事例が少なくないのも、また事実である。たとえば、告白碑文の集成を編んだペッツルの番号付けによる三番、六番、五七番（以後、ペッツル三、六、五七番等と略記）の碑文には、それぞれTarsi、Perkos（-n?）、Koresaという、いずれも地名と解される名称が現れ、嘆願先の神格は、「タルシに君臨するメイス・アクシオッテーノス神」、「ペルコス（もしくはペルコン）に君臨するメン・アクシオッテーノス神」、「コレサを支配するがメス・アルテミドルー・アクシオッテーノス神」と称されている。こうした場合、それぞれ村落のメン（メス、メイス）神の神殿が含意されていて、係争の当事者はその村落の住民であった、とアプリオリに見なされる傾向がある。しかし、実は、これらに共通して現れるメン（メス、メイス）・アクシオッテーノス神は、形容詞形のアクシオッテーノスという添え名によってではなく、上述のように、「アクシオッタを支配するメン神」と表現されることがあった。すなわち、アクシオッタもまた地名なのであり、そうなると、アクシオッタと、タルシ、コレサ等の地名が同時に現れるこれらの場合、それらの土地同士の関係も、またそこから示唆される人間同士の社会関係も決して自明なものとはいえないのである。

筆者は、アクシオッタという地名は、形容詞で表現される場合を含め、その言及頻度も高いことから、タルシやコレサといった地名とは一線を画する、メン崇拝が中心的に行われていた特定の聖域の名称であると同時に、いくつもの都市や村落を含む比較的広範な地域（すなわち、おそらく、カタケカウメネ地方）のひとびとのうち、この厳格な神（々）の信仰に帰依し、その聖域に集うひとびとの宗教共同体の、いわば仮想的トポニュムと考えている（すなわち、アクシオッタという地名は特定の政治的統一体や行政区画の名ではなく、メン・アクシオッテーノス神の君臨する聖域に結節点を持つ仮想的王国＝「神の国」ということ）。こうした推定が正しければ、アクシオッタ以外の地名は、事件の起こった場所、ないし、嘆願者と関係の深い場所を示す一方、奉納碑自体は、メン・アクシオッテーノスの聖域に立てられていたということになる。すなわち、アクシオッタという聖域は、単なる個々の村落内にとどまらない、比較的広域の精神的文化圏で社会関係を取り結び、かつ共通の信仰に帰依するひとびとの精神世界の焦点・結節点として現出・機能していたのではあるまいか。

こうした推定は、アクシオッタの名が、告白碑文のコンテクストでは、他の地名に対してより頻繁に現れるにもかかわらず、その他の碑文を含め、特定の地名として現れる例はひとつもないという事実によっても、ある程度支持されよう。しかし、最大の支えは、近年、H・マレーによってメン・アクシオッテーノス神の聖域遺跡ではないかと指摘された遺構それ自体の、グーグル・アースでさえくっきりと確認できるほどの圧倒的な規模の大きさであり、これに匹敵するような大規模な聖域は、この地域でもほかでも見いだせない。深く谷を刻むヘルモス川の河岸段丘上、現在は、マーザダムラル Mağazadamları、パランカヤ Palankaya、ベルトリュジェ Börtlüce と様々な名で呼ばれる集落群[44]を抱く六〇〇メートル×七〇〇メートルにも及ぶ巨大な石灰岩の露頭があり、そこに直径一五〇メートル以上、深さ二メートルはあろうかという真円に近い形の窪みがある（写真7）。また、石灰岩露頭の北東隅のパランカヤには、立派な切石による小さからぬ遺構が現存する（写真8）。南西端は、現在は石灰岩・大理石の石切り場となっている。こうした痕跡が聖域の全体のそれであるとすれば、ほんの一部が予備的表面調査を施されたのみのこの聖域[45]については、まだまだ不明の点が多いといわねばなるまい。しかし、筆者は、本格的な発掘調査を待ちつつも、この聖域には、周辺各地の村落民や、有力な帰依者（例えば、しばしば属格でその名がメン神に付けられているアルテミドーロス）によって、メン神やその母神をはじめとする様々な神格の神像や神殿が奉納された結果、ある種の「万神殿（パンテオン）」が成立し、その総称として「アクシオッタの神々」と呼ばれたと考

写真 7.　マーザダムラルのメン・アクシオッテーノスの聖域

写真 8.　メン・アクシオッテーノスの聖域の北東隅の建築物土台（上部は後代の改変）

える。もちろん、それはあくまで仮説にとどまるが、こうした仮説を前提に考えてみると、土地と神格の関係がこれまであまりよく説明されてこなかった、例えば、ペッツル五七番の解釈も容易になるので、いささか立ち入って見てみよう。

（スッラ紀年）二〇三年、アルテミシオス月六日。アルテミドーロス・キキンナスの娘トロフィメーは、神によって奉仕のために召喚されていたが、迅速にやって来ようとしなかったので、（神は）この女を罰し、狂気に陥らせた。そこで（彼女は）タルシの母神とタルシのアポローン神とコレサを支配するメン・アクシオッテーノス神に嘆願した。そして（神は）碑の上に（神の）怒りを刻み、神々に対する奉仕に自らを登録することを命じた。

この二世紀初頭の告白碑文は、トロフィメーという名の女性によるものであり、彼女の罪とその身に起こった神罰について告白したのち、「タルシの母神」と「タルシのアポローン」、および「コレサを支配するメン・アクシオッテーノス神」に嘆願した結果、碑を立て、神々への奉仕に自らを登録するよう命じられたことを記している。(46) 碑文の上部には、彼女自身と思われる立像レリーフが刻まれている。最終的に碑の建立と奉仕を命じている神は単数で、嘆願先の三神のいずれかと解される（男女不明）一方、最終的に奉仕に登録された対象の神格は複数なので、おそらく三神すべてであったと考えられる。このケースでは、嘆願者である女性は、タルシにまつわる二神を嘆願先として最初に挙げていることから、タルシと関係の深い人物と考えられるが、嘆願先の最後に挙げているメン・アクシオッテーノスの属性としてコレサを支配していることが強調されているので、彼女の住居はコレサにあったのであろう。おそらく彼女は、タルシ出身でコレサの人に嫁いだか、コレサに移住した人物で、正気を失うという神罰に直面したとき、自らの出身にゆかりの母神（像）とアポッローン（像）を救済の求め先に選んだものであった。

ところで、彼女が最初に奉仕を逡巡し、そのために罰を受けることになった神格は、単数の男神であったから（ὑπὸ τοῦ θεοῦ）、これは母神ではなく、タルシのアポローン神か、メン・アクシオッテーノス神ということになる。その際、もしタルシの聖域とアクシオッタの聖域の両者がそれぞれ別々に存在し、嘆願者がタルシの聖域まで赴いてアポローンに対して果たすべき奉仕を怠っていたのなら、「コレサを支配するメン・アクシオッテーノス神」への言及は奇妙である。すなわち、上述のごとくメン・アクシオッテーノスは、タルシにも君臨していたことが知られており、彼女の、とりなしの嘆願も、「タルシを支配するメン・アクシオッテーノス」に対してなされ、タルシの聖域で完結するのが自然と思われるからである。他方、コレサに聖域があり、彼女が、そこに祀られたメン・アクシオッテーノス神に対する奉納を怠ったがため罰を受け、とりなしを出身地に祀られたタルシの二神と居住地コレサのメン神に願ったという可能性は確かにある。しかし、タルシとコレサの同定をめぐる研究者の議論の不確かさにてらせば、むしろ、それらの村落には聖域はなく、彼女が奉仕を怠ったのは、アクシオッタの大聖域にコレサの信者が奉納したメン神像に対してで、その怒りを解くために取りなしを願い出たのが、タルシの信者がアクシオッタの聖域に奉納していた母神とアポローン神の神像に対してであった、とする解釈に分があるものと思われる。すなわち、これまでの研究者は、碑文に現れる地名をそのままその碑文の由来地に当てはめ、その近隣に古代の遺構を探るという作業を行った結果、上で筆者がアクシオッタの大聖域があったと考えるヘルモス川沿いの遺跡を、ある者はコレサ、(47)別の者はタルシと考え、(48)さらに別の者はペレウドスと同定する(49)という奇妙な状況にあるからである。この大聖域を「アクシオッタ」と呼べるかについては異論の余地があろうが、その規模の圧倒的大きさからして、そこが上述のような万神殿と考えることに不都合はなく、われわれのペッツル五七番も、そこに由来したと考えるのが妥当だろう。(50)実際、各地の聖域で、様々な奉納主体による複数の神像があることは珍しいことではなかった。この聖域が、そのような、カタケカウメネ地方の、いかなる都市にも帰属しない、広い地域の信者を集める万神殿(51)として機能したとすれば、今はその由来地もわからなくなっているメン・アクシオッテーノス関連の碑文の多くもこの聖域に由来していたと考えることが可能であろうし、私たちは、ローマ帝政期の聖域の発展にひとつの重要な類型を加えうるのである。

メン・アクシオッテーノス神と関連の神々に宛てられた告白碑文、あるいは、もっと東の地域でゼウス・サバジオスやアポローン・ライルベーノス等の神格に対するそれらも、狭い村落社会内で村落的紐帯を維持すべく機能した宗教実践の存在を物語るものではなく、都市民を含む比較的広い範囲の人々の個人的・集団的な帰依によって成り立つ宗教団体の信仰実践のあり方を示すものであったと筆者は考えている。「罪の告白」という行為が、ハニオティスらの述べるように、古い伝統に基づくものであったという証拠はない。たしかにアクシオッタの石灰岩の露頭に見られる巨大な窪みは、この地域における古い土着宗教の帰依者が残したものであっただろうし、その神々の崇拝はもともと、ストラボンが帝政期以前のポントスやアンティオケイアのメン聖域について伝えるように、強大な権力を握った神官団と多数の神殿奴隷によって支えられたものであったかもしれない。しかしながら、なにより、罪を告白することで神々の力を称え、それを碑文に刻んで公にするという実践は、ローマ帝政期以降にのみ見られる宗教実践であり、そのことの意義はいくら強調してもしすぎることはない。しばしば神々の像や神官と誓願者の像をレリーフや立像に刻み、常に文字によって神の力を証する石碑が聖域に林立する様は、聖域の様相を、それ以前とは劇的に変えたはずであるし、そこから発せられる神々の力の偉大さを称賛するメッセージは、それを目にし、読む者——彼らは、神々を讃える唱和の声[52]も耳にしたに違いないから聞く者でもあった——の心に強く働きかけることになったであろう。ローマの平和は、ひとびとに、狭い都市内・村落内にとどまらない、属州大、ときに属州の枠も超えた複雑な経済関係・社会関係を取り結ばせることになった。そこに生じた多様な価値観・倫理観の交錯は、ひとびとに旧来の共同体宗教の倫理規範を物足りなく感じさせ、アクシオッタの聖域に生まれた新しい普遍倫理的信仰を新鮮で、信ずるに値するものとみなさせた、という可能性は小さくない。

神への奉仕に登録させ、そうなるまでの罪の悔い改めの顚末を碑文に刻ませ、公にさせる、という実践のイニシアティブが、聖域を管理する神官たちの側にあったとしても、そうした信仰を受け入れる精神的・心性的な素地は、すでにこの地方の人々の間に整っていた。写真6にみるように、告白碑文は、文法や用語、修辞などの上で、碑文を刻ませたひとびとの文化水準が高かったことを映し出すものとは決していえないが、貧しいひとびとが素人まがいの造作で刻ませた安価な碑文というわけではなかった。そこには、悔い改めを神々に承認してもらうために、金銭の犠牲も惜しまぬ、信者たちの真摯な信仰心を見て取るべきと思われる。すなわち、要するに、アクシオッタのメン信仰は、古来の共同体的社会秩序維持のための宗教であったというよりは、基本的には個人の集合によって神格の周りに形成された新しい社会的集団の倫理的秩序を厳格に打ち立て、維持しようとする宗教であった可能性が高い。[53] リュディア、フリュギア地方が、比較的早くからキリスト教信仰や、ゼウス・ヒュプシストス信仰という倫理に厳格な一神教の広まった地であることは、すでに研究者の注目を集めているところであったが、[54] それらの信仰と伍しつつ、ひとびとの信仰への内面的期待に応えていこうとすれば、やはり、メン信仰も、信者間の倫理的紐帯を前面に押し出して行かざるをえない。最終的には、東方宗教のひとつながら、ギリシア的弁証の術を踏まえて「愛」の神学を基軸とする洗練された教義体系を持つにいたったキリスト教という唯一神信仰が国家宗教の地位をつかみ、その結果、メン信仰も、ほかの宗教とともに衰退を余儀なくされる。しかし、キリスト教の側でも、アクシオッタの聖域の外縁に、わざわざ教会を築いて、聖域へのひとびとの出入りを禁じるとともに、聖域の神々の「魔力」の発現を妨げようとした。教会堂の遺構は、今、マーザダムラルの小集落の入り口に残っている（写真7）。こうしてローマの平和時代の小アジア、そのうちでも経済的に比較的豊かであり、様々な社会関係のネットワークが構築されたと考えられる地域には、キリスト教以外にも、独特の信仰形態を自己主張し、後にキリスト教徒がその存続や復活を恐れたほどの、新しい倫理宗教の胎動が見られていた。そしてそこに形成された聖域は（今後さらなる研究が待たれるとはいえ）、ひとびとに倫理規範を与える神々の偉大な力と奇跡を明確な碑文テクストの形で伝え発信する実在の物理的空間として、そしてまたおそらくテクストが伝える言語メッセージの力によってそこを訪れたひとびとの心に倫理的よりどころを与える精神的・心理的空間として、のちのキリスト教の教会や聖人霊廟の役割を先取りしている。古代の精神的・身体的トポグラフィーは、かくして、ローマ時代にその様相を確実に変化させていたのであった。

注

（1）　儀礼行為の宗教人類学的性格については、ギリシア宗教史の泰斗、W・ブルケルトの『ギリシアの神話と儀礼』（橋本隆夫訳、リブロポート、一九八五年、七二―七四頁）、A. P. Cohen, *The Symbolic Construction of Community*, Routledge, 1985などを参照。動物行動学の知見を援用するブルケルトにとって、儀礼の（少なくともその一部の）起源は、現生人類誕生にすら先立つものである。

（2）　物質文化の観点から、先史時代の神聖性、とりわけ聖域の痕跡を識別するため、古代ギリシア考古学の大家C. Renfrew, The Archaeology of Religion, in: C. Renfrew and E. B.W. Zubrow (eds.), *The Ancient Mind. Elements of Cognitive Archaeology*, Cambridge UP, 1994, 51–52が提唱した一六の識別指標が、このような聖域

(＝宗教的儀礼行為の場)成立の前提についての考古学者たちの認識を端的に表している。

(3) 狩猟採集時代に、多くの労働力を投下し巨石を加工して造営した聖域が存在したという事実は、それまでの考古学の常識、すなわち、農耕の発生が宗教発展の基礎になったという考え方を覆した。K. Schmidt, Frühneolithische Tempel. Ein Forschungsbericht zum präkeramischen Neolithikum Obermesopotamiens, *Mitteilungen der deutschen Orient-Gesellschaft* 130, Berlin 1998, 17–49; Id., *Sie bauten die ersten Tempel. Das rätselhafte Heiligtum der Steinzeitjäger.* Verlag C.H. Beck, München, 2006; Id., Göbekli Tepe – the Stone Age Sanctuaries. New Results of Ongoing Excavations with a Special Focus on Sculptures and High Reliefs, *Documenta Praehistorica* XXXVII, 2010; 邦語では、三宅裕「西アジアの石器時代――農耕・牧畜と社会の関係」(筑波大学西アジア文明センター編『西アジア文明学への招待』悠書館、二〇一四年、九二―一〇一頁)。

(4) ギョベクリ・テペの聖域形成に際し、野生麦の醸造酒のふるまいを含む饗宴が大きな役割を果たしたであろうことについては、Dietrich, O et al., The Role of Cult and Feasting in the Emergence of Neolithic Communities. New Evidence from Göbekli Tepe, South Eastern Turkey, *Antiquity* 86, 2012参照。

(5) 定住が農耕・牧畜の定着に先んじていたことについては、三宅前掲論文、一〇一頁参照。定住と宗教の前後関係については、J. Cauvin, *The Birth of the Gods and the Origins of Agriculture,* Cambridge UP, 2000, T. Watkins (trans.); *Naissance des divinités, naissance de l'agriculture. La révolution des symbols au Néolithique,* CNRS, 1994は、自ら「象徴革命」と名付けた新石器時代の宗教的諸観念の発生・発展を、定住の進展と結びつける見解に懐疑的である。ギョベクリ・テペ遺構の宗教的性格と東アナトリアにおける最初期定住地ネヴァル・チョリやチャイヨニュの関係、遺跡の非居住地的性格、祭儀の痕跡についての最新のまとめは、O. Dietrich and Notroff, J., A Sanctury, or So Fair a House? In Defence of an Archaeology of Cult at Pre-Pottery Neolithic Göbekli Tepe, in : N. Laneri (ed.), *Defining the Sacred, Approaches to the Archaeology of Religion in the Near East,* Oxbow Books, 2015.

(6) ロビン・ダンバー『言葉の起源――猿の毛づくろい、人のゴシップ』(松浦俊輔・服部清美訳、青土社、一九九八年 (R. Dunbar, *Grooming, Gossip and the Evolution of Language,* Harvard University Press, 1996) 一四

六―一四七頁）は、「心の理論」という概念を用いて、人類ならではの脳と心の発達に由来する宗教と科学が、人間を取り巻く世界について説明を与えてくれることの安心感と慰めの意義を指摘する。この世界とは、ひとびとの数が少ない古い時代には自然環境の意味合いが大きかったであろうが、気候の温暖化等により数が増え、社会集団の規模や他集団との接触機会が増加すると、社会環境の意味合いも増したに違いない。

（7）ブライアン・フェイガン『人類と家畜の世界史』（東郷えりか訳、河出書房新社、二〇一六年（B. Fagan, *The Intimate Bond*, Bloomsbury, 2015））は、すでに二万四〇〇〇年以上前にフランスの洞穴に残された壁画を宗教的行為と関連付けている。もしそうした推定が正しければ、こうした壁画を残す洞穴は最古の聖域の証拠と考え得るであろう。住居は、移動する狩猟採集民が一時的に営むそれにせよ、危険の少ないところに設けられた。それ自体の安全を宗教的な意味を持つ行為や作為で確保しようとした可能性は高い。他方、定住の発生も、本文後述のごとく、自然からの独立と社会関係の成長を物語る宗教的行為・作為とみることができる。住居それ自体の持つ聖域性についてはミルチャ・エリアーデ『聖と俗』（法政大学出版局、一九六九年）を参照されたい。

（8）H. Hauptmann, Nevalı Çori: Architektur, *Anatolica* 15, 1988, 99–110; スティーヴン・ミズン『氷河期以後』上（久保儀明訳、青土社、二〇一五年（S. Mithen, *After the Ice*, Weidenfeld & Nicolson, 2003）一七六―一七八頁）、Dietrich and Notroff, art.cit. 周辺遺跡との関係や同時代の遺跡における宗教施設との関係で、三宅前掲論文、九八―九九頁参照。

（9）最近のゲノム分析の結果、新石器時代の農耕・牧畜定着期に男性有効人口の劇的な減少があったと指摘されるようになった。Karmin, M. et al., A Recent Bottleneck of Y Chromosome Diversity Coincides with a Global Change in Culture, *Genome Research*, 2015, 25 (originally published online March 13, 2015), 459–466. この点については、二〇一六年一一月に開かれた西洋史研究会大会共通論題「ゲノム研究は歴史を変える」にて論じられた（『西洋史研究』新輯四六号に掲載予定）。

（10）ブルケルト前掲書、七八―八〇頁参照。彼は、狩猟に起源をもつ動物犠牲と、採集、とりわけ農耕牧畜に由来する初穂奉納を、ふたつの奉納儀礼のタイプとして区別する。

（11）ウルクのエアンナ地区のテラスに建築された、五八〇〇年ほど前の宗教施設と目される建築物からは、封緘等が出土しており、大規模な祭礼、もしくは宴席が、再分配の機会に催された証拠とみなされている。P. Butterlin, Late Chalcolithic Mesopotamia: Towards a Definition of Sacred and its Evolution, in: Laneri (ed.), *Defining the Sacred*, 66–67.

（12）Butterlin, art.cit., 68–70. Ibid., 62–64は、北メソポタミアの最初期のプロト都市遺跡テペ・ガウラにおける経済発展を、南メソポタミアの「主要産物経済」と対比して（交換に基づく）「財産経済」と名付け、より平等主義的な社会関係が成立したものとみなすが、そのことが宗教施設や聖域にあたえた影響についてはなお不明とする。北メソポタミアにおける最初期都市遺跡テル・ブラクの発掘の進展とそこにおける聖域の研究の深化が待たれる。

（13）ブルケルト前掲書、第V章・VI章。

（14）同前、一八一―一八八頁。日本のアマテラスを引証例としている。

（15）同前、一八四頁は、パウサニアス（Paus. 8. 42）に伝えられているアルカディアのピガレイア近くのデメテル・メライナの洞窟聖所をそうした聖域の好例として挙げている。

（16）F. de Polignac, Mediation, Competition, and Sovereignty: The Evolution of Ritual Sanctuaries in Geometric Greece, in: S. Alcock and R. Osborne (eds.), *Placing the Gods. Sanctuaries and Sacred Place in Ancient Greece*, Oxford UP, 1994; Id., *Cults, Territory, and the Origins of the Greek City-State*, The University of Chicago Press, 1995, J. Lloyd (trans.) (originally *La naissance de cité grecque*, Paris, 1984).

（17）古代ギリシアにおける、先行のクレタ文明やミュケーネ文明の聖域・墓地との連続・不連続については、いまだ不明の点や議論の定まらぬ点も少なくない。I・モリスとCh・スルヴィヌ＝インウッドの、「暗黒時代」の共同体と聖域を巡る論争については、Ch. Sourvinou-Inwood, What is Polis Religion? in: R. Buxton (ed.), *Oxford Readings in Greek Religion*, Oxford UP, 2000, 13–38とA. Snodgrass, Putting Death in its Place, in: C. Renfrew et al. (ed.), *Death Rituals, Social Order and the Archaeology of Immortality in the Ancient World 'Death*

Shall Have No Dominion', Cambridge UP, 2015, 198.

（18）P. Horden and N. Purcell, *The Corrupting Sea: A Study of Mediterranean History*, Blackwell, 2000.

（19）エウェルジェティズムについては、この語の発案者L・ロベールまでさかのぼらずとも、この語の定着に決定的役割を果たしたP・ヴェーヌの *Le pain et le cirque* の発刊以来、わが国の西洋古代史学界においては、特段の説明を要するまでもなく、恩恵施与行為、贈与行為と同義に使われるようになった。筆者はしかし、ヴェーヌが定義したこの語の「政治性」が忘れられてしまっていることにいささかの懸念を感じる。すなわち一九七六年に出版された彼の大著は、副題に「政治的多元主義の歴史社会学 *Sociologie historique d'un pluralisme politique*」と銘打たれており、彼はそこで、自己破滅的大盤振る舞い＝ポトラッチの一種としてのエウェルジェティズムを、ローマ帝政期に特有の現象、すなわち、この時代に進行した社会的流動化を背景に、地方名望家層の政治的地位が相対的に不安定であったがゆえの、時代性に規定された政治的ふるまいのパターンとして提示することを主眼としていたからである。筆者は、四〇年を経ても、この慧眼の価値は依然としていささかも損なわれていないと考えており、この概念は、社会学のいわゆる発見概念として、厳密に使われるべきであると思う。羊飼いと父の譬えの対比によって、簡潔に自らの考えを解説しているものとしてポール・ヴェーヌ「歴史を変えるフーコー」（大津真作訳『差異の目録――新しい歴史のために』法政大学出版局、一九八三年）を参照されたい。

（20）こうした観点から、パン・ヘレニックなギリシア宗教の形成について、豊富なエピソードを引きつつ、極めて要領よく概観しているのは、S. Price, *Religions of the Ancient Greeks*, Cambridge UP, 1999. の Introduction である。

（21）A. Heller, *«Les bêtises des Grecs». Conflits et rivalités entre cités d'Asie et de Bithynie à l'époque romaine*（*129 a. C. –235 p. C.*）, Ausonius, de Boccard, 2006.

（22）ギリシアの場合、アゴラと都市の守護神の聖域は、隣接していても明確に分かれていたが、ローマの影響を受けるにつれ、広場に聖域が置かれるようになっていく。

（23）J. Pedley, *Sanctuaries and the Sacred in the Ancient Greek World*, Cambridge UP, 2005, 39–56 は、「都市内」、「都

市間」、「都市郊外」、「都市外」、「田園」と、立地によって五種類に聖域を分類し、事例を挙げながらそれぞれの聖域の役割について簡潔に述べている。対象はギリシア本土とマグナ・グラエキア（南イタリア）に限られるが、この区分自体は、それ以外の地域にも適用可能と思われる。

（24）アフロディシアスのアフロディテ神殿は、神殿の軸線のずれや、出土した陶製の器物の破片等から、少なくとも前七世紀にまで遡ると推定されているが（L. R. Brody, The Cult of Aphrodite at Aphrodisias in Caria, *Kernos* 14, 2001, 94）古来の女神の名前すら伝わっていない。これは、オクタヴィアヌスの解放奴隷でこの都市出身のZoilosという人物がアフロディテ神殿を再建した際、ローマ伝説の英雄アエネイアスとヴェヌス＝アフロディテのつながりを強く意識し、ローマ皇帝からの恩寵を確かなものとしようとしたためであったと推測される。その甲斐あって、たちまちアフロディシアスのアフロディテは地中海世界にその名を馳せるようになった。Cf. D. R. Edwards, *Religion and Power: Pagans, Jews, and Christians in the Greek East*, Oxford UP, 1996. しかし、その一方、小アジアによくあるごとく、もともとは、土着の女神であったと推測されるこの土地のアフロディテの元の名は、帝政期にはすっかり忘れ去られてしまった。

（25）J・リクワートの古典的名著『〈まち〉のイデア――ローマと古代世界の都市の形の人間学』（前川道郎他訳、みすず書房、一九九一年（*The Idea of a Town*, Faber & Faber, 1976））で詳細に解析されたローマの創建伝説はその代表例であろう。

（26）少なくとも都市形成に際して、聖域が有したトポロジカルな意義とその変遷について、最近、T. Kaizer, A. Leone, E. Thomas and R. Witche, *Cities and Gods. Religious Space in Transition*, Peeters, 2013がある。キリスト教化との関連では、G. Brands and H.-G. Severin (eds.) *Die Spätantike Stadt und ihre Christianisierung. Symposion vom 14. bis 16. Februar 2000 in Halle/Saale*, Wiesbaden, 2003.

（27）Ch. P Panopoulos and V. Ch. Tsantilas,（M. R. Madytinos et al. trans.）, *Hellenic Polytheism: Household Worship*（Volume 1）, Create Space Independent Publishing Platform, 2014; M. Beard, J. North and S. Price, *Religions of Rome*: Volume 1. A History, Cambridge UP, 1998.

（28）志内一興「「正義を求める嘆願（Prayer for justice）呪詛板」の起源について」（『西洋史研究』新輯四四

号）二四―五〇頁。

（29）　最近翻訳の出たJ・G・ゲイジャー『古代世界の呪詛板と呪縛呪文』（志内一興訳、京都大学出版会、二〇一五年）は、豊富な呪詛の事例の翻訳とともに、バランスの取れた解釈を提示する優れた概説である。

（30）　もちろん、国家祭儀で祀られる神々だからといって、個々人の特定の神への帰依が排除されたわけではないのはギリシア・ローマ宗教のもうひとつの重要な特徴であり、そうした開放的な信仰のあり方が、東方由来の新興宗教を社会に受け入れやすくしたという面がある。M. Bommas, Temples for Egyptian Gods within an Urban Landscape. The Roman Iseum Campense and the Red Hall of Pergamon as Case Studies, in: Kaizer et al.(eds.), op.cit, 59-68.

（31）　Ibid.

（32）　近年、しかし、キリスト教徒の最初期の礼拝施設がもっぱら民家を利用したという普及したひとびとのイメージに疑義を呈する見解が表れてきた。E. Adams, *The Earliest Christian Meeting Places: Almost Exclusively House?* Bloomsbury, T&T Clark, 2016 (rev.ed.).

（33）　R. MacMullen, *The Second Church: Popular Christianity A.D. 200–400*, Society of Biblical Literature, 2009.

（34）　R. Lane-Fox, *Pagans and Christians*, Penguin, 1986.

（35）　P・ヴェーヌ『「私たちの世界」がキリスト教になったとき』（西永良成他訳、岩波書店、二〇一〇年（P. Veyne, *Quand notre monde est devenu Chrétien*, Albin Michel, 2007, 312–394)）。

（36）　各地の都市遺跡では、三世紀後半以降、劇場、競技場、神殿の新築・改築事業が止まる。このことは同時に衰退した碑文慣習との関連で語られることも多く、やはり、疫病や戦役等の社会的な混乱のみにその理由を帰するわけにはいかないであろう。E・R・ドッズ『不安の時代における異教とキリスト教』（井谷嘉男訳、日本基督教団出版局、一九八一年（E. R. Dodds, *Pagan and Christian in an Age of Anxiety*, Cambridge UP, 1965)）。

（37）　とはいえ、なお様々な典礼という、一層抽象化の進んだ形で繰り返されるアクションパターンとしての儀礼行為は残った。このことは、すなわち、言葉とその理解のみによっては、将来に対する心理的な不安は十分に解消されえず、なお、儀礼という心理的代償行為がひとびとに必要とされたということを意味しているであろう。

(38) A. Chaniotis, Under the Watchful Eyes of the Gods: Divine Justice in Hellenistic and Roman Asia Minor, in: S. Colvin (ed.), *The Greco-Roman East, Politics, Culture and Society* (Yale Classical Studies 31), Cambridge University Press, 2004, 15.

(39) G. Labarre, Les origins et la diffusion du culte de Men, in: H. Bru et al. (eds.) *L'Asie Mineure dans l'Antiquité,* Presses universitaires de Rennes, 2009. メン神は、月の神として知られ、その起源はペルシアにあるともヒッタイトにあるともいわれるが、今のトルコ西部から中部にかけて盛んに信仰されたことが、とりわけローマ帝政期の碑文や貨幣から明らかである。古代人の記述の中では、ストラボンが、ポントゥスのカベイラのメン・ファルナクーやカリアのメン・カルスのそれとともに、ピシディア近くのアンティオケイアのメン・アルカイオス（おそらく正しくは、アスカエノス）について触れている。彼は、後二者には、多数の神殿奴隷、ないしは神聖奉仕者に傅かれ、広大な所領を有する神官職があったと述べ（Strabon, 12.3.31: τὴν Ἀμερίαν κωμόπολιν πολλοὺς ἱεροδούλους ἔχουσαν καὶ χώραν ἱεράν, ἣν ὁ ἱερώμενος ἀεὶ καρποῦται. 12.8.14: ἱερωσύνη τις Μηνὸς Ἀρκαίου, πλῆθος ἔχουσα ἱεροδούλων καὶ χωρίων ἱερῶν）、メン・アスカエノスの神域については、アウグストゥスによってアンティオケイアがローマ植民市とされ、退役兵を受け入れるとともに、この体制が廃止されたと伝える。最近、この聖域でのメン崇拝のあり方について論究したハチャドゥリアン（Khatchadourian, The Cult of Men at Pisidian Antioch, in: E. K. Gazda et al. (eds.), *Building a New Rome, The Imperial Colony of Pisidian Antioch (25BC–AD700)*, Kelsey Museum of Archaeology, 2011）は、この神殿・神域が小アジアのメン信仰の中心であり、帝政期にもそうした枠組みでこの宗教が属州の親ローマ化政策を担わされたと考えているが、そのことを示す直接の証拠はなく、帝政期、小アジアにおけるメン神の様々な聖域で、信仰のあり方がさまざまであったことに鑑みれば、そのように信じる手がかりもない。

(40) J. Zingerle, *Heiliges Recht,* Jahreshefte des österreichischen archäologischen Instituts 23, Beiblatt, 1926; G. Petzl, *Die Beihtinschriften Westkleinasiens,* EA 22, 1994.

（41）Chaniotis, art.cit.; R. Gordon, Social Control in the Lydian and Phrygian “Confession” texts, in: L. H. Guerra et al. (eds.), *Actas del XXVII Congreso Internacional Girea-Arys IX: Jeraquinas religiosas y control social en el mundo antiguo,* Valladolid, 2004, 193-203.

（42）Petzl, *op.cit.,* Nr.3.

（43）立教大学に提出された二〇一五年度修士論文、高橋咲「ローマ帝政期における小アジアの都市外聖域――リュディア・フリュギア地方出土の「告白碑文」を手がかりに」が、いくつかの重要な告白碑文の欠落はありながら、それらの多くの全訳を試みており、いずれいずれかの専門誌に掲載されるであろう。観点は、都市外聖域の巡礼地としての性格に着目するなど、本稿のそれとは異なるが、都市と都市外聖域の関係について、研究史も踏まえて興味深い考察を加えている。本稿執筆に当たって、参考にさせていただいた。なお、アポローン・ライルベーノスの聖域では、ディオニュソポリスとブラウンドスの人が告白碑文に登場する。Cf. *MAMA* IV 277; 275.

（44）正確には、行政区画としてヘルモス川の両岸におよぶベルトリュジェ村の一地区として、ヘルモス川の南岸にパランカヤ集落と、マーザダムラル集落があり、このうち、窪地がマーザダムラルの小集落に属している。カタケカウメネの地域は、クレーター状の地形がいくつか見られ、おそらくこの真円に近い形の窪地は、そうしたひとつに人為的な手が加わったものであったかもしれない。

（45）P. Herrmann and H. Malay, New Documents from Lydia, *ETAM 24*, Vienna, 2007, 76, with note 110.

（46）Ἔτους σγ› Ἀρτεμισίου ς’. Επὶ Τροφίμη Ἀρτεμιδώρου Κικιννᾶδος κληθεῖσα ὑπὸ τοῦ θεοῦ ἰς ὑπηρεσίας χάριν μὴ βουληθοῦσα ταχέος προσελθεῖν, ἐκολάσετο αὐτὴν καὶ μανῆναι ἐποίησεν· ἠρώτησε οὖν Μητέρα Ταρσηνὴν καὶ Ἀπολλωνα Τάρσιον και Μῆνα Αρτεμιδώρου Ἀξιοττηνὸν Κορεσα κατέχοντα, καὶ ἐκέλευσεν στηλλογραφηθῆναι νέμεσιν καὶ καταγράψαι ἐμαυτὴν ἰς ὑπερεσιαν τοῖς θεοῖς.

（47）C. Naour, Documents du Moyen Hermos, *Travaux et recherches en Turquie II, Collection Turcica IV, Institut Français d’Etudes Anatoliennes,* Ankara, 1984, 61–62はパランカヤの遺構をコレサと考えたが、積極的な根拠は、そこからこの碑文（*BIWK 57*）がもたらされたという情報を得たから、という不確実なものに過ぎな

い。

（48） Cf. ibid., 63; Petzl, *op.cit.*, 4; 68.タルシと考える根拠も十分な基礎を持たない。

（49） P. Herrmann and E. Varinlioğlu, Theoi Pereudenoi. Eine Gruppe von Weihungen und Sühninschriften aus der Katakekaumene, *EA 3,* 1984, 1–18は、ペレウドスをヘルモス川北岸の山中にあるトプズダムラルと同定しているにも関わらず、古代遺跡をネット上の地図にマッピングしているPleiades（http://pleiades.stoa.org/）は、マーザダムラルの位置にペレウドスを置く。

（50） Petzl, *op.cit.*, lemmaによれば、この碑文は、Ayazviran（Ayazören）にあったが、もともとはヘルモス川近くで発見され、そこにもたらされた、とみられるという。より詳しくは注47のNaourの記述を参照。

（51） アクシオッタの聖域の二〇キロメートル南、エセンヤズ（旧名ギュルネヴィト）村のアサル（ジュク）地区には、母神アナイティスとメン・ティアムーの聖域があった。Cf. C. Naour, Nouvelles inscriptions du moyen Hermos, *EA 2,* 1983, 107–108; Petzl, *op.cit.*, 86.この聖域は、我々のヘルモス川流域のアクシオッタの聖域と関連が深く、あるメン神像の台座に刻まれた碑文では、メイス・ティアムーとアナイティスによって科された罪の贖いに像を立てることがメイス・アクシオッテーノスの意に叶うと述べられている。*BIWK, 67.*

（52） 碑文の多くには、神々を讃える唱和の定型文が記されていることは、多くの研究者の注目するところである。

（53） ここでは、ハニオティスとゴードンのみを挙げたが、A. Rostad, *Human Transgression: Divine Retribution,* Doctoral Thesis, University of Bergen, 2007やM. Paz de Hoz, The Aretalogical Character of the ‘Maionian’ Confession Inscriptions, in: A. M. Fernández (ed.), *Estudios de Epigrafia Griega,* La Laguna, 2009などの、より新しい研究も告白碑文の背景にある古来の宗教的・倫理的な伝統を強調する傾向がある。しかし、彼女らを含め、古代的宗教観念を強調する研究者はいずれも、なぜ帝政期以降にのみ、罪の告白が碑文に刻まれることになったのか、うまく説明できていない。その中で、キリスト教が力を得てきたことへの対抗心を告白碑文隆盛の背景に読み解こうとするE. J. Schnabel, Divine Tyranny and Public Humiliation; A Suggestion for the Interpretation of the Lycian and Phrygian Confession Inscriptions, *Novum Testamentum* 45–2, 2003 の見解は示唆的である。

(54) 本書田中論文が紹介しているように、「唯一神信仰」の特異性や意義を相対化して帝政期の時代精神の中に位置づけようとする最近の研究動向はたしかに存在する。とはいえ、そうした動向にも関わらず、キリスト教の他宗教に比べての社会機能上の特質——他宗教のそれについてあまりに残された史料が少なすぎて判然としない部分は多いけれども——が、慈善、貧者への配慮という倫理的行動を奨励するところに存したということは、Lane-Fox, *op.cit.* や P. Brown, *Poverty and Leadership in the Later Roman Empire (The Menahem Stern Jerusalem Lectures)*, Brandeis, 2001 といった定評ある名著に当然の前提とされているとおりである。社会の中のマージナルなひとびとまで射程に収めたキリスト教、イスラム教、仏教の、いわゆる「世界宗教」段階の聖域がいかなる展開を遂げるのか、ということについては、本書とは別の、中世史研究の課題になるだろう。本書の最終論文として収めた拙稿は、そうしたことを考えるための出発点にとどまっている。

Ⅰ　古代ギリシア

第一章　郊外
——古典期のアテーナイ

上野　愼也

はじめに

「神域」「聖域」とは難しい言葉である。

邦語や漢語の「神」「聖」が欧語の（例えば）holy, sacredとはぴたりと一致しない上に、[1] 欧語のholy云々がまた、古代ギリシアの言語表現や関連現象と大きくずれている。[2] sacredと訳しうるギリシア語は一つ、二つではきかない。それをわが「神」「聖」で写しとろうとすれば、ことが如何に厄介であるか、少し考えれば容易に理解できよう。

今ひとつの面倒が「聖域」という語の使い方——誰がいつなにを「聖」と看做し、この呼称を用いたか——である。邦語を嚙ませると話が厄介になるなら、仮に英語のsanctuaryと読み替えてもよい。しかし、「神聖」を意味する各種の形容詞が古代ギリシア語と現代欧語との間で指示対象がずれている以上、「神聖」をもって形容されるべき空間にも彼我の間で隔たりがあることになる。

その間の消息をひとまたぎにして脇に置き、話を前に進めてしまうと、我々が「聖」と呼んでいるものを彼方に押しつけ、それを我々がどのように理解して消化しているのかを喋々することになるまいか。

古代地中海人の聖域の在り方を考えたい。それがこの書物の狙いである。古代人が聖域として把握していたものを俎上に載せねばならない。つまり、彼らの世界における聖域の在り方と論理を研究することになる。しかし、なにを聖域と看做せばよいのか。ある程度我々現代人の予断に拠らざるを得ない。(3) どこそこに何かそれらしいものがあると、何らかの形で判らねば、そもそも探しようもなく、探り当たるわけもない。「想像の斜め上」をつかまえることは、原理的に不可能である。ならば我々の目にも聖域に見え、古代でもそう呼ばれていたところを考察するほかはない。しかも極力汎用性の高い事象がよい。それゆえに都市国家、すなわちポリスに着目をすることになる。

ポリスに聖域は付き物である。ポリスが聖域の付き物であった、それが淵源だ、そういう向きもある。(4) その所説の是非は今、問うつもりはない。その余裕もない。しかしポリスと聖域は相即不離の関係にあることは強調しておかねばならない。ポリスがポリスであるためには、聖域との関わりが必要である。ポリスそのものがまた、聖域の一種であると言ってよい。市会堂《プリュタネイオン》で神聖な火を守っていたことを想起すればよい。殺人の穢れが伝染するのをおそれて、露天の会場で下手人を裁いたアテーナイ人の心の裡を慮ってみればよい。(5) 墓域は城壁の外に据え、(6) 重罪犯の骸は国境の外へ棄て、死刑囚には自ら毒人参の盃をふくむよう命じた。(7) 穢れは禁忌であった。オリュンピア競技会優勝者の凱旋に際して城壁をこぼった故事は、神界と人界の入り交じるポリスにあって、勝者が帯びた御稜威《みいつ》、κῦδος の持つ力を如何にして損なわずに取り込むか、その腐心を物語っていよう。[8] 辻々の境界神《ヘルマイ》、また神号も豊かに遍在する神々、神号も知られずに存在する神々、[9] 半神《ヘーロース》や妖精《ニュンペー》。ポリスの住民は生身の人間ばかりではなかった。

人は神意をうかがいながら暮らさねばならない。民会議場を豚の血で清め、[10] 雷鳴に散会するのもそのせいであろうし、法や決議の碑に「神 θεός」と刻まれているのも、「神慮めでたく ἀγαθῇ τύχῃ」で始まるのも同断であろう。ポリスはホシアー ὁσία なのだ。神の許し、定めた人倫《ホシア》があり、これを践み行ってはじめてポリスに住まうことができ、「市民団成員 πολῖται」＝「人間 πολῖται」として生きていくことが叶う。これを守れぬ者は神、人の別を弁えぬ獣である。[11] ポリスが ὁσία であるからこそ、ἄγραφος νόμος すなわち不文律が問題ともなる。人界に引き寄せれば成文法の理念を揺るがす、忌むべきものながら、ソポクレース『アンティゴネー』で埋葬の是非が論じられる時に ἄγραφος νόμος が引き合いに出されるのは、それが社会制度を根柢で支える人倫と、その淵源たる神々に連なり、無視しがたい迫力を秘めているからである。無論、神意は問い試みたり、問い質したりするようなものではない。[12] ひたすらうかがうものである。そこに解釈の余地が出てくる。駆け引きの素地が出てくる。様々な徴《しるし》を引きあいに神寵は我にありと唱えて、己に好都合な ὁσία を立てることもあっただろう。[13] アンティゴネーの叫びが意味を帯び、哀切な響きを持つのも、そうしたやりとりや politics が背後に控えていればこそである。

ポリスがὁσίαであることは、我々現代人が単に古代の事象を通覧して揣摩憶測したものではない。古典期に生きた人々がὁσίαをポリスの理念に据えていたことを如実に示す文章がある。プラトーン『クリティアース』113b7–c4を引く。

先頃、神々が全世界を分割、領有する際の抽籤について述べた通り――すなわち地上を互いに抽籤でお分けになり、こちらではよそよりも大きな土地が当たり、あちらではほかよりも狭い土地が当たることすらあったというような次第でして、でその傍ら、神々は御自身のために神域と供犠のことを塩梅なさってゆかれたのでした――それと同様にでした、アトランティス島もポセイドーンが籤でお取りになり、御自身が人間の女に生ませ給うた子孫を、島内のまあこんなところに住まわせられたのです。

哲学者が空想する対話で描き出される架空の大陸について、このような文言があるからといって――と反駁してはならない。[14] かの作品に描き出されるのは架空の国家であり、理念の提示なのである。青銅器時代以降の行立《ゆくたて》はさておき、前四世紀に生きた人物が、ある（べき）国家の姿を描く時に、神が導き、神が国を建てたと述べる以上、同時代の（ある種の）理念型がここにこめられていると見るべきである。

引用文中「先頃……述べた」とあるのは、『クリティアース』109b1–c4を指す。神が人類を養い、国家を指導した古が描かれている。

と申しますのも、神々はその昔、地上を地域々々にお分けになり、一柱毎にそのめいめいの地域を御自分の御領分として手に入れたのでした――互いに諍い、これをなさったのではありません。神々ともあろう者が、それぞれ御自分に相応しいものを御存知ない、他の神に似付かわしいと知りながら、諍いを起こして、これを横取りしてやろうとなさるものだ、などと言えば、おかしな話になってしまうではありませんか――公正な抽籤によってでした、御自分に親しいものを皆様次々に引き当て、それぞれの土地に鎮座あらせられ、お鎮まりの上は、あたかも牧場に山羊、羊を飼うように、我々人間を御自分の財産たる家畜として育まれました。ただ、力づくで身体に言うことを聞かせるようなことはなさらなかった。牧人は羊や山羊に鞭をくれて群を管理するものですが、そのようなことはなさらず、この上なく聞き分けの良い動物に対するやり方で、艫にお立ちになって船の舵取りをなさった。いわば説得を舵として、我々の魂をつかみ、御自身のお考えのままに御導きになったのです。このようにして、神々は全人類を導き《アゴンテス》、支配《エキュベルノーン》なさっておいでました。[15]

『クリティアース』に描かれるアトランティスの姿については措く。しかし、如何に奇抜な構えや設えが述べられていても、その根柢には中心市と郊外田園部があり、その両方が一体となって国家が存在するという信念が潜んでいる。クリティアースの生きた時代よりも九〇〇〇年前に滅亡した古アテーナイについても、110c–112dに中心市と郊外の様子が記され、殊に111eには μὲν [...] δὲ [...] や ἄλλος によって両者が緊密に連結されており、互いに輔車相依るの関係にあることが明示されている。[16] ポリスが ὁσία な空間として、それ自体が聖域としての性格を帯びており、なおかつ中心市と郊外が一体となって成り立つものである――前四世紀にあって、これがポリスに関する通念であり、理念であるとする所以である。

一

聖域たるポリスの様態と動態を観察する手掛かりがここにある。[17] 中心市と郊外との関係を探ることで、静態の水面下にうごめく力学が垣間見える可能性がある。あるときには郊外や周縁部が主導し、あるときには中心市の権威が卓越して、聖域のあり方を決めることもあっただろう。アテーナイとエレウシースの関係を想起すればよい。[18] エレウシースがポリスを超えてゆく背景には、オルペウス信仰の如きが因となって従来の中心市、国家との綱引き、凭れ合いのベクトルが方向をずらして行った可能性を想定すべきである。[19] いくら大衆の感情や不安があるからといって、運動や関係のないところに、あるいは、従来の力学や磁場を離れて、ポリスの枠を越え、全ギリシア世界に影響の及ぶようなものが一から構築される訳がない。そこには必ずや従来の動態を利用し、あるいはそれに翻弄され、新しい流路を見つけ出す、河川の氾濫を思わせる過程が隠れている。

中心市と郊外との関係を考えるにはどうすればよいか。直ちに念頭をかすめるのはトポグラフィの活用であろう。しかしながら、遺構（の位置、規模）や、遺物（の多寡、優劣）だけでその動態と力学を垣間みることは難しい。既にトゥーキューディデースが静態をうかがうことすら容易ではないと喝破している。[20] 例えばマラトーンの合戦以後、かの地に築かれた塚は同地域の空間理解やポリス空間全体の意義付けを塗り替えることになった。同時に、その塚が祭祀のネットワークに織り込まれることで、ネットワーク全体の風合いから景色まで、大小の変化が生じたことは想像に難くない。それを助長するかのごとく、ペイシアナクスなる個人が建立した柱廊に、古来の合戦の絵が展示されていた。これがポリスの歴史観に深く影響を与えたことは容易に推察できる。前三三〇年にアイスキネースは法廷で述べている。[21]

頭の中で結構です、彩画柱廊の中にも足を踏み入れてみてください。アゴラーには諸君にまつわる偉功の記念物が種々奉られております。さあアテーナイ人の諸君、私が申し上げているものは何でしょうか。あそこにはマラトーンの合戦が描かれている。では将軍は誰でしたろう。こう訊かれたら、皆さんがたはこぞってお答えになるでしょう。ミルティアデースだったと。絵に名前は書き添えてありません。どうしてです。ミルティアデースがその手の贈り物を求めなかったのでしょうか。求めはしたのです。しかし市民団が許さなかった。名前を添える代わりに、先陣を切って兵士たちを叱咤激励している姿を描くことを認めたのです。

彩画柱廊に描き出された画題にキモーン一統の意嚮が色濃く滲んでいることはつとに知られている。[22] 自らの手柄を特筆大書しようとしても不思議ではない。そもそもペイシアナクスはキモーンの義弟であった可能性が高い。[23] それが、前三三〇年の段階ではポリス公認の史実、公式の歴史観を宣布する場として当然視されていたことがうかがえる。

壁面を飾っていたマラトーン合戦図には土中よりテーセウスが加勢する様が描かれ、見る者にキモーンがスキューロス島で発見し、還御、奉安を執り行ったテーセウスの遺骨のことを思わせる。[24] 問題の画面には土地の名祖たるマラトーン、土中から出現する人物として描かれるテーセウス、ポリスの守護神アテーナー、マラトーンで篤く尊信されているヘーラクレースが描かれる。[25] 無論、国祖の一人であるテーセウスが描かれること自体が不自然であるとまでは言えまいが、並びをみたり、土中から出現する様子を勘案すると、ミルティアデース、キモーン父子の影がちらつく。パウサニアースも言う。

ペルシア人がマラトーンに上陸、入寇した後、テーセウスの奥津城《おくつき》が設けられた。ミルティアデースの息、キモーンが、スキューロス人を戡定《かんてい》してテーセウス弑虐の復讐を遂げ、遺骨をアテーナイに奉迎したのであった。[26]

絵にキモーンの功を見た我々と同様に眺め、そこに潜む過誤に流される人々に釘をさす。伝承は揺れ、歪む。マラトーンの合戦のような大事件をめぐっても、事態に変わりはない。否、大事件だからこそ、事態は一層顕著であると言うべきなのかも知れない。既にヘーロドトスの執筆する時代に、マラトーンで戦列を組みペルシアに抗したのがアテーナイの部隊だけであったという伝承が出現している。[27] 彩画柱廊にはボイオーティアー勢からプラタイアイが来援する様子も描かれていたが、これに抗い、打ち消そうとする伝承が流通していたことになる。[28] 当然、マラトーンの戦いの見方、アテーナイの働き、マラトーンという空間の意義も変容する過程にあったと考えるべきである。マラトーンにおける古墳墓の祭祀が、戦後、民主政下の半神《ヘーロース》を奉斎するに相応しい装いを纏うこととなった点を想起したい。[29] トポグラフィ研究でこうした動きがどこまで究明できよう。そもそもこうした動きのあり得べきに想到できようか。

　マラトーンの合戦ではパーンの闖入も伝えられている。敵兵がマラトーンへと上陸したことを受けて、アテーナイがラケダイモーンに援兵を請おうとする件がヘーロドトスにある。[30]

　そしてまず真っ先に、まだ「邀撃《ようげき》のためにマラトーンへと出動する前、」市中にいる時点で、将軍たちはスパルテーに「マラトーン防禦への来援を願う」使者としてペイディッピデースを送り出す。彼はアテーナイの人で、飛脚であり、またその方面で特に練達の人物であった。その彼が、ペイディッピデース当人が語り、またアテーナイ人に復命したところによると、テゲアーの上に聳《そび》えるパルテニオン山付近でパーンと鉢合わせになったそうである。彼の名を呼んだ上で、パーンはアテーナイ人に伝達せよと命じた由。なにゆえ自分を祀《まつ》らないのか、アテーナイ人を嘉し、諸事その方等の力になったこのわしを、そして今後もまた力になろうというこのパーンを、と。アテーナイ人は、今般の［マラトーンにおける］事態が重畳の首尾に終わると、ペイディッピデースの齎《もたら》したパーンの言葉が事実であると判断し、アクロポリスの麓に一社を造営した。その上で、件の伝言を受けて、年々歳々供犠を献げ、松明競走を執行してこの神を崇めている。

山岳荒蕪にいますパーンは原始を想わせ、古い神との観があるけれども、一般には却って新しい神とされた。(31) 前五世紀以降、壺絵に描かれた例や、韻文中に短いながらもパーンに言及した件がそこここにみつかるようになる。しかし散文となると、叙上のヘーロドトスを以て嚆矢とするものの、古典期では他にプラトーンの数カ所を数えるのみであり、プラトーンにあっても数少ない典拠の一つが、『パイドロス』なのである。(32) 行文中、不意にパーンの名を目にするだけでも戸惑うところへ、(33) それが一層唐突の観を増す所以である。敢えてパーンの名を出したプラトーンの作為と含みとを思うべきであろう。

『パイドロス』では第二演説終了後の対話の中に出る。第一演説冒頭のエロースを好ましからざるものとする件と、第二演説劈頭、エロースを好もしいものとする件を念頭に、ソークラテースはそれぞれの定義をパーンやニュンペーたちの憑依の賜と見、その威力を口にする。(34)

ケパロスが息、リューシアースよりも、アケローイオス川の息女たるニュンペーたち、またヘルメースの子、パーンはロゴスにまつわる技術で勝《テクニコーテロス》っている。

リューシアースの名に父称を添えて重々しく述べ、彼を茶化しながら、同時にパーンの父を明示し、その性質がヘルメース譲りであることを匂わせる。パーンは境界と越境を司るヘルメースの血をひき、その父の機知、譎詐《けっさ》をはじめとする両義性を受け継いだ牧神である。[35] 山野をわたり歩いて境界を跨ぎ、真偽常ならざるこの神が、エロースという論題をめぐって正反対の演説を可能ならしめたと仄めかす。二つの演説のうちのどちらが正しいのか、否、『パイドロス』の描く世界がパーンの磁場にある限り、そこに取り分けて真実を述べた議論があるのだろうかと問うこと自体、慎重でなければならないことに気付く。

登場人物であるソークラテースとパイドロスがイーリーソス河の辺《ほとり》を離れ、作品の幕が下りる直前に、パーンは再び祝詞の中に現れる。[36]

親愛なるパーンよ、そしてこの地にまします全ての神々よ、私の内側が美しくあることを、そして私が外にもつものすべてが、内なるものと相和することを御許し下さいますよう。賢者を富貴の人とわたしが考えますよう。黄金は、弁えのある人だけが担い、運び得る《ペレイン・カイ・アゲイン》［＝劫掠する］ほどの分量が、この私にありますよう。

内側と外側を内面と外見と看做し、内面の充実をもって『パイドロス』冒頭229eで引かれるデルポイの金言（「汝自身を知れ」）に立ち返るという読みがある。(37) その一方で、もう一つの伏線にも注目したい。新参のパーンが勧請されて、古い宮居のふとしくポリスの中枢に居を定めた。(38) 当然、本領である山野にも出没して、跳梁することとなろう。中心と周縁の関係が揺らぐ。アッティケーの景色に新たな要素が組み込まれ、情景を変容して行く。(39) この神を引き合いに内外の呼応を祈願する含みは奈辺にあるのか。中心と周縁との区別を再確認するよりも、中心に周縁が位置するアテーナイのパーンは、むしろその区別を溷濁《こんだく》するものではあるまいか。(40)『パイドロス』の冒頭を繙けば、一篇の対話は中心市の城壁外でソークラテースとパイドロスとが遭遇するところから始まっている。(41) 壁を挟んだ中心市と郊外との鬩《せめ》ぎ合いに拙稿で注目する次第である。

二

その鬩ぎ合いはソークラテースという人物が一身に体現していると言ってよい。(42)

ソ「いやはや、ヘーラーに誓って、とにかく素晴らしい、この御休所は。この篠懸がまあ見事に蓁々《しんしん》、また亭々、また栗の樹高、濃やかな葉陰は素晴らしいの一語に尽き、また満開の候を迎えて、この場所を至高の妙香で満たさんばかりだ。それにまた、せせらぎがこの上もなく好もしく篠懸の下を流れ、その水は清冽だ。足を浸してみれば、身にしみる筈だよ。ニュンペーの誰か彼かの、またアケローイオスの社もあるようだ、御人形さんと神像からみて。それにまたお望みならば〔言うけれども〕、この場所の清々しい空気の好もしさよ。またはなはだ甘い。夏らしく透き通った響きで蟬の合唱が木霊《こだま》している。(43) そしてなによりも下草、この状態が素晴らしい。なだらかに傾斜しているところを枕に寝転がると、得も言われぬ塩梅に出来ている。つまるところ、君の御蔭で万事この上なく見事に導かれたということだな、親愛なるパイドロス」

パ「あなたときたら、もうびっくりですね、まったく右も左も判らないみたいじゃありませんか。仰りようを聞いていると、どこかよその人みたいですよ、〔アテーナイの〕土地の者じゃなくて。中心市にいるばかりで国境の外には出て行かないし、中心市の城壁の外にだって全く出ないんじゃないかと、私なんかは思うくらいですよ」

ソ「御海容を乞い奉る次第だな。好学の質だもんだから、わしは。それに土地や樹々はわしに何も教えようとはしてくれないが、街の衆は違う。それはそうとさ、お前さんだよ、わしを連れ出す妙薬を見つけ出したようだね。丁度腹ぺこの動物を若い枝先やら、あるいは何か実のようなものをちらつかせながら歩かせるようなもんで、お前さんはわしにロゴスをちらちら見せながら、その本の中にさ、(44) アッティケーを隈無く歩かせよう、また他のどこなりと、お望みの場所に連れて行くぞという感じだから。さ、ほら、そうこうしているうちにここまでたどりついた。わしは横になることにする。お前さんはこうすれば一番楽に読めると思う格好で読んでいってくれ」

パ「じゃあお聴きあれ」

中心市を出てすぐの地点で、ソークラテースはあたかも異邦人であり、エイリアンである。市中徘徊問答に多忙であるという。それればかりか、自然は自分に知りたいことを教えようとしないという。それで市壁外に出ることもないという。しかし、自然は「教えない」のではない。「教えようとしない οὐδέν μ᾽ ἐθέλει διδάσκειν」のである。ソークラテースが妙薬《パルマコン》に釣られて歩くように、「教えようとしない」自然もなにか妙薬があれば口を開き、教えてくれる。翻って街人は「教えようとする」が「教える」わけではない(45)。ソークラテースの市中徘徊が報われないのにも、相応の理由があるようだ。

ソークラテースの出不精ゆえに、彼の姿を描くプラトーンの筆が市壁外の景物を写し取ることもまれになる。『パイドロス』の冒頭に見られる丹念な情景描写は、常ならざる舞台を設定する著者が、馴染みの読者にサービスをしてみせたものなのかも知れない。しかし、それにしてはソークラテースの言葉は長く、くどい。「対話篇の調子を左右する導論」でことはすみそうもない(46)。そもそも、何故ヘーラーに誓っているのか(47)。つづく「御休処 καταγωγή」がアッティケー方言で通行の καταγώγιον (259a5) ではないこと、「まあ見事に蓁々 μάλ᾽ ἀμφιλαφής」「透き通った λιγυρόν」が韻文の句法、語彙になっていること、「蓁々、また亭々 ἀμφιλαφής καὶ ὑψηλή」「栗の樹高、濃やかな葉陰 τὸ ὕψος καὶ τὸ σύσκιον」以下の対句、長長の二音節からなる spondaic (ὑψηλή, εἶναι, ἡδύ)、長短長三音節の cretic (πάγκαλον, τὸν τόπον, τεττίγων χορῷ, παγκάλως ἔχειν) の韻律などは、この件の美しさを際立たせると同時に、ソークラテースに対する疑懼の念を掻き立てるものとは言えまいか。(48) 彼はどうしたのだろう。

端的に言えば、「憑依」である。プラトーンの紡ぐ言葉の意味に集中すると、添え物や味付けに過ぎないソークラテースの言動が、この対話篇では構造を把握する重要な鍵となっている。その鍵のひとつが「憑依」である。対話篇の構成、レトリックを観察すれば、必ずしも突飛な見解ではないことが判るだろう。直前の遣り取りを確かめてみよう。(49)

デルポイにある金言《グランマ》に従い、わし自身を知ろうにも、これが一向に叶わない。全く以て噴飯ものなんじゃないかね、そんなこともまだ判らぬくせに、他人様のことを詮索するなんてさ。そんな次第だからさ、ね、その手のことにはおさらばして、そういった事については、世の中で行われているところに信頼しておく。〔ボレアースがオーレイテュイアを攫《さら》ったという故事について〕今しがた言ったようなことにね。その上でそうしたことではなく、自分自身に思いを潜める。テューポーンよりも複雑ななりをして、あの化け物よりももっと憤怒に燃えるテューポーンじみて獣っぽいものであったりはしないか、もっとなつけやすく、単純な形の動物で、生まれつき神に通じる気質と、舞い上がることのない、非テューポーン的なものを持ち合わせているのかどうか、とね。

「テューポ」の音が響いている（「テューポーンよりもΤυφῶνος」、「舞い上がることのない、非テューポーン的なものἀτύφου」、「憤怒に燃えるテューポーンじみたἐπιτεθυμμένον < ἐπιτύφομαι」）。変化形の彼方からも響いてくるのには驚くほかはない。同時に、鮮やかな交差配列《キーアスモス》を為している。「獣θηρίον」「もっと複雑でもっと憤怒に燃えるπολυπλοκώτερον καὶ μᾶλλον ἐπιτεθυμμένον」対「もっとなつけやすくてもっと単純なかたちἡμερώτερόν τε καὶ ἁπλούστερον」「動物ζῷον」。(50) ソークラテース一流の駄洒落、で片付けるには手が込んでいる。直後のἀτάρがふと我に返るソークラテースの心情を如実に映し出しているではないか。彼は半ば「憑依」状態にあり、続く河畔讃美でその傾向を強めていく。

そのソークラテースがつよい拘りを見せるのが「場所柄」であった。やはり駄洒落が口をついて出てくる。ボレアースの物語をめぐって、会話が拗《こじ》れる件である。同じくソークラテースの台詞である。(51)

いや、信じていないとしたらさ、知者の方々と同じようにね、莫迦じゃないってことになるかもね、それで知恵を働かせてこう口にすることになると。彼女は北風に煽られてパルマケイアーと遊んでいるところを付近の岩場の上に叩き落とされた、そして実際にはこのように亡くなったものを、北風《ボレアース》に攫われてしまったと言われているんだ、と――アレイオス・パゴスから墜ちたんでもいいけどさ。だってほら、攫われた場所はあっちで、こっちじゃないとかなんとか、またそんな説もある訳だよ。わしとしてはね、パイドロス、こうした御話をあれこれやるのも魅力的だとは思うんだが、しかしあまりにも大変で、苦労だらけの、さして幸運でもない人物の所行だとも思ってね。他でもない、だってその人物はこれが済んだら、今度はヒッポケウタウロイの姿を正してやらなくちゃならない。キーマイラの格好だってある。それからこの手のゴルゴーンやらペーガソスやらの大群そのほか尋常一様ではない性質の者どもがわっと押し寄せて来るんだから。そういった存在を信じずに、一つ一つもっともらしい形に戻していくようなことにでもなっちゃったらさ、どうにも野暮ったい知恵をめぐらせて、その御仁、相当の暇が必要になるだろうな。わしにはそんなことに割く暇なんてこれっぽかしもない。

トポスという音が聞こえるだろう。「莫迦である ἄτοπος」、「尋常一様ではない ἀτοπία」。パイドロスは如何にもオーレイテュイアの拉致が起きそうな場所だと思い、何気なくソークラテースに水を向けたのであった。その結果が「ここはその場所ではない」という返答であり、「もっと下流だ」という解釈であった。(52) 神話を信じるのかと驚くパイドロスに対し、右に引用した箇所の冒頭でソークラテースは、信じなければアトポスではなかろうが、と口にする。「場所柄にふさわしい《ウーク・アトポス》」（「莫迦である ἄτοπος」の原義を否定している）が響いている。しかし、ここは神話の出来事の現場であり、少なくともその傍である。

さらにパイドロスが信奉するソピステース（「知者」「知識人」たち）の真似をする難しさを吐露していう。「どうにも野暮ったい知恵をめぐらせて ἄτε ἀγροίκῳ τινὶ σοφίᾳ χρώμενος」云々。知恵は中心市の中で磨かれ、流通し、輝くのではないか。ソークラテースは知を求めて市中を徘徊していた(53)。パイドロスは明け方から中心市のモリュコス邸で、尊敬するソピステース、リューシアースの新作演説に聴き耽っていた(54)。市壁外ではないのである。しかし、ソークラテースの言葉は、そのソピステース流の合理化、こじつけの「知」が「田園部、郊外、田舎のἄγροικος」ものであり、都雅の極みの「知」を「野鄙ἄγροικος」と形容するのである。「田舎じみた神話をどうにか知恵を絞って ἄγροικον μυθολόγημα σοφίᾳ τινι χρώμενος」の代換法《ヒュパッラゲー》ではあるまいか目を擦っても、「野暮ったい知恵」に相違ない。「知恵を働かせて σοφιζόμενος」といういい方にも、本来の「知」から離れたもの、例えばわが「才《ざえ》がる」に通じる含みを読み取ることが出来る。郊外は俄にソピステース流の活動の舞台とされ、その是非を吟味するに好適の空間へ生まれ変わるのである。都鄙の関係が逆転している。場所柄にもっとも似付かわしくないソークラテースが、郊外をソピステース的な活動に携わるべき空間とし、本来人にものを教えようとしないからといって近づこうとしなかった自然に執着を見せている。顚倒の構図と、それを描こうとするプラトーンの意図は明白であろう。この直後にヘーラーの名に誓って場所の美しさを絶賛する口吻は、既に見た通りである。パイドロスの応答を今一度引こう(55)。

あなたときたら、もうびっくりですね、まったく右も左も判らないみたいじゃありませんか。仰りようを聞いていると、どこかよその人みたいですよ、〔アテーナイの〕土地の者じゃなくて。(56)

「まったく右も左も判らない ἀτοπώτατος」――およそ場所柄に似付かわしくない人物と、パイドロスはソークラテースの「アトポス」に引っ張られるようにして、驚きをそう表現している。しかし、常識人のパイドロスはその「アトポス」を「地つきの ἐπιχώριος」の否定形（「土地の者じゃなくて」）として使っていることを表明するのを忘れない。ソークラテースの口吻、思考の回路と、パイドロスの頭脳との違いが端なくも現れている。ソークラテースが時々刻々、語義の振れ幅を使って内実をずらし、膨らませていく過程（駄洒落）に、パイドロスはついていきかねている。彼は語の原義に固執し、ありきたりな句法に拘っている。本来対話とは臨機応変たるべきところ、彼がおよそこれには不向きな人物であることに注意したい。

三

二人のすれ違い、会話の漂流は、この対話篇の進行に重要な役割を果たしている。何気なくボレアースの話題を出したパイドロスがソークラテースから、自らの尊重する「知」について、斜に構えた意外な反応を引き出したばかりではなく、以後の話の展開を決めたと言ってよい。エレクテウスの娘オーレイテュイアの名前が、ソークラテースに連れのパルマケイアーを想起させている。(57) このニュンペーの名前は、230b-e の引用にある「わしを連れ出す妙薬《パルマコン》 τὸ φάρμακον」という言葉を呼び寄せている。それはやがて「ロゴスを好む男に何でも命じることを強いる術《アナンケー》 ἀνάγκη」(236e4-5) に言い換えられることになる。もはや薬が身体に回って自由を奪い、身動きが取れなくなるかのごとき事態をさしている。(58)

ソークラテースとパイドロスが郊外を歩き、篠懸の許に辿り着いたのはなぜか。パイドロスが今しがた聴いていたリューシアースの「恋愛試論」を聞かせると約束したからである。パイドロスは袂に件の作品の原稿(巻物)を忍ばせている。それを読んで諳記に努め、諳誦の相手を探している時に、ソークラテースと遭遇している。ソークラテースは会話が始まって程なく、パイドロスが懐中に巻物を忍ばせていることに気付く。(59) それを(ほんの少し)遠回しに言っても、パイドロスは悟らずに、所期の設定通りに会話を続けて行く。じれったくなったソークラテースが、懐中のものを出せという。

たしかにわしはお前のことが大好きだよ、だけどリューシアースもここにいるとなったら、お前さんの練習台に我と我が身を差し出すようなことは、全く以てどうかと思う。お前さんが問題のロゴスをもっているなら、わしの存念がこうだということを、心得ておいて貰いたいね。(60)

さあと手を伸ばしたソークラテースに、パイドロスが「やめてください παῦε」と叫んで、一切の企みが水泡に帰したことを認め、ここにはじめて（否定を通じて）意思の疎通が成立する。パイドロスは巻物を朗読することになり、二人は篠懸の木の下に辿り着く。

文字を読むだけのことに、これほどまでの手間を掛けて情景を描いている。著者である「リューシアースもここにいる」という言い方にも、当時議論されていた、書写言語と著者の意図の問題が滲む。論争に曰く、文字は彫像や絵画と同じで、自分の考えを伝えない。また曰く、著者ぬきに、書写言語は本来の意図を明らかにすることは出来ない。[61] 翻って、書写言語は著者の真面目を伝えることは出来ない——そういう主張である。プラトーンの筆づかいは挑発的と形容してもよさそうである。

今一度、『クリティアース』を引こう。[62]

〔本題であるアトランティス島の様子を〕お話しする前に、いま少し明らかにしておかねばなりません。夷狄の人々がギリシア語風の名乗りをして〔登場するのを〕ちょいちょいお聞きになって、それで驚いたりなさらぬようにです。その名乗りの訳をこれからお耳に入れようと思います。ソローンが自分の作物にアトランティスの物語を使おうと目論んだおり、〔アトランティス人の名前に宛てられていた〕言の葉の意味するところを探求していると、アイギュプトス人らがアトランティス人の名前を書き留めるに際し、自分たち自身の言葉に置き換えるという方法に先鞭を付けたと知り、なればこそソローン自身もまた銘々の名前の意味するところを汲んで我々の言語に直してこれを書き留めていったのです。この書き物が、よろしいでしょうか、祖父の保管するところとなり、そしていまなお、私が手許においているものです。私が子供であった時分に、何度も習い、頭に入っております。さ、これで皆さん方が、これから出て来る名前が当地風であるのをお聞きになっても、驚いてはいけませんよ。そのわけをお聞きになったのですから。

アトランティス物語に全く「アトランティス語」のかけらも出てこない言い訳をする件である。と同時に、たとえそこに「原語」（があるとすればだが）が見えなくとも、綴られた情報が真正であることの保証をしていると見るべきである。(63) 文字になっていればこそである。

この引用に比べると、『パイドロス』の導入の異様さが浮き彫りとなる。文字は著者リューシアースその人であるといい、文字がないかのように諳誦してみせようとする姿があり、そして文字そのものの存在が発覚するまでの、対話篇の「本筋」とは関係のない掛け合いがあり、最後には巻物の奪い合い寸前まで行って、ようやく対話が成立する、言語不通状態が描かれている。意思の疎通と文字が、『パイドロス』にとって重要な意味を持つことの証である。そしてこの点は、末尾のテウトの物語以降にみる、文字批判、書写言語批判によって確かめられる。(64)

四

『パイドロス』の主題が何であるか、聚訟紛々である。あるいは「魂」であるといい、あるいは「恋愛」、あるいは「弁論術」であるという。冒頭、末尾に見る文字批判、書写言語批判などは、些末な問題ではないか。精々が、「真の弁論術」（というものがあれば、それ）を補強し、弁論代筆家《ロゴグラポイ》やソピステースを批判するための添え物なのではないか。そう反論することもできそうである。しかし、ことはそれほど単純ではない。

ソークラテースの二つの演説の緒を探ってみよう。

リューシアース『恋愛試論』を朗読し終えたパイドロスに、ソークラテースは、著者の凡庸を論《あげつら》う。パイドロスが反論に出る。[65]

パ「何もおっしゃっていないのと同じですよ、ソークラテース。だって、いまおっしゃったことこそが、〔リューシアースの〕この弁論の一番の持ち味なんだから。〔情事という〕問題について、主題に相応く語り得るものはおよそ語り尽くしてしまいましたから、誰かがあの方のお話しになったのに伍して《パラ・タ・エイレーメナ》、これを上回る規模、価値のある演説をしようにも、まず無理な相談だと言っていい」

ソ「そいつは、このわしには断じて承服できん。この御題について語り、書いている古の賢人、哲婦がわしのことを徹底的に追及しようからな、お前さんを歓ばせてやろうと同意などしてしまおうものなら」

パ「それはどなたのことです。で、さきほどのリューシアースのものよりも素晴らしい演説をどこでお聞きになりました」

ソ「それがいま、そんな具合に「かくかくしかじかです」とは言えんのよ。誰かが話しているのを聞いたことがあるのは間違いないんだが――ええと、見目麗しいサッポーだったかな、それとも濬哲《しゅんてつ》アナクレオーンだったか、[66] いや、だれか散文作家《シュングラペイス》だったということもあるかな。〔このように出所の記憶が曖昧な状態で〕じゃあ何を根拠にこんなことを口走っているのか。なにかこう、いっぱいになったんだな、神さびた御仁よ、[67] この胸がね、それでリューシアースの演説とは別に《パラ・タウタ》、これに引けを取らぬようなものを話すことが出来るんじゃないかという感じがしているんだよ。とはいえ、その〔新しい話の〕うちで、このわし自身の中から閃き出たものなぞは何ひとつとしてないことはよく判っているんだ、[68] わし自身、己の無学をよくよく弁えているんでな。だとすると、どこかよそのせせらぎ《ナーマトーン》から、[69] 人の話を通じて、このわしへ、器よろしく流れ込み、満たしているのではないか、そう考えるしかないんじゃないかと。で魯鈍が祟って、どうやって、誰から聞いたのか、そういう今問題になっている肝心のこともまた忘れてしまった、と」

リューシアースの演説とは別に（「の脇に παρὰ ταῦτα」）、演説を拵えて並べてみようと仄めかしたソークラテースに、パイドロスは食いつく。[70]

パ「いやはや、[71] 高貴な上にも高貴な御方、[72] 何とも素晴らしいことを仰る。いえね、その演説をどなたから聴いた、どんな風にお耳に入れた、話せと私が命じても、あなたの方ではそんなことを話しちゃいけませんよ。[73] で、いま口になさっていることをおやりになんなさい。この巻物にある演説／話《ロゴス》よりも内容のすぐれた、[74] 規模でもひけを劣らぬものを、さきほどの話《ロゴス》とは別に、一から《トゥートーン・アペコメノス》御話になると御約束なんですからね。私は私で、あなたに御約束する。九人の最高行政官《アルコーン》たちにならって、デルポイの社に等身大の黄金像を奉納しましょう、私自身のものだけじゃなくて、あなたの像もね」

ソークラテースの *παρὰ ταῦτα* を、パイドロスは「さきほどの話とは別に、一から τοῦτον ἀπεχόμενος」と取っている。その意味するところは、リューシアースの用いた材料、構想、論点などは一切使わず、ということである。狼狽したソークラテースの懇願が続くことから、パイドロスが誤解していることは明らかだろう。パイドロスは激昂の余り、相手の言い分を誇大に理解し、法外な要求をふっかけ始めている。またもや意思の疎通が破られているではないか。ソークラテースが「黄金」に引っかけて、駄洒落を用いながら、相手を宥めるように説明しても、彼の興奮は収まらず、デルポイへの奉納が、オリュンピアーへの奉納へ、そして黄金も単なる黄金ではなく、練りに練った純度の高い金へと格上げされる始末である。ソークラテースが「本気にとったのだね」と呆れるのも無理はない。(75)

しかしパイドロスは譲らない。いよいよソークラテースは追い詰められて行く。(76)

パ「いまの状況、判っていますか。私にいい顔をし〔て体裁を取り繕ったりし〕ようとするのはおやめ下さい。こっちはもう、これを言ったらあなたが話さずにはいられなくなるようなことを、手にしているも同然なんだから」

ソ「しからば断じて口にするんじゃないよ」

パ「いやいやどうして、そりゃもう申しますって。これから申すことは誓いの言葉となります。「私は御前に誓います」――とはいっても、どなたに、神々のどなたの御名にしたものか。いや、いっそのこと、この篠懸に誓うことにします？　――「もしソークラテース、あなたがこれなる篠懸の木の目の前でその御話をなさって下さらないというのであれば、あなたには金輪際、誰のどんな話であっても、今後は一切、お話しもしませんし、お聞かせも致しません」

ソークラテースが絶賛した篠懸を引き合いに出してみせたのは、パイドロスなりの軽口だったのかもしれない。自分に余裕があるところを示すためであろうか。感情的になっている人物にありがちなことである。しかし、それは彼がソークラテースを誤解していたことを裏付けるだけだった。この呪詛をソークラテースは額面通り受け取り、第一演説へと赴くことになる。物も言わず、人に教えようともしない自然を畏み、嫌がっていた演説に着手する。[77]

ソ「ここでわしがどんな塩梅でやるつもりか、判るかね」

パ「なんのこと〔を仰っているの〕でしょう」

ソ「顔を隠してから話すんだよ、できるだけちゃっちゃと話を終えちゃって、お前さんのことを見てばつが悪くなり、あっちへふらふら、こっちへふらふら行き悩むようなことがないようにさ」[78]

パ「とにかく御話下さいよ、ほかのことはお好きなようになさって」[79]

ぶ男で名高いソークラテースが「いい顔をし〔て体裁を取り繕ったりし〕ようとするのはおやめ下さい παῦσαι πρός με καλλωπιζόμενος」などと面罵されたら、それ以上ぶ男になりようがないのだから、あとはもう顔を隠すしかないではないか。ソークラテース一流の剽軽は、勿論パイドロスに通じない。「いまの状況、判っていますか」というパイドロスと同じ句法を使って「ぼくがどんなふうにするつもりか云々」で切り出しても、まったく気がついていないのだろう。

ソークラテースが篠懸の手前を畏んだのは正しかった。第一演説が始まると、彼は俄に強い憑依

に襲われている。いつもの駄洒落をさかんに連発しながら、こう述べる。(80)

ソ「――というか、パイドロスさんよ、わしはなんかこう、神がかったような節がないかね。わし自身にはそんな感じがするんだが」

パ「いやもう仰せのとおりですよ、ソークラテース、いつものあなたはどこへやら、なにか滔々たるものがとりついていますよ」

「滔々たるもの εὔροια」がイーリーソスの流れに言寄せた表現であるとは言い過ぎであろうか。しかし、ソークラテースの駄洒落が普段の域を超えている様子を読むことは許されよう。ソークラテースは続ける。(81)

ソ「じゃあわしが話すのをしずかに聴いているように。なにしろ神さびたところがある場所だ、話が進んだところでわしがちょいちょいニュンペーに憑依されるようなこともないとは言えまいから、その折には驚いてはならんよ。いまのわしの口のきき方ときたらもう、ディーテュランボスとそれほど違わなくなっているんだから」

パ「もう全く仰るとおりですね」

ソ「そりゃそうだけれども、こうなったのは他ならぬお前さんのせいなんだよ。しかしまあ、続きを聴いてくれ。ひょっとすると、やって来るものが遠ざけられるようなことがあるかも知れない。(82) しかしまあ、それは神が何とかなさることだろうし、わしらの方は話を続けて、件の子のところへと戻ってゆかねば」

ここにいう「他ならぬお前さんのせい」というのは、単に演説を話すよう仕向けた呪詛を言うのではあるまい。そもそもの発端としてパイロドスがボレアース神話を口にしたこと、彼がリューシアース（とロゴグラポス、ソピステース）を尊崇する余り、ソークラテースの軽口を曲解したこと、そしてパイドロスなりの軽口で篠懸を引き合いに呪詛を行ったことを全て含んでいるはずだ。パイドロスは勿論、その言を真に受けず、心楽しく演説の続きに耳を傾けることとなる。第一演説は最高潮に達する。(83)

片や憤りつ呪いつ追い縋るのを余儀なくされる、そもそもことのはじめから弁えもせなんだからだ。兎にも角にも想いを寄せる者、それゆえにまた弁えなきもやむなき者と情けを交わすのではなく、むしろ想いも寄せず、分別を失わぬ者にこそ身体を許すものだと。しからずんば、信なく、快々《おうおう》として楽しまず、嫉《そね》み、むかつく、身代に蠧毒《とどく》、身体の状態に荼毒《とどく》、なにより魂の陶冶にこの上なき戎毒《じゅうどく》たる者に我と我が身を委ねる破目となろう。魂の陶冶こそは、まことに人にも、神にも、これにすぐる大事なく、永遠《とわ》にあるまじ。

されば豎子《じゅし》、然様《さよう》心に熟々《つらつら》惟《おもん》み、また想いを懸ける人の懇款が温情に出るものではなく、糧食のごとく、欲を満たすためのものなりとも知るべし、

豺狼、羔羊《こうよう》ヲ愛《おし》ミ
眷恋、丱童《かんどう》ヲ寵《いつくし》ム

ソ「――ほれ、これだよ、パイドロス。お前さんが聴いていようが、これ以上わしはもう話さんぞ、いい加減この話はしまいということにしておくれ」

連辞省略《アシュンデトン》、頭語反復《アナポラー》、交差配列《キーアスモス》をはじめとする技法を駆使した文章は、俄に長短々六脚律《ダクテュロス》の響きを帯びて途切れる。その後には、全く異なるスタイルの呟きが来る。全てはニュンペーの仕業だと言って、ソークラテースはそれと気付かぬパイドロスにいらだちを募らせる。[84]

第一、わしがニュンペーたちの影響を受けて、どう見ても憑依されそうになっているのが、判らんのか。腹に一物あってそのニュンペーにわしを突きだした、そのお前さんが。

ソークラテースはイーリーソス川を渡って立ち去ろうとする。しかし、結局のところ渡らない。ダイモーンが引き留めるのである。これもある種の憑依であろうか。[85]そして、

とにかくお前さんは神がかっているね、パイドロス、こと話《ロゴイ》に関してはさ。これはもう、驚くほかはない。いやなに、お前さんが生きているこの時代にも数々の話が産み出されているけれども、自分で話すんでも、だれか他の者にどうにかこうにかして話すように仕向けるんでも構わんが、このわしはお前さんほど沢山そうした話が生まれるように塩梅した人物を知らんのよ――テーバイ人のシンミアースは勘定に入れずにおくとして、それ以外の連中は、お前さん、全く寄せ付けない。それにほらまた、お前さんが原因で何やら話が物語られることになったようだ。(86)

と口にする。最後の「話」とはもちろんダイモーンが呼び止めた経緯である。第一演説を続けるよう勧説するパイドロスに憤慨して立ち去ろうとしたソークラテースに、ダイモーンが「ホシアーの状態を復元せよ」と命じているかの如くであるという。(87)その際に、

わしが川を渡ろうとしかけた、その時だ、御立派な人よ、神《ダイモーン》がわしに下し給う、例の徴《しるし》があってね――わしがしようとしていることにいつも待ったをかけるんだ――そこでやにわに声のようなものが聞こえたような気がした。(88)ホシアーな状態に直るまでは立ち去ることはまかりならん、神にかかることに関して、なんだかよく判らんけれども、なにか過ちを犯したままだと、こう言うんだ。で、こう見えてもわしは占いをするものだから――それほど御大層なものじゃ

ないんだけれども、文字が不得手な連中とちょうど同じような塩梅で、我と我が身一身だけのことなら、間に合うんだ――そんなわけで、その過ちがもうはっきりと判ってきたところだ。

と付言している。(89) なぜ「文字が不得手な連中 οἱ τὰ γράμματα φαῦλοι」が譬喩に使われるのだろうか。唐突にすぎはしまいか。しかし、対話篇の主題が文字であり、書写言語であるとすれば、むしろ出るべくして出た譬喩といえはしまいか。ソークラテースはこうも述べている。(90)

ソ「とんでもない話《ロゴス》を、パイドロス、とんでもない話をお前さん自身も携えてきたし、このわしに話すよう強いもしたんだよ」
パ「それはまたどうしてそんな話になるんでしょう」
ソ「おめでたいねえ、それになんというか、神を蔑ろにするようなところもあるぞ。あの話よりもとんでもない話があるもんかね」
パ「ない――でしょうね、いまの御話が本当なら」
ソ「おいおいなんなんだ。エロースがアプロディーテーの子で、ひとかどの神だというのは違うとでも思っているのか」
パ「世間ではエロースについてさよう申しますね」
ソ「少なくともリューシアースはさようのさの字も出さなかったし、お前さんの話――お前さんに一服盛られ〔て魔術をかけられ〕たわしのこの口から出はしたが——あの話でもそうだ。
……〔後略〕……」

パイドロスはソークラテースの憑依を目のあたりにしながら、相変わらず神話《ミュートロゲーマ》とは距離を置こうとしている。それを尻目にソークラテースは続けている。そこに出てくる「一服盛られ〔て魔術をかけられ〕《カタパルマケウテントス》καταφαρμακευθέντος」という言葉を見逃してはならない。パルマケイアー、妙薬《パルマコン》、強いる術《アナンケー》を受けて、ついのこの語に至る。全てはパイドロスに端を発している。それを当のパイドロスが（恐らく）全く自覚していない。相変わらず意思の疎通が成り立たないわけである。冒頭で導入されたミスコミュニケイションの問題が、ここに顔を出していることに注意したい。顔を隠して話し始めた第一演説が、恐らくは顔の歪み、渋面を伴って終わることも偶然ではない。ソークラテースの脈絡は脈絡で、生きている。

五

ソークラテースの第二演説がはじまる。パリノーイディアー、すなわち帳消しの歌いである。魂をめぐる有名なミュートスが展開され、『パイドロス』の中核として位置付けられる箇所でもあるが、ここでは取り扱わない。その冒頭と末尾を問題にする。まず冒頭である。(91)

実際には、善いこと、善いものが色々とあるうちで、最大、最高のものは狂気《マニアー》を通して生じてくるもんだ——その狂気が神の下されものとして与えられるならば、だけれど。なにしろほら、デルポイの口寄せ巫女も、ドードーネーの女神官たちも、狂気の状態になってはじめて、ヘッラスの個々人にも、種々の国家にもあまたの善を行ったのに対して、分別のある状態ではさほど、もしくはまったくそのような働きがなかったじゃないか。

つづくマニアーの駄洒落は、第一演説に出るエロースの場合と同様である。[92] そしてここでは、狂気、神がかりが真正面から肯定されている。ドードーネーはいうまでもなく、黙して語らぬ木がゼウスの真意を伝える聖所である。[93] 後段の伏線をなすとともに、[94] 冒頭のソークラテースの述懐を想起させる件でもある。木石も語る。街人の知、ことのは／ことわり《ロゴス》とは異なるものを教えてくれる場合がある。

そして末尾の祝詞である。[95]

親愛なるエロースの尊《みこと》よ、右、私どもの力の及ぶかぎり麗しく、立派な帳消しの歌い《パリノーイディアー》として御前に奉り、御納め致しました。パイドロスのせいで「ほかの点もさることながら、とりわけ句法が」どこか詩歌に通じる格好で語るのを余儀なくされも致しましたが、[96] ともあれ最前のことはご寛恕下さり、かく歌い納めたる種々をご嘉納あらせられ、慈恩をもちまして、私にお授け下さったエロースのわざをば御瞋恚《しんい》にまかせて御召し上げになりませぬよう、これを去勢《ペーローセーイス》〔し、不能に〕なさることのありませぬよう、そして麗しい人々の間で今よりももっと声誉が高まるのを御許し下さいますように。さきにもし、御前になにか似つかわしからざることをパイドロスや私めが申しましたとしますれば、件の演説《ロゴス》／話の父親であるリューシアースをお責めになり、彼にこの手の話をやめさせ給い、まさに彼自身の兄のポレマルコスが進路を変えたように、知を愛し求める道へとリューシアースを転向させ給いますよう。かくてリューシアースのこしらえた件の懸想人もこれ以上、最前の如き二股膏薬を続けることなく、エロースの尊に対し奉り醇乎たる心持ちで斎《いつ》き、知を尊び、これを求める言の葉《ロゴス》に携わりつつ、日々を暮らすこととなりますように。

著者が書写言語の父であるというモチーフが現れていることは、やはり対話篇の主題を仄めかす。[97]エロースに対する呼びかけにも注目したい。これを手掛かりに、全体を三分割する見方がある。一篇の冒頭「親愛なるパイドロスよ ὦ φίλε Φαῖδρε」から始まり、第一演説の頭までを第一部、それから右に引いた第二演説の「親愛なるエロースよ云々 ὦ φίλε Ἔρως κτλ」で終わる部分を第二部、そして最後の「親愛なるパーンよ ὦ φίλε Πάν」以下の祝詞で締めくくられる部分を第三部にまとめる立場である。[98]多分に哲学的な読みをするための枠組みながら、第二演説の終了部から少し後ろに区切りをずらすと、[99]自然を繞《めぐ》る描写の出現箇所と重なる。第一部冒頭、第三部のドードーネーや土地の神への言及、パーンへの祝詞、それに第二部の蟬の一段と、平仄を合わせたかの如く、それぞれの部に自然の描写が組み込まれている。第二部の対話篇の部分を導く蟬の件を見よう。(100)

ソ「たしかにまあ、暇はまだまだありそうだ。それにわしらの頭上で、息苦しい暑さのみぎりにいかにもだけれども、蟬が歌い、互いにことばを交わしながら、わしらのことも見下ろしているような気もしているんだ。それでもし、わしら二人も、大方の連中と同じように、白昼ことばも交わさずに、うとうとまどろみながら、頭が回りかねて、蟬のやつらの歌の調べにうっとりとしているのを見とがめようものなら、あいつらが嗤ってもおかしくはなかろうよ、わしらのことを奴隷かなにかが、泉のまわりで子羊が寝て昼の暑さをやり過ごすように、自分たちの所へやってきて、休憩所(101)にしけ込み、居眠りをむさぼるわと思ってさ。だが、わしらがことばを交わしながら、セイレーンたちの歌に惑うことなく、その傍らで無事に船を走らせるように、自分たちに惑わされることもなくやり過ごすのを目にしたら、恐らくはわしらのことを褒め称えて、神々が人間へ賜るようにと蟬に授けてある贈り物を与えてくれるんじゃあるまいか」

パ「で、その贈り物とはいったいどんなものなんでしょうか。どうもこれまで聞いたことがありません」

ソ「こらこら、ムーサイを慕うほどの人物なら、こうしたことは聞いたことがありません、じゃいかん。まあこんな話だよ。昔々、この連中［蟬］は人間だった。ムーサイが生《あ》れます前の話だ。ムーサイがお生まれになり、歌いが出現すると、当時の人間の中にはその愉しみにすっかりいかれてしまったのがいて、その連中、ひたすら歌い続けて、飲食には頓着せず、自分たちが死んでも気づかぬ始末。そうして死んだ者から蟬の族《うから》が後に生まれることになり、その折にムーサイからこんな贈り物を授かった。つまり、生まれつき栄養は全く不要、ただちに歌い始め、飲まず食わずで死ぬまで歌い続ける。そして死後はムーサイのおそばに上がり、この地上にいる者の誰がムーサイのどなたを崇めているかを申し上げる——と、こんな贈り物さ。テルプシコラーには歌舞に携わり、かの女神を崇め奉っていた者たちのことを申し上げ、彼らがかの女神にますます愛でられるようにする、エラトーにはエロースのわざでこの女神を奉じていた者たちを、他の女神たちにも同様に、それぞれの女神を尊信する道に応じてこれを行う。最年長のカッリオペーと、続くウーラニアーには、知を尊び、これを求めて生き、二柱の女神が司るわざを敬う人々のことを知らせまいらす。この女神方は、ムーサイの中でもことのほか天空と、神界人界双方のロゴスに関わりが深く、その仰りようは何と言っても麗しい。ほら、だから、理由はたくさんあるんだよ、なにか話さなきゃ駄目なんだ、真昼の暑さにひっくり返って寝ているわけにはいかないんだ」

　ギャラリーの手前、話をしようではないかという。人間であることの証明であるという。対話をする動機が色々ある中で、そのようなものが混じっていたら、対話の内容に不審の念を懐きはしないだろうか。対話の進行だけではない。パリノーイディアーという便宜に走ったソークラテースは、それが便宜であったことを自ら認めるに至る。(102)

ソ「……〔前略〕……そしてどうにかこうにか、エロースがもたらすところ《パトス》をなぞりながら、多分、真というべきものにふれるところもあっただろうし、またあらぬ方へと道を踏み惑うこともあったやに思うが、とまれかくまれ、まったく説得力がないとも言い切れないような話を拵《ケラサンテス》えて、神話的な色彩を帯びた祝歌《ほぎうた》をば、ほどもよく、幸先のよいことばを連ねて唱い奉《まつ》り、わしとお前さんの主たるエロースの尊を讃えたわけだ、パイドロス、麗しい子らを御守り下さるかの神を」

パ「いやもう、私、拝聴するのも実にたのしゅうございました」

ソ「じゃあその歌いから攫《つか》んでみようじゃないか、誹謗していたものが称賛へと、どんな塩梅で話が換わり得たのか(103)」

パ「とおっしゃいますと、それは一体」

ソ「わしにはね、ほかのことはみな、実のところ、子供じみたお遊びをやっていたように思えるんだよ。ただ、こうして成りゆき任せの偶然で話されたことには二つの型《エイドス》があって、それぞれの働き《デュナミス》、作用をわざ《テクネー》の形でとらえることができるとしたら、まんざらでもない」

「まったく説得力がないとも言い切れないような話を拵えて」に葡萄酒を水で割る時に用いるκεράννυμι（「混ぜる」）のアオリスト分詞 κεράσαντες が使われている。過度に意味を読みこむべきではなかろうか。しかし、第一演説であれほど甚だしく憑依されたソークラテースにしては、第二演説を「混ぜた《ケラサンテス》」とは、醒めた表現である。それを裏付けるように、出来上がったパリノーイディアーが単なる御都合主義的方便であるばかりか、単なる戯れであったとまで述懐している。そして、第一演説から第二演説へと進んだ際に、エロースと狂気という主題を、非難から称賛へと換骨奪胎した技法を検討しようと持ちかけ、演説の内容そのものよりも、外形的なところ、hermeneutical なものよりも、rhetorical なものに注目しようではないかと提案している。第二演説が「たわむれ」であり、内容について、その是非を問うても仕方がないということを仄めかしている。

六

παιδιᾷ πεπαῖσθαι、「子供じみたお遊びをやっていた」（「戯れに歌った」「お遊びで子供じみたことをし、ふざけたことを口にした」「お楽しみに舞を舞った」「演奏をして愉しんだ」）——これは遁辞でも謙遜でもない。続く対話は蝉というギャラリの前でやむなく執り行うものであった。少なくとも、そういう体裁を取っていた。一通りの討論が終わって、書写言語と文字の問題にさしかかったところで、ソークラテースがタムースとテウトの神話を話し始めると、パイドロスは言う。(104)

ソークラテース、あなたと来たら、アイギュプトス人の口にする話だろうが、どこのどなたさまの話だろうが、また易々と拵えるものですね。

法螺扱いなのである。ソークラテースがダイモニオンに制止された経緯を述べた時、パイドロスを讃えてロゴスを生む天才と称したのとは、(105)正反対である。ロゴスに対する二人の態度の違い、そして目の前で展開するロゴスをめぐる理解の差が端なくも現れた一節ではあるまいか。ソークラテースの反論が続く。(106)

君ねえ、ゼウス・ドードーナイオスの社に斎《いつ》く人々あたりは、槲《かしわ》の木の語るところが、讖《よげん》の始まりだと言ったんだ。なにしろあの頃の人々は、お前さんがたのような当節の若者とは違って賢《さか》しくはなかったから、槲でも石でも、話していることが真《まこと》でさえあれば、真っ直ぐな心でそれを聴けばたくさんだったのさ。お前さんの場合だと、多分、話しているのがどこの誰なのか、それで違いがでるんだろうが。話していることはその通りなのか、そうじゃないのか、その点だけを見るんじゃないもんな。(107)

冒頭のソークラテースの言葉を思い起こしたい。中心市に缶詰の彼は、木石が真理を開示しようとしないと喞《かこ》ち、己に教えようとする街人を追い回していた。今のソークラテースはどうだろう。

強烈な憑依を体験した彼が、それと正反対のことを口にしてはいないだろうか。パイドロスに盛られた「妙薬《パルマコン》」にあてられ《カタパルマケウテントス》、土地に潜む超常の存在（ニュンペーやパーン）に操られてあらぬ事を口走り、第二演説とともに一応の憑依が解けて[108]、蟬をギャラリーに対話を演じて見せたその果てのことである。

その蟬はムーサイのしもべであると、ソークラテースは述べている。ムーサイが生まれ、歌が生まれると、一部の人間は歌う愉しさに没頭する余り、飲まず食わず、死ぬまで歌った。その人々から蟬という種族が生まれ、ムーサイ近くに仕えることになったという[109]。ソークラテースと自然との関係を描く三つの件の中央に、篠懸に集《すだ》く蟬、すなわちギリシア人が単なる虫ではなく、美しい啼き声の持ち主として好む特別な存在が描き込まれ[110]、物言わぬはずの自然が物を言う情景が提示されている。人間であった蟬が歌っている。

ソークラテースがパイドロスに向けた批判にも注意しよう。典拠が大切だという考えを棄てよというのである。ソークラテースが第一演説を始める前の姿はどうだったか。美しいサッポーであったか、濬哲のアナクレオーンであったか、他の散文作家《シュングラペイス》であったか、誰かがもっとうまいことを言っていた、自分はそれを思い出したのだと口走ってはいなかったか[111]。パイドロスは焦れながら、そんな情報源は、自分がいえと命じても言わないでくれ、どうでもよいことだと切って捨てはしなかっただろうか。二人の関係は入れかわっている[112]。

かくて最後に文字批判、書写言語批判を加える。人が記憶を蔑ろにするようになる、本当の知恵を疎かにして、見せかけの知恵ばかりを追究するようになる、書写言語は至る所に流布してしまい、読者を択ぶことが出来ない、あらぬ読者が誤解をする、文字はその誤解を解き真意を説明することが出来ない、文字や書写言語は所詮影であり、代用品であるということとが列挙される。そして、魂に刻み込む文字こそが大切だという結論に落ち着いた二人は、対話を切り上げる。ソークラテースのことばである。(113)

どれ、そろそろロゴスをめぐる種々で、わしら、そこそこ遊んだとしようか。ではお前さんはリューシアースのところにいって話しておいで。わしら二人、ニュンペーたちのせせらぎとムーサイの瓊筵《けいえん》へと道を下っていって、あれこれロゴスを聴いた。その話は、リューシアースや、他の誰でもよい、とにかくロゴスを綴るものがいたら、その人物に、それにホメーロスや、他のだれか、旋律があってもなくてもとにかく詩歌をものしたことのある人物にも、そして第三に、ソローンや、ポリスにかかわる言説《ロゴイ》で、法《ノモス》と称して書き物をした者にも、話して聴かせるようにと、わしらをに命じものであったと。つまり、真実の在り方を弁えてそうした作をものし、書き記したものをめぐって仔細を検《あらた》めることも辞せずにこれを救うことができ、そして自らのことばで語り、書き物が取るに足りないものであることをはっきりさせる力があるとするならば、そのような人物は、こうした〔書き物による〕話《ロゴス》のジャンルで呼ばれるのではなく、もう一方の〔口頭による〕話《ロゴス》のうちで意を注いだものにちなんで、呼称が定められるようでなくてならない、と。[114]

戯れの対話も終えたという。第二演説を「たわむれ」と喝破したのと、同じくきっぱりとした言い方である。ギャラリーを前にした務めも果たしたということであろう。最後にソークラテースは祝詞を上げることとなる。[115]

どれ、これなる方々に祈りを捧げてから行くことにしようか。

「これなる方々に」はτοῖσδεである。ソークラテースはゼスチャで周りをぐるりと指し示しながら、こう言ったのだろう。あたかもそこにいるかのように、目に見えない存在を述べたものである。ここに至って、ソークラテースと郊外の自然が如何に密接な関係にあったかが、この上なく明晰なかたちで現れているではないか。そうして憑者のひとつ、パーンに向かって祝詞を上げる。[116]今一度、引いておく。

親愛なるパーンよ、そしてこの地にまします全ての神々よ、私の内側が美しくあることを、そして私が外にもつものすべてが、内なるものと相和することを御許し下さいますよう。賢者を富貴の人とわたしが考えますよう。黄金は、弁えのある人だけが担い、運び得る《ペレイン・カイ・アゲイン》［＝劫掠する］

ほどの分量が、この私にありますよう。

ソークラテースは郊外で文字と書写言語を批判し、対話に基づく哲学を推賞している。想い出そう。ソークラテースとパイドロスの遣り取り、二つの演説は意思の疎通の失敗によって推移している。演説後の修辞批判、対話推賞の件は、蝉の手前を憚ってのものである。第二演説が遊びならば、その後の対話の全ても遊びであった。その全てにニュンペーやパーン、そのほか「この連中《トイスデ》」と呼ばれる、身近に迫る自然が大きく関わり、左右している。その結果、物を言わぬ自然が真理を教えることになるのではないか。

神がかるソークラテースは都市の流行、ソピステースの営みを「田舎じみた」「野鄙の」と、通常とは顚倒した語で形容して、郊外をソピステースの空間へと作り替える。ソークラテースが物を言わぬ自然に教えられつつ、郊外で文字、書写言語を批判することも併せて考えよう。都市と分かち難く結びついた媒体、制度でありながら、oralityがなお権威を誇る中心市にあって、ともすれば冷たく扱われる文字、書写言語である。彼の批判は中心市と郊外の関係、すなわち都鄙関係をずらし、ゆるがし、線引きをし直す作業に他ならないのではないか。その作業に、ヘーラーをはじめ、常とは異なる神や超常の力が働いていることを今一度思い起こすべきである。パーンへの祝詞を想起するべきである。[117]

ここに、聖域であるポリスと、その構成要素である都鄙の関係が揺らいでいる姿を見ることが出来る。この揺らぎは、決して特別な出来事や、一過性のものではない。恒常的に作用している力学の一齣《こま》である。プラトーンはその力学に乗じてこの作品をものし、(118)文字と書写言語を鋭く批判するソークラテース（と背後の存在）を豊かな筆致で描き出す。そう、彼は書写言語に頼り、そこにこめられたメッセージを解読できるかと読者に挑み、彼が批判した文字、書写言語とは別様の文字、書写言語の在り方を開示している。(119)

その挑戦をどれだけの人が自覚したかは知らない。どれだけの人がそれを受けて立ったかは、なおのこと判らない。しかし、少なくとも一人、これに気がついた人物がいる。対話篇の末尾に突如名前を出されたイソクラテースである。彼の最後の演説作品『パナテーナイコス』は構成、構想の至る所で『パイドロス』を意識している。この作品でイソクラテースは書写言語の可能性を展開し、orality と literacy の関係が変容する上で、決定的な一歩を印す。(120)文字が著者のたすけを藉《か》りず、書写言語が自らの意図を読者に読ませ、考えさせる構造を備えたテキストして自立して行くプロセスが加速する。その作品名は、アテーナイというポリスの中心市で賑々しく催された大祭に因む。プラトーンの『パイロドス』が敢えて郊外で展開した論脈を、イソクラテースは真の批評たらしめるべく、中心市を舞台に構えも大きく継受しようとするものではあるまいか。orality と骨絡みの中心市という言説を脱構築しようとしているのではないか。都鄙の線引きが揺らぎ、都鄙それぞれの在り方が揺らいでいる。

ポリスという聖域の常態＝動態がここにある。ポリスの聖域を論じる枠組みもまた、ここに生まれる。

注

（1）（例えば）god, saintとも一致しない。

（2）S. Price, *Religions of the Ancient Greeks*, Cambridge University Press, 1999; L. Bruit Zaidman and P. Schmitt Pantel, *Religion in the Ancient Greek City*, Cambridge University Press, 1992.

（3）二五〇〇年も経てしまえば「御宅《オタク》の聖地、アキバ」のようなもの――多分に譬喩に傾いているというならば、譬喩的ではない聖域を指陳してみることである――を探り当てることは、至難の業である。あるいはカプリッチョの時代の廃墟ローマを以て太古（の文明）を体現する聖域、喪われた美の社として珍重するグランドツアーの人々を如何に考えるか。彼らの目にするものは勝義の神殿、聖域ではない。廃墟である。岡田温司『グランドツアー――一八世紀イタリアへの旅』（岩波書店、二〇一〇年）を参照のこと。廃墟で例えば軍艦島のごとき廃墟を遺跡、遺産として読み替え、新たな意義を付与してゆくプロセスについては、ここに議論をする余裕はない。

（4）F. de Polignac, *La naissance de la cité grecque*, Éditions de la Découverte, 1984.

（5）Antiph. 5.11. 殺人をめぐる条規と穢れとの関係については、E. M. Harris, The Family, the Community and Murder: the Role of Pollution in Athenian Homicide Law, in: C. Ando and J. Rüpke (eds.), *Public and Private in Ancient Mediterranean Law and Religion*, de Gruyter, 2015, 11–35.

（6）F. E. Winter, *Sepulturae intra urbem* and the Pre-Persian Walls of Athens, in: *Studies in Attic Epigraphy, History and Topography: Presented to Eugene Vanderpool. Hesperia* Supplements 19, 1982, 199–204.

（7）齋藤貴弘「古典期アテナイにおける処刑と罪人の遺体処理――バラトロンへの罪人投棄について」（『古代文化』五八―一、二〇〇六年、五六―七〇頁）、L. Gernet, Capital Punishment, in: P. J. Rhodes (ed.),

Athenian Democracy, Edinburgh University Press, 2004, 132–157.

（8）宮﨑亮「冠の効用　優勝がもたらすもの」（桜井万里子・橋場弦編『古代オリンピック』岩波書店、二〇〇四年、一四四－一六〇頁）一五三頁、L. Kurke, The Economy of *Kudos*, in: C. Dougherty and L. Kurke (eds.), *Cultural Poetics in Archaic Greece: Cult, Performance, Politics*, Oxford University Press, 1998, 131–163.

（9）A. Henrichs, Anonymity and Polarity: Unknown Gods and Nameless Altars at the Areopagos, *BICS* 19, 1994, 27–58; E. Bikerman, Anonymous Gods, *JWI* 1-3, 1938, 187–196. Cf. S. Pulleyn, The Power of Names in Classical Greek Religion, *CQ* 44-1, 1994, 17–25.

（10）M. H. Hansen, *The Athenian Ecclesia II: A Collection of Articles, 1983–1989*, Museum Tusculanum Press, 1989, 91.

（11）Cf. Arist. *Pol.* 1253a28: ἢ θηρίον ἢ θεός. ὁσία については、W. R. Connor, Sacred and Secular: *Hiera kai hosia* and the Classical Athenian Concept of the State, *AncSoc* 19, 1988, 161–88. Cf. M. Canevaro, The Decree Awarding Citizenship to the Plataeans（[Dem.] 59.104）, *GRBS* 50, 2010, 337–369, 354 n.50.

（12）禁忌を犯したリューディアー王クロイソスの顚末を見よ。J. Kindt, Delphic Oracle Stories and the Beginnings of Historiography: Herodotus' *Croesus Logos*, *CPh* 101, 2006, 34–51.

（13）Kindt, art.cit.; L. Walsh, The Rhetoric of Oracles, *Rhetoric Society Quarterly* 33-3, 2003, 55–78. 託宣の実例は J. E. Fontenrose, *The Delphic Oracle: Its Responses and Operations*, University of California Press, 1978.

（14）アトランティスが架空の大陸であり、プラトーンの創造であることは、Pl. *Criti.* 113a–b の断り書きを読めば判る。庄子大亮『アトランティス・ミステリー――プラトンは何を伝えたかったのか』（ＰＨＰ研究所、二〇〇九年）を参照のこと。

（15）最後の分詞、動詞に放牧と航海の譬喩が響いていることまでは訳出できなかった。なお、109c–d にはアテーナイを例に、いま少し抽象的な表現で、神が人間を導いていた様子が記されている。

（16）Pl. *Criti.* 111e: τὰ μὲν οὖν τῆς ἄλλης χώρας φύσει τε οὕτως εἶχε, καὶ διεκεκόσμητο ὡς εἰκὸς ὑπὸ γεωργῶν μὲν ἀληθινῶν καὶ πραττόντων αὐτὸ τοῦτο, φιλοκάλων δὲ καὶ εὐφυῶν, γῆν δὲ ἀρίστην καὶ ὕδωρ ἀφθονώτατον ἐχόντων καὶ ὑπὲρ τῆς γῆς ὥρας μετριώτατα κεκραμένας· τὸ δ᾽ ἄστυ κατῳκισμένον ὧδ᾽ ἦν ἐν τῷ τότε χρόνῳ.

(17) その全容を通時的に把握することは不可能であり、可能であるとすればそれは観察に基づくものというよりも、思弁的な復元であり、想像である。上野愼也「ポリス＝市民団——イデオロギー性の証明」（『地中海学研究』二二、一九九九年）四三―七二頁。

(18) 桜井万里子「エレウシスの祭儀とアテナイ民主政の進展」（桜井万里子『古代ギリシア社会史研究——宗教・女性・他者』岩波書店、一九九六年）五一―一〇〇頁。

(19) 桜井万里子「エレウシスの秘儀とオルフェウスの秘儀——古代ギリシアにおける二つの秘儀」（深沢克己・桜井万里子編『友愛と秘密のヨーロッパ社会文化史——古代秘儀宗教からフリーメイソン団まで』東京大学出版会、二〇一〇年、三三―六九頁）はポリスの枠を超えた運動を射程におさめるものである。

(20) Thuc. 1.10. アテーナイの廃墟を見ては実勢を超えた繁栄を思い、スパルテーの遺址に立っては現実のラケダイモーンの盛運を見損なうであろうと述べている。

(21) Aeschin. *In Ctes.*186.

(22) E. D. Francis and M. Vickers, The Oenoe Painting in the Stoa Poikile, and Herodotus' Account of Marathon, *BSA* 80, 1985, 99–113.

(23) *RE* sv. Stoa, coll.17 et sqq.; M. Jung, *Marathon und Plataiai: Zwei Perserschlacten als »lieux de mémoire« im antiken Griechenland*, Vandenhoeck & Ruprecht, 2006, 109; J. Travlos, *Bildlexikon zur Topographie des antiken Attika*, Deutsches archäolgisches Institut/Ernst Wasmuth Verlag, 1988, 216 et sqq.

(24) Paus. 1.15.3. Cf. [Dem.] 59.94; Harp. svv. ὅτι διαμαρτάνει Δημοσθένης κτλ. スキューロス遠征については Plut. *Thes.* 35.3–5, 36.1–3. 上野愼也「リュクルゴスの史筆——稽古の姿勢を読む」（桜井万里子・師尾晶子編『古代地中海世界のダイナミズム——空間・ネットワーク・文化』山川出版社、二〇一〇年）二七四―二九七頁。

(25) Paus. 1.15.3.

(26) Paus. 1.17.6. 訳文の傍点は稿者による。

（27）Hdt. 7.10.β.1, 9.27.5 (Cf. 6.108); Thuc. 1.73.4; Andoc. 1.107; Lys. 2.20; Dem. 60.10–11. K. R. Walters, 'We Fought Alone at Marathon': Historical Falsification in the Attic Funeral Oration, *RhM* 124-3/4, 1981, 204–211.

（28）Paus. 1.15.3.

（29）半神崇拝の変容をめぐる議論が参考となろう。例えば、J. Whitley, The Monuments That Stood Before Marathon: Tomb Cult and Hero Cult in Archaic Attica, *AJA* 98-2, 1994, 213–230.

（30）Hdt. 6.105.

（31）Hdt. 2.145–146. エジプトをギリシアの対極にある顚倒した世界であるとする見方が影響しているようにも思われる。中務哲郎『ヘロドトス『歴史』――世界の均衡を描く』（岩波書店、二〇一〇年）、R. Thomas, *Herodotus in Context: Ethnography, Science and the Art of Persuasion*, Cambridge University Press, 2000; J. Gould, *Herodotus*, Weidenfeld & Nicolson, 1989. なお、右に引いた箇所でヘーロドトスはパーンが極めて新しい神であることを説いているが、むしろオリュンポス一二神よりも古いと見る説もあることを紹介する件もある。Hdt. 2.46.

（32）*RE* Suppl. VIII, sv. Pan; Pl. *Cra.* 408b8, 408d1, 3; *Phdr.* 263d6, 279b8.

（33）Pl. *Phdr.* 263d5–6. 230b7–8では、ニュンペーたちが見えるばかりで、パーンの名は出てこない。その後、演説を重ねる中で、ソークラテースは憑依の力がパーンにも関係していることに気付いたのであろう。

（34）Pl. *Phdr.* 263d5–6. Cf. Pl. *Phdr.* 265c8–d1. 注102を参照のこと。

（35）Pl. *Cra.* 408b7（ソ「パーンがヘルメースの御子であることは、二重の意味でふさわしいんだ、ねえ君。……［中略］……御存知、ロゴスというものはあらゆるもの《ト・パーン》を意味するし、常に〈口から口へと〉伝い続け、方々を経るものだし、二重の性質、つまり真実と虚偽、そのいずれをも帯びるというのは、知っているだろう」）。408c10–d5では「あらゆることを知らせ《パーン・メーニュー・オーン》、常に動き回っている《アーエイ・ポローン》パーンが山羊飼《アイポロス》いなのはもっともなことだろう。ヘルメースの御子で、二つの性質を合わせ持っていて、上半身は肌がすべすべしているのに、下半身は毛むくじゃらで雄山羊の姿だ。そしてロゴスそのものか、若しくはロゴスの兄弟なんだ、パーンは。ヘルメースの御子である限りはね。兄弟同士が似ていても、まったく驚くにはあたらない」と見える。なお、Pl. *Phdr.* 263d5–6がニュンペーと自然との結びつきを叙すことで、そのニュンペーを常に伴うパーンもまた、自然と深い繋がりを持つことを想起させるのは言うまでもない。

（36）　Pl. *Phdr.* 279b8–c3.

（37）　H. Yunis, Plato Phaedrus, Cambridge University Press, 2010, ad locum. Pl. Phdr. 229e5: οὐ δύναμαί πω κατὰ τὸ Δελφικὸν γράμμα γνῶναι ἐμαυτόν. 注49をも参照のこと。

（38）　山野の神を中心市の心臓部に迎えるに際し、北壁斜面を択んでいることは、アクロポリスの頂を中心とする、ミクロコスモスの周辺部を形成するものと看做すことができるかも知れない。北壁東部のアプロディーテー祭祀址、東壁のアグラウロス祭祀址を思い起せば、南壁に堂宇を構えたアスクレーピオス社との差は歴然としている。

（39）　R. Parker, *Athenian Religion: A History*, Oxford University Press, 1996, 165 et sqq.

（40）　Pl. *Phdr.* 279b9–10に見るἔνδοθεν–ἔξωθενの対比自体はT. G. Rosenmeyer, Plato's Prayer to Pan（*Phaedrus* 279b8–c3）, *Hermes* 90-1, 1962, 34–44も着目している。

（41）　Pl. *Phdr.* 227a1–3.

（42）　Pl. *Phdr.* 230b2–e5.

（43）　注99。

（44）　わざわざ「本の中に」と述べていることに注意せよ。

（45）　原文はἐθέλεινを省く。つまり、この語を補う必要があるということである。

（46）　C. J. Rowe, *Plato* PHAEDRUS, Aris & Phillips, 1986, 135.

（47）　もちろん彼は「産婆」だから、婦人の宣誓に頻出するヘーラーに縋るのも、一応の理屈は立つ。Cf. G. J. de Vries, *A Commentary on the* PHAEDRUS *of Plato*, Adolf M. Hakkert, 1969, ad locum.

（48）　韻文の概観には逸身喜一郎『古代ギリシャ・ローマの文学　韻文の系譜』（放送大学教育振興会、一九九六年）を見よ。

（49）　Pl. *Phdr.* 229e5–230a6.

（50）　名詞＋（形容詞比較級1＋形容詞比較級2）::（形容詞比較級2′＋形容詞比較級1′）＋名詞′。括弧を外せ

ば、小さなring compositionである。修辞の概説として、例えばG. A. Kennedy, *A New History of Classical Rhetoric*, Princeton University Press, 1994.

（51）Pl. *Phdr.* 229c6–e4.

（52）Pl. *Phdr.* 229b4–c3.

（53）注42。

（54）Pl. *Phdr.* 227a2–b8.

（55）Pl. *Phdr.* 230c6–8.

（56）パーンを思わせる節がある。五八―六〇頁を参照のこと。

（57）パルマケイアーについては、これ以外に伝が見当たらない。Yunis, op.cit., ad locum.

（58）ἀνάγκηが拷問にまつわる語でもあることに注意したい。

（59）「持っていると踏んでいるんだτοπάζω」にも「トポス」という音が響いている。

（60）Pl. *Phdr.* 228d8–e2.

（61）Pl. *Phdr.* 275d4–e5:「というのも、パイドロス、ものを書くということには、何かこう、こんな風に困ったところがあってね、それがまた影像とよく似ている。いやだってね、絵筆で描き出したものは、生き身みたいな顔をして立っているけど、ものを訊ねようものなら、黙ったまま、ひどく尊大に突っ立っている。言葉《ロゴス》の方も同じさ。自分でなにかものを考えて口をきいているように思うかもしれんが、話題になっていることのうちのこれを教わりたいと思ってものを訊ねてごらん、その文字ときたら、何かひとつ、ひたすら同じことを示すばかりだ。そして一旦文字になってしまうと、どんな言葉だろうとも、耳を傾ける人々の所へ、また全く相応しくない人々の所へと、見境なくのたうち、転げ回るうえ、しかるべき人々には語りかけ、そうじゃなけりゃそうしない、ということができない。調子っぱずれなことをされ、お門違いな非難を浴びても、いつも親父の助けがなきゃ駄目なんだ。なにしろ自分の力で自分を護ることも、救うこともできないときているんだから」。注35、113を参照のこと。

（62）Pl. *Criti.* 113a1–b5.

(63)　世界が破滅した後に、生き残った人々が山に登り、文字を喪ったことを嘆いた件を想い出したい。Pl. *Criti.* 109d2–110a3:「その士人等の名は伝わっていますけれども、何をやったかということになると、世々代々受け継いできた人々の頽落と、時間の懸隔の甚だしきに、見えなくなってしまった。と言いますのもね、その時その時に生き残っていく種族は、さきにも話に出ました通り、山中に取り残され、それゆえ文字を持たない状態で残存していたので、土地の大名の名を耳にするばかり、それに加えて聞いた事績も僅かです。その名前にしたところで、彼らが好んで子孫につけてはいたものの、名祖たる古人の武功の一々やしきたり、掟のあれこれなぞは知らない。精々が一人一人につき、何かぼんやりとした伝聞めいたものを聞くばかり。日々の必需品が何世代にも亘って欠乏していて、残存種族の祖も、またその裔も困り切っていた。困っていることに自分たちの気持ちを向けて、それについては色々と言いもしていますが、近つ世や往昔のいつぞやに生じてきたものごとには頓着しなかった」。

(64)　Pl. *Phrd.* 274b6 et sqq.

(65)　Pl. *Phdr.* 235c1–d3.

(66)　二人を例として、半ば諧謔の気味を醸しているソークラテースのもの言いは、膝を乗り出さんばかりのパイドロスとは対照的である。なお付言すれば、ソークラテースよりも古い時代に生きたサッポーやアナクレオーンの「話を聞く」とは、文字やそのほかの媒体で伝承された作品に触れるということを述べたものである。続く「散文作家」と区別されていることに注意したい。単なる口承と文字の対比、対立が問題となっているのではなく、文字の使い方と機能についても考慮が及んでいることを示す件ではなかろうか。なお、注111を参照のこと。

(67)　憑依されるソークラテースがパイドロスに δαιμόνιε と呼び掛け、これを受けたパイドロスが227cでソークラテースの口にした γενναῖος の最上級 γενναιότατε で応えている顚倒現象に注目せよ（227c9: ὢ γενναῖος [sc. ὁ Λυσίας] εἴθε […] ἦ γὰρ ἂν ἀστεῖοι καὶ δημωφελεῖς εἶεν οἱ λόγοι）。かつまた、δαιμόνιος が時に余所者への敬語となることも看過すまじきところである。ソークラテースこそが、祖国アテーナイの中心市の直ぐ脇で異邦人だった。227c の γενναῖος が ἀστεῖοι と連動して用いられていることにも留意したい。ἀστεῖος は単に

「雅ている」を意味しているばかりではなく、「中心市 *ἄστυ* にかかわる」という原義、また『パイドロス』における都鄙の別と密接に関係した辞である。なお、注72を参照のこと。

(68) *παρά γε ἐμαυτοῦ* の措辞を上手く写していないが、已むを得ない。原語では「内側から」を否定するのではなく、「ほかはともかく、このわしから」という点を否定している。例えば『メネクセノス』などの構えに見られるとおり、ソークラテースの演説や発言には、この手の「流入」「インプット」を装うものが多く、プラトーンにとって、恐らくは重要なモチーフのひとつをなしているのであろう。

(69) 憑依と流水、二つのモチーフがここに塗り込められていることに注意すべきである。

(70) Pl. *Phdr.* 235d4–e1.

(71) *ἀλλ᾽*: 自ら問に答えようとする相手のソークラテースの思考の流れと発言を遮る辞に、パイドロスの興奮と憤りが伺えよう。

(72) *δαιμόνιε* に対して、同様に *γενναιότατε* と尊貴の呼びかけを返している点にも留意すべきであろう。それがカムフラージュとなって、呼称の顛倒が判りにくくなっている（或いは、常とは異なる措辞に、却ってこの顛倒が判りやすくなっていると言えるかも知れない）。注67を参照のこと。

(73) 言論の作者、著者に対する拘りを旨とするソピステースの傾向とは背馳するかのごときもの言いに注意せよ。注104を参照のこと。

(74) 演説を録した媒体に言及がある点に留意したい。

(75) Pl. *Phdr.* 235e2–236b8.

(76) Pl. *Phdr.* 236d5–e3.

(77) Pl. *Phdr.* 236e4.「なんてこった、この外道め、よくもまあ、ロゴスを好む男に何でも命じ、強いる術を見つけおって」ということばを引き出すことになる。注58。動顛するソークラテースの呪詛に自然を畏む心意《こころばえ》が滲む。

(78) *διαδράναι* […] *καὶ μὴ* […] *διαπορῶμαι*. 頭韻を戴きながら、意味が正反対の動詞を並べているのは、ソークラテースの飄逸を示すものといえよう。パイドロスの短兵急と好対照をなしている。

（79）　Pl. *Phdr.* 237a2–6.

（80）　Pl. *Phdr.* 238c5–8.

（81）　Pl. *Phdr.* 238c9–d7.

（82）　τὸ ἐπιόν. 外から来るものである。憑依者を指すことに異論はあるまいが、これを脅威と見るか、神助と見るか、判断は容易ではない。「遠ざけられる」と訳出したἀποτράποιτοも、場合によっては「遠ざかる」のごとく、自動詞の響きをもっと汲んだ方が良いかも知れない。C. Moreschini et al, *Platon* Phèdre, Les Belles Lettres, 2002, 35（'L'inspiration pourrait m'abandonner.'）. Cf. Yunis, op.cit., ad locum; Rowe, op.cit., 45; de Vries, op.cit., ad locum. なお注40を参照せよ。文脈を作り、読解する際の難しさの一斑が、内外の措定如何に存している。

（83）　Pl. *Phdr.* 241b5-d3: ὁ δὲ ἀναγκάζεται διώκειν ἀγανακτῶν καὶ ἐπιθεάζων, ἠγνοηκὼς τὸ ἅπαν ἐξ ἀρχῆς, ὅτι οὐκ ἄρα ἔδει ποτὲ ἐρῶντι καὶ ὑπ᾽ ἀνάγκης ἀνοήτῳ χαρίζεσθαι, ἀλλὰ πολὺ μᾶλλον μὴ ἐρῶντι καὶ νοῦν ἔχοντι· εἰ δὲ μή, ἀναγκαῖον εἴη ἐνδοῦναι αὐτὸν ἀπίστῳ, δυσκόλῳ, φθονερῷ, ἀηδεῖ, βλαβερῷ μὲν πρὸς οὐσίαν, βλαβερῷ δὲ πρὸς τὴν τοῦ σώματος ἕξιν, πολὺ δὲ βλαβερωτάτῳ πρὸς τὴν τῆς ψυχῆς παίδευσιν, ἧς οὔτε ἀνθρώποις οὔτε θεοῖς τῇ ἀληθείᾳ τιμιώτερον οὔτε ἔστιν οὔτε ποτὲ ἔσται. ταῦτά τε οὖν χρή, ὦ παῖ, συννοεῖν, καὶ εἰδέναι τὴν ἐραστοῦ φιλίαν ὅτι οὐ μετ᾽ εὐνοίας γίγνεται, ἀλλὰ σιτίου τρόπον, χάριν πλησμονῆς, ὡς λύκοι ἄρνας ἀγαπῶσιν, ὣς παῖδα φιλοῦσιν ἐρασταί. τοῦτ᾽ ἐκεῖνο, ὦ Φαῖδρε. οὐκέτ᾽ ἂν τὸ πέρα ἀκούσαις ἐμοῦ λέγοντος, ἀλλ᾽ ἤδη σοι τέλος ἐχέτω ὁ λόγος.

（84）　Pl. *Phdr.* 241e3–5.

（85）　注82を参照のこと。

（86）　Pl. *Phdr.* 242a7–b5. パイドロスが多くの物語を生むことに驚くソークラテースの態度が、275b2のパイドロスと好対照をなすことに注意したい。エジプト神話など、ロゴスを次々と産み出すソークラテースを、パイドロスが法螺吹き扱いする件である。注105を参照のこと。

（87）　Pl. *Phdr.* 242b8–c6.

（88）　「そこでやにわに」と訳したαὐτόθενは場面を示すとも、場所を示すとも取り得るために、解釈は難しい。

ここでは両様の解釈を許すよう訳語を定めた。場所と見る場合、イーリーソス川から声を聴いた可能性もある。de Vries, op.cit., ad locum. 本稿の如き問題関心でテキストを辿る場合には、さらに追究を試みるべき読みであろうか。「ホシアーの状態を復元する」（ἀφοσιόω）の訳語については、A. Motte, L'expression du sacré chez Platon, *REG* 102 (1989), 10–27, 18.

（89）Pl. *Phdr.* 242c1–5.

（90）Pl. *Phdr.* 242d4–242e1.

（91）Pl. *Phdr.* 244a6–b3.

（92）Pl. *Phdr.* 238b7–c4.

（93）ドードーネーについては、例えばJ. Larson, *Ancient Greek Cults: A Guide*, Routledge, 2007を見よ。

（94）注106。

（95）Pl. *Phdr.* 257a3–b6.

（96）パイドロスがリューシアースを称賛して口にした辞（Pl. *Phdr.* 234c6）を引用しているとみておく。ただし、他の意味が通い得る措辞であることにも留意したい。

（97）注61を参照のこと。

（98）D. Clay, Socrates' Prayer to Pan, in: G. W. Bowersock, W. Burkert and M. C. J. Putnam (eds.), *Arktouros: Hellenic Studies Presented to Bernard M. W. Knox on the Occasion of His 65th Birthday*, Walter de Gruyter, 1979, 345–353.

（99）Pl. *Phdr.* 258e5. 第一演説導入部（Pl. *Phdr.* 237a7–9）でムーサイの神助を仰ぐ際にソークラテースが'ὦ Μοῦσαι, εἴτε δι᾽ ᾠδῆς εἶδος λίγειαι, εἴτε διὰ γένος μουσικὸν τὸ Λιγύων ταύτην ἔσχετ᾽ ἐπωνυμίαν'と呼びかけていることと、今問題としている蟬の件は無関係ではあるまい。注43を参照のこと。

（100）Pl. *Phdr.* 258e6–259d8.

（101）καταγωγή ではなく καταγώγιον である。

（102）Pl. *Phdr.* 265b6–d1. なお第二演説を終えて、それを素材に討論を始めたソークラテースは、263d1–2で、己が憑依状態で演説を行ったために、その内容や精確な措辞を想い出すことが出来ないと告白している。

そこで憑依の主として、ニュンペーたちとパーンが挙げられている。ソークラテースの演説は、二度も二度、憑依の産物であったことになる。便宜は憑依を排除しない。注34を参照のこと。

(103) こうした換骨奪胎、あるいは変態がパーン、そしてヘルメースを想起せしめるのは言うまでもない。注35を参照のこと。

(104) Pl. *Phdr.* 275b3–4. 注73を参照のこと。

(105) Pl. *Phdr.* 242a7–b5. 注86を参照のこと。

(106) Pl. *Phdr.* 275b5–c2. 注94を参照のこと。

(107) 注73参照のこと。

(108) Pl. *Phdr.* 263d.

(109) Pl. *Phdr.* 259b6–d7. 場所柄ソークラテースが想起した神話と、それに対するパイドロスの見方については、注49ならびに本文の議論を踏まえる必要があるだろう。

(110) e.g. *Il.* 3.150–2; Arist. *Hist. an.* 556a18, 20 inter alia. 戸部順一「ゆりの声」(『ヨーロッパ文化研究〈成城大学大学院文学研究科〉』二七、二〇〇八年)二六―三九頁。

(111) 注65、66を見よ。

(112) もっとも、パイドロスが聞こうと焦ったのはソークラテースの演説であり、ソークラテースが対話篇末尾で推重するのは自然の声を聴くことである。言葉尻では二人の関係が逆転しているように見えようが、その実は変わらないのかも知れない。パイドロスが「お叱りはごもっともです」(Pl. *Phdr.* 275c2) と口にする時、ソークラテースの真意を悟っているのかどうか、心許ないものがある。

(113) Pl. *Phdr.* 278b7–d1. なお「魂に刻み込む文字こそが大切」であるという件は278a3である。276a4–6にも同様の譬喩が対話《ディアレクティケー》の優秀にことよせて用いられている。他の対話篇、他の作家での用例については、Yunis, op.cit., ad 276a4. Yunisは Pl. *Phdr.* 276a4–6でこの喩えが用いられるのは「遊び心に出るもの (playful)」であるとしている。『パイドロス』が魂に刻み込まれるのではなく、インクに託されたことを思えば、出るべくして出た解釈である。稿者もこれに同意はしながら、なお他の含みがあるのではないかという立場を取る。

(114) 「こうした τῶνδε」「もう一方の／かの ἐκείνων」を文字による無意味な話と、口頭による哲学的な議論との対比と短絡してはならない。「こうした」は直前で述べられる文字の欠点と不都合をめぐる対話を指し、「もう一方の／かの」はそれ以前に展開された修辞にまつわる部分までを意味しているとも解し得る。しかも、この第二演説終了後の対話は、本文引用箇所冒頭で「遊んだ」と形容されてもいることに注意せよ。そして言うまでもなく『パイドロス』は全て文字で綴られている。なお、ソークラテースが引用文中で述べる「呼称」は、「知を愛するもの φιλόσοφος」である（Pl. *Phdr.* 278d4）。

(115) Pl. *Phdr.* 279b6.

(116) Pl. *Phdr.* 279b8–c3.

(117) 境界と越境を事とするパーンが真偽両価を横断して相反する二つの演説《ロゴス》／話を齎《もたら》し、祠の位置で都鄙溷濁を生み、メディアと空間の結びつきを顚倒せしめたのは、むしろ当然と見るべきであろう。ソークラテースが第一演説と、その換骨奪胎を分析しようと試みたのも、こうした文脈に出るものである。注102、103を参照のこと。

(118) 揺らぎが一過性のもの、突発的なもの、プラトーンの創案にかかるものであるとすれば、テキストとその構造が帯びる意味を読者が十二分に汲み取ることが困難となろう。

(119) パーンへの祝詞が『パイドロス』冒頭229e5でソークラテースが口にした「デルポイの金言《グランマ》」と呼応しているという読み方を上で紹介した（注37、49を見よ）。ここにある「グランマ」、即ち文字、殊にここでは「汝自身を知れ」という銘文を行動原理に、ソークラテースは活動を繰り広げているのではなかったか。銘文は黙してその真意を語らず、金言の主が誰であれ、ことさら銘文を助けることもない。しかしこの文字はソークラテースを衝き動かす。「文字が不得手な連中 *οἱ τὰ γράμματα φαῦλοι*」の一人として、ソークラテースはこの文字を生きた言葉と読み、生きた文字と見る。書写言語や文字のあるべき姿を彼が自らさりげなく示していた。注89も見よ。

(120) S. Ueno, Towards a Historical Interpretation of Isocrates' *Panathenaicus*, *Kodai* 16, 2015, 69–90.

第二章　奉納物からみた聖域と社会(1)

師尾　晶子

はじめに

今日、古代地中海世界における聖域といわれて多くの人が思い浮かべるのは、まず何といっても神殿であろう。実際、神殿は、遺跡の中でももっとも目を引くもののひとつであることは疑いない。そして、石造りの神殿は、古代の人びとにとっても、たしかに贅を尽くした特別な存在であった。神殿は祈りの場ではなく、神々に捧げられた場であり、神々に奉納されたものであった。聖域における最大の奉納物といってもよい。ポリスが林立した古代地中海世界にあって、おのおののポリスの中心聖域には、やがてポリス間で競い合うように、より大規模な神殿の建築が計画されるようになった。サモスにおいては、アルカイック期に何度も大型の神殿建築が試みられたが、前六世紀後半からはじまった新たなヘラ神殿の建設は、その壮大な計画のゆえに、ついぞ完成をみることはなかった。(2) アテナイのゼウス・オリンピオス神殿もまた、ペイシストラトス一族によって、前五三〇年ころからより大きな神殿の造営に着手されたが、完成をみたのは、計画から六〇〇年以上を経たハドリアヌス帝の時代のことであった。[3] 神殿建築はポリスにとってまさに一大事業であり、そこには公的にも私的にも多大な富と労力が投入されたのである。

一方、古代ギリシアの人びとにとって、神殿は必ずしも聖域に必須のものではなかった。浦野聡が、序章において、古代地中海世界における聖域の多様性と成り立ちについて論じているように、聖域を他の場所から区別したのは、何よりも祭壇の存在であり、また聖域と聖域外部とを区別する境界の存在であった。境界は城壁で囲まれる場合もあれば、境界を示す石が置かれることで外部と区別される場合もあったが、ともかく区画があり、その中に祭壇がしつらえてあれば、聖域だといえたのである。[4] それゆえ、聖域は辺鄙なところにも、山頂にも、岩窟にも、洞窟にも、河岸にも、総じて聖域にふさわしいと考えられる自然条件のそなわったいかなる場所にもつくられえた。そして、祭壇の前でしかるべき儀礼をとりおこなうこと、このことが古代ギリシア社会における宗教行為としてもっとも重要なことであった。

古代ギリシアの人びとが神々の加護を受けるためにおこなった代表的な行為には、供儀と舞踊、そして奉納があった。これらを通じて神々を称揚し、感謝 *charis* を捧げることで、神々から便宜と支援 *charis* を得ることができたのである。[5] 供儀と舞踊がその場限りの行為であったのに対して、奉納は、奉納されたものが《残存する》という点に特徴がある。いずれの行為もそこに居合わせた参加者の間で共有されたが、供儀は神々に向けて煙が空高くのぼり、参加者の間で犠牲獣が分配されれば終了であり、舞踊はそのパフォーマンスをもって終了した。それに対して、奉納するという行為は、奉納されるものがどんなものであれ、その後しばらくの間、実体のある物体として聖域に残されたという点で他の行為とは性格を異にしていた。

本稿では、奉納行為と奉納物に焦点を当てることから、古代ギリシアの聖域とそこを訪れた人びととの関係、聖域と共同体との関係を問いたいと思う。

一　聖域への訪問と奉納という行為

繰り返すまでもなく、古代ギリシア社会において、政治と宗教、社会生活と宗教は切っても切り離せないものであった。それゆえに、公的な領域と私的な領域との境界もまた曖昧であり、しばしば両者は重複していた。奉納物もまた同様であった。どこまでが私的な奉納物であり、どこからが公的なものであるのか、その境界は曖昧であった。たとえば競技祭の優勝者による勝利の記念の奉納や任期を全うした後に役職者によって捧げられた奉納は、その形態や建立の主体によって私的とも公的ともいえるものであった(6)。

奉納物はさまざまな言葉で表現されたが(7)、もっとも一般的な表現は*anathêma*（複数形は*anathêmata*）であった。*Anathêma*は*anatithenai*という動詞に由来し、*anatithenai*は、字義通りには「上に掲げる」、「設置する」という意味を有する。したがって奉納物とは、第一義的には、「上に置かれたもの」、「上に掲げられたもの」であった。それらは、柱や台座の上に設置されることもあれば(8)、岩壁の窪みに置かれることもあった(9)。また小さく軽量のものであれば、壁にピンを打って掲示されたり(10)、木の枝に吊されることもめずらしくなかった。(11) このように、各人思い思いの奉納物を掲げること、これが奉納であったのである。

Anathêma の語義から連想されるように、奉納物はそれ自体、見られることを意図して設置されたものであり、それゆえにある種の「持続性」や「永続性」が期待されていた。奉納は、個人によっても、特定のグループによってもおこなわれ、男女を問わず、市民・非市民を問わずにおこなわれ、またポリスやその下部組織、その他によってもおこなわれたが、いずれの場合にも、神々に向けて設置されたその時から、それらは、聖域を訪れる人びとに対して見せるべきものとなったのである。古代ギリシア社会における競い合いの精神ともあいまって、「設置」された奉納物は、奉納者の社会における立ち位置を顕示することにもなった。つまるところ、聖域の景観は、奉納者による自己顕示の競い合いの中からつくられたといっても過言ではない。(12)

奉納物の形態と種類は、ときにおのおのの聖域の特性、奉納の対象となった神々の性質によって決定された。たとえば、前七世紀から前六世紀初頭に聖域としてもっとも栄え、多くの参拝者を得たと思われるアッティカのヒュメトス山頂のゼウス聖域においては、現存する奉納物の大部分は、供儀の際にも使用されるような杯などの陶器あるいは陶片からなっていた。(13) 陶器および陶片の中には、「ゼウスに捧げた」、「私はゼウスのもの」といった奉納銘の書かれたものもあることから、これらが単に儀礼のために使われて現地に放棄されたものではなく、陶器や陶片自体が奉納物として捧げられたものであったと考えられている。またよく知られているように、医療にかかわるアスクレピオスの聖域においては、種々の奉納品にくわえて、治療を願った患部の模型や鋳物が奉納された。(14)しかしながら、一般に、何を奉納するかという奉納物の形態や性格は、奉納者の意志によって決定され、奉納の対象となる神々の性格によって規定されるわけでは必ずしもなかった。(15)

二　ポリスと宗教

上述のように、奉納は公私を問わずおこなわれ、各人の望んだものが奉納物として聖域にもたらされたが、その一方、それらを好き勝手に設置できるというわけでは必ずしもなかった。奉納をおこない、奉納物が聖域に運び入れられたときから、それらは聖域の管理下におかれることとなった。そしてポリスやその下部組織は、聖域の管理のために、さまざまな規定を設けていた。聖域にもたらされたときから、あらゆる奉納物は共同体的な規制を受けたわけである。

聖財目録の作成と奉納物の管理

いったん聖域にもたらされた奉納物は、聖域に属するものとして、すなわち奉納の対象となった神々の所有物として管理されることになった。名称はさまざまであったが、多くのポリスで聖財の管理のための役職がもうけられた。かれらは、聖財管理の責務を負い、年ごとに神殿に収められた聖財の記録と監査をおこなった。アテナイ、オロポス、デロス、ディデュマなどさまざまな地域の聖域において、管理下におかれた聖財の一覧が石碑に刻まれ、聖域に建立されたことが知られている。(16) これら聖財目録に記載されたのは神殿に収められた聖財の記録であったが、そこには個人による奉納物も含まれていた。(17) 記載された奉納物は、前年の役職者から翌年の役職者へと管理が引き継がれ、新たに奉納されたものは、「その年の奉納物 *ta epeteia*」として、目録に書き加えられていった。(18) 聖財目録を刻んだ石碑の記録が決して完全なものではなかったことについては、リンダーズらの研究によって明らかにされている。(19) しかしながら、それでも毎年の引き継ぎにおいて不備が生じないよう、それによって聖財の管理の責務を負った財務官等が責任を問われることのないよう、細心の注意が払われていたこともまた、聖財目録から読み取ることができる。とりわけアテナイのアテナ聖財財務官によるアクロポリスの聖財目録の記録はこのことをよく示していた。(20)

奉納物は、神殿の内部に置かれるにせよ、外部に設置されるにせよ、ポリスやその下部組織によって、その取り扱いに関してこまかな規制を受けた。たとえば、ロドスの小アジア本土沿岸部の領土に属したロリュマでは、前三世紀、奉納物 *anathēmata* を聖域から運び出したり、傷つけたりすることを禁ずる規定が碑に刻まれた。(21) 奉納物を傷つけることを禁ずる規定と同様の趣旨をもった規定は、前二世紀のパロスの顕彰碑文にもみられる。被顕彰者は大理石像を建立する特権を付与された一方で、その像の建立に際しては、すでに設置されているもの *anathēmata* を傷つけるおそれのない場所を選定すべきことが命じられた。(22)

それでも奉納されてから時間がたてば、奉納物が損傷を受けることもある。ゼウス・メギストスの聖域の神官の任務について定めた前四世紀のイアソスの祭礼規定においては、奉納物の傷み具合によって保管方法を変える方針が定められた。すなわち、「奉納物 *anathêmata* のうち、使えないものは神官に属するものとするが、それ以外は神のものである。法にしたがって、神殿監督官（ネオポイオイ）が奉納物を管理すること」と規定された。[23] 状態の悪い奉納物の取り扱いについての類似の規定は、後述の前二世紀のアテナイの碑文にも見られる。[24] このように無傷のものと傷のついたものとで区別される一方、なお両者ともに聖財として取り扱われることには変わりなかった。このことは、聖財目録の項目にあらわれる「状態の悪い *ouk hygiês*」、「壊れた *kateagotos*」あるいはこれらと類似の表現からも知ることができる。[25]

一方、管理下におかれた奉納物のうち、貴金属製品を溶かして新たな奉納物が献納されることもあった。前三世紀のアテナイで決議された「癒しの英雄 *Hêrôs Iatros*」への奉納物に関する規定においては、「鋳物や他の金銀のもの、また奉納された銀貨を取りはずして重さを量り、神への奉納物をできる限り美しく整えること」が定められた。[26] この決議では、溶かされることになる貴金属製の奉納物、および銀貨について、奉納者の名前と重さを記録して石碑に刻むことも決定された。実際に、決議を刻んだ石碑の下方には、奉納物の一覧と献納者の名前、また献納者の不明なものについては奉納物の種類とその重さが刻まれた。奉納物そのものが失われても、それを献じた人物の名前は石碑に刻まれて残されたわけである。[27]

さらに、傷んだ奉納物の修繕が命じられることもあった。前四二〇年代にアテナイにおいて戦利品をもとに制作され奉納されたアテナ・ニケ像は、およそ一〇〇年を経た前三三〇年代に、民会において修繕すべきことが決議された(28)。また、デケレイア戦争中に戦費に充てるために溶かされてしまった黄金のアテナ・ニケ像や金銀の祭礼用杯もまた、同時期に再度制作され、あらためて奉納された(29)。

再奉納の行為とその意味

ヘレニズム時代以降、とりわけ前一世紀以降、古い奉納像に新たな銘を刻み直した上で顕彰像として再度奉納するという行為のあったことも知られている。とりわけアテナイのアクロポリスに奉納された像については、シアーやキースリングの研究に加え、近年、クルマイヒによって包括的な事例の分析もおこなわれ、そうした行為がかなり流布していたことが明らかになった(30)。再利用された奉納像は、前五世紀前半のものからヘレニズム時代のものまでさまざまであったが、古い奉納像、とりわけ前五世紀の像の再奉納については、像の制作者の名前が残されるといった特徴から、何か特別な価値が見いだされていたであろうことが注目されている。また同時に、このような行為の背景には、聖域が奉納物であふれていたという現状が前提にあり、そのことがこうした再奉納のきっかけをそもそも与えたようにも思われる。

奉納物が奉納物としての意義を数百年の後も持ちつづけていた一方、奉納者をすげ替えることによる再奉納は、もとの奉納者と神々との関係を断ち切ることにもなった。後二世紀の著作家パウサニアスは、「アテナイのアクロポリスにおかれた像は他と同様に奉納物 *anathêmata* であるが、（オリンピアの）神域においては、神をたたえるために奉納されたものもあるが、勝者の像は単に勝者に与えられた褒賞にすぎない *en athlou logôi sphisi*」と勝者の像と奉納像とを区別している。(31) 古い奉納物および奉納者に対する勝者としての再奉納者の姿を見るならば、オリンピアの像についてのパウサニアスの見解は、アテナイのアクロポリスに設置された奉納像の再奉納という行為についても当てはまるかもしれない。とくに、もとの奉納者の名を削り取り、新たな奉納者の名を刻むという行為は、もとの奉納者の痕跡を消し去るという意味で、「勝者」の行為だと言えよう。再奉納という形で過去が評価される一方で、奉納行為におけるもっとも重要な要素である奉納者の名を削除することによって、新たな奉納者が「勝者」として、あたかも真の奉納者であるかのようにふるまうことになるからである。

再奉納という極端な形をとらないにせよ、過去の奉納物と新たな奉納物との奉納の場をめぐるせめぎ合いとそれに対する解決への工夫は、聖域の利用と奉納物に対する規制という形で、さまざまな聖域において提示された。以下、具体的な事例を見ていこう。

奉納者の競い合いと奉納行為に対する規制

前三世紀のロドスにおいて、アスクレピオス神域に次々にもたらされる新規の奉納物の設置場所について次のような規制をおこなうことが決議された。

何人も神域の下方域に像を建立すること *anathesis* やその他の奉納物 *anathēma* の設置をおこなうことを請うてはならない。また奉納物が設置されたことで参拝する人びとの通行の妨げとなるいかなる他の場所にも（それらを設置することを請うてはならない）。(32)

このような規制が出された背景には、条文にあるように、第一義的には参拝者の通行妨害を防ぐためであった。しかしながら、別の資料からは、これとは異なる視点も見えてくる。参拝者が競い合って背の高い奉納物を設置するために、奉納物によって、聖域の中心部に建立された建造物や中心的な奉納物の眺望を妨げられることがあったらしい。アテナイのアゴラに新たに像を建立する際に、許可なくハルモディオスとアリストゲイトンの像（いわゆる「僭主殺し」の像）のまわりにそうした像を置くことが禁じられていたこともまた、奉納物を目立つところに配備しようとする行為の行き過ぎを禁ずる規定と本質を同じくするといえるだろう。(33) また顕彰記念彫像の設置場所に関する上述のパロスの規定も、同様の事情から出されたものと推測される。(34)

新築の建造物が奉納物によって傷つけられることを危惧した規制もまた発布された。前三世紀のミレトスの碑文においては、アポロン神域にもたらされた奉納板 *pinakes* その他の奉納物の設置 *anatheinai* について、新築のストアの木造部分に傷をつけることのないよう注意が喚起された。(35) 同様に、デルフォイの隣保同盟は、ペルガモン王国のアッタロス二世によってつくられた柱廊を傷つけるような奉納をおこなうことを禁じた。(36)

一方、前二世紀のアテナイの決議においては、神像の拝観の妨げとなるような奉納板を取り払うとともに、聖域に保管するに値しないと判断された奉納物を一掃することが規定された。しかしながら、その際も取り除かれた奉納物は廃棄されるのではなく、柱廊に移されてそこに保管されつづけた。(37) なお、廃棄される場合には、聖域内の所定の場所に埋めるという形式がとられるのが一般的であった。(38)

奉納物の持ち込みや配置についてポリスその他による管理がおこなわれた一方、テッサリアのファルサロスのニンフ、パンおよびその他の神々に捧げられた洞窟の入り口の岩肌には次のような奉納銘が刻まれた。「神々に属するは、あらゆる造営物、そして洞窟内の神聖な物々、樹々と奉納板 *pinakes* と奉納像 *agalmata*、そしてたくさんの捧げもの *dōra te polla*」。(39) 聖域の管理をつかさどった者にとって、聖域に持ちこまれたあらゆる奉納物は歓迎され、聖域にふさわしいものとして受け入れられたのである。

三　聖域の景観の形成と奉納物

聖域にもたらされた奉納物は、その時代その時代の聖域の景観を形づくるのに大きな役割をはたした。同時に、上述したように、奉納物を管理しようとするポリスやその下部組織との間で、その配置と保護をめぐるせめぎ合いもみられた。ここでは、アテナイのアクロポリスに焦点を当てて、奉納物の特徴とその変化をみていきたい。前五世紀後半から前四世紀にかけて大量の決議碑文の建立の場となったアクロポリスにおいては、奉納物同士の設置場所をめぐる競争ばかりではなく、次々にアクロポリスに設置される決議碑文とも競合関係に立つことになった。

アクロポリスの発展

聖域の景観が時代とともに大きく変わってきたことはいうまでもない。アテナイのアクロポリスはミケーネ時代には王の居住空間として使われていた。ミケーネ時代の王国が崩壊し、新しくポリスが形成されると、アクロポリスはミケーネ時代の遺構をのこしつつ、ポリスアテナイの中心聖域として整備されていった。アクロポリスには、前八世紀半ばころから、ブロンズ製の鼎、人物および馬、家畜の小像をはじめとする種々のミニチュア製品、奉納板、陶器などの奉納がはじまっている。石製の水盤や祭壇などポロス（石灰岩）や大理石を用いた制作物の奉納は、前八世紀後半ころよりはじまった。

前七世紀後半にはアテナ・ポリアス（ポリスの女神アテナ）のための最初の神殿が建設された。大規模な石造の神殿が出現したのは、しかしながら前六世紀に入ってからのことであった。以後、神殿および宝物庫としての新たな建造物の建築、さらには神殿の改築がくり返され、その規模も徐々に大型化していった。それにしたがうように、アクロポリスへもたらされる奉納品の数も増加し、また大型の奉納物も増えた。たとえば、カイリオンなる人物がアテナ聖財財務官としての任務遂行を記念して奉納したポロス製の祭壇の幅は、現存部分だけで二・三メートルにおよぶ大きなものであった。[40] また、大理石製の奉納像や台付き水盤の奉納もめだつようになってきた。

前五五〇年ころ、その年のアテナ聖財財務官が合同で青銅銘板の奉納をおこなった。奉納銘には「アテナ聖財財務官は、ポリスを代表してゼウスの勇敢なる御娘子に金物 *chalkia* を集めて奉納した」と記された。[41] 金属製品（*chalkia*）がいかなるものであったかについては諸説あるが、ここから、すでに前六世紀半ばまでに、ポリスによって選出された財務官が女神アテナの聖財の管理を担っていたことがわかる。[42] また、このころまでにアクロポリスへの奉納、とりわけブロンズ製品を中心とする金属製品の奉納が増加していたことが推測できる。

前六世紀第４四半期に入るころから、奉納品の数はさらに増大し、種々の大型の奉納物を神殿の周辺に置くという奉納慣行の最盛期をむかえた。前六世紀末にはいわゆるアテナ古神殿が建設され、さらに前五世紀初頭には、古パルテノン神殿の建築も着工された。ただし後者は、ペルシア戦争によって中断され、未完のままに終わった。

前四八〇年のペルシア来寇によって、アテナイは大きな被害を受けたが、アクロポリスも例外ではなかった。アクロポリスの城塞を軽々と超えたペルシア軍は、アクロポリスに設置されていた種々の建造物や奉納物を破壊し、また火を放った。戦後、被害を受けた建材や奉納物はアクロポリスの片隅にもうけられたいくつかの奉納穴（いわゆるPerserschutt）に埋葬されることになった。前四四七年にアクロポリスの再建事業が開始されるまで、アクロポリスの整備は最低限にとどめられた。何よりも町の復興ほか差し迫った問題に注力しなくてはならなかったからである。実際、アクロポリスに放置された、破壊された建造物や奉納物の残骸の整理も、奉納穴への埋葬も、短期に集中して実施されたというよりも、むしろそれなりの時間をかけておこなわれたようである。(43)

ペルシア戦争後、新たにアクロポリスにもたらされた奉納物については、前二世紀のイリオンの著作家ポレモンが四巻からなる書物にまとめたことが伝えられている。(44) ペルシア戦争以前の、またアクロポリス再建事業が開始される以前の奉納物の多くが奉納穴に埋葬されたという事実から、ポレモンの書物に記載された奉納物の大部分はパルテノン神殿竣工以降のものだと考えてよいだろう。とはいえ、ポレモンの著作は今日そのタイトルが知られるのみで、奉納物について具体的にどのような記載があったかについては全く不明である。四巻に分けて記載されたという伝承から推測するかぎり、前五世紀から前二世紀にかけて、多くの人びとによってアクロポリスに奉納物がもたらされていたことはまちがいないだろう。ただし、記載された奉納物が、神殿の外に並べられたものなのか、神殿の内部に置かれたものなのかについては、知ることができない。またこの中に前四世紀以降の、とりわけヘレニズム時代以降の顕彰奉納像が多くを占めていた可能性もある。ポレモンを手がかりにアテナイのアクロポリスの奉納物の状況を類推するのはむずかしい。

一方、前五世紀半ばころ以降、少なくとも決議碑文や会計記録など公的な碑文との相対的な比較から判断するかぎり、神殿の中ではなく、外に置かれた大型の奉納物の数は減少したように見える。その状況と背景を探ってみよう。

アクロポリスの聖財管理

アテナイにおいて聖財の管理のために役職者が置かれたことについては、伝アリストテレス『アテナイ人の国制』の記述から知ることができる。『アテナイ人の国制』によれば、はじめて財務官の選出方法が制定されたのはドラコンの掟（テスモイ）によってであった。この記事を信じるならば、前七世紀末には聖財管理の役職者が早くも存在していたことになる。(45) その後、財務官はソロンの財産階級の第一の階級である五百石級（ペンタコシメディムノイ）から選ばれることが定められ、以後、『アテナイ人の国制』の執筆された前四世紀末まで、五百石級に所属する人びとのあいだから抽選で選ばれた。(46)

上述したように、前六世紀半ばにはアテナ聖財財務官が実際に聖財の管理をおこなっていたことが、かれらによる奉納銘文から知られる。(47) さらにアクロポリスの利用と管理を規定した前四八五／四年の民会決議が刻まれたいわゆる「ヘカトンペドン碑文」では、アテナ聖財財務官がアクロポリス上にある青銅製の（あるいは金属製の）器を管理し、記録する責務を負うことが定められた。(48) また、かれらはヘカトンペドンのオイケマタ（建物あるいは部屋）を少なくとも月に三回公開することを命じられた。(49) 参拝に訪れた人びとが、オイケマタに収められた聖財を目にすることも可能となったのである。

ペルシア戦争による混乱と戦後の復興を経て、パルテノン神殿が前四三八年に竣工すると、前四三四年からはアテナ聖財財務官による聖財目録の記録とその年次報告が石碑に刻まれ公開されることになった。(50) 聖域に建立された聖財目録には、神殿内に収められた聖財が列挙された。個人による奉納物も記録され、また記録された奉納物は監査の上、前年の聖財財務官から翌年の聖財財務官へと引き継ぎがなされた。要するに、アクロポリスに奉納されたものは、個人によるものであれ、公的なものであれ、すべて一括してその管理はアテナ聖財財務官にゆだねられたのである。前五世紀末ころからは、新規に目録に加わった奉納物について、だれによる奉納かが明らかな場合には、奉納者の名前も添えられるようになった。(51) 有名無名、ギリシア人もしくは非ギリシア人、男女を問わず、奉納品目とともにそれを献納した者の名が刻まれたわけである。奉納者の名は一種のラベルとして使われるとともに、聖財の点検がなされるたびに、その名が語られ刻まれつづけることになった。これらのアクロポリスの聖財の年次記録は前四世紀末までつづけられた。

碑文と顕彰像の林立するアクロポリス

パルテノン神殿の西側に自然地形を生かしながら、岩盤を加工して、またその上に石灰岩を加工して、階段状の基壇がつくられている（写真1・2・図1）。基壇は一六段からなり、高さにして三・七メートルあった。一時期につくられたものではないが、各段には石碑を建立するためにいくつも

写真１．プロピュライア側（西側）からみたパルテノン神殿の現状（2014年）

の穴があけられており、現存するだけで三八穴が確認されている。[52] 崩れ落ちた段や、浸食により加工された部分が曖昧になってしまった箇所があることを考慮するならば、その数は現存する数よりもずっと多かったはずである。さらに基壇の手前にも石碑建立のための穴が数多く並んでいる。その形状から、これらの大部分が石碑の建立のためのものであり、奉納物を設置するための柱や台座のためのものではないことが推測できる。そのまま設置できる奉納台座も周囲で発見されているが、その数は石碑の建立のための穴の数に比してかなり限定的である（写真3）。西側の基壇はアクロポリスの入り口側に位置しており、少なくとも前五世紀のあいだはアクロポリスに上ってきた人びとがパルテノン神殿に目を向けたとき、最初に目にする場でもあった。

アテナイにおいて、民会決議は、古典期のみならずヘレニズム時代、ローマ時代にいたるまで、大部分がアクロポリスに建立された。(53) 碑文の文言においては、ごくわずかな例外を除いてアクロポリスに建立することを命じるのみで、特定の建立場所の指定をすることはなかったが、パルテノン神殿落成以来、その多くがパルテノン神殿の周囲、とりわけ西側に建立されたであろうことが推測できる。種々の祭礼規定ばかりではなく、条約や顕彰を刻んだ民会決議をアクロポリスに建立することは、これらの碑文自体がアテナイ市民によるアテナへの奉納物であることを意味した。個人による奉納物が個人と神とを結びつけたように、決議碑文を聖域に建立することによってポリスと神とを結びつけることにもなったのである。また、これらの碑文の多くが顕彰碑文であったことを考えるならば、それは同時に、被顕彰者によるアテナへの奉納物であったともいえる。

アクロポリス再建事業が断続的につづけられていた前五世紀後半において、上述の奉納穴についての近年の知見からも推測されるように、神殿の周囲に置かれた奉納物の数は当初かなり限定的であったと思われる。一方、決議碑文の建立も、パルテノン神殿の建築がはじまった時点では、祭礼規定をのぞけば、その数はきわめて少なかったといってよい。決議碑文の数が急速に増加してきたのは、パルテノン神殿の落成以降のことであった。(54) 前四三〇年代ころから前五世紀末までの間に建立された決議碑文の数は、知られているだけで二〇〇枚ほどにのぼる。そして前四世紀には顕彰碑文を主としてその数は激増し、決議碑文建立の文化はピークを迎えた。(55)

一方、前四世紀、とりわけ前四世紀前半のアクロポリスへの奉納は、奉納銘をともなったものか

写真 2.　プロピュライア側（西側）からみたパルテノン神殿の現状（2008年）

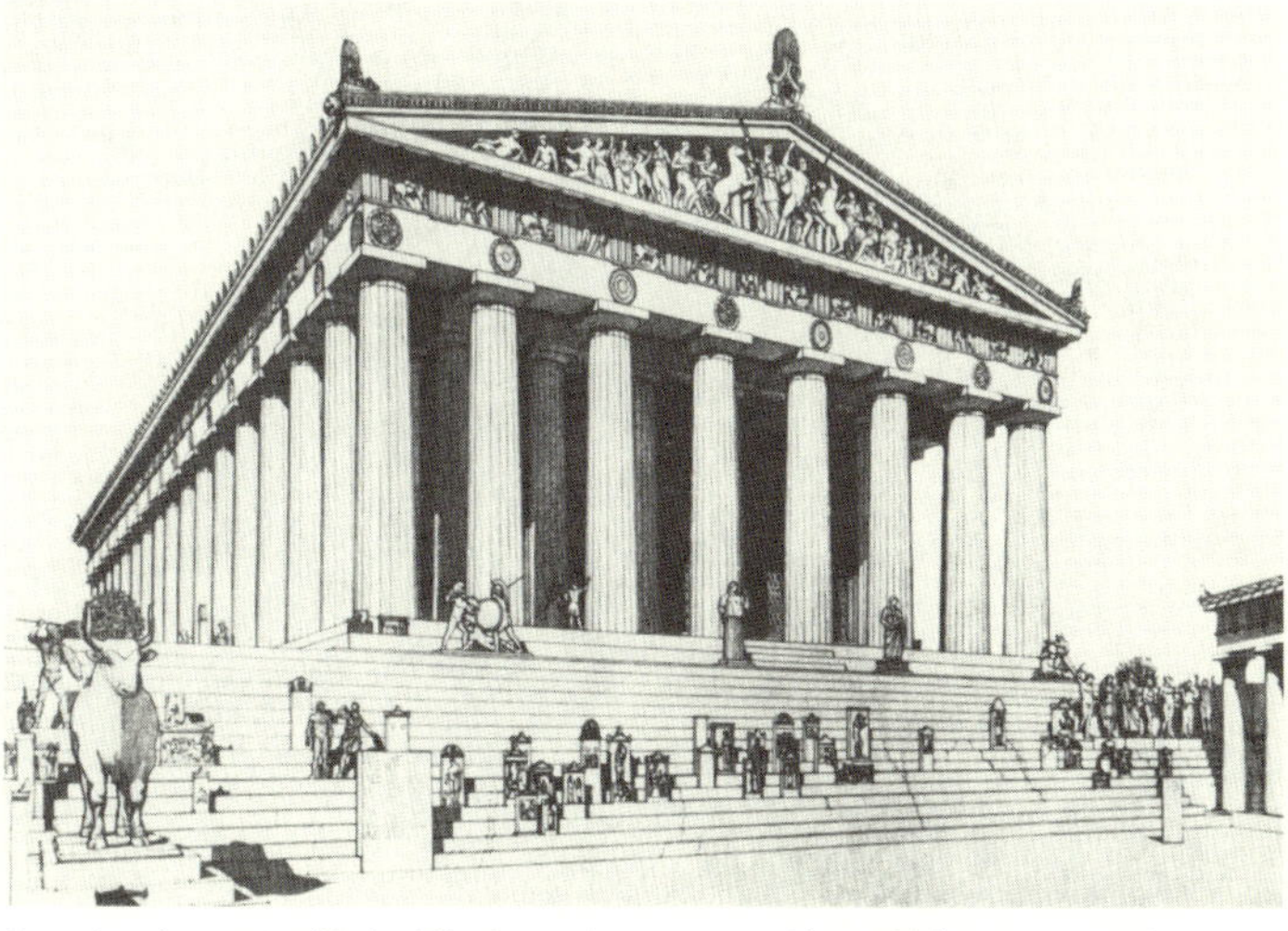

図 1.　プロピュライア側（西側）からみたパルテノン神殿と基壇に置かれた奉納・決議碑文群

写真 3.　パルテノン神殿西側の岩盤にのこされた石碑の設置跡

ら見るかぎり、量的にきわめて少ない。[56]しかしながら、前三九〇年ころ、アテナイ民会によってコノンの像がアクロポリスに奉納されると、以後、顕彰特権のひとつとして顕彰像の建立が被顕彰者に認められるようになり、前四世紀半ばころからその数も増えてくる。[57]このような状況の中で、アクロポリスへの奉納とそれによってつくられた景観は、決議碑文と顕彰像が林立する状態へと大きく変容していった。

アクロポリスは、前五世紀後半の再建事業によって主要な建造物が建立された後は、決議碑文の建立の場として、ついで顕彰像の建立の場となっていった。決議碑文とのちには顕彰像の数の多さがアテナイの存在を他のギリシア世界に知らしめる力ともなっていったのである。すなわち、ポリスであれ被顕彰者であれ、奉納者の政治的な威信の発現の場としてこの景観は利用されていった。しかしながら、これによってアクロポリスが聖域としての意味を失ったというわけではなかった。断片的ながらもアテナ聖財財務官の聖財目録から明らかなように、前四世紀を通じてアテナに奉納される冠や杯、その他の貴金属や貴石・象牙製品の奉納はつづけられた。あくまでもアテナイの中心聖域として、アクロポリスは人びとの関心の場でありつづけ、さらに名誉心および威信の発現の場でありつづけたのである。上述した前一世紀から後一世紀にピークを迎え、ローマ時代までつづけられた奉納像の再奉納という行為も、このような背景の上に成り立っていたと考えられる。

おわりに

本稿では、奉納という行為から、古代ギリシアにおける聖域と社会との関係を考察することをこころみた。奉納行為は、私的な動機からおこなわれても、奉納物が聖域に持ちこまれた段階で、公的なものともなりうる。両者の境界はきわめて曖昧であった。聖域におかれた奉納物は、奉納者と神々とをつなぐものであるばかりでなく、聖域を訪れる他の人びとに対する自己顕示の手段ともなった。また奉納物そのものが、奉納者とその家族、その所属するグループ、さらには社会全体との関係を示すことにもなった。それゆえ、奉納行為はそれ自体が、社会の中での競い合いに包括される行為となったのである。

同時に聖域に奉納物がもたらされることによって、社会における聖域の重要性もまた示されることになった。それゆえ、それぞれの聖域は奉納者の到来を歓迎したが、その一方で、聖域という空間の管理のために、個々の奉納行為に対して規制をかけなくてはならないこともあった。こうした奉納者と聖域を管理するポリスやその下部組織とのせめぎ合いが、それぞれの聖域のあり方を特徴づけていたといえる。

前五世紀半ばのアクロポリス再建事業は、アクロポリスの景観を変えただけではなく、ポリスアテナイの威信を全ギリシア世界に示すことにもなった。パルテノン神殿の西側に立ち並んだ石碑は、アルカイック期の奉納像や奉納碑にかわる、アテナイの威信を示す新たな奉納碑となったのであった。個人ではなく、ポリスの管理下に制作された碑文や像がもっぱらその景観をつくったという点が、古典期以降のアテナイのアクロポリスの大きな特徴であったといえるのである。

注

（1）本稿は二〇一六年度科学研究費補助金基盤研究C、90021009による研究成果の一部である。

（2）サモスにおけるヘラ神殿の建築の歴史の概要については、H. Kyrieleis, The Heraion at Samos, in: N. Marinatos and R. Hägg (eds.) *Greek Sanctuaries. New Approaches*, Routledge, 1993, 125-128を参照。ヘロドトスは、彼の知るかぎり、サモスのヘラ神殿が世界最大の神殿であると述べている（Hdt. 3.60.4）。

（3）Paus. 1.18.6.

（4）それゆえ、植民によって新たなポリスがつくられるときにはまず都市の区画がなされたが、その際にどこに聖域を配置し、聖域の区画をおこなうかは重要な事項であった。たとえば、アレクサンドリアの建設にあたって、アレクサンドロスは、まずどこにアゴラを設置し、どれほどの数の聖域を建設するかを決定した（Arr. *Anab.* 3.1.5）。聖域をあらわすギリシア語として「聖なるもの」をあらわす *hieron* のほか、「切り取られた」区画をあらわす *temenos* があることも、聖域の根本が「切り取られて区画された地」であることを示している。

（5）テオフラストスは『敬虔さについて』(Περὶ εὐσεβείας)の一節で、「三つのことがらのために神々に犠牲を捧げるべきである。栄誉のために、感謝のために、そして善きことを求めるために（ἢ γὰρ διὰ τιμὴν ἢ διὰ χάριν ἢ διὰ χρείαν τῶν ἀγαθῶν）」と述べる（fr.12, 42-44）。また、ソクラテスは、「犠牲をささげるということは、神々に贈り物をすること（δωρεῖσθαι）であり、祈りをささげるということは神々に請うということ（αἰτεῖν）を意味するのだ」と語った（Pl. *Euthphr.* 14c）。奉納行為の動機の基本も同様であったと考えられる。古代ギリシアの奉納に関する全体像については、W.H.D. Rouse, *Greek Votive Offerings: An Essay in the History of Greek Religion*, Cambridge UP, 1902が今なお基本書といえる。ほかに、F. van Straten, Votives and Votaries in Greek Sanctuaries, in: O. Reverdin et B. Grange (eds.), *Le sanctuaire Grec*, Foundation Hardt, 1992, 247-290; S. Price, *Religions of the Ancient Greeks*, Cambridge UP, 1999, 58-63; J. Bodel e M. Kajava a c. di, *Dediche sacre nel mondo Greco-romano: Diffusione, funzioni, tipologie*, Institutum Romanum Finlandiae, 2009などが参考になる。

（6）このことは、資料集における分類においても示されている。すなわち、*IG* I^{3}において競技祭の優勝者による奉納は私的な奉納に分類されているが（合唱隊奉仕者［コレーゴス］による優勝記念碑は私的奉納のあとに独立した項目が設けられている）、前四世紀以降の公的奉納碑文を収録した*IG* II^3 4,1においては、これらは公的奉納の一部として収録されている。

（7）奉納物をあらわす用語としては、*aparchê*（初穂）、*dekatê*（一〇分の一）、*dôron*（贈り物）、*agalma*（よき贈り物）、*charisteion*（感謝の捧げ物）、*mnêma*（記念）などさまざまな表現があったが、これらはいずれも奉納物の由来や性格、奉納の理由などを示す言葉であって、奉納行為そのものをあらわす表現ではなかった。奉納をあらわす用語の概観については、R. Parker, Greek Dedications I. Introduction, Literary and Epigraphical Sources, in: *Thesaurus Cultus et Rituum Antiquorum* 1, the J. Paul Getty Museum, 2004（以下*ThesCRA* 1と略）, 269-281、およびJ. Bodel, 'Sacred Dedications'. A Problem of Definitions, in: J. Bodel e M. Kajava a c. di, op. cit. 17-30を参照。

（8）アルカイック期にアテナイのアクロポリスに奉納された彫像やブロンズ小像が様々な形状の柱や台座の上に設置されていたことはよく知られている。柱や台座の全体像については、A.E. Raubitschek, *Dedications from the Athenian Acropolis*, The Archaeological Institute of America, 1949（以下*DAA*と略）を参照。

（9）一例を挙げるなら、アテナイのアクロポリス北壁の聖域の岩盤に人工的につくられた無数の壁龕など。ときに壁龕の壁自体に奉納銘や奉納物が彫られることもあった。

（10）奉納物が壁にピンで留められて飾られることがあったことは、デロスのアルテミス神殿に収められた聖財の目録を刻んだ碑文の中に記された「釘付けしてあることで重さの測れない……鍵（*IDélos* 1444, Aa 47-

8, 141/0 BC）といった表現から知ることができる。また、テラコッタ製の奉納板に穴が開けられていることが多いことからも、これらが壁に打ち止められていたか、あるいは吊されていたことを示唆している。

（11）コリントスから南西に二キロ強の距離に位置するペンテスクフィアから、一〇〇〇枚にのぼるアルカイック期のテラコッタ製奉納板が発見されている。その奉納銘と意匠から、それらがポセイドン（およびその妻アンフィトリテ）に捧げられたものであると考えられてきた。また、これらの奉納板の多くには、穴が開けられており、さらに全体の四分の一ほどは片面ではなく両面に絵が描かれていることから、壁に留めたのではなく、木の枝などに吊されたのであろうと推測されてきた。発見された地区から、神殿構造を示すような遺構が見つかっていないこと、これらの奉納板の制作が数十年というごく短期間に限定されていることから、この聖域はそもそもこの地域の陶工たちの特別な聖域でこれといった構造物をもっていなかったのではないかという推測がなされてきていたが、近年、ハサキによって、そもそもこれらの陶板は試作品にすぎなかったのではないかという可能性も指摘されている。陶板の性格とその全体像については E. Hasaki, *Ceramic Kilns in Ancient Greece: Technology and Organization of Ceramic Workshops*. Diss. University of Cincinnati, 2002, 31-47, 303-305 を参照。

（12）たとえば前五世紀第３四半紀にアテナイのアクロポリスに奉納された騎士たちによる戦勝記念碑（*IG* I^3 511; Paus.1.22.4）と祭典競技優勝者による勝利記念碑（*IG* I^3 880）の台座の横幅はそれぞれ一・八メートル、一・四九メートルと、同時代の他の奉納物と比較して、圧倒的な大きさを誇っていた。これらは、実際、貢租初穂表など同時代の長大な石碑と比べても、相当な存在感があったはずである。

（13）パウサニアスは、アッティカの主要な山頂には聖域があり、ヒュメトス山頂の聖域もそうした聖域のひとつであったと伝えている（Paus.1.32.2）。彼によれば、ヒュメトス山頂には、ゼウス・ヒュメティオスの聖域にくわえて、ゼウス・オムブリオス（雨の神ゼウス）の祭壇とアポロン・プロオプシオス（予見の神アポロン）の祭壇があった。この聖域とそこから出土した奉納物については、M.K. Langdon, *A Sanctuary of Zeus on Mount Hymettos*, *Hesperia* Supplements 16, American School of Classical Studies at Athens, 1976 による詳細な研究がある。

ラングドンによれば、簡単な石組みの祭壇と境界壁のみからなるこの小さな聖域は、前一二世紀ころから後六世紀くらいまで使用されていたが、聖域としての最盛期は前七世紀から前六世紀初頭にかけてであり、ヘレニズム時代初頭以降はほとんど放置された。奉納物の特徴から、発掘された聖域は、おそらくゼウス・オムブリオスに捧げられたものと推測されている。

(14)　聖域に捧げられた奉納品の種類の全体像については、J. Boardman *et al.*, Greek Dedications II. Greek Votive Objects, in: *ThesCRA* 1, 281-318を参照。

(15)　ハリスは、アテナイのアクロポリスの聖財目録を刻んだ一連の碑文の分析から、奉納物の種類が奉納される神々の性質に依存しているとは考えられないという近年の研究動向を追認している。D. Harris, *The Treasurers of the Parthenon and Erechtheion*, Oxford UP, 1995, 240-241を参照。

(16)　アテナイ：*IG* I^3 292-416, *IG* II^2 1370-1522. なおアテナイについては後述第三節も参照。オロポス：B.C. Petrakos, *Οἱ ἐπιγραφὲς τοῦ Ὠρωποῦ*, Ἡ ἐν Ἀθήναις Ἀρχαιολογικὴ Ἑταιρεία, 1997, nos. 324, 325; デロス：J. Bousquet, *Corpus des Inscriptions de Delphes 2, Les comptes du quartrième et du troisième siècle*, De Boccard, 1989, nos.1-136; ディデュマ：*IDidyma* 424-478.

(17)　紀元前五世紀のアテナイの聖財目録を刻んだ碑文は例外的といえる。アテナイにおいても前五世紀末から、他の地域の聖財目録においては、大部分の初出が前四世紀以降であるが、神殿に収められたその年その年の個人の奉納物が、奉納物に記された名前とともに記載された。

(18)　アテナイについては、D. Harris, op.cit., 24-25を、デロスの聖財目録については、R. Hamilton, *Treasure Map: A Guide to the Delian Inventories*, The University of Michigan Press, 2000, 18-23を参照。

(19)　T.Linders, The Purpose of Inventories. A Close Reading of the Delian Inventories of the Independence, in: D. Knoepler (ed.), *Comptes et inventaires dans la cité grecque*, Genève, 1988, 37-48; Id., Inscriptions and Orality, *SO* 67, 1988, 27-40を参照。

(20)　A. Moroo, The Parthenon Inventories and Literate Aspects of the Athenian Society in the Fifth Century BCE, *Kodai* 13/14, 2007[2003/4] 61-72を参照。

（21）*LSAM* 74 = *IK* 38, 1-5「聖域から奉納物を運び出してはならず、また何ひとつ傷をつけてはならない」。さらに「現状に反して奉納板を置き換えてはならず、神官の許可なくその他の物を持ちこんでもならない」という規定がつづいた（5-10）。

（22）*IG* XII 5.129, 43-46. ただし、被顕彰者の大理石像が設置されたのは、市場監督官（アゴラノモス）の役所であり、聖域ではなかった。

（23）*LSAM* 59 = *IK* 220, 8-10.

（24）*LSCG* 43, 8-10. 一一六、一一七頁および注37を参照。

（25）「状態の悪い」*IG* II^2 120, 1469など。「壊れた」*IG* II^2 1639; *IG* XI 2.164; *IDélos* 104, 1450, 1451, 1452など。

（26）*IG* II^3 1.1154, 30-35 (220/19 BC). この碑文は「癒しの英雄」への奉納碑として、決議と奉納一覧とともにその神域に建立された。対象となる神の性格から、鋳物（*typon*）と表現されている奉納物の大半は、アスクレピオス神域と同様に患部の模型であったと思われる。同様の趣旨の決議は、*IG* II^3 1.1220 (c.210 BC) にもみられる。また、古い奉納物から奉納物を作り直すという趣旨とは異なるが、前三三五年に成立したアテナイの祭礼規定においては、おのおのの神域に、毎年、聖財を使って新たに「より大きく美しいもの」をつくって奉納すべきかを問うている（*IG* II^3 1.445, 24-51）。

（27）*IG* II^3 1.1154, 37-40「選ばれた者たちは、神域に奉納した人びとの名前と重さを石碑に記載し、神域に建立せよ」。碑文の五四行目から八八行目までに、奉納物の種類と奉納者の名前、重さの一覧が記載されている。Cf. Dem. 24.181-182. デモステネスは、アンドロティオンが奉納された金冠を溶かして祭礼用の金杯を作らせ、ここに自身の名を刻ませたことを攻撃している。ここで問題とされているのは、名前を刻む名誉の喪失だけではなく、本来の奉納者の名前が永久に失われ、別の名前に書き換えられたことである。

（28）*IG* II^3 1.444, 6-12.

（29）[Plut.] *X orat.* 852b, Paus.1.29.16. Cf. *IG* II^2 457+3207. 黄金のニケ像と金杯のための支出の記録は、*IG* II^2 1493+1494+1495, 7-13（334/3 BC）に見られる。

（30）C.M. Keesling, *The Votive Statues of the Athenian Acropolis*, Cambridge UP, 1995, 185-191; Id., The Hellenistic and Roman Afterlives of Dedications on the Athenian Akropolis, in: R. Krumeich und C. Witschel Hrsg., *Die Akropolis von Athen im Hellenismus und in der römischen Kaiserzeit,* Reichert Verlag, 2010, 303-327; J.L Shear, Reusing Statues, Rewriting Inscriptions and Bestowing Honours in Roman Athens, in: Z. Newby and R. Leader-Newby（eds.）, *Art and Inscriptions in the Ancient World,* Cambridge UP, 2007, 221-246; R. Krumeich, Vor klassischem Hintergrund. Zum Phänomen der Wiederverwendung älterer Statuen auf der Athener Akropolis als Ehrenstatuen für Römer, in: R. Krumeich und C. Witschel Hrsg., op.cit., 329-398. なおプルタルコスは、エウメネスとアッタロスの像が再利用されて、アントニウスの名が刻まれていたことを伝えている（Plut. *Ant.* 60.4）。またディオン・クリュソストモスは、ロドスにおいて古い奉納像が名前を変えただけで顕彰像として安易に再利用されていることを批判した（Dio. *Chrys.*31.9）。

（31）　Paus. 5.21.1.

（32）　*LSS* 107, 10-18.

（33）　*IG* II^2 450, 7-12（314/3 BC）；*IG* II^2 646 = *IG* II^3 1.853, 37-40（295/4 BC）.

（34）　*IG* XII 5.129, 43-46. 上掲注22も参照。

（35）　*Milet* I 3.32 = *LSS* 123, 1-5「アポロン神域の新築の柱廊の木造部分に奉納板ほかを設置してはならない。木造部分に傷をつけないためである。また柱にもそれらを固定してはならない。もしも何人か新たな奉納物を新築の柱廊に奉納しようと欲するならば、梁をささえる石段の下方の壁の漆喰部分に固定すること」。なお、*Milet.* VI 1, p.161も参照。

（36）　F. Lefèvre, D. Laroche et O. Masson, *Corpus des Inscriptions de Delphes 4, Documents Amphictioniques,* De Boccard, 2002, no. 85, 7-11. Cf. *LSS* 43, 1-5.

（37）　*LSCG* 43, 8-10「聖域におかれた肖像の描かれた奉納板（*eikonikôn pinakôn*）によって神像が見えなくならないように、神官はそれらを柱廊に移動すること。またそのほかの聖域に不要な（*anaxia*）ものも（柱廊に移動すること）」。さらに、今後は神官の許可なく、神域に勝手に奉納をおこなうことも禁じた（10-12）。

（38）アテナイのアクロポリスにおいて、戦争によって傷ついた奉納物が穴に埋められたのはその代表例である。一一九、一二〇頁および注43を参照。

（39）R. Wagman, *The Cave of the Nymphs at Pharsalus*, Brill, 2016, 66-93（Inscription 11, 8-9, 4c BC）. ワグマンは、岩肌に刻まれたこの韻文碑文を実見した上で、八行目の補いを、従来の τ[ά]δ', ὦνα Πάν ではなく、τ[ὸ δ]ῶ̣[μα] ἄπαν と読み、*dôma* とは洞窟に附属する構造物であると考える。Id., House of the Nymphs, in: G. Reger, F.X. Ryan and T.F. Winters（eds.）, *Studies in Greek Epigraphy and History in Honor of Stephen V. Tracy*, De Boccard, 2010, 323-325 および *SEG* 60.600 も参照。

（40）*IG* I^3 590（c.600-575 BC）. ラウビチェクは祭壇のもともとの横幅は二・七五メートルほどであったと推測している（*DAA* 330, p.364）。

（41）*IG* I^3 510, 1-2. *Chalkia* が青銅のみならず金属一般を指し示すことについては、D. Harris, op.cit., 14を参照。アクロポリスにもたらされた *chalkia* への言及は、後述の「ヘカトンペドン碑文」にも見られる（A 20行目）。Cf. J. P. Sickinger, *Public Records and Archives in Classical Athens*, The University of North Carolina Press, 1999, 39-41.

（42）聖財財務官の起源は前五五〇年よりもかなりさかのぼると考えられる。以下第三節を参照。

（43）これらの奉納穴には、以前はもっぱらペルシア戦争で損傷を受けた奉納物が埋められていたと考えられていた。しかしながら、スチュワートによって、アルカイック期の奉納物が収められたのはエレクテイオンの北西部の奉納穴に限定されること、その他の穴は、城壁再建工事およびアクロポリス再建事業の際に取り払われた奉納物の埋葬のために使われたという説が発表され、かつての定説は修正を余儀なくされている。奉納穴に埋められた像の制作年代についてのこの新知見については、A. Stewart, The Persian and Carthaginian Invasions of 480 B.C.E. and the Beginning of the Classical Style. Part 1, The Stratigraphy, Chronology, and Significance of the Acropolis Deposits; Part 2, The Finds from Other Sites in Athens, Attica, Elsewhere in Greece, and on Sicily; Part 3, The Severe Style: Motivations and Meaning, *AJA* 112, 2008, 377-412, 581-615 を参照。

（44）*FGrH* III 108-148 = Strabo 9.1.16（「アテナイのアクロポリスの奉納物について（Περὶ τῶν ἀναθημάτων τῶν ἐν Ἀθήνεσιν ἀκροπόλει)」). 伝わっているのは四巻からなる表題についての著作があるということだけで内容は失われている。

(45) Arist.[*Ath. Pol.*] 4.2.

(46) Arist.[*Ath. Pol.*] 7.3; 8.1; 47.1.

(47) 典拠については注41を参照。

(48) 「ヘカトンペドン碑文」では、アテナ聖財財務官は、「アクロポリスの財務官」(A11-12)、あるいは単に「財務官」(A16, B3, 8, 16, 18, 25) と称されている。

(49) *IG* I³ 4. B17-19. オイケマタが建物そのものなのか、それとも建物の一部の部屋なのかについては議論があるが、ここでは深入りしない。J. M. Hurwit, *The Athenian Acropolis*, Cambridge UP, 1999, 115-116; P.A. Butz, *The Art of the Hekatompedon Inscription and the Birth of the Stoikhedon Style*, Brill, 2010, 62を参照。

(50) 聖財の記録は「大パンアテナイア祭から大パンアテナイア祭」までの四年間の各年の財務官が合同でおこなった。前四三四／三年の財務官による記録は、前四三八／七年から前四三五／四年の四年間の財務官から引き継いだものであった。つまり、宝物の管理と記録は、パルテノン神殿が完成した前四三八年からはじめられたことになる。

(51) その全体像については、D. Harris, op.cit., 223-236, 245-249を参照。

(52) パルテノン神殿の西側の基壇については、写真1、2、3、図1およびJ.M. Hurwit, op.cit., 189-190を参照。

(53) P. Liddel, The Places of Publication of Athenian State Decrees from the 5th Century BC to the 3rd Century AD, *ZPE* 143, 2003, 79-93を参照。

(54) アクロポリスに建立される碑文の種類と数の変化についての詳細は、A. Moroo, The Origin and Development of Acropolis as a Place for Erecting Public Decrees: Periclean Building Project and Its Effect on the Athenian Epigraphic Habit, in: T. Osada (ed.) *The Parthenon Frieze. Ritual Communication between the Goddess and the Polis*, Phoibos Verlag, 2016, 31-48を参照。

(55) 最初期からローマ時代までのアッティカ碑文の建立の数の時代による変化については、P. Liddel, op.cit.

および C.W. Hedrick, Democracy and the Athenian Epigraphic Habit, *Hesperia* 68, 1999, 387-439を参照。いずれも統計的な傾向を明らかにすることに重点をおいているため、前五世紀の碑文の決議年代については*IG* I^3に提示された年代をそのまま使っている。そのため、前五世紀の碑文の数については注意が必要だが、前四世紀以降の碑文の数の変化を知るには有用である。

（56）　公的な奉納碑文を収録した*IG* II^3 4.1においても、アクロポリスに建立された奉納碑の数はきわめて限定されている。*IG* II^2にもとづいて私的奉納についてみた場合にも、*IG* I^3の収録数に比べてはるかに少ない。奉納年代の不明なものが多いため、ほとんどが字体によって分類されているだけであるが、前四世紀からローマ時代まで含めて、アクロポリスへの奉納を刻んだ碑は*IG* II^2 4318-4350および4881, 4882, 4884, 4893, 4894, 4899, 4901, 4903, 4905, 4912/13, 4915, 4919, 4929, 4943, 4953にとどまる。

（57）　その最初の事例としてのコノンの像の建立とその意義については、周藤芳幸「コノンの像、古典期アテネにおける肖像慣習の一考察」（『西洋古典学研究』六一、二〇一三年、三六―四七頁）を参照。

II　ヘレニズム

第三章　ネットワーク理論と神聖使節団テオリアのネットワーク

イアン・ラザフォード
訳：竹尾　美里

古代のギリシアでは、都市国家の領域を超えて行われる共通の祭儀などに参加する際に、「テオリアイ *theoriai*（訳注：神聖使節団 *theoria* の複数形）」という宗教的な使節団を派遣することがあった。テオロイ *theoroi*（訳注：テオロス *theoros* の複数形）と呼ばれる使節団のメンバーたちは、自分たちが属する共同体の代表として選ばれる。(1) 場合によっては聖域側もまた、祭儀の開催を知らせるテオロイを派遣していたが、これは暦ごとにずれが生じないようにするためだったようである。これら使節団は、派遣先の各都市でテオロドコイ *theorodokoi* と呼ばれるテオロイのための特別な接待係から歓待を受けていた。(2) 聖域を中心に、多くの都市が中心に向かってテオリアイを派遣する、という求心的な構図の典型がここで見て取れよう。このような構図を持つシステムは、ギリシア世界全体を覆うような大規模なものからより限定的なものまで、規模の程度に差はあるものの多数存在していた。

この慣行に関する主たる史料は碑文であるが、その残存状況は一様ではない。もっとも記録がよく残っているのはヘレニズム時代であり、不完全ながらも、サモトラケやデロスなどの聖域に派遣されたテオロイについての記録が残されている。プロクセノス *proxenos*（訳注：「名誉領事」などと訳される役職で、現在のような各国大使が存在しなかった古代ギリシアの諸都市では、自国とその市民が渡航した際の世話役として、相手国の市民をプロクセノスとして任命する慣習があった）のリストのような、他の種類の碑文に基づいてテオロイの訪問を推測することが可能な事例もある。(3) デルフォイなどの聖域から出土したテオロドコイの一覧表も手掛かりとなる。このデータについては、一般論として、次のふたつの点が注目に値する。まず、記録されているのは、実際に行われたことのごく一部分にすぎない、という点である。実際、頻繁に訪問を受けていた聖域（例えばエフェソスのアルテミス聖域など）の中には、まったく記録を残していないところもある。次に、現存する史料は、おそらく、より広範囲に及ぶ宗教的ネットワーク、すなわち「テオリア」という単語がもっともよく使われるネットワークに大きく偏っている、という点である。規模の小さい、地方の祭儀ネットワークもギリシア世界のあらゆるところに存在していたかもしれないが、あまり記録には残っていない。ヘレニズム時代のクレタでは、都市国家間の条約について記した膨大な史料の中から、地方の宗教的ネットワークや双務的な制度について知ることができるが、これは例外である。(4)

「テオリア・ネットワーク」は、一般にテオリアの活動に基づいたネットワークと定義することができる。この種のネットワークを扱った研究で、かつて私は、こうした組織を「キャッチメント・エリア catchment area」（訳注：利用者・参拝者の存在する範囲）という、地理学から派生し、現代インドの巡礼研究で使用される用語で考察してきた。(5) しかし「ネットワーク」の方がより適した概念であるという考えに至ったのには、次のような理由がある。ひとつは、古代ギリシアの文書史料が、エリアというよりもむしろ、聖域と特定の都市国家との関係を示しているからである。そしてもうひとつは「キャッチメント・エリア」という概念が、辺境から中心への移動だけを暗に意味しているのに対し、テオリア・ネットワークは双方向への移動を示しているからである。

テオリアとテオリア・ネットワークは、少なくとも他にふたつのタイプの都市国家間の宗教的な活動と密接に関係している。ひとつは隣保同盟 *amphiktyones* であるが、これは一般的により規模が小さく、よりしっかりとした組織を持っていて、そこへ参加することは多かれ少なかれメンバーの義務となっていた。(6) もうひとつは、ミレトスとその「植民市」と見なされた都市の間に存在したような、後者が前者に貢租を支払う義務を負うという、「植民市」と「母市」との間に存在したネットワークである。(7) この「植民市」と「母市」との間のネットワークは、中心メンバーが卓越的な位置を占めている点で位階的である。これとは対照的に、テオリア・ネットワークの場合、主たる全ギリシア的な聖域を中心としたものについては、都市国家と聖域間との関係に強制力がないため、この点ではテオリア・ネットワークを「非位階的」だと特徴付けることができよう。(8)

先に「テオリア・ネットワーク」をテオリアの活動に基づくネットワークと定義したが、この定義はさらなる検討が必要である。このネットワークという用語は、ひとつの聖域、もしくはその聖域で開催される単一の祭儀を中心とするネットワークにも用いることができるであろう。したがって、デルフォイのテオリア・ネットワークというものは、デルフォイの都市そのものと、そこへテオリアイを派遣する都市国家、さらにはテオロドコイのようにそのプロセスの中で一定の役職を担っていた人々を含んでいる。デルフォイのネットワークの規模は、現存する前三世紀後期のテオロドコイの一覧表に鮮明に描き出されているが、その一覧表には、およそ七〇〇の都市が祭儀を知らせるテオロイのたどったルート（それ自体が一種のネットワークである）に従って記載されている。[9]実際には、ある特定の年にデルフォイにテオリアイを派遣した都市の数は、七〇〇よりもはるかに少なかったかもしれないが、[10]そのこと自体はネットワークの規模を考える上で大きな問題とはならない。むしろ、すべての都市でテオロドコイというインフラが制度として整えられることが、ある種のネットワークの形成を示しているのである。

テオリア・ネットワークの中にはギリシア世界全体に広がるものもあるが、他のものは空間的により限定されている。史料に比較的恵まれているサモトラケの聖域では、およそ前三世紀から前一世紀頃までにプロクセノイになったテオロイの一覧表が残っている。彼らの多くは小アジアやトラキア出身であったのに対し、入信儀礼のためにサモトラケを訪れたミュスタイ *mustai*（訳注：サモトラケの秘儀に参加した入信者）の大半が、ギリシア本土の都市出身であったことは、興味深い対照をなしている。(11) さらに規模の小さいテオリア・ネットワークの事例として、前三世紀から前二世紀の独立期のデロスが挙げられる。この時期のデロスの神殿会計目録には、デロスの少女たちによる合唱の資金を提供したテオロイが記されている。それらのテオロイは、どちらかといえばアレクサンドリアやエーゲ海南東の島嶼部の都市から派遣されているが、これは古典期のデロスが、イオニアとの繋がりを強調していたことを考慮すると、意外である。この事例から、テオリア・ネットワークの中の活動、つまり「テオリアの往来」が、時間の経過とともにどのように変化するのかをある程度追うことができる。(12)

上記の点に関連する別の例として、前二七八年頃にプトレマイオス・フィラデルフォスが父プトレマイオス・ソーテールのために創設した、アレクサンドリアのプトレマイエイア祭のネットワークを検討してみよう。アレクサンドリア近郊のハドラで見つかった土器の中には、任務の途中で命を落としたテオロイの遺灰を納めた骨壺が含まれている。こうした骨壺が、このネットワークの主な情報源となっている。(13) ここでのテオロイは、クレタ島のファラサルナを含む、プトレマイオス朝に支配されていたエーゲ海南部の出身者で占められていた。クレタ島の諸都市が、全ギリシア的な聖域のテオリアにあまり関与していなかった事実と比較すると、この現象は注目に値する。(14) このテオリア・ネットワークは、当時のエーゲ海を支配するプトレマイオス朝への明白な敬意の表れであり、この点において、先述した主要な全ギリシア的な聖域を取り巻くテオリア・ネットワークとは異なる、「位階的」な性質を帯びたネットワークだといえよう。

特定の聖域において特徴的な祭儀が、テオロイを派遣する幾つかの都市で模倣されている事例もある。「サモトラケの諸神」への祭儀は多くのギリシア系都市で確認されているが、その中にはサモトラケにテオロイを派遣していた都市と、サモトラケの諸神への祭儀を行っていた都市との間には相互に関係があったといえよう。同様に、独立期のデロスのネットワークの場合にも、コスやロドスのようにデロスへより多くのテオロイを派遣していた都市では、「デロスのアポロン神」への祭儀が行われていたことがわかっている。コスでは、近隣諸都市からの使節が参加するアポロン・ダリオスの祭儀（訳注：「デロスのアポロン神」のドーリア方言形）が行われる機会に、テオリアがデロスへ派遣されたようである。ここではひとつのネットワークの中に、一種のミクロなネットワークが包摂されている。[16] またシチリアでは、アポロン・アルケーゲテース（訳注：植民団指導者のアポロン）の祭儀が、同様の役割を担っていたらしい。[17]

テオリア・ネットワークという用語は、こうした「特定の聖域」で用いられる他、より広く、主要な聖域をすべてまとめて包摂するものとしても用いることができる。四年周期で開催される主要な祭儀が、時期をずらして行われるような、調整が図られた、非常に大掛かりなネットワークである。例えば、同一の人物が時には異なる聖域にテオリアとして派遣されていた事例が知られている。[18] それだけではなく、異なる祭儀の間に互恵的な関係が見られることもある。一例として、前三世紀のコスから出土した決議碑文の断片には、コスからサモトラケとテッサリアのイトノス（後者は間違いなくコスにとってとりわけ重要な場所で、コスをテッサリアからの植民市とする伝承もある）の祭儀にテオロイを派遣していたことが記されている。ここでのテオロイはコスで開かれる大規模なアスクレピオスの祭儀を、自分たちの移動ルートの途中にある各都市に知らせていたと考えられる。例えば、サモトラケへ向かう使節は途中に位置するキオスに、テッサリアへ向かう使節はその途中のアルゴスに立ち寄っていた（近年ケント・リグスビーが、この史料に言及されるアルゴスがペロポネソスのアルゴスではなく、テッサリアのフティオーティスのアルゴスであると指摘している）。[19]したがって、他の祭儀へ参加することと出身地の祭儀の開催を伝えることとは、同じ「ハイパーネットワーク」を機能させていく上で、切り離すことのできない関係にあったといえよう。この傾向は祭儀文化が活発になるヘレニズム時代により強くなっていったと思われるが、このようなハイパーネットワークがおそらくもっと初期の段階から、ネットワーク全体の一部を占めていたことは間違いないであろう。

もし、ネットワーク理論をテオリア・ネットワークに当てはめるのであれば、まずはどのようなネットワーク理論があてはまるだろうか。近年ネットワーク理論への関心は急激に高まっており、スティーブン・ストロガッツの研究はその典型といえる。彼の著書 *Sync* は、個人の集団の中で起こる同期現象または同時現象を、その背後に存在するネットワークの観点からどのように説明することが可能か、という問題を扱っているが、そこではネットワークがある種の文化変容を促す「転換点」とみなされている。ネットワーク理論は、人間の意識に関する問題や、神経回路網、さらには、いわゆる「量子のコーラス現象」説を導き出した量子力学にまで援用された。[20]別の角度からは、組織や科学の発展にネットワークアプローチを応用するブルーノ・ラトゥールのアクター・ネットワーク理論も挙げられる。[21]

この論文で私は社会的ネットワーク分析（以下SNAと略）という、一九五〇年代にさかのぼるネットワーク理論を中心に話を進めていこうと思う。[22] SNAにおいて、社会的ネットワークとは、行列《マトリックス》のような数学的な形式や、「ノード（結び目）nodes」や「（多角形の）頂点 vertices」が、「リンク links」あるいは「つながり ties」によって結合されているグラフに表現される（ノードは通常個人や、ある種の集団を表す）。「つながり」は個人間に一定の関係が生じていることを示し、大抵、他動的なもの（〜が〜に対して結びつく、というように、主語と目的語がある）とみなされる。そのため、グラフ上では有向矢印として表現される。「つながり」が相互的である場合は双方向の矢印で表される。ひとつのノードにつながったリンクの数は、その「次数 degree」となり、ひとつのノードに流れるリンクの数は「入次数」を、一方、離れていく矢印の数は「出次数」となる。[23] ネットワーク理論は「所属ネットワーク」という言葉で、個人と出来事や物との関係についても扱うことができる。また、関係の強弱は、矢印の数の増減で表現することでリンクの異なる性質も考慮することができる。

ひとたびグラフや行列《マトリックス》が確立されれば、分析が可能となる。経験的なデータの渦の中に隠されていた真実が、数学的抽象化のもとでより明らかになるであろう。こうしてモジュール、クリーク（訳注：三つ以上のノードが互いにリンクでつながってできた集団を指し、ネットワークの中で互いに関係性の高い集団であることを意味する）、ブリッジ（訳注：クリークとクリークをつなぐリンク）、中心や辺境といった構造を理解することができる。任意のふたつのノード間の「リーチ」、つまり距離の長さを決めることができる。また、専門用語で「クラスター clusters」と呼ばれる、すべてが結びついている少なくとも三つのノードで構成された集団を求めることもできるだろうし、[24] ネットワークの中の様々なノードがもつ役割に注目することもできるであろう。つまり、リンクをたくさん持っているノードは「中心 centrality」や「媒介 betweenness」や「威信 prestige」またはブルデューの用語を使うと「社会関係資本 social capital」を持っているといえる。[25]

次に、SNAについて近年確立されたモデルの中で、とくに重要なものをふたつ紹介しよう。ひとつは、理論物理学者アルバート・ラズロ・バラバシの指摘した「スケール・フリー」モデルである。いくつかのノードが他よりはるかに多くのリンクをもつ、という現象が、ネットワークが組織されるにあたってごく一般的にみられる。これを数学的に言い換えれば、ネットワーク内でノードに向かうリンクの確率分布は、いわゆる「べき乗則」に従う、ということになる。それゆえ、最も人気のあるノードはネットワーク上の「ハブ」となり、平均よりもかなり多くのリンクをもつことになる。そうしたネットワークを、リンクの分布パターンが何らかの特定のスケールに従うことがないことから「スケール・フリー」と呼び、これらは、どのノードもほぼ同数のリンクをもつようなシングル・スケールのネットワークとは大きく異なる。[26]

次に挙げるモデルは、弱いつながりが持つ強さに関するものである。これは、ネットワーク内部の結びつきやすさに関わる問題で、例えば、複数の小さなネットワークが連結された大きなネット

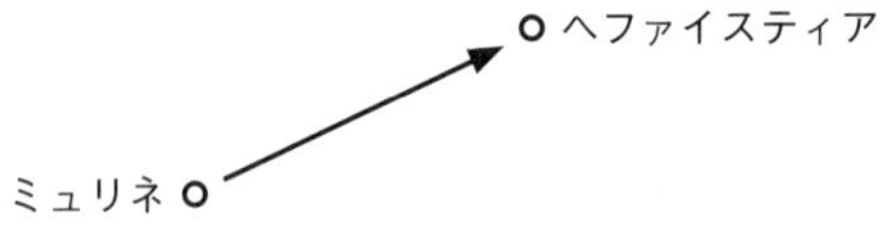

図1．レムノス島におけるテオリアの移動を示す図

表1．レムノス島におけるテオリアの移動を示す行列《マトリックス》

	ミュリネ	ヘファイスティア
ミュリネ	×	1
ヘファイスティア	○	×

ワークにおいて、仮にほとんどのリンクが隣り合ったノードの間にばかり引かれていたとした場合、その大きなネットワークの内部にある諸要素がどれほど高度に結びつき合うことが可能なのか、ということと関連する。これについて、ストロガッツとワットは数学的な分析によって、長距離を結ぶつながりがごくわずかしかなくとも、ネットワーク内部の諸要素をつながりやすくするには十分である、ということを証明した[27]。

　さて次に、われわれがテオリア・ネットワークを理解する上で、SNAが何らかの手助けとなるのかどうか、という問題に移ろう。その程度が限られてはいるものの、以下ふたつの点において、私はSNAは役に立つと考えている。まず、SNAは便利な専門用語であるだけではなく、テオリア・ネットワークを表現するのに好適であるという点である。そしてさらに、SNAは、ネットワークの働きに関して、SNAで分析しなければ見過ごされていたかもしれないような、抽象的な特徴を特定するのに役立つ可能性があるという点である。

　SNAは通常、人の集団や個人を主な対象とするが、都市をノードで表し、「つながり」に「テオリアを派遣する」という意味を当てはめれば、その対象を都市にまで拡大させても十分機能するであろう。もっとも単純な事例を見てみよう。前三世紀のアテナイのクレルキアであったレムノス島西岸の都市ミュリネは、島の北部に位置するヘファイスティアのカベイロイの聖域で行われるホライア祭にテオリアを派遣していた(28)。この事を図示すると図1のようになる。さらにこれに対応する行列《マトリックス》は表1のようになる。

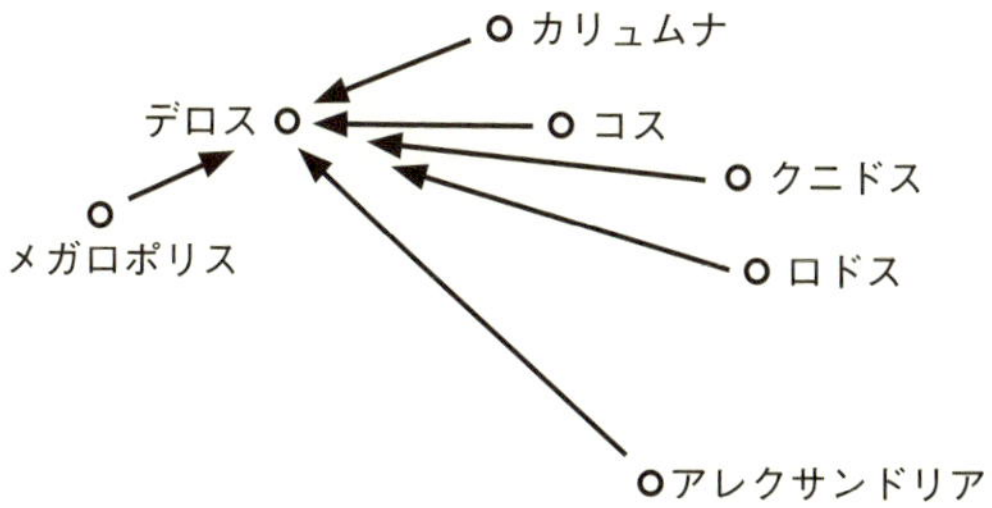

図2.　デロスのネットワーク（ヘレニズム時代）

　ここでテオリアとは都市相互の関係であり、すなわち、一回のテオリアの目的地はひとつの都市であることを前提としていることに留意していただきたい。古代ギリシアにおいて、聖域や祭儀は概して都市によって運営されていたことからも、これは妥当な前提である(29)。原則論に立てば、目的地については、他のノードと区別できるよう、聖域や祭儀とするべきであるが、それでは都市間の相互的な関係を分析しにくくしてしまうであろう(30)。

　では次に、エーゲ海のテオリア・ネットワークの中で、適切なデータが得られる、より複雑な事例について考えてみよう。まず、ヘレニズム時代のデロス周辺を拠点としたネットワークである。

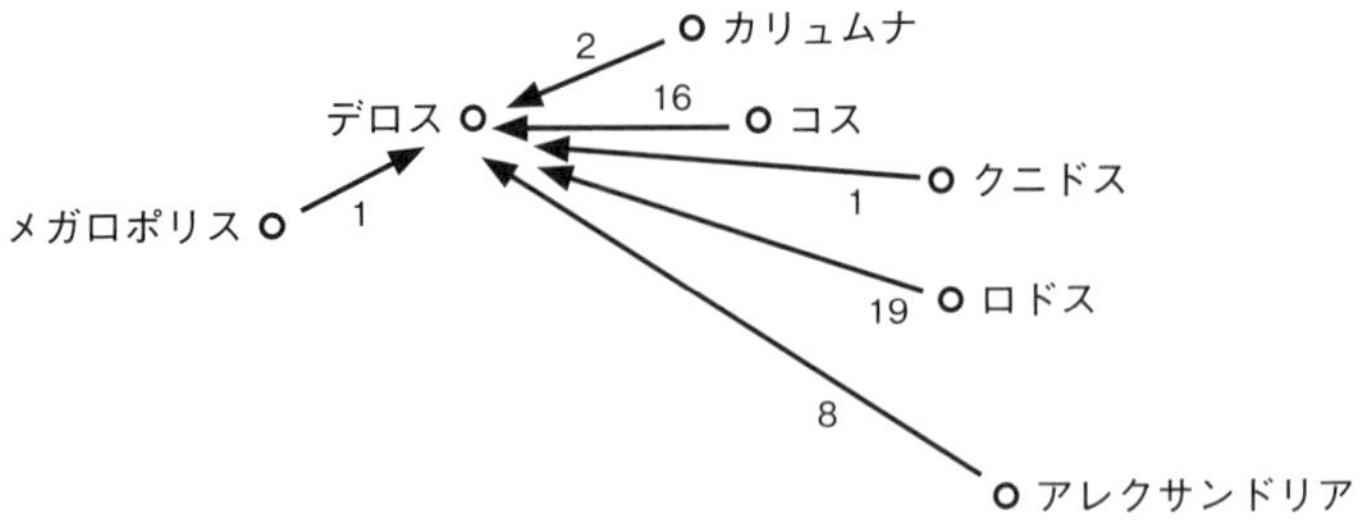

図3.　デロスのネットワーク（前274—250年）

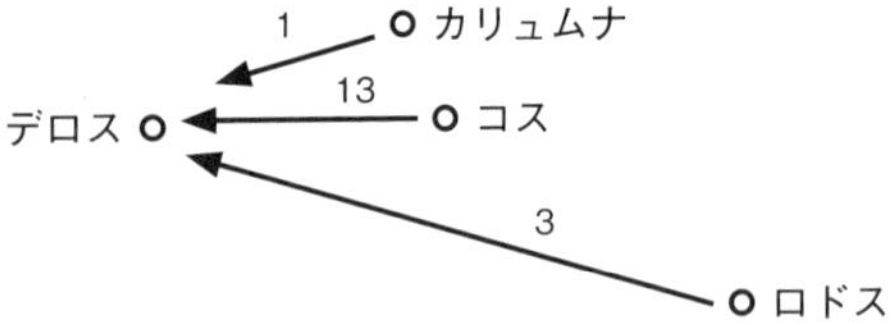

図4.　デロスのネットワーク（前249—150年）

ここでは、質量ともにデータは限定的で、行列《マトリックス》よりもダイアグラムで示した方がより分かりやすいだろう（図2）。

異なる時期に派遣されたテオリアの数を、それぞれの有向線に書き加えたものが、図3と4である。

次に、サモトラケのテオリア・ネットワークの事例を見てみよう。ここでは、テオリアを派遣していたわずかな数の都市からなる簡単な図で表している。この場合、大半の使節の年代については正確にわかっていない（図5）。

そして最後に図6で示した、

アレクサンドリアのプトレマイエイア祭についてのネットワークである（ここでは、一回以上テオリアを派遣したと裏付けられる都市がなかったため、派遣の回数は書き込まれていない）。

以上の図は、祭儀に関するネットワークが、たとえその規模や範囲が幾度も変化していたとしても、（例えばデロスのネットワークのように）全く平面的な現象であったかのような印象を与える。しか

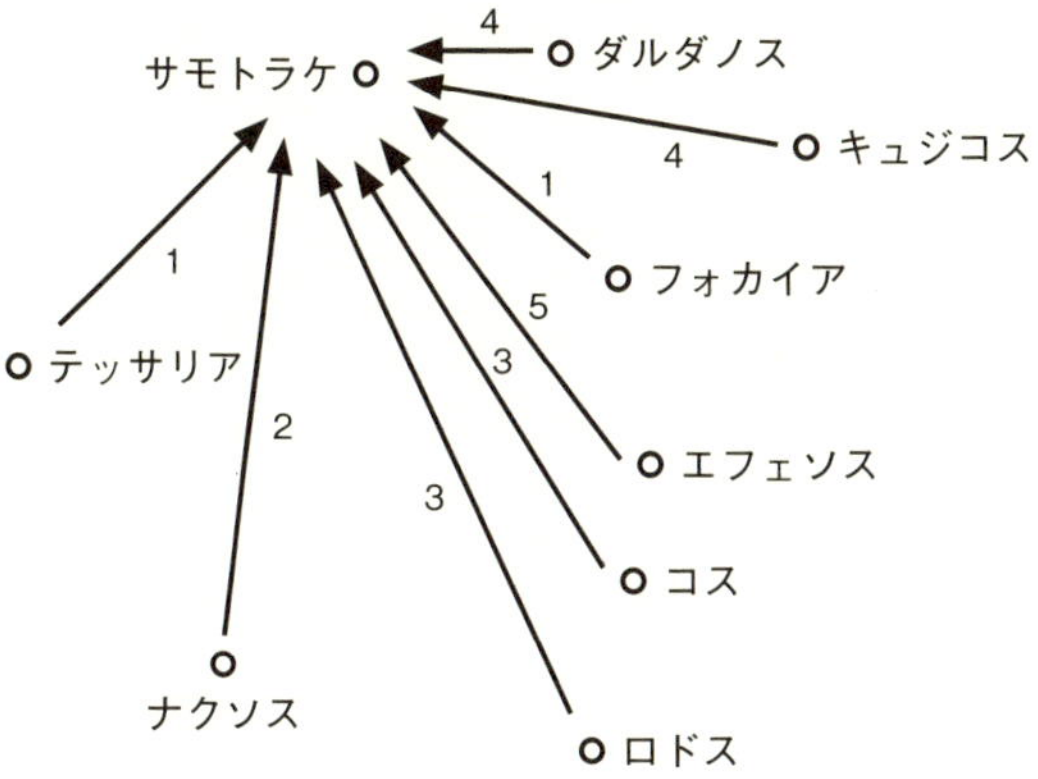

図5.　サモトラケのテオリアのネットワーク

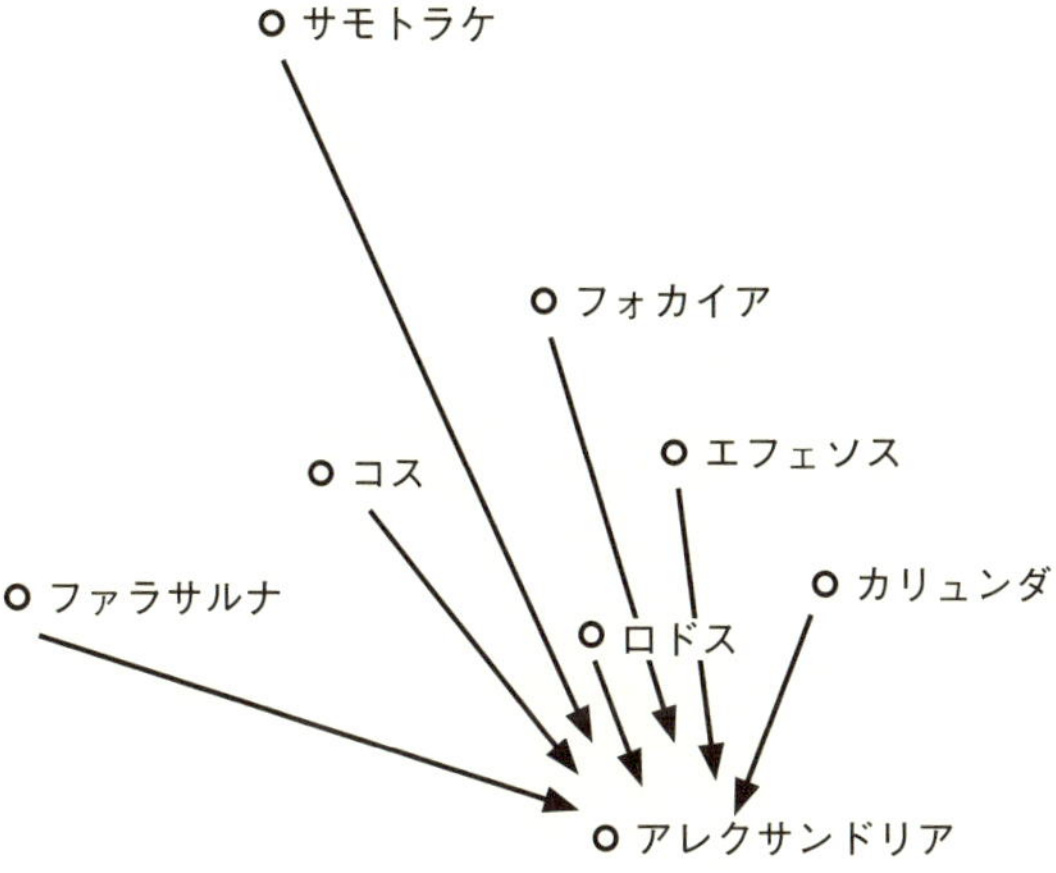

図6.　アレクサンドリアのネットワーク

しながら、異なる都市が同時にひとつの中心と関わっているため、こうしたネットワークの作用が、通時的側面をも持ち合わせているという点に注意しなくてはならない。なぜなら、ネットワーク理論の近年の研究では、同時現象がネットワークを作用させる上で、ひとつの重要な要素となっていることを指摘しているからだ(31)。

先に示した祭儀ネットワークは、ひとつの中心に対し、複数のノードが一定方向の矢印で繋がっているというシンプルな構造となっている。テオリアは、都市と聖域との間を単方向に移動する関係と思われがちであるが、時には相互的な関係を持つこともある。実際、そのような互恵的な関係が、ヴァーチャルな形で実現されていたケースも存在した。例えば、ピュティア祭とソーテール祭それぞれの祭儀に、ギリシア各地から多くのテオリアが参加できるよう、デルフォイでは自分たちのテオリアを伝令者としてギリシア中に派遣していた。こうした伝令者としてのテオリアは、本来のテオリアに比べ地位においては及ばないものの、概念上、両者の間には類似点がある。ふたつの都市が、お互いの祭儀に参加するために使節を派遣するという、本来の意味での相互的な関係も、幾つかの事例でみられる。例えば、ヘレニズム時代のネットワークの中で、コスがアレクサンドリアにテオリアを派遣していたことが知られており、アレクサンドリアもコスにテオリアを派遣していた。そしてコスは、テッサリアとサモトラケにも同様にテオリアを派遣しあっていた(32)。したがって、このような事実を表すのに、幾つかの事例では、双方向の矢印を使うことが望ましいだろう。また、異なる双方向の矢印で、異なる相互関係を表すことができるであろう。そして、十分相互的な関係にある場合は、図7で見られるような真の双方向の矢印を使用することができる。

祭儀伝令者と祭儀への代表参加者を通じた相互関係については、伝令者の方をより細い線で表す

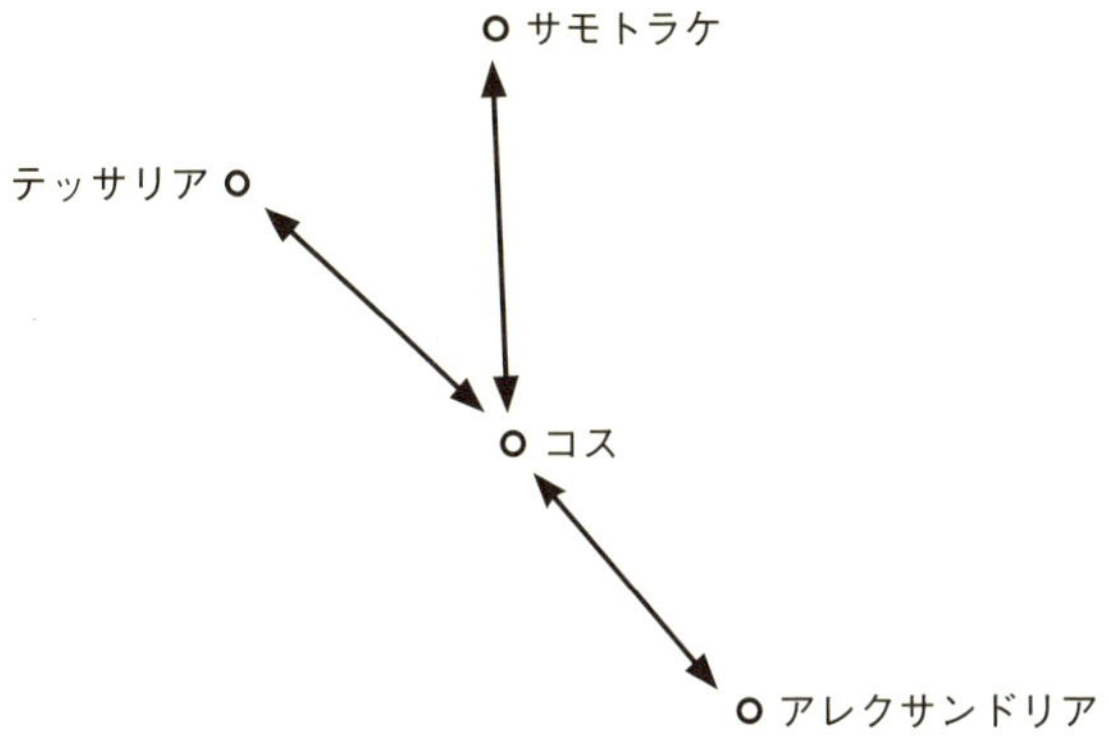

図7.　双方向のテオリア派遣の場合

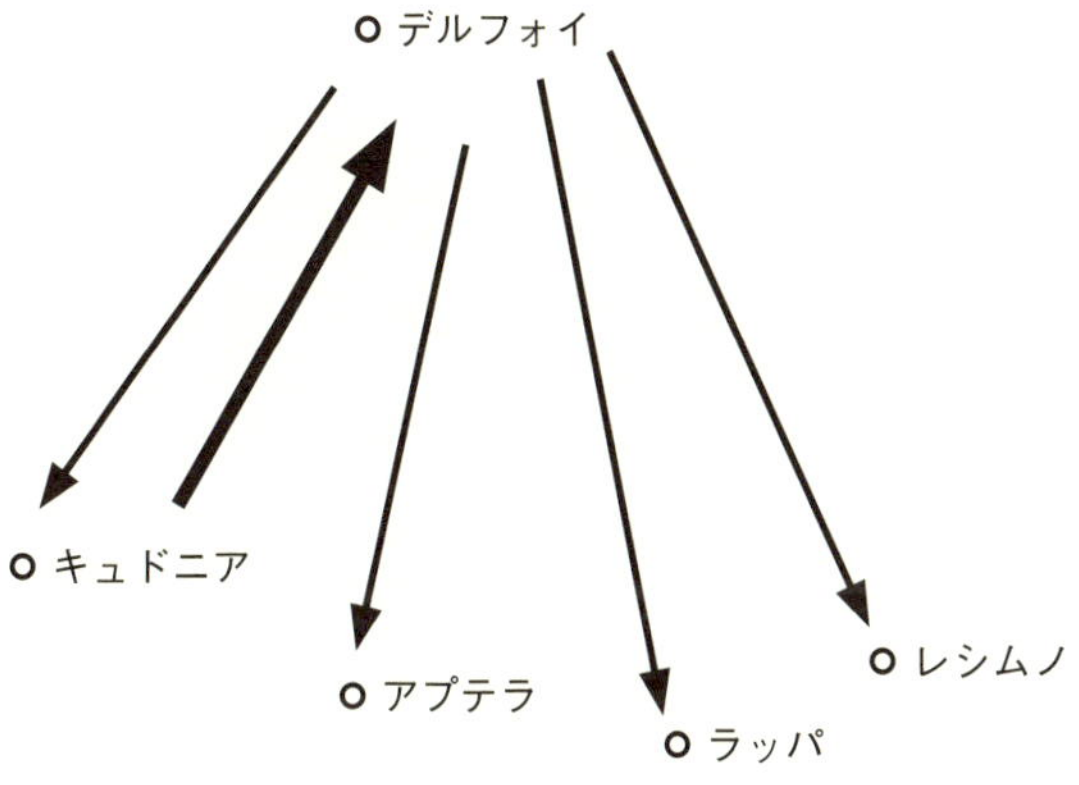

図8.　デルフォイの祭儀伝令者（細線）と祭儀参加者（太線）との相互関係

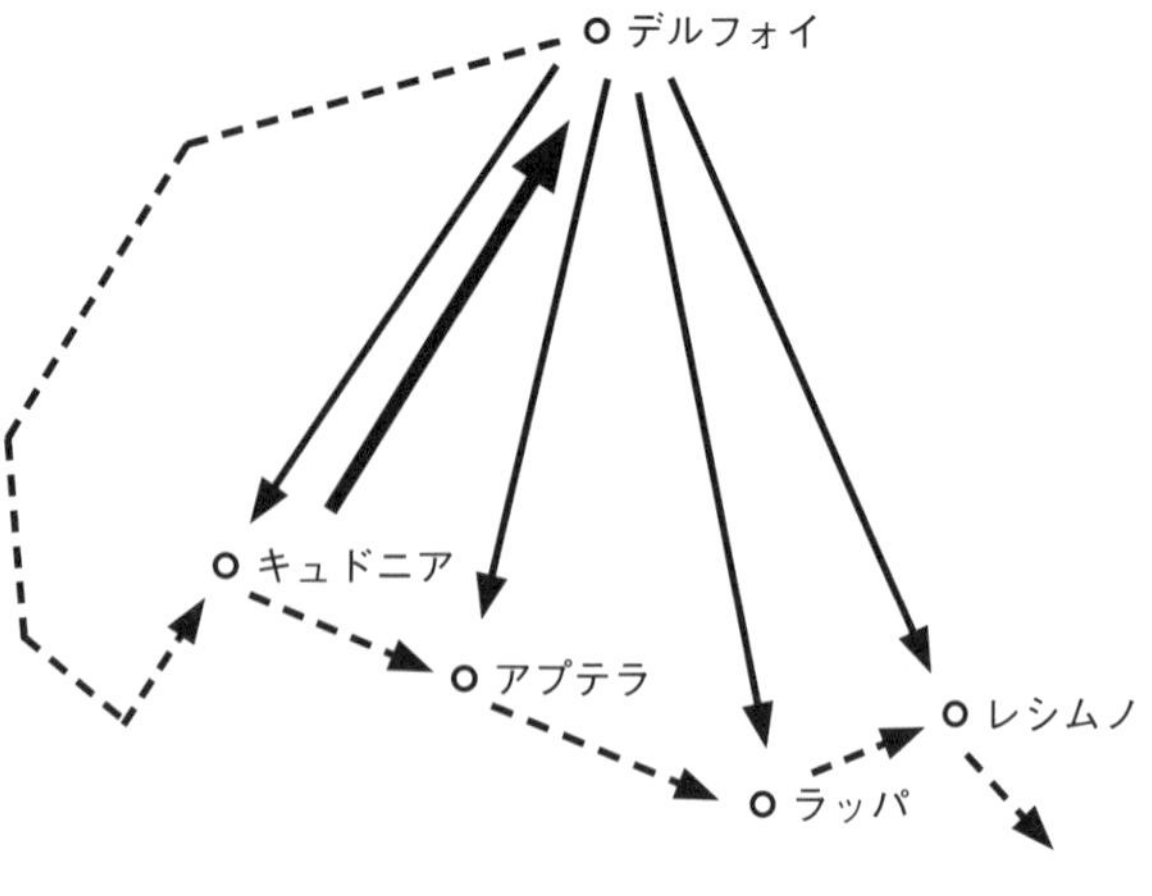

図9.　図8に祭儀伝令者のルートを加えた場合

ことで、ふたつの関係の差異を示すことができる。例えば、クレタ島北部のキュドニア―レシムノ間におけるデルフォイの祭儀伝令者の例では、図8で示したような図になる。

この図をより完全なものにするために、さらに第三のつながりについても検討しなくてはならない。すなわち、祭儀伝令者が移動したルートで構成されたつながりである。このつながりを、点線で描いたのが図9になる。

次に「ハイパーネットワーク」を表わす際に用いるテクニックを当てはめてみよう。例えば、これまで見てきたデロス、サモトラケ（この場合はその一部だけであるが）、アレクサンドリア、コスのネットワークで確認された都市を統合すると、図10のようになる。

この「ハイパーネットワーク」という図は、ある都市が他の都市よりも高い「次数」、つまり、より多くのリンクを持つことを明確に示している。また、他の都市がより多くのテオリアを迎え

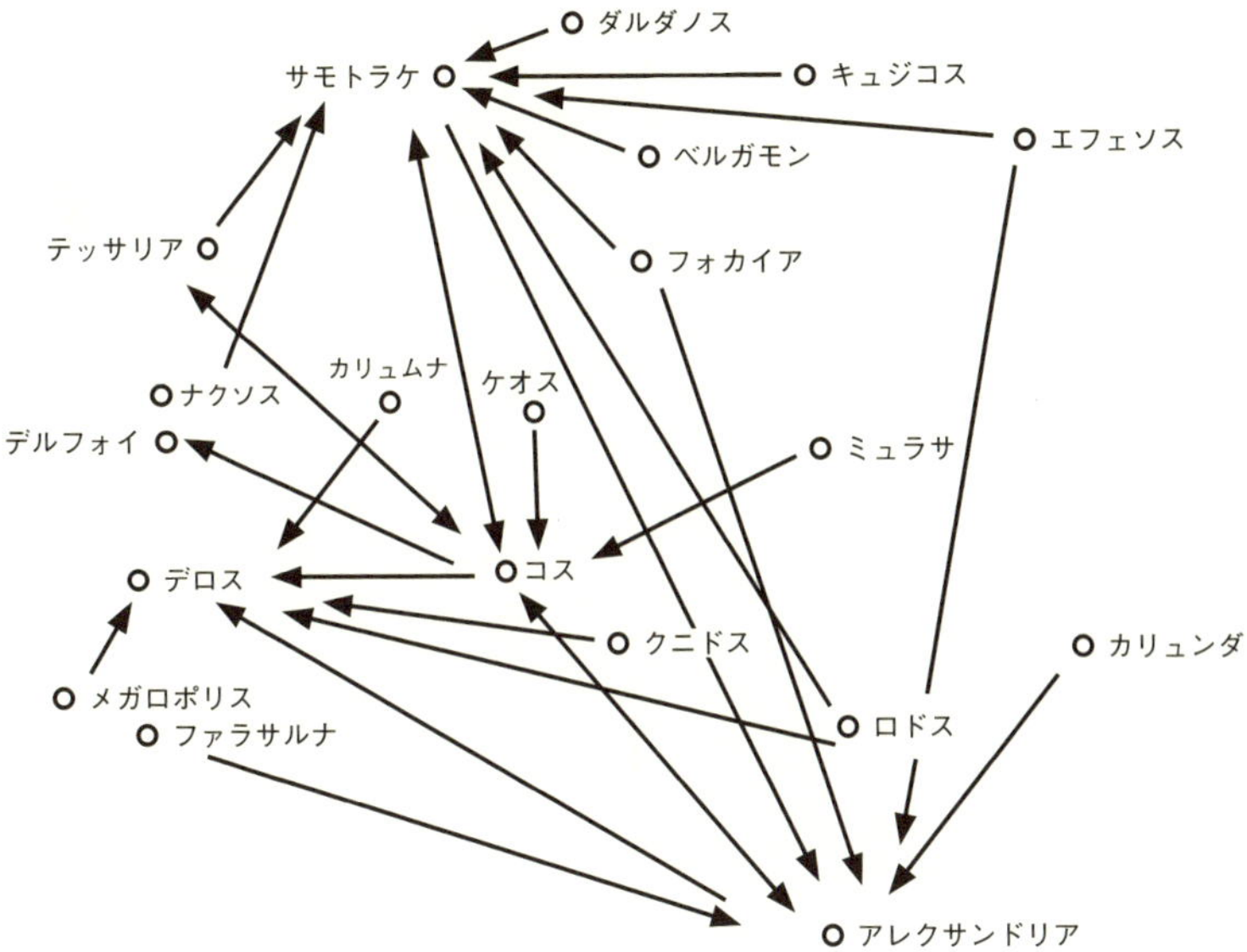

図 10.　ハイパーネットワーク

ている場合は、専門用語で言うところの、より高い「入次数」を持つと言い換えられる。つまりこれは、地域を超えた聖域と交流がある都市に当てはまる。一方、他所よりも多くのテオロイを派遣している都市は、より高い「出次数」を持ち、サモトラケとアレクサンドリア両方にテオロイを派遣していたフォカイアや、サモトラケとデロスに派遣していたロドスがこれに該当する。最後に、コスのように受け入れも派遣もしていた都市の場合を見てみよう。[33] コスについて、現存する膨大な量の碑文史料を見ずとも、コスがどこよりも継続的にテオリアを派遣していたことは、デロスの神殿会計目録が裏付けている。[34] 実際、この「超接続性

hyperconnectivity」について言えば、コスは他の突出した島嶼国に似ているといえよう。[35] それぞれのノードに対する次数の配分が均等ではなく、幾つかのノードが他よりも指数関数的にリンクの数値が高いということは、バラバシの言う「スケールフリー」ネットワークを連想させる。

比較的史料の多いコスの事例であっても、我々のデータは完璧とはいいがたい。また、全体的にデータが不均一であるため、ネットワークの細部を理解することができない。例えば、SNAでは三つ以上のノードから成り、それぞれが他のすべてとつながっているクラスターというまとまりに高い関心を寄せてきた。先に見たハイパーネットワークは（双方向の相互関係の事例は存在するもの）クラスターの例をひとつも扱っておらず、現存する史料からそれらを見出すことは難しい。テオリア・ネットワークにおけるクラスターの唯一の史料は、エウボイア同盟内の祭儀組織の規定について取り決めた、初期ヘレニズム時代のエウボイアの決議碑文である。[36] それによると、秋から春までの八カ月にわたって、一年に一度の祭儀が順次開催されていた。例えば、カリュストス、エレトリア、カルキス、オレオスの四都市で順次ディオニュシア祭が開かれると、逆の順で、デメトリオス・ポリオルケーテースを祀るデメトリア祭が開かれた。各都市で開かれる祭儀には、他の三都市から派遣されるテオロイが参加していたと考えられ、祭儀の開催順序は四つの都市間の相互関係をよく示している。これは典型的なネットワークではないが、地方同盟内の働きを示した特別な取り決めといえる。ヘレニズム時代の祭儀文化における「ハイパーネットワーク」は、確実に多くのクラスターを内包していたはずである。なぜなら、コスのように、テオリアを多く派遣する傾向にあった都市が存在したと考えられるからだ。しかし、そのような都市をはっきり示すことができないのは、おそらくデータがあまりにも不完全であるからであろう。

古代史のデータは数量的に限界があるが、SNAによって得られる見識が有益だといえる事例もあると私は信じている。例えば、近年展開された別のSNAの理論である「弱いつながりが持つ強さ」は、ヘレニズム時代のクレタと、本土の全ギリシア的な聖域との関係の中に見出すことができる。クレタの中部と西部の諸都市をつなぐ地方のネットワークについては史料に恵まれており、デルフォイからの祭儀伝令者がクレタに訪れ、クレタの多くの都市でデルフォイの祭儀開催を伝えていたことがわかっている。(37) しかしデルフォイ（デルフォイのアポロン祭儀はクレタで創設されたという伝統があるが）や、他の全ギリシア的な聖域へ訪れたクレタのテオリアに関しては、現存する史料は比較的少ない。(38) 全ギリシア的な聖域とのつながりが、儀礼上の慣習化された取り決めの一部であって、通常の交流でない限り、両者のつながりを記した碑文史料から浮かび上がる姿は、偽りのものにすぎないのかもしれない。一方、ピンダロスがヒメラのエルゴテレスのために作った祝勝歌（『オリュンピア一二歌』）の中で、彼がもし故郷ゴルテュンに留まったままであったならば、国際的な運動競技会で活躍することはなかったであろうと述べているように、クレタの諸都市はギリシアの他の地域と比べると、広範囲に及ぶ全ギリシア的な祭儀ネットワークの中では、極々小さな役割しか果たしていなかったと言っても良いであろう。(39)

そうなると、クレタの人々は完全に孤立していたのだと考えてしまうであろう。しかしここに、ストロガッツとワッツの指摘した「弱いつながりが持つ強さ」の理論が理解の助けとなる。つまり、少なくともクレタの内部に十分なつながりが存在すれば、クレタの都市と全ギリシア的な聖域とのつながりの数が少なかったり、恒常的ではなくても、クレタ全体として、より広いギリシア世界と十分高い頻度でつながっていたといえるのである。このことが、ひとつのまとまりとしての全ギリシア的なテオリア・ネットワークにもたらす影響をまとめると、次のようになる。まず、テオリア・ネットワークは、ギリシア世界のすべての都市をつなぐ主要な手段としての役割を持ち、諸都市に対して、巨大聖域で開催される全ギリシア的な祭儀にテオリアを派遣するよう要求していたのであろう。実際のところ、ギリシアの諸都市が皆、テオリアを定期的に派遣していたのかどうか、そしてそれを裏付けるような史料（前四世紀以降のデルフォイのナオポイオイの碑文のような）[40]があるのかは疑問の余地がある。また、ごく限られた一部の都市しかテオリアを派遣していないように見える。しかしながら、テオリア・ネットワークがギリシアの諸都市をつないでいたとする仮説は、テオリアを派遣していなかった（可能性のある）諸都市が同じ領域に属しているテオリア派遣都市と緊密なつながりを持っていたと仮定すれば、依然として有効であろう。

一般的に、ＳＮＡはテオリア・ネットワークを描く方法と、その中の構造や機能に関する数多くの有益な理解を与えてくれるように思われる。しかしながら同時に、以下二点の重要な限界についても言及すべきであろう。まず、すでに述べたように、古代史のデータには限界があるという点である。ＳＮＡをあるべき方法で用いるには、より広範囲の聖域を網羅し、十分な量のテオリアの活動を記録した一次史料に依拠することが必要である。また、より小さな地域や地方の祭儀に関しても参加者の傾向を把握することが有益であろう。

ふたつ目の限界とは、ＳＮＡが有益な知見を与えてくれるとはいえ、ＳＮＡでは見出しにくいテオリア・ネットワークの作用に関する根本的な問題があるのではないか、という点である。例えば、宗教的ネットワークの中に、ヒエラルキーについての問題があることは、先に述べた通りである。いくつかの宗教的ネットワークは、中央の宗教的、政治的権威によって、彼らの中で自発的に参加することが求められているという意味では、位階性が強いように思われる。他方、伝統的な全ギリシア的な聖域の周辺で築かれたネットワークのように、階層的ではないものもある。ＳＮＡは特定のノードに対する「次数」、すなわちノードに向かっていくリンクと、出ていくリンクの数によって大まかな数値上のヒエラルキーを確立することは可能である。しかし、私が見た限りでは、参加することと自体に影響を与える義務の度合いをどのくらい考慮するべきか、またはモデル化するかについて、ＳＮＡは何ら手引きにはならないのだ。おそらくこの点は、あるものは義務的な関係から、あるものは義務的ではない関係から、といったように都市間に存在する様々な種類のつながりを識別することで解決されるであろう。しかし、いかにして行うかという詳細については別の機会に委ねたい。

注

（1）　テオリアに関しては、I. Rutherford, Theoria, in *Der Neue Pauly*, 12/1, J. B. Metzler, 2002, 398–400; M. Dillon, *Pilgrims and Pilgrimage in Ancient Greece*, Rutledge, 1997; L. Ziehen, *REA* 10. 2228–s. *Theoria*, 2239–s. *Theoros*, J. B. Metzler, 1934.

（2）　祭儀伝令者については、P. Perlman, *City and Sanctuary in Ancient Greece: The Theorodokia in the Peloponnese,*（*Hypomnemata* 121）, Vandenhoeck und Ruprecht, 2000; P. Boesch, *Theoros, Untersuchung zur Epangelie griechischer Feste*, Mayer and Muller, 1908; G. Daux, Théore et théorodoque, *Revue d'études Grecques* 80, 1967, 293ff.

（3）　試みとして、I. Rutherford, The Keian Theoria to Delphi: Neglected Data from the Accounts of the Delphic *Naopoioi,* CID2.1-28, *Zeitschrift für Papyrologie und Epigraphik* 147, 2004, 107–14（以下Rutherford, Keianと略）; *SIG*³ 585 Dittenberger のコメントを参照のこと。

（4）　A. Chaniotis, *Die Verträge zwischen kretischen Poleis in der hellenistischen Zeit*, Steiner, 1996.

（5）　「キャッチメント・エリア」については、S. M. Bhardwaj, *Hindu Places of Pilgrimage in India: A Study in Cultural Geography*, University of California Press, 1973.

（6）　隣保同盟については、K. Tausend, *Amphiktyonie und Symmachie, Formen zwischenstaatlicher Beziehungen im archaischen Griechenland*（Historia, Einzelschrift 73）, Franz Steiner, 1992.

（7）　植民市と母市については、概説としてA.J. Graham, *Colony and Mother City in Ancient Greece*, Manchester University Press, 1971が挙げられる。ミレトスに関しては、W. Günther, *Das Orakel von Didyma in hellenistischer Zeit [Ist. Mitt. Beiheft 4]*, E. Wasmuth, 1971; P. Debord, *Aspects Sociaux et Économiques de la Vie Religieuse dans l'Anatolie Gréco-Romaine*（EPRO 88）, Brill, 1982, 18-20; N. Ehrhardt, *Milet und seine Kolonien*, Peter Lang, 1988.

（8）　M. Sommer, Networks of Commerce and Knowledge in the Iron Age: The case of the Phoenicians, in: I. Malkin, C. Constantakopoulou and K. Panagopoulou（eds.）, *Greek and Roman Networks in the Mediterranean,* Routledge,

2009, 94–108.

（9）A. Plassart, La liste des théorodoques, *Bulletin de correspondance hellénique* 45, 1921, 1ff.

（10）前四世紀に作られたデルフォイのnaopoioiの会計目録には、神殿再建のために寄付をした訪問者が記録されている。これによると訪問者の地理的範囲は驚くほど狭い。Rutherford, Keianを参照のこと。

（11）S. G. Cole, *Theoi Megaloi: The Cult of the Great Gods at Samothrace*, Brill, 1984.

（12）P. Bruneau, *Recherches sur les cultes de Delos à l'époque hellénistique et à l'époque impériale*. [Bibliothèque de l'École française d'Athènes et Rome, 217], Boccard, 1970, 93–113. 参照のこと。

（13）プトレマイエイア祭については、*RE* の該当箇所を参照のこと：ハドラの骨壷についてはB. F. Cook, *Inscribed Hadra Vases in the Metropolitan Museum of Art*, Metropolitan Museum of Art, 1966, nos. 1, 3, 4, 7, 8, 10.

（14）ファラサルナのアンドロクレスという名のテオロイについては注18を参照のこと。

（15）Cole, op.cit.

（16）I. Rutherford, The Koan-Delian Ritual Complex: Apollo and Theoria in a Sacred Law from Kos, in: L. Athanassaki, R. P. Martin and J. F. Miller（eds.）, *Apolline Politics and Poetics*, Athens, 2009, 655–687（以下Rutherford, Koan-Delianと略）; F. Sokolowski, *Lois sacrées de cités grecques*, Boccard, 1969, no. 156b.

（17）I. Malkin, Networks and the Emergence of Greek Identity, *Mediterranean Historical Review* 18, 2003, 62; I. Malkin, Apollo Archegetes and Sicily, *Annali della Scuola Normale Superiore di Pisa* 3.16, 1986, 959–72; キュレネの事例については、C. Dobias-Lalou, Voyageurs Cyrénéens, in: H. Duchêne,（ed.）, *Voyageurs et Antiquité Classique*, Editions universitaires de Dijon, 2003.

（18）ファラサルナのアンドロクレスについては、P. Perlman, op.cit., 88, 91.

（19）P. Boesch, op. cit.,17; K. Rigsby, Theoroi for the Koan Asklepieia, in: K. Höghammer（ed.）*The Hellenistic Polis of Kos, State, Economy and Culture*, Uppsala Universitet, 2004.

（20）S. Strogatz, *Sync, The Emergence of Spontaneous Order*, Penguin, 2003, 127ff.（スティーヴン・ストロガッツ『Sync：なぜ自然はシンクロしたがるのか』（藤本由紀監修・長尾力訳、早川書房、二〇一四年））。

（21）　B. Latour, *Reassembling the Social: An Introduction to Actor-Network Theory*, Oxford University Press, 2005.

（22）　ネットワーク理論の概要に関しては、原文が掲載された論文集 *Greek and Roman Networks in the Mediterranean* の序文等を参照のこと。（訳注：原文の注で言及されたもの以外に、参考文献として以下のものがあげられている。W. De Nooy, A. Mrvar and V. Batageli, *Exploratory Social Network Analysis with Pajek*, Cambridge University Press, 2005（ウオウター・デノーイ、アンドレイ・ムルヴァル、ヴラディミール・バタゲーリ『Pajekを活用した社会ネットワーク分析』（安田雪訳、東京電機大学出版局、二〇〇九年））；J. Scott, *Social Network Analysis, A Handbook*, Sage, 2000; D. Watts, *Six Degrees, The Science of a Connected Age*, Vintage, 2003（ダンカン・ワッツ『スモールワールド・ネットワーク――世界を知るための新科学的思考法』（辻竜平・友知政樹訳、CCCメディアハウス、二〇〇四年））。

（23）　S. Wassermann and K. Faust, *Social Network Analysis: Methods and Applications*, Cambridge University Press, 1994, 125ff.

（24）　Ibid, 291ff.

（25）　ブルデューの用語については、P. Bourdieu,　The Forms of Capital, in:　J. C. Richard（ed.）, *Handbook of Theory and Research for the Sociology of Education*, Greenwood Press, 1986.

（26）　A.-L. Barabási, *Linked. How Everything is Connected to Everything Else and What it Means for Business, Science and Everyday Life*, Plume, 2003, 65ff. この理論が最初に述べられたのは、A.-L. Barabási and R. Albert, Emergence of Scaling in Random Networks, *Science* 286, 1999, 509–12.

（27）　S. Strogatz and D. Watts, Collective Dynamics of "Small-World" Networks, *Nature* 393, 1998, 440–2.

（28）　R. C. T. Parker, Athenian Religion Abroad, in: R. Osborne and S. Hornblower（eds.）, *Athenian Democratic Accounts Presented to David Lewis*, Oxford University Press, 1994.

（29）　C. Souvinou-Inwood, What is Polis Religion, in: P. Murray and S. Price（eds.）, *The Greek City from Homer to Alexander,* Oxford University Press, 1990, 297–98. サモトラケのネットワークの場合は、サモトラケの都市がテオロイを派遣していたので、別の選択肢が必要である。Cole, op.cit. 参照の事。

(30) しかしながら、場合によってはテオロイの目的地を別のカテゴリーに割り振ったほうがわかりやすく、ネットワーク理論の枠組みの中に適応する場合も存在する。代理人グループ間の関係を示さないものの、それらが異なるカテゴリーで、いかにしてひとつのまとまりとして連携しているかを表すネットワークについては、〝傍系ネットワーク affiliation network〟という言葉が用いられる。

(31) ネットワークにおける同時性に関しては、ストロガッツ『Sync』を参照のこと。

(32) コス島については注33を参照のこと。

(33) コスのアスクレピエイアについて：*SEG* 33.671は、カフィソフォンというアレクサンドリアで開業するコス人医師が、アレクサンドリアのテオリアをコスに招聘したことに対しての前二二〇～二一〇年頃の顕彰決議である。R. Herzog, Ein koischer Art am Ptolemäerhof, Kaphisophon Sohn des Leibarztes Philippos, *La Parola del Passato* 38, 1983, 61–4参照のこと。同様に*SEG* 27.510は、アスクレピエイオンを訪れたテオリアに治療を施した医師に対してなされた決議である。コスの神聖さを認める決議の中で言及されたコスのアスクレピエイアの有力者については、R. Herzog and G. Klaffenbach, *Asylieurkunden aus Kos*, Akademie-Verlag, 1952; K. Rigsby, *Asylia: Territorial Inviolability in the Hellenistic World*, University of California Press, 1996, 106–153.

(34) P. Bruneau, op.cit.; Rutherford, Koan-Delian.

(35) P. Horden and N. Purcell, *The Corrupting Sea: A study of Mediterranean History*, Blackwell, 2000, 224–30; C. Constantakopoulou, Proud to Be an Islander: Island Identity in Multi-Polis Islands in the Classical and Hellenistic Aegean, *Mediterranean Historical Review* 20, 2005, 1–34.

(36) *IG* XII9. 207.特に一八行目以降。エウボイア同盟については、B. Le Guen-Pollet, *Les associations de Technites dionysiaques à l'époque hellénistique*, 2 vols., Nancy, Association pour la diffusion de la recherche sur l'antiquité, 2001, 1.48. n.169.

(37) Plassart, op.cit., cols.3 (bottom)–4 (top).

(38) デルフォイに関する史料は三片あげられる。デルフォイのテオロスがキュドニアで確認される史料（*IG*

II^{2} 844）、南西部に位置するエリュロスという都市が、デルフォイに自分たちのテオロドコスを持っていたことを示す史料（*IC* 2.13.1. 興味深いことに、近隣のタッラもデルフォイと古いつながりがあったことをパウサニアスが伝えている。『ギリシア案内記』10.16.）と、東部に位置するプライソスから出土した、当地からオリュンピアとデルフォイに使節団を派遣することを許可する決議碑文である（*IC* 3.6.7b）。

（39） S. Hornblower, *Thucydides and Pindar: Historical Narrative and the World of Epinikian Poetry*, Oxford University Press, 2004, 191–96.

（40） Rutherford, Keian 参照のこと。

訳注：その他本稿に関する参考文献として、C. Constantakopoulou, *The dance of the Islands: Perceptions of Insularity in Classical Greece*, Ph. D. thesis, University of Oxford, 2002; J. Elsner and I. Rutherford, *Pilgrimage in Greco-Roman and Early Christian Antiquity: Seeing the Gods*, Oxford University Press, 2005; J. M. Hall, *Hellenicity: Between Ethnicity and Culture*, Chicago University Press, 2002; J. Ma, Peer Polity Interaction in the Hellenistic Age, *Past and Present* 180, 2003, 9–39.

ネットワーク理論と神聖使節団テオリアのネットワーク　訳者解説

竹尾　美里

本稿は、二〇〇六年五月二六～二八日にクレタで開かれた研究集会*Networks in the Greek World*で報告された内容で、翌年*Mediterranean Historical Review*（vol. 22, 2007）に掲載され、二〇〇九年に論文集*Greek and Roman Networks in the Mediterranean*に収録されたものの全訳である。本稿本文文末には研究集会参加者と、論集への所収にあたっての二名の匿名査読者に対する謝辞がついているが、省略した。著者であるイアン・ラザフォード氏は古代ギリシア史を専門とし、現在、英国のレディング大学の教授を務めている。これまで、主に古代ギリシアの文学や宗教と巡礼を対象に、ギリシアと他の地域との関係に着目した研究を多く発表されてきた。近著に"The earliest cross-cultural reception of Homer? The Inaros narratives of Greco-Roman Egypt", in *Greco-Egyptian Interactions: Literature, Translation and Culture, 500BC–AD300*, Oxford, 2016また、本稿で取り扱ったテオリアに関しては*State pilgrims and sacred observers in Ancient Greece. A study of Theōriā and Theōroi*, Cambridge, 2013がある。

「社会的ネットワーク分析」は近年、社会学や人類学、また自然科学の分野において様々な試みがなされている分析方法である。ノードとノードが繋がっている状態にあることの意味であったり、個々のクリークがひとつのリンクによって、別のネットワークと繋がった時、それによって全体にどのような影響が与えられるのか、など、ネットワーク理論によって提唱されるモデルから、私たちは複雑な社会を理解する上で、新たな視点を手に入れたと言って過言ではないだろう。本稿は、古代地中海世界に散在する聖域と都市、そしてその間を移動する人間によって織り成された、様々なレベルの活動（ここでは主にテオリアの移動）を、このネットワーク理論で読み解くことができるのか、そしてその際、何が問題となるのかについても有益な指摘をしている。

古代において、決して「ギリシア（ヘレネス）」としてひとつの国にまとまることがなく、ポリスという小さな都市国家単位で地中海世界に寄り集まっていた古代ギリシア人たちにとって、全ギリシア的な聖域への参拝は、何を意味していたのか。また、地方レベルでのテオロイの往来は、宗教的な慣習以上に彼らの自己認識に影響を与えていたのだろうか。ヘロドトスの言及した「共通の神々への供儀を行う」ことが、同じ「ヘレネス」であるための要素のひとつとして強く認識されていたのならば、本稿で指摘された、全ギリシア的な聖域を含むハイパーネットワークは、網の目のようにギリシア世界を覆った個々のリンクでもって、各地を瞬時につなぐかのように、人々に「ヘレネス」としての自己認識を押し広げていった、と理解できるのであろう。

地方レベルのネットワークと全ギリシア的な聖域のネットワークとの関係について、本稿で触れられたシチリアの事例を少し補足する。シチリアでの植民活動に関するトゥキュディデスの有名な箇所で、ギリシア人で最初にこの地を訪れたカルキス人の植民市建設の話がある。その中で、シチリアのナクソスに定住した彼らが、アポロン・アルケーゲテースの祭壇を建て、シチリアからテオロイが出航する際に、この祭壇で犠牲式を行うことを定めていた（Thuc. 6.3）。シチリアに入植したギリシア人たちは、個々の植民市のまとまりとは別に、アポロン・アルケーゲテースの祭壇を中心に、デルフォイへの使節派遣という行為によってまとめられるネットワークを形成していた。つまり、デルフォイとの繋がりを持った、シチリア在住の「ヘレネス」としての認識が、このアポロン・アルケーゲテースのネットワークによってもたらされたという(1)。

シチリアの事例のようなネットワークのあり方は、おそらくギリシア世界に散在しており、場所や時代によってその性質は異なっていたと考えられる。本稿では都市が派遣するテオリアという使節の往来を、都市単位のノードとして考察を試みていたが、社会的な繋がりにおいては、聖域に訪れた個人の参詣者や聖財の借り手など、史料が許す範囲になるものの、他の単位のノードで考察することも場合によっては必要であろう。様々なレベルのネットワークにおけるハブとして、聖域が社会の中で個々を繋ぐ役割を担っており、そこへ、いかなる経路で個人や都市が関わっていたのか。一見関わりが希薄に見えるような関係であっても、SNAを用いたネットワークの見方は、より広いネットワークに組み込まれていた小さなネットワークの存在や、何かひとつの現象が派生的に各地に広がっていくメカニズムを理解する一助となるかもしれない。しかし、ラザフォード氏も指摘しているように、古代史においてはデータの量がいちばんの問題となる。リンクの質（強制性の有無、位階性の有無など）に関しては、グラフだけでは容易に見抜くことはできず、ＳＮＡの見方によって「繫がっていた」という事実自体を過大に評価されかねない、という危うさがあることも、同時に留意する必要があるだろう。

注

（1）　I. Malkin, *A Small Greek World. Networks in the Ancient Mediterranean (paperback)*, Oxford University Press, 2013, 112.

III　古代ローマ

第四章　古代ローマ西方の聖域と社会

中川　亜希

はじめに

古代ギリシア世界では、デルフォイのアポロンをはじめとする全ギリシア的（パン・ヘレニック）な神託が知られ、地中海世界各地から訪れる人々が絶えず、政治や社会に大きな影響を及ぼしたことが知られる。一時的に衰退した時期はあったものの、三九二年にローマ皇帝テオドシウス一世（在位：三七九〜三九五年）が異教を禁止したこと（いわゆるローマ帝国におけるキリスト教の国教化）により神託所が閉鎖されるまで名声が続いた神託もあったという。では地中海の西ではどうだったのか？イタリア中部と北東部には籤 ***sors***（複数形は ***sortes***）を用いた神託で知られる聖域が集中的に存在していたようだ。(1) 例えば、中部のティブル（現ティヴォリ）郊外に大きな聖域をもつヘラクレス・ウィクトルの神託、(2) 籤の発見と託宣の場面を描いた奉納レリーフが知られるオスティアのヘラクレスの神託や、(3) 三代目皇帝カリグラ（在位：三七〜四一年）が立ち寄り、小プリニウス（六一年頃〜一一二年頃）も書簡で言及しているクリトゥムヌスの泉の神託、(4) そして二代目皇帝ティベリウス（在位：一四〜三七年）が立寄った北部のパタウィウム（現パドヴァ）の近くのゲリュオンの神託[5]などは重要だったと考えられ、遠い場所からの参拝者もいた可能性はある。しかし史料での言及の少なさからは、それらの神託のほとんどは周辺地域に対してのみの限定的な影響しか持たなかったと考えざるを得ない。[6]そのような中でも、ラティウム（現ラツィオ地方）のプラエネステ（現パレストリーナ）とアンティウム（現アンツィオ）の運命の女神フォルトゥーナの神託のみは地域を越えて重要であったと考えられている。[7]特にプラエネステに関しては、西地中海の他の神託への言及が圧倒的に少ないという状況の中では証言が比較的多く、またその聖域の規模の大きさからも注目され、歴史、宗教、美術、建築といった学問分野で研究されてきた。そして近年、共和政期の政治や社会、宗教への関心が高まり、その歴史像の見直しが進む中で、プラエネステの神託についても新たな見解が出されている（二節「先行研究」を参照）。そこで本稿では、女神フォルトゥーナとその聖域を通してローマとプラエネステとの関係を探り、ラティウムにおけるローマの支配のあり方とそれをローマ人とラティウムの人々がどのようにとらえていたのかを考えていきたい。

一　プラエネステと女神フォルトゥーナ・プリミゲニア

ローマ時代にプラエネステと呼ばれていたパレストリーナは、ローマの東四〇キロほどのところにあるラツィオ地方の一都市である。イタリア半島の背骨ともいえるアペニン山脈の麓、ジネストロ山の南斜面に位置しているため、坂が多い。現代の町の中に見られる古代の遺跡は、町の中心となる大聖堂があるレジーナ・マルゲリータ広場周辺部、かつてフォルムがあった場所を中心とする下部建築群と、山の斜面にテラスが階段状に連なる上部建築群に分かれている。下部建築群と上部建築群との間にはおよそ一六メートルの高低差があるが、どのように行き来していたのかは明らかになっていない（図1）。

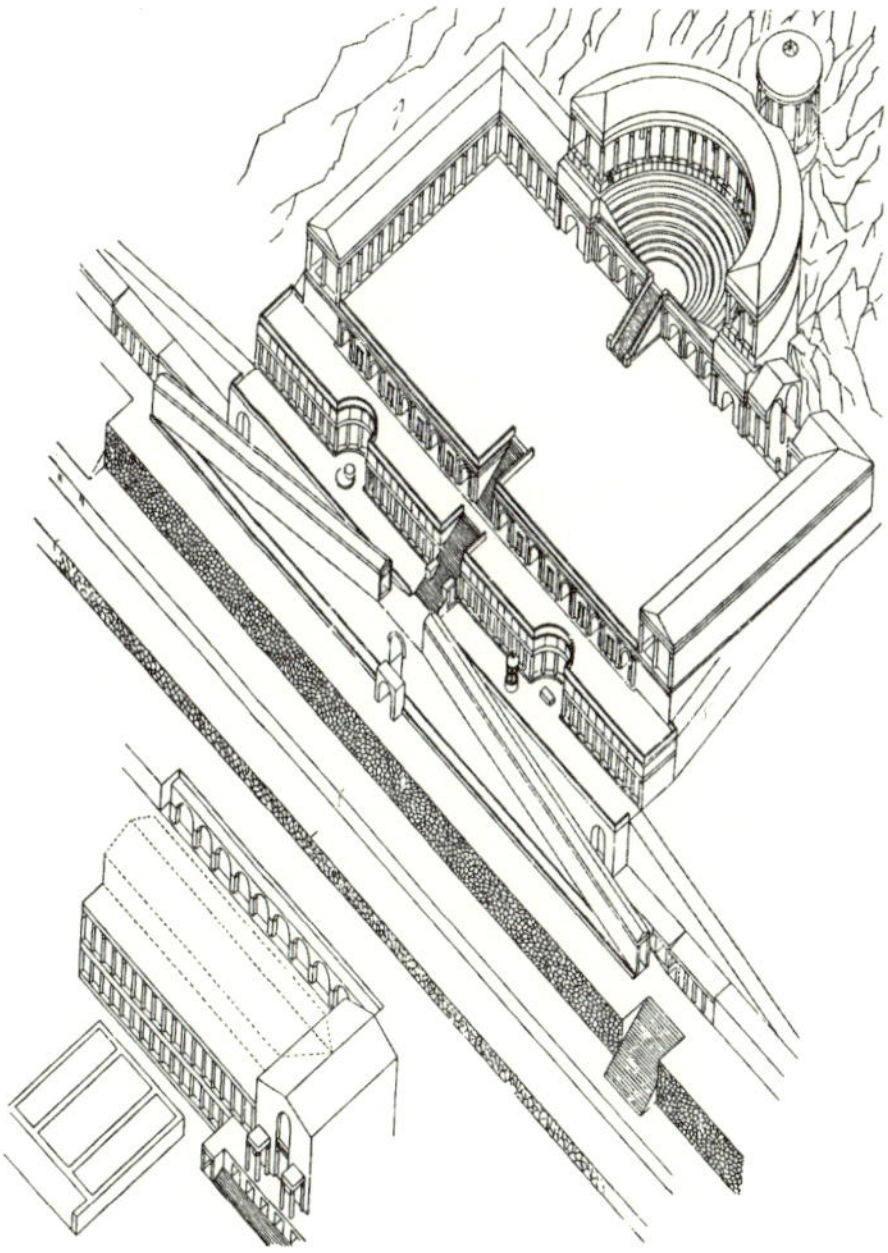

図 1.　聖域の図
右上が上部建築群、左下が下部建築群で、その高低差は 16 メートルである。

プラエネステの起源は古く、火の神ウルカヌスの息子カエクルス、あるいはトロイア戦争の英雄オデュッセウスと魔女キルケの息子テレゴヌス、あるいはラティウムに暮していたラティニ人（ラテン人）の王ラティヌスの息子プラエネステスを建国の祖とする神話を持つ。そしてその歴史についてはローマの文献史料に依るため、以下のようにローマとの関係の中でたどらざるを得ない。前

写真 1.　遺跡から
遺跡の途中のテラスからの現代のパレストリーナの町。かなたの山の間をまっすぐ行くとアンツィオがある。（注 17 参照）

四九九年、ラティウムの諸都市とローマが争ったレギルス湖畔の戦いの際には、プラエネステはラティウム側からローマ側についた。(8) しかしその後、南下してきたガリア人（ケルト人）と行動を共にするなどローマから離れてラテン同盟側についた。そのためラテン戦争（前三四〇～前三三八年）の際には他のラテン人諸都市とともにローマに征服され、ローマと条約を結んだラテン市民都市 *civitas foederata* となる。(9) ローマ共和政末期の民衆派と閥族派との争いでは民衆派のマリウス側についたため、前八二年、プラエネステは閥族派のスッラによって征服されて植民市 *colonia* となり、(10) その際、女性と子供、そしてスッラの友人などの一部の男性をのぞく多数の住民が殺害されたと伝えられる。[11] ローマ帝国の一地方都市となったプラエネステが政治的に注目されることは、以後、なかった。

しかし神託で有名な女神フォルトゥーナの神殿がある町とギリシア人地理学者ストラボン（前六四年頃〜後二一年以降）が説明するように、[12] プラエネステの名を知らしめたのは神託をくだす女神フォルトゥーナである。この女神には、「最初に生まれた」という意味のプリミゲニア *primigenia* という添え名がつく。女神フォルトゥーナ・プリミゲニアに言及している最古の史料は前三世紀の碑文であり、「ヌメリウスの妻オルケウィアが、人々のため、ユピテルの最初に生まれた娘フォルトゥーナに対して贈り物を捧げた」[13] と刻まれた。しかし後の時代の史料では単に「フォルトゥーナ・プリミゲニア」と述べられ、さらにキケロ（前一〇六〜前四三年）の『予兆について *De Divinatione*』では、プラエネステに最高神ユピテルと女神ユノの母としてのフォルトゥーナ女神像が置かれていたと説明されている。どこかの時点で「ユピエルの最初の娘」が「ユピテルの母」へと変化したようだ。

そのキケロ『予兆について』は、プラエネステの聖域と女神フォルトゥーナ・プリミゲニアの神託について詳細に教えてくれる（三節の表1の⑧）。

高貴で優れた人物であるヌメリウス・スッフスティウスは、繰り返される夢によって、最後には脅迫までされて、ある場所の岩を打ち砕くことを命じられたため、幻影によって脅かされ、市民たちが嘲笑したにもかかわらず、そのことを始めた、とプラエネステの記録は明らかにしている：すると打ち砕かれた石の塊から、古い文字の印でカシに刻まれた籤が出てきた、と。今日では敬虔にも囲われているその場所は、少年ユピテルの（像／場所の）近くにある。そのユピテルは乳児であり、ユノと共にフォルトゥーナの膝に座り、母親を求めているもので、母親たちによって非常にうやうやしく崇拝されている。そして同時に、今はフォルトゥーナの神殿が位置しているその場所では、オリーヴの木から蜂蜜が流れていたこと、そして腸卜師たちがそれらの籤は最も知られたものになるであろうと述べたこと、そして彼らの命令によってそのオリーヴの木から箱が作られたこと、そしてその箱に、今日ではフォルトゥーナの導きによって引かれる籤が保管されていること、以上のことをプラエネステの記録は示している。したがって、フォルトゥーナの導きにより、少年の手によって混ぜ合わされ、そして引き出されるこれら籤の中に、確かな何かがあり得るだろうか？（中略）しかし確かに一般的な人生はこの種の占いを拒否した：聖なる場所の美しさと古さとは、今でもプラエネステの籤による神託の名声を維持しているが、それは民衆の間でである。というのも、どの公職者が、あるいはどのようなより優れた人物が、籤による神託を用いるだろうか？　しかしその他の場所では、籤による神託は確かに衰えた：プラエネステの女神よりも幸福なフォルトゥーナをどこにも見たことはないとカルネアデスが常に言っていたとクリトマクスは書いている。(14)

写真2.　アンティウムの「フォルトゥーナ姉妹」の像
貨幣と同様、アマゾネス風の女神とマトローナ風の女神として表現されたアンティウムのフォルトゥーナの像。この像がパレストリーナから発見されたため、アンティウムとプラエネステのフォルトゥーナの関連が考えられる。アンティウムの女神と同様にフォルトゥーナ・プリミゲニアが姉妹のようにとらえられていたことが推測される。

キケロは聖域の中のふたつの重要な場所を挙げている。すなわち、かつて籤が発見され、今は近くに少年ユピテル（の像）が置かれている囲われた場所、それからかつて蜂蜜が流れるオリーヴの木があり、今は女神フォルトゥーナの神殿がある場所、この二カ所である。このことと関連して、実際、女神の二重性がしばしば指摘されてきた。詩人スタティウス『シルウァエ』には「プラエネステの姉妹 *Praenestinae sorores*」[15]という表現が見られる。またアマゾネス風の女神とマトローナ風の女神が一対のものとして表現されている彫像が発見されているが（写真2）、これはアンティウムの「フォルトゥーナの姉妹」と考えられている。[16]というのもプラエネステと密接な関係にあったとされるアンティウム[17]の神託の女神フォルトゥーナもまた風刺詩人マルティアリス（四〇年頃〜一〇四年頃）によって「真実を語る姉妹 *veridicae sorores*」[18]と述べられており、実際に貨幣でアマゾネス風とマトローナ風の二女神として表現されているからだ。[19]そのような彫像が同じ神託の女神フォルトゥーナを祀ったプラエネステで発見されたことは、アンティウムの女神と同じようにプラエネステのフォルトゥーナも「姉妹」のように二女神ととらえられていた証拠とされる、[20]つまりアンティウムの女神と同様にプラエネステのフォルトゥーナも二重の性質をもつとみなされたのであり、それぞれ聖域内のふたつの異なる場所で礼拝されていた可能性も考えられるだろう。ではそれは、パレストリーナの町に現存する巨大な遺跡のどの部分であり、いつ建設されたものなのか？　次節で述べるように、この疑問はフォルトゥーナ・プリミゲニアの聖域に関する研究の最大の関心事として議論されてきた。

二　先行研究

プラエネステの聖域に関するこれまでの研究は、現存する遺跡の建設年代と各場所の機能についてが中心であった。[21]

図2.　パレストリーナ出土のキスタの蓋の絵
神託の籤がおさめられていた箱*arca*をモデルに直方体のキスタがつくられたようだ。描かれているのは神託の場面と考えられる。キケロは神託の手順についても伝えている。一番左の人物が籤を混ぜて引いた少年であろう。テラスの東のエクセドラの斜め前の井戸状の穴らしきところから上半身が出ている。少年が読み上げた神託を隣の人物が聞いて解釈しているが、その同じ人物が馬を連れた兵士たちに神託を伝えている。

発掘された奉納物などにより聖域自体は前六世紀頃から存在していたと考えられているが、現存する建造物は共和政期にプラエネステの都市全体が整備された際に再建されたものである。比類ない規模の聖域の建設にはそれなりの資金を調達できる人物が関与したと考えられ、建築の技法などからも、スッラによる征服後に都市が整備され、聖域も再建されたという見解が、二〇世紀初め以来、通説となっていた。しかし一九七〇年代以降、再検討されるようになり、碑文の分析に加えて建築や美術の技法や様式などの研究も進み、現在のところ、前二世紀の終わり頃、東地中海で活躍していたプラエネステ出身の裕福な商人たちの資金により建設されたという説が一般的である。(22)

また、神託が行われた場所や、女神フォル

写真３．　女神の神殿
現在は考古学博物館が置かれているコロンナ＝バルベリーニ館。かつてのフォルトゥーナ神殿の痕跡が見られる。

トゥーナ・プリミゲニアの本尊が置かれていた場所に関する議論も、これまでの研究の中心となってきた。上述のように、キケロが聖域には重要な場所が二カ所あったと述べている。かつてはそれらはいずれも下部建築群に含まれると考えられていた。ナイル川の洪水を描いたモザイクの床で知られる「アプスの間 Aula Apsidata」がフォルトゥーナ、あるいはエジプトの女神イシスと同一視されたイシス＝フォルトゥーナが祀られた聖域であり、[23]「アプスの間」とバシリカをはさんで対称的に配置された「神託の洞窟 Antro delle Sorti」が神託が行われた場所であったという解釈である。現在では、両者ともニンファエウムなどの公共建築、あるいはイシスか、やはりエジプトの神セラピスを祀る場所と見解は一致しないものの、いずれにしてもキケロのいうところのフォルトゥーナ・プリミゲニアのふたつの重要な場所が下部建築群にあったという説は否定された。というのも第二次大戦中の一九四四年に連合国軍の爆撃によって中世以降の建物が破壊されたため上部建築群についての調査が進み、その結果、上部建築群こそがフォルトゥーナ女神の聖域であったと考えられるようになったからだ。[24][25][26]

上部建築群はジネストロ山の斜面に階段状に配置されたテラスやスロープからなり、その頂点には考古学博物館がおかれているコロンナ＝バルベリーニ館がある（写真3）。コロンナ＝バルベリーニ館は古代の建造物を利用して建てられており、その外観や内部に残る遺構から、かつての姿が偲ばれる。博物館の入り口の半円形の観客席型の階段の上には、柱廊とさらにその上にトロス（円形の建造物）があった。柱廊とトロスの壁は、現在も博物館の建物の内部に見られる。巨大な聖域の頂点に位置していたトロスこそ、キケロが伝える蜂蜜が流れるオリーブの木があったフォルトゥーナの神殿であり、そこには大プリニウスが伝える本尊、金色のフォルトゥーナ像が置かれていたというのが現在の通説である。そして神託所は、途中のテラスにある井戸状の穴という説が有力だ。テラコッタの奉納物も多数発見されているそのテラスには、中央の階段をはさんで左右対称に柱廊が配置され、どちらの柱廊も中央はエクセドラ（半円形に湾曲している部分）になっている（図1）。西のエクセドラの前には円形の祭壇があり、燃やされたものが発見されていることから犠牲が行われたようだ。そして東のエクセドラの斜め前にある井戸状の穴が、神託の籤が発見され、そして保管[27][28]

されていた場所、つまり神託所であったと考えられている（写真4）。というのも、その穴の上にはトロスが置かれ、キケロが述べるように囲われた状態になっていた上、斜め後ろにあるエクセドラの中心には四角い台座があり、ユピテルとユノを抱きかかえたフォルトゥーナの座像が置かれていたと推測されるからだ。井戸状の穴の中からは女性像の頭部[29]が発見されたが、その表情の柔らかさから母としてのフォルトゥーナが表現されていると考えられている。

二〇一一年にフォルトゥーナ・プリミゲニアの聖域と神託についての論文を発表したC・フラテアントニオも指摘しているように[30]、プラエネステの女神フォルトゥーナ・プリミゲニアが広く知られ、周辺地域を越えて影響を持っていたと考えられてきた要因のひとつとして、現存する遺跡の比類ない規模が挙げられる。しかしもちろんそれだけではなく、歴史家リウィウス（前五九年頃～後一七年頃）をはじめとするいくつもの史料で言及されたこと、そして東方からも含めて重要な人物が訪れたという、それらの史料での記述が、聖域の重要性の根拠となった。フォルトゥーナ信仰に関する研究の集大成ともいえる著書を発表したJ・シャンポーも、神託の女神だからこそローマ世界での名声を獲得したと主張している[31]。プラエネステの聖域とその女神は神託の名声により知られていたのであり、聖域を訪れたと史料で述べられるローマの公職者をはじめとする政治的重要人物は、当然、神託伺いをし、さらに神託の女神フォルトゥーナ・プリミゲニアはローマの国家祭儀に導入されたと考えられてきた[32]。

それに対して近年の研究では、神託の女神としてのフォルトゥーナ・プリミゲニアの重要性とそ

写真4.　神託所
鉄柵で囲われた穴にはかつてトロスが置かれており、井戸のようになっていた。後ろのエクセドラには台座が置かれ、女神の座像が置かれていたと考えられている。なお、この井戸状の穴から女性像の頭部が発見されており、その女神像と推測されている。

の影響力には疑問が示され、ローマの国家祭儀への導入は否定されている。フラテアントニオは「イタリアのデルフォイではなかった」と、その神託の重要性と影響力については慎重であるべきと述べる。神託に明白に言及しているのは前二四一年の元老院によるプラエネステの神託の参照を禁止するエピソード（表1の①）のみであることを指摘し、その禁止が後々まで影響し、共和政期には公的及び私的な参拝で供犠のみしか行われず、また帝政期にも、「迷信深い」ドミティアヌス帝（在位：八一～九六年）の時に活気づいたが、最後は暗殺を予言する不吉な神託だったこともあり、以後の皇帝がプラエネステの神託を頼ることはなかったと主張する。そしてプラエネステの神託がローマで重要性を持たなかった理由として、ローマには固有の予言であるシビュッラの書があったこと、ギリシアの神託の方が名声も権威もあったことを挙げている。しかし彼女自身も述べるように、ローマ人は様々な神々をパンテオンに迎えたことが知られ、その上、例えば属州の割り当ての際に用いられたことからも分かるように、神の意志を確認するものとして籤の力を信じていた。ローマで女神フォルトゥーナ・プリミゲニアの神託が重要性を持たなかった理由は、再検討の余地があるだろう。F・サンタンジェロの共和政期の予言に関する研究書の一節では、籤による神託についての見解も示されている。(33) 籤占い師が各地からローマへ来ていたが、ローマ人にとっては地方都市のものであり、公的な場では籤による神託は用いられることはなく、ローマの国家祭儀に導入されることはなかったというものだ。フラテアントニオもサンタンジェロも、女神フォルトゥーナ・プリミゲニアの神託がローマの国家祭儀に導入されなかったことを指摘している。プラエネステの神託の名声を当然のものとし、神託の重要性を前提としていた従来の見解とは異なり、その影響を限定的に考えるのが近年の傾向といえるだろう。神託と犠牲を切り離している点は、特に上述のような女神の二重性を考えると興味深い。しかし前二四一年の元老院によるプラエネステでの神託伺いの禁止から五〇年も経っていない前二〇四年、第二次ポエニ戦争（前二一八～前二〇一年）の最中に、勝利すればフォルトゥーナ・プリミゲニアに神殿を奉献するとコンスルが誓い（表1の②）、一〇年後の前一九四年、実際にローマに神殿が奉献された（表1の③）。この件に関してフラテアントニオは、神託伺いを行わなかったので「ローマ国民の幸運の女神」として導入されたと述べるのみであり、神託が国家祭儀に導入されなかったという主張と関連させることはなく、十分に論じているとはいえない。またサンタンジェロは全く言及していない。この事例の過小評価が、近年のプラエネステでの神託の過小評価につながっている可能性があるだろう。以下、史料を再検討し、この点を考えたい。

三　女神フォルトゥーナ・プリミゲニアのローマの国家祭儀への導入

プラエネステの聖域、女神、あるいは神託についての史料での言及は表1のとおりである。これらの史料は神託の実態を解明するには十分とは言えないが、イタリアの他の神託に比べると圧倒的に恵まれている。そのこと自体、この聖域の名声の証拠であるといえるだろう。そしてローマのコンスルの他、小アジアのヘレニズム諸王国のひとつ、ビテュニアの王プルシアス二世（在位：前一八二～前一四九年）や、北アフリカのギリシア植民市キュレネ出身で、アテナイで学んだ哲学者カルネアデス（前二一三～前一二九年）といった人々が訪れていることから、プラエネステの神託は地中海世界に広く知られていたと考えられてきた。神託の女神だからこそフォルトゥーナ・プリミゲニアは名声を獲得したというシャンポーの主張と、近年の研究におけるプラエネステの神託の名声への疑問とローマの国家祭儀への導入の否定については既に述べた。実際、史料を見ると、公的な神託伺いに明白に言及しているのはルタティウス・ケルコが元老院によって禁止されたエピソード

（表1の①）だけであり、史料が示す他の訪問の際、あるいは犠牲が行われた際に、神託伺いも行われたのかは不明である。しかし前一九四年にローマに神殿が奉献されていることから（表1の③）、ローマ人にとって重要な女神であったことも否定できないだろう。

そこでまずは史料から、女神フォルトゥーナ・プリミゲニアをローマ人がどのような形で受け入れたのかを考察する。前二〇四年、第二次ポエニ戦争のクロトンの戦いの際、「コンスルは戦いの前に、その日、敵に勝利したならば、フォルトゥーナ・プリミゲニアへ神殿をと誓った…彼の誓いはかなえられた」（表1の②）。このコンスルはP・センプロニウス・トゥディタヌスである。誓いがかなえられたため、前一九四年、「そしてこのためにつくられた二人委員であるQ・マルキウス・ラッラは、クィリナリス丘にフォルトゥーナ・プリミゲニアのための神殿を奉献した。一〇年前、ポエニ戦争の時、コンスルのP・センプロニウス・ソフスはその神殿を誓い、ケンソルとして契約を与えた」（表1の③）。リウィウスが伝えるこの事例には奉献者について問題がある。誓願の時の記述ではその年のコンスルはP・センプロニウス・トゥディタヌスであるが、奉献の時の記述ではP・センプロニウス・ソフスと書かれている。P・センプロニウス・ソフスは前二六八年のコンスルなので、P・センプロニウス・トゥディタヌスが前二〇四年に誓願した神殿を前一九四年に奉献したと考えるのが自然であろう。ただしリウィウスはケンソルとして奉献したと述べるが、P・センプロニウス・トゥディタヌスという名の人物がケンソルを務めたのは前二〇九年、コンスル就任と神殿についての誓願の前である。何らかの理由で混同があったと考えられる。(34) しかしいず

表１．プラエネステの聖域、女神、あるいは神託についての史料

①	前241年	コンスルであるルタティウス・ケルコに対してプラエネステでの神託伺いを元老院が禁止した結果、第1次ポエニ戦争に勝利	ウァレリウス・マクシムス『著名言行録』1.3.2
②	前204年	コンスルであるP・センプロニウス・トゥディタヌスが第2次ポエニ戦争のクロトンの戦いでフォルトゥーナ・プリミゲニアに勝利を誓願	リウィウス『ローマ建国以来の歴史』29.36.8
③	前194年	ローマにフォルトゥーナ・プリミゲニアの神殿奉献	リウィウス『ローマ建国以来の歴史』34.53.5-7
④	前173年	コンスルであるL・ポストゥミウスが供犠	リウィウス『ローマ建国以来の歴史』42.1.7-8
⑤	前167年	ビテュニア王プルシアス2世がローマのカピトリウムとプラエネステで供犠	リウィウス『ローマ建国以来の歴史』45.44.4-9
⑥	前155年	哲学者カルネアデスがプラエネステを訪問	キケロ『予兆について』2.41.87
⑦	前1世紀	(弟の発言として)プラエネステの神託の伝統の権威と神の意志を認める	キケロ『予兆について』1.43.34
⑧	前1世紀	籤の発見や神託の詳細を説明する中で神託を信じているのは民衆と述べる	キケロ『予兆について』2.41.87
⑨	1世紀前半	ティベリウス帝が神託所を閉鎖しようとして失敗	スエトニウス『ローマ皇帝伝』「ティベリウス伝」62
⑩	1世紀後半	ドミティアヌス帝が毎年、プラエネステの籤を参照／暗殺直前には不吉な神託	スエトニウス『ローマ皇帝伝』「ドミティアヌス伝」15

れにしてもコンスルやケンソルを務めるような政治的に重要な人物がローマでのフォルトゥーナ・プリミゲニアの神殿奉献に関与したことに変わりはなく、そして本稿において重要なのはその点である。

またこの神殿の場所も論点となったが、建築家ウィトルウィウス（前一世紀後半）の記述と暦*Fasti*に基づき、クィリナリス丘のコッリーナ門の近くであったと考えられている。まずウィトルウィウスは、神殿のプランの例として「フォルトゥーナ三女神に捧げられた三神殿のうちのコッリーナ門に一番近い神殿」を挙げているので、[35]クィリナリス丘に三つのフォルトゥーナ神殿があったことが分かる。そしてローマのフォルトゥーナ神殿に関して、複数の暦で三つの神殿の奉献の日が言及されている。ひとつ目、四月五日は、「フォルトゥーナ・プブリカ（公的な幸運の女神）*Forr(una) Publ(ica)*」と「丘に存する手前のフォルトゥーナ・プブリカ*Fortuna publica Citerio[r] in Colle*」の奉献の日として二点の暦での記載が確認できる。[36]これはウィトルウィウスが述べるクィリナリス丘のフォルトゥーナ三女神の三神殿の中で、一番町に近いところにあったので「手前の*Citerior*」と呼ばれた神殿と考えられている。次に五月二五日は、「ローマ国民のフォルトゥーナ*For[t(una)] p(opuli) R(omani) Q(uiritium)*」、「クィリナリス丘に存するローマ国民のフォルトゥーナ・プブリカ*Fortuna P(ublica) p(opuli) R(omani) Q(uiritium) in colle Quirin(ali)*」、「丘に存するローマ国民のフォルトゥーナ・プブリカ*Fortun(a) Public(a) p(opuli) R(omani) in Coll(e)*」、「丘に存するローマ国民のフォルトゥーナ・プブリカ*Fortuna P(ublica) p(opuli) R(omani) Quirit(ium) in Coll(e)*」、そして「丘に存するフォルトゥーナ・プリミゲニア*Fortun(a) Prim(igenia) in Col(le)*」の奉献の日として、五点の暦に記載がある。(37) やはりクィリナリス丘のフォルトゥーナ三女神の神殿のひとつであったこの神殿が、第二次ポエニ戦争の勝利の結果、ローマに初めて奉献されたクィリナリス丘のフォルトゥーナ・プリミゲニア神殿であったと考えられている。最後に一一月一三日については、「フォルトゥーナ・プリミゲニア*Fort(una) Pr(imigenia)*」、そして「カピトリウムの（?）フォルトゥーナ・プリミゲニア*Fortun(a) Prim(igenia) in C(apiolio?)*」の神殿奉献の日と言及される。(38) *C*を*C(apitolio)*の略ととりカピトリウムにあった神殿とするか、あるいは*C(olle)*の略としてクィリナリス丘の三つめのフォルトゥーナ神殿とするのか、一一月一三日に奉献されたこの神殿に関しては見解が分かれる。(39) しかし四月五日と五月二五日に奉献された神殿はウィトルウィウスが伝えるクィリナリス丘のフォルトゥーナ三女神の神殿であり、五月二五日の方が前一九四年にプラエネステの女神フォルトゥーナ・プリミゲニアに捧げられた神殿であることに関しては、見解は一致している。(40) つまりローマのポメリウムの中にプラエネステのフォルトゥーナ・プリミゲニアの神殿が作られ、「ローマ国民の公的な幸運の女神*Fortuma Pubilca Populi Romani*」として国家祭儀に受け入れられたことは明白であるといえよう。ところが神託については、リウィウスにも、暦にも、そしてオウィディウス（前四三〜後一七年頃）『祭暦』にも言及がない。

そこで次に、神託の女神としてのフォルトゥーナ・プリミゲニアがローマ人にどのようにとらえられていたのかを検証したい。そのために、唯一、神託について明白に触れている事例を見てみよう。

ローマが北アフリカのカルタゴと争った第一次ポエニ戦争（前二六四〜前二四一年）が終わる頃の出来事である。ウァレリウス・マクシムスがティベリウス帝に捧げた『著名言行録』の記事だが、原文は失われ、ユリウス・パリス（四世紀？）とヤヌアリウス・ネポティアヌス（五世紀？）による要約のみが伝わっている（表1の①）。

ルタティウス・ケルコは、第一次ポエニ戦争を終わらせた人物であるが、プラエネステのフォルトゥーナ女神の籤占いに相談することを元老院によって禁じられた：というのも外国のものではなく、祖国の鳥占いによって、国家は管理されなければならないと（元老院議員たちが）判断したからである。

これはパリスによる要約だが、まず前三世紀の段階でプラエネステの神託が存在したことが確認できる。これよりもネポティアヌスの要約の方がより詳しく伝えているが、テキスト全般に問題があり、単語の置き換えや語順の入れ替えなど、一九世紀以来、議論されている。しかしローマのコンスルであったルタティウス・ケルコが、プラエネステのフォルトゥーナの籤による神託を参照しようとして元老院に禁じられ、その代わりにローマ古来の鳥占いに従ったため、シチリアのアエガテス沖の海戦でローマ軍が勝利し、第一次ポエニ戦争を終らせることができた、と内容は明らかだ。[41]

ここでルタティウス・ケルコとされている人物の同定に関しては、ふたりの兄弟が取りざたされてきた。ひとりは前二四二年のコンスルであり、前二四一年三月一〇日のアエガテス沖の海戦でローマ軍を率いて勝利した兄C・ルタティウス・カトゥルス、もうひとりは翌前二四一年のコンスルで弟のQ・ルタティウス・カトゥルス・ケルコである。[42]兄弟のどちらにせよ、ローマのコンスルが第一次ポエニ戦争の重要な局面で参照しようとしたことは、この神託の名声の証拠ともされた。とはいうものの神託を参照することは元老院によって禁じられたのであり、その理由としては、ローマの宗教の保守性、神託に対する反感、ローマとプラエネステとの長い対立関係の他、ケルコやカトゥルスの民衆派が、戦争継続をめぐって閥族派と争ったことなどが挙げられてきた。[43]

前述のように共和政期の事例に関しては神託への言及はこの史料のみであり、他の史料では供犠についての言及はあっても神託については触れられていない。ただし史料を書いた著者の考え、あるいはその当時の考え方や風潮、あるいは皇帝の意向などの影響があるかもしれず、何も言及がないことが神託伺いが行われなかったことを示すとは限らない。ここではその判断は保留としたい。他方で注目すべきは、『著名言行録』の注釈を書いたD・ワードルによる、ルタティウス・ケルコがプラエネステ出身であるという指摘だ。コンスルがローマにとっての重要な局面で故郷の神託に頼ろうとしたが、元老院に禁止されたのである。この事例は、コンスルまでもが参照しようとしたプラエネステの神託の名声の証拠というよりもむしろ、当時のラティウムの人々の出身共同体とのつながりの証拠といえるのではないか。

次にこのルタティウス・ケルコについて伝える記事の『著名言行録』における位置づけを見てみよう。ネポティアヌスによれば、この記事が含まれる一巻三章は「迷信について *De Superstitionibus*」の章であり、四例が挙げられている。ケルコの事例以外の三例は、元老院によるバックス神の密儀の禁止（前一八六年）、偽りの解釈をする占星師であるカルダエア人とサバジウス＝ユピテル Sabazius Iuppitter の信仰をローマ人に広めようとしたユダヤ人がローマとイタリアから の退去を命じられたこと（前一三九年）、元老院がイシスとセラピスの神殿を破壊するように決議したことである（前五〇年）。当然、三例ともローマの宗教として認められない「迷信 *Superstitio*」の例である。そしてプラエネステの神託についても、パリスは *alienigenis*、そしてネポティアヌスは *extraria* という単語を用いて表現しているが、いずれも「外国の、外来の」という意味の形容詞であり、ローマの宗教ではないことが明示された。E・M・オーリンは、ローマ人はローマの宗教か外来の宗教か、という区別を重視しなかったと主張する。(44) 明らかに外来の宗教であることを示す単語が用いられている例が、ルタティウス・ケルコの事例の他には見られないからだ。ウァレリウス・マクシムス自身が書いた原文は失われてしまったとはいえ、明らかに外来の宗教であることを示す *alienigenis*、そして *extraria* という単語をパリスもネポティアヌスも用いていること、また他の三つの事例とあわせて考えても、プラエネステの神託はローマ人のものではないことをウァレリウス・マクシムスが示そうとしたことは明らかといえるだろう。

三番目に、キケロは『予兆について』の中で、公職に就くような優れた人物は籤による神託には頼らない、プラエネステの神託の名声が維持されているのは一般の人々（民衆）*volgus* の間である、と述べていた（表1の⑧）。確かにルタティウス・ケルコの事例をのぞけば、コンスルがプラエネステの女神フォルトゥーナ・プリミゲニアのもとを訪問したことを伝える記述はあっても、神託への言及はない。キケロの言葉どおりならば、コンスルたちは女神への礼拝を行ったが、神託伺いは行わなかったのかもしれない。いずれにしてもキケロの記述は、神託の女神としては国家祭儀には導入されなかった証拠のひとつといえるだろう。

帝政期に関しては、伝記作家スエトニウスがティベリウス帝とドミティアヌス帝の時のエピソードを伝える。

こうした状況の中でティベリウスがどんなに怨まれ憎悪されて生きていたか、のみならず、彼もいかに戦々兢々として、しかも侮辱にさらされて生きていたか、その証拠はたくさんある。ティベリウスは何人も卜腸師に一人でこっそりと、証人なしに占ってもらうことを禁じた。ローマ近郊の神託所を破壊しようとすら試みたが、プラエネステの神託の威厳におされて、断念した。というのも、封印されてローマに運ばれたはずなのに、箱の中にその神託は見つからず、再び神殿に持ち帰って初めて、箱の中に見つかったのである。

（国原吉之助訳、岩波文庫）

ローマ近郊の神託所を破壊しようとしたティベリウス帝だが、プラエネステの神託の籤の威厳を恐れて取り止めたという（表1の⑨）。キケロが伝えるように、恐らく、帝政初期のこの頃もまだ民衆の間での神託の名声は維持されていたと考えられ、そのためティベリウスは、結局は神託所を破壊することができなかったのではないか。

ドミティアヌス帝は、毎年、プラエネステの籤による神託を参照していたという。スエトニウスが、疑心暗鬼となったドミティアヌスの迷信深さを描いている部分なので、歴代の皇帝たちが神託を参照していたわけではなく、通常のことではなかったと考えられる（表1の⑩）。

ドミティアヌスの統治の全期間を通じて、プラエネステの運命の女神は、新年の加護を祈念するたびに、毎年同じような瑞祥の託宣を下していたが、最後の年に最も不吉な神託を与え、その中で血腥いことにすら言及していた。

（国原吉之助訳、岩波文庫）

以上の史料の再検討から、女神フォルトゥーナ・プリミゲニアの神託はローマの国家祭儀には導入されなかったといえる。ということは、紀元前一九四年、女神フォルトゥーナ・プリミゲニアの神殿がローマに建立され、「ローマ国民の公的な幸運の女神」として国家祭儀に導入された際、それは部分的な分祀であったといえるのではないだろうか。つまりハンニバルとの戦争で勝利をもたらしたローマ国民全体の幸運の女神としてのみローマで分祀されたのであり、神託の女神という面は排除されたと推測できる。ただしプラエネステの聖域では変わらず神託が行われ、キケロやスエトニウスの記述からは、少なくとも民衆の間では神託の女神として名声と威厳を維持していたと考えられる。スタティウスが「プラエネステの姉妹」と表現したフォルトゥーナ・プリミゲニアは、やはりアンティウムのフォルトゥーナと同様に二重性があり、キケロが述べる聖域の中のふたつの重要な場所で、それぞれ祀られていた可能性が考えられるだろう。そしてローマでの分祀の際には、「姉妹」のうちの幸運の女神としてのみがその対象となったと考えられるのではないだろうか。

四　部分的な分祀の背景

それでは、なぜ部分的な分祀だったのか、その背景について考えてみたい。

まずは「ローマ人の宗教」とは異なるものであったことが挙げられるだろう。前述のように、ウァレリウス・マクシムスが「迷信について」という章でルタティウス・ケルコの事例を挙げる時、明らかにプラエネステの神託はローマ人のものではないことを示した。そのことは、プラエネステで発見された「プラエネステの暦 *Fasti Praenestini*」からもうかがえる。これは初代皇帝アウグストゥスの時代、四年から六年頃に、ウェッリウス・フラックスによって作成され、ティベリウス帝の時に修正が加えられた、プラエネステの祭りを記した暦である。欠損部分があるので推測になるが、祭りの日付は四月の前半、恐らく九日と一〇日であるとされる。そこには「二日間、フォルトゥーナ・プリミゲニアのために最大の犠牲が行われる。二日のうちのいずれか一日に、神託が行われ、二人委員が子牛を犠牲にする」と書かれている。(45) シャンポーによると、これは「ローマの祭り」とは明らかに異なるものであった。(46) まず女神に対して雄の犠牲獣が指定されていること。またローマでは神々に捧げられるのは奇数の日であり、祭りが数日間続く時には偶数の日には中断したが、フォルトゥーナ・プリミゲニアの祭りは、二日間、続けて行われたこと。そしてローマの宗教的慣習では不確定な要素はないはずだが、犠牲を行う二人委員、あるいは神官、あるいは女神のいずれかが、二日のうちのいずれかの日に神託を行うことを決めたこと。このようにプラエネステで行われた女神フォルトゥーナ・プリミゲニアの祭りは、ローマの祭りとは異なるルールで行われた「ローマ人の宗教」とは異質のものであったことがうかがえる。そしてそもそも、この祭りは他の暦にもオウィディウスの『祭暦』にも記載されていないのだ。

とはいうものの、合理的なローマ人が、敵の共同体の守護神さえもパンテオンに迎えいれる宗教的な柔軟性を持ち合わせていたことは、よく知られる。(47) ローマ人がどのような点で「異質な宗教」と感じたのか否か、その基準は実際には分からない。そして『予兆について』の中でキケロは籤による神託伺いなど不確かで当てにならないと述べていたが、属州の割り当ての際に使うなど、神の意志を確認する手段としての籤の力を、ローマ人もまた信じていた。フォルトゥーナ・プリミゲニアの神託の女神としての属性が排除された理由として、「ローマ人の宗教」とは異質であったことのみでは根拠として弱いかもしれないし、そもそも様々な要因が複雑に作用していたはずである。

もう一点、考えられるのは、ローマ人とラティウムの人々、特にプラエネステの人々との関係である。というのも共和政期、ローマが拡大するにつれて様々な共同体の出身者を含むようになるが、ラティウム、中でも特に古いラテン人たちの土地であるラティウム・ウェトゥス（古いラティウム *Latium vetus*）[48]の人々は、それぞれの出身都市を誇示していたことが指摘される。[49]共和政初期のローマの公職者の添え名 *cognomen* を調査すると、出身共同体を示すものが見られる。また南の方の、ヘルニキ人、ウォルスキ人、アウルンキ人の土地も含むラティウム・アディエクトゥム（加えられたラティウム *Latium adiectum*）もローマの支配下に入るようになる中で、特にプラエネステも含むラティウム・ウェトゥス出身者が貨幣を用いて自らの出自を誇示したとされる。M・プラエトリウス・ケスティアヌスによる前六九年のデナリウス貨幣は、表には女性像が刻まれ、裏には、足が蛇の肖像が描かれた神殿のペディメントが刻まれている。ケスティィイ家はプラエネステ出身なので、表側には女神フォルトゥーナ・プリミゲニア、そして裏側にはかつてプラエネステに存在していたであろう神殿が表現されていると考えられている（現在のところ、上述のようなペディメントは発見されていない）。また同じくM・プラエトリウス・ケスティアヌスによる前六九年のデナリウス貨幣の表には女性像、裏には *SORS* と書かれたタブレットを持つ少女が刻まれている。やはりM・プラエトリウス・ケスティアヌスが、自身の出身都市の女神フォルトゥーナ・プリミゲニアとその神託を表現した図が刻まれた貨幣を鋳造させたと考えられている。プラエネステだけではなく、ラティウム・ウェトゥスの人々は、出身共同体の宗教に関する図が刻まれた貨幣を鋳造し、その宗教の名声を利用してアピールしたようだ。出身共同体の守護神とその聖域は出自の象徴であり、ラテン人としてのアイデンティティの象徴といえるものだったと考えられる。ラティウムの人々が故郷の宗教を誇りとしたことは、プラエネステの他、アリキア、ティブルなどでも前二世紀終わりから前一世紀初めに壮大な聖域が建設されたことからも明らかであり、彼らがローマの支配下にありながらもかなり自立心を持っていたことがうかがえる。

そしてローマ人は、時にそのようなラティウムの人びとを「傲慢である」、「威張っている」などと表現したことが、E・デンチやG・D・ファーニーにより指摘されている。[50] 喜劇作家プラウトゥス（前二五四年頃〜前一八四年）が、特にプラエネステの人々を何度も笑いの的にしている。

トルクレントゥス：これを受け取ってくれ。俺と一夜を共にしてくれるための、種つけ、いや餌つけ金だ。

アスタピウム：「種つけ」、「餌つけ」ですって？　何て言い方するの？　「手つけ金」て言いたいんじゃないの？

トルクレントゥス：少しの違いじゃないか。プラエネステの連中が、鳥の名前を舌足らずに言うのと同じさ。[51]

『トルクレントゥス』では、田舎の農園を管理しているストラッバクスという登場人物の奴隷トルクレントゥスが、自分の言葉のなまりをプラエネステの人々の話し方と同じであると言う。田舎の農園の奴隷の言葉なのでなおさらプラエネステ人のラテン語、つまりはプラエネステの人々を貶めるものであり、デンチはそこにイタリアの唯一の「都市」であるというローマの主張をみる。確かにプラエネステなどラティウムの共同体も含めたイタリアのラテン語の方言については、例えば弁論家クインティリアヌス（三五年頃〜一〇〇年頃）が指摘している。以下のように、特に同じラテン人であるプラエネステ人に言及していることは注目すべきであろう。

以上に加えて、先に設定した順序に従って言えば、語はラテン語か外国語です。さて外国語は、人々やさらに多くの風習と同じように、ほとんどありとあらゆる民族から到来したものと言ってよいでしょう。エトルリア人やサビニ人やプラエネステ人の方言については言わないでおきます（というのも、プラエネステ人の方言を使っているとしてルキリウスはウェッティウスを責めており、同様にポリオはリウィウスのパタウィウム方言を非難しているからです）。イタリア風の言葉すべてローマの言葉とみなしてよいのです。(52)

続いてプラウトゥスの『バッキス姉妹』の冒頭の断片では、「あの男」がとても「威張っている *gloriosus*」のでプラエネステの人だろうという言葉がある。

あの人の鼻息が、鉄作りで鉱石が溶けるときに牛革のふいごが吹き出す息よりも、はるかに荒々しいことは分っている。あの男、どこの出身だと思う？　プラエネステの人だと思う。それほど彼は威張っている。(53)

『捕虜』では、登場人物が次々に誓いをたてる。

エルガシルス：聖満腹女神のお力添えで、ヘギオさん、女神がいつまでもその名をわたしに恵み与えようとして、わたしに見させたのです。
ヘギオ：うちの息子をか。
エルガシルス：ご子息をです。わたしには守護神でもある方です。
ヘギオ：あのアリス生まれの捕虜も、だって。
エルガシルス：アポロンにかけて。
ヘギオ：奴隷のスタラグムス、息子をさらったスタラグムスもか。
エルガシルス：コラにかけて。
ヘギオ：もう前から――
エルガシルス：プライネステにかけて。
ヘギオ：来てたのか。

エルガシルス：シグネイアにかけて。
ヘギオ：確かか。
エルガシルス：プルシノンにかけて。
ヘギオ：間違いないな。
エルガシルス：アラトリオンにかけて。
ヘギオ：なんでおまえさん、そんなに外国の町にかけて誓うんだ。
エルガシルス：それはちょうどあなたが言われたおたくの食べ物同様、舌をひりひりさせるからです。(54)

誓いの言葉のひとつとして「プライネステにかけて」という言葉があるが、ここで挙げられている町をまとめて「野蛮な都市、外国の都市 *barbaricas urbes*」とする。

以上のように前三〜二世紀のプラウトゥスの喜劇では、プラエネステの人々の方言と「野蛮な都市」「未知の都市」であることが揶揄され、傲慢な人々の代表のように描かれている。プラウトゥスは、当然、劇場の観客が共感し、笑うであろうことを書いたはずである。したがって彼の喜劇に見られるプラエネステ評価は、彼自身の考えであるかどうかはともかくとして、これらの喜劇を見るであろう当時のローマ人の感情が反映されたものであったと考えられる。つまりプラエネステの人々はローマ人には傲慢に思えたということだが、ローマの支配下にあったにもかかわらず、前述の貨幣の図でも見られたような自己主張、文化的にローマと対等であると主張するような態度、さらにいえば、ローマからのある種の自立を主張するような態度が見られ、それを多くのローマ人は快く思っていなかったと考えられることが指摘されている。プラウトゥスは、例えば同じラティウムのトゥスクルム出身者の傲慢さについても書いた。ローマ人はラティウムの人々の中でも特に一部の共同体の人々の態度を「傲慢」と感じ、機会があれば貶め、笑いの対象としたようだが、デンチもD・ファーニーも特にプラエネステの例を挙げている。

またローマ人のプラエネステに対するそのような感情は、リウィウスが伝える前一七三年のコンスル、L・ポストゥミウスのプラエネステ訪問の際の出来事からも読み取れるだろう（表1の④）。

このL・ポストゥミウスは、フォルトゥーナの神殿で犠牲を捧げるために私人としてプラエネステを訪れた時に、公的にも私的にも、プラエネステ人たちによって自身のために名誉なことが何も行われなかったため、プラエネステ人に対して腹を立てていたのであるが、公職者が自分を出迎え、自分が宿泊する場所を公的に用意し、そしてプラエネステから発つ時に役畜を用意するようにという手紙を、ローマから発つ前にプラエネステに送った。このコンスル以前には、誰も同盟者にたいしてこのようなことで負担あるいは出費となるようなことは決してなかった。(55)

L・ポストゥミウスは、私人として訪問した時に何の名誉も得られなかったことに腹を立て、プラエネステに対して要望を出したのであるが、そのことをリウィウスは非難している。そしてこの記述からは、プラエネステ人がコンスルを務めるような人物に対しても決してへつらうことがなかったことがうかがえる。彼らのそのような態度を恐らく傲慢であると感じ、コンスルとしての立場を利用してL・ポストゥミウスは要望を出しているが、これもまた当時のローマ人のプラエネステに対する感情と態度を反映しているといえるのではないだろうか。

実際には、共和政のこの頃、ローマよりもプラエネステの方が田舎で、プラエネステの人々が粗野であるということはない。最初に述べたように、プラエネステはいくつかの建国神話を持ち、古くから存在する、ラティウムの伝統のある共同体であり、そしてよく知られた聖域を持っていた。そのようなプラエネステに対して、ローマ人はライバル意識をもっていたのかもしれない。デンチは、ローマにとってプラエネステが潜在的に文化的、政治的脅威となるのではないかとローマ人が気掛かりに思っていることが、プラウトゥスの喜劇には反映されていると主張する。

ローマと他の都市との関係性は、それらの都市の宗教の扱いからも見てとれる。ローマは、ラティウムの古く重要な聖域を自分たちの宗教に取り込むことで、その伝統と権威を利用し、権力の象徴とすることもあった(56)。例えばラテン人共同体の象徴としてのラヌウィウムの女神ユノ・ソスピタが挙げられる。政治的、軍事的な宣伝に利用していることからも、ラティウムの重要な聖域を決して無視できなかったことも分かるという。ローマがラティウムの中で政治的に重要な位置を占めるようになっても、個々の都市の重要な聖域が残り、祭りの際にはローマやラティウム全域からの参加者がいた場合もあった。アエネアスの息子アスカニウスが建設したとされるアルバ・ロンガやアエネアスが埋葬されたというラウィニウムの祭りなどが挙げられる。建国神話に関わり、またその場所こそが重要なので、ローマも特別な敬意を払い続けたのかもしれない。あるいは、ローマが同じラティウムの他の共同体の重要な聖域に対していわば対抗意識を持ち、自分たちこそが主導権を持っていることを主張するような事例も知られる。(57) 支配下に置いた都市の聖域に対抗するかのように、都市ローマにその神の聖域をつくることがあった。アリキアの女神ディアナはラテン人の崇拝を集めていたが、王セルウィウス・トゥッリウスがローマに同じ女神ディアナの神殿を建設したことについてリウィウスが伝える。

ついに、ラテン人とローマ人が協力して、ローマにディアナ神殿を建立するに至った。これはとりもなおさず、いままで幾度となく武力によって争われてきた主導権がローマに存することの宣言であった。実のところ、ラテン人にとっては主導権の獲得はすでに関心の外にあった。何度も戦って痛い目にあってきたからである。(58)

リウィウスは、自分たちがラティウムの中心であると宣言する行為であったと述べている。また前五世紀初めには、ラウィニウムで礼拝されていた双子の神カストールとポリュックスの神殿がローマに建設された。(59)この神殿の建設は、レギッルス湖畔の戦いでローマがラテン人に対して勝利したことを誇示したものであったという。ラティウムの中で多くの参拝者を集めていた聖域に対するローマ人の対抗意識を示す、以上のような事例を考えると、各地からの信仰を集めるプラエネステのフォルトゥーナ・プリミゲニアに対してローマで神殿を捧げて自分たちの優位を示そうとしたということは、動機として説得的だと思われる。しかしキケロの記述にあるように、神託の籤が発見された場所が神託所となっているため、神託所を動かすことはできない。そこで神託の神という面が排除され、部分的な分祀になったという可能性もあるのかもしれない。

以上、フォルトゥーナ・プリミゲニアの部分的な分祀の背景について見てきたが、共和政期、「ローマ人」という集団が変化し、拡大していく中で、自分たち「ローマ人」と他者とを区別しようという意識が働いたことがうかがえる。プラウトゥスがプラエネステの人々を貶めて笑いの対象にしているのは、当時の観客であるローマ人たちの感情、意識を反映していたはずであり、そこにもローマ人が他者との差別化により自己を作り出そうする様子があらわれているように思われる。神託の女神としての面を排除したことが、差別化の傾向を強めたともいえるかもしれない。

同じラティウムの都市プラエネステが、古い伝統と権威、由緒正しさを誇るかのような巨大な聖域を持ち、そこに遠くからも多くの人々が集まってきて賑わっていたことは、ローマ人にとって面白いことではなかったのであろう。ローマという国家に勝利をもたらした幸運の女神としてのフォルトゥーナ・プリミゲニアを敬う気持ちは持ちつつも、プラエネステ人の誇りの象徴としての聖域に対する思いは複雑だったのかもしれない。

まとめ

　プラエネステの聖域は、ビテュニア王プルシアス二世や哲学者カルネアデスが訪問していることからも分るように地中海世界で知られていた。そのようなフォルトゥーナ・プリミゲニアの聖域をプラエネステ出身の人々は非常に誇りにしていた。第一次ポエニ戦争での重要な局面ではローマでコンスルをつとめていたルタティウス・ケルコが女神の神託に頼ろうとし、前一世紀にはM・プラエトリウス・ケスティアヌスが貨幣のデザインに用いて誇示している。ローマ人も伝統と権威ある聖域の「ご利益」にあずかりたかったようで、第二次ポエニ戦争の際には勝利を祈願し、それが叶えられると感謝してローマに神殿を建設し、国家祭儀に導入した。とはいうものの、神託の女神としての面は排除されたようだ。「ローマ人の宗教」とは異質のものであったからかもしれないし、あるいは、非常な名声を持ち、プラエネステの人々が故郷の誇りとするような女神は、ローマとその国家祭儀にとって脅威と感じられたのかもしれないし、聖域の場所を移動できないことも原因だったかもしれない。ローマの国家祭儀には導入されなかったものの、前一世紀に*SORS*と書かれた貨幣が鋳造されていることからも分るように、神託が廃れたということはなかったようだ。キケロは、プラエネステでの神託の衰退について述べ、公職に就くような優れた人物は誰も籤による神託を参照しないとは書いているものの、民衆の間では名声を維持していると認めている。いわば「私的な聖域」のような形で名声を保ったのであろう。イタリア半島には、共通する要素が見られる場合もあるものの、民族ごと、共同体ごとに多様な神々が存在した。ローマが支配をひろげていく際、彼ら被征服者たちの神々は、ローマの国家祭儀に導入されることもあれば、消滅することもあったはずだが、私的な聖域として維持された場合もあったようだ。(60) ローマの支配下に置かれた際、各々の共同体の神々とその聖域がどのように扱われたのかを見ることは、ローマの支配とその互いの社会への影響を考える上で有効な手段といえよう。

以上、プラエネステの聖域をとおして、共和政期のローマの宗教と、ローマとラティウムの諸都市との関係の一面を描くことができたと考える。イタリアに存在した無数の都市とローマとの関係性は多様であり、またローマがイタリア半島に覇権を確立し、地中海に進出し、世界帝国へと発展していく過程で、その関係性は変化したであろう。個々の都市とローマとの関係性を探りつつローマの支配について考えることを、今後の課題としたい。

注

（1）*Brill's New Pauly*, Vol. 10, 'Oracles', coll. 183–188. 前六世紀から後三九二年までのギリシア・ローマ世界における主要な神託所の分布図（col. 186）には、西地中海ではイタリアの神託所のみが挙げられている。それよりも西の地域はそもそも地図の範囲外であり、多数の神託所の存在が示される東地中海とは対照的である。

（2）プラエネステの聖域を凌ぐ規模であった。この聖域に関しては、初代皇帝アウグストゥス（在位：前二七〜後一四年）が神殿の柱廊でしばしば判決を行っていたことをスエトニウス（七〇頃〜？）が伝えるものの（Suet. *Aug*. 72）、籤による神託に言及している可能性がある史料は、共和政期末のこの聖域出土の断片的な碑文（*CIL* I^2, 1484: [...] DELANEI H (erculis?) V(ictoris?) sortiar(-)）と詩人スタティウス（四五頃〜九六年頃）『シルウァエ（著者注：冠婚葬祭などの機会につくった即吟集）』の一行のみである（Stat. *Silv*. I 30, 79, 注15参照）。Cf. J. Champeaux, Sors oraculi; Les oracles en Italie sous la république et l'empire, *Mélanges de l'École française de Rome – Antiquité*, 1990, 102, 273–275（以下、Champeaux, Sors oraculi と略）。

（3）*CIL* I, 3027; Champeaux, Sors oraculi, 275–276, 280–284.

（4）Suet. *Calig*. 43; Plin. *Ep*. VIII.8.

（5）Suet. *Tib*. 14.

（6）イタリアの神託について網羅的に調査しているシャンポーの研究では、プラエネステのフォルトゥーナ・プリミゲニア、ティブルのヘラクレス・ウィクトル、オスティアのヘラクレス、カエレとファレリィの神、ウンブリアのクリトゥムヌス川の神、その北のイグウィウム（現グッビオ）の近くのユピテル・アッペンニヌス、北部のゲリュオンが挙げられている。文献史料の他、各地で発見された、小石、青銅や鉛の円盤、そして棒や薄い板の形態の青銅の籤が参照されているものの、出土地が曖昧な場合もあり、また大半がどの神の神託に関わるのかさえも不明なので、実態の解明にはほど遠い。Cf. Champeaux, Sors oraculi, 271–302.

（7）*Brill's New Pauly*, Vol. 10, 'Oracles', col. 186. 西ではプラエネステとアンティウムのみが地域を越えて重要な神託所が存在したと分類されている。

（8）Liv. 2.19.2.

（9）Liv. 8.14.9.

（10）Cic. *Cat*. 1.8.

(11) Cic. *Sull.* 61; Cic. *Leg. agr.* 2.78; App. *Bciv.* 1.94.

(12) Str. 5.3.11.

(13) *CIL* XIV, 2863: *Orcevia Numeri* [*uxor*] / *nationu* (*s*) *gratia / Fortuna Diovo fileia / Primogenia / donom dedi.*

(14) II.41.85–87: *Numerium Suffustium Praenestinorum monumenta declarant, honestum hominem et nobilem, somniis crebris, ad extremum etiam minacibus cum iuberetur certo in loco silicem caedere, perterritum visis, inridentibus suis civibus id agere coepisse; itaque perfracto saxo sortis erupisse in robore insculptas priscarum litterarum notis. Is est hodie locus saeptus religiose propter Iovis pueri, qui lactens, cum Iunone Fortunae in gremio sedens, mammam adpetens, castissime colitur a matribus. Eodemque tempore in eo loco, ubi Fortunae nunc sita est aedes, mel ex olea fluxisse dicunt, haruspicesque dixisse summa nobilitate illas sortis futuras, eorumque iussu ex illa olea arcam esse factam, eoque conditas sortis, quae hodie Fortunae monitu tolluntur.Quid igitur in his potest esse certi, quae Fortunae monitu pueri manu miscentur atque ducuntur?[...] Sed hoc quidem genus divinationis vita iam communis explosit; fani pulchritudo et vetustas Praenestinarum etiam nunc retinet sortium nomen, atque id in volgus. Quis enim magistratus aut quis vir inlustrior utitur sortibus? Ceteris vero in locis sortes plane refrixerunt: quod Carneadem Clitomachus scribit dicere solitum, nusquam se fortunatiorem quam Praeneste vidisse Fortunam.*

(15) Stat. *Silv.* I 30, 79–80: *quod ni templa darent alias Tirynthia sortes, et Praenestinae poterant migrare sorores.* スタティウスがアンティウムのフォルトゥーナ「姉妹」と混同した可能性も指摘されている（Stace, *Silves*, Tome I（Livres i–iii）, texte établi par H. Frère et traduit par H.J. Izaac, Les Belles Lettres, 1944）。なお「Tirynsの神殿」はティブルのヘラクレス・ウィクトル神殿を暗示していると推測されているが、この曖昧な表現がヘラクレス・ウィクトルの神託を暗示する唯一の文献史料である（注2参照）。

(16) Cf. J. Champeaux, *Fortuna. Recherches sur le culte de la Fortune à Rome et dans le monde romain, I: Fortuna dans la religion archaïque,* École française de Rome, 1982, 152–155（以下、Champeaux, *Fortuna*と略）; F. Coarelli, *I santuari del Lazio in età repubblicana*, La Nuova Italia scientifica, 1987, 74–75（以下、Coarelli, *I santuari*と略）; N. Agnoli, *Museo Archeologico Nazionale di Palestrina – Le sculture*, L'Erma di Bretschneider, 2002, Cat. I.21,

89–93.

(17) アンティウムも同じ女神フォルトゥーナの神託で知られる。プラエネステの上部建築群の一番上のテラスからは左右にふたつの山が見えるが、これらふたつの山の間をまっすぐ行った先にアンティウムがある。つまりプラエネステの聖域の中心の線を伸ばすとアンティウムがあるという位置関係になっている（写真1）。このことは両市の女神とその神託の密接な関係を示唆しているとコアレッリは述べる。Cf. Coarelli, *I santuari*, 55.

(18) Mart. 5.1.3: *seu tua veridicae discunt responsa sorores.*

(19) アンティウムの女神フォルトゥーナは、前四三年頃、この町出身のルスティア氏族のQ・ルスティウスによって鋳造された貨幣に、アマゾネス風の女神とマトローナ風の女神として、いわば姉妹のように描かれている。Cf. Coarelli, *I santuari*, 76.

(20) Cf. Coarelli, *I santuari*, 78–79.

(21) Cf. Champeaux, *Fortuna*, 10–24.

(22) スッラの頃に建設されたという通説に対して初めて異を唱えたグッリーニは前二世紀半ばとしたが（G. Gullini, La datazione e l'inquadramento stilistico del satuario della Fortuna Primigenia a Palestrina, *ANRW*, 1.4, 1974, 746–799）、現在では前二世紀終わり頃という見解が有力である（*Brill's New Pauly*, Vol. 11, 'Praeneste', col. 765; F. Coarelli, *Rome and Environs: An Archaeological Guide*, University of California Press, 2007 (translated by J.J. Clauss and D.P. Harmon), 522–526, 530–531（以下、Coarelli, *Rome* と略））。スッラの時代とする伝統的な見解を否定する論拠として挙げられるべきは、デグラッシの碑文の分析である（A. Degrassi, *Epigraphica* IV, Memorie dell'Accademia Nazionale dei Lincei, 14, 1969–70, 119–129, 147–8）。例えば聖域として聖別したことを記した石碑（*CIL* XIV, 2906：「ガイウスの息子ガイウス・マグルニウス・スカト・マクシムス、ガイウスの息子ガイウス・サウフェイウス・フラックス、プラエトルたちが神聖なものとした」）、聖域で見つかったアーキトレーブの碑文（*CIL* XIV, 3026：「ガイウス・アウィリウス（あるいはアウリウス）……とガイウスの息子エトリリウス・ラウクスが、この建物を元老院決議によって作られるべく配慮した」）、それから聖域の柱廊で見つかった碑文（*CIL* XIV, 3008:「ルキウスの息子でありマルクスの孫であるルキウス・トンディウス、スプルスの息子でありマルクスの孫であるマルクス・マグルニウス・スカト」）は、いずれも明らかに聖域に関するものである。そしてこれらの碑文に登場する聖域建設に関わった人物たちは、プラエネステの古くからの氏族出身であることがその名前から分かっている。ところで前八二年のスッラによる征服の際、多数の住民が殺害されたと伝えられる（App. *B.Civ.* 1.94 一七七頁参照）。デグラッシによると、その前八二年以前の碑文には一三八の古い氏族名が見られるが、前八二年以後は二〇以下になる。その後、カエサルによってスッラの措置が撤回されたが、プラエネステの都市の公職に復帰できた古い家柄出身者はごく少数だったことから、史料の記述のとおり、スッラによる虐殺が実際に行われたと推測されている。したがって碑文に残された聖域建設に関わった人々がいずれもプラエネステの古くからの氏族出身であるという事実は、聖域がスッラによる征服以前に建設されたことを示す証拠であるといえるだろう。さらに碑文の中での表現などからも、デグラッシは、前八二年のスッラの征服以前に都市と聖域が整備されたと結論づけた。

(23)　イシスとのシンクレティズムについては、Cf. F. Coarelli, Iside e Fortuna a Pompei e a Palestrina, *La Parola del passato*, 1994, 49.1–2, 119–129; A. Mastrocinque, Zeus Kretagenès seleucidico; Da Seleucia a Praeneste (e in Giudea), *Klio*, 2002, 84.2, 355–372. マストロチンクエによると、前二世紀、プトレマイオス朝エジプトの支配下にあったクレタ島でゼウス・ソテルとテュケ・プロトゲネイアへの奉納が行われ、またデロス島でもイシス＝テュケ・プロトゲネイアへの奉納を記した二点の碑文が発見されている。いうまでもなくギリシアの女神テュケはローマの（つまりラテン語の）フォルトゥーナであり、プロトゲネイアは「最初に生まれた」という意味だ。プラエネステと東地中海のどちらからどちらへということを結論づけることはできないが、前二世紀、東地中海で活躍したイタリアの商人たちにより、「最初に生まれた」という意味の添え名とフォルトゥーナ（テュケ）とイシスの同化が伝えられたと考えられる。プラエネステにおける二女神の同一視の証拠としては、アントニヌス・ピウス帝（在位：一三八～一六一年）と他の様々な神々と共にIsitycheへの像が奉納されたことを記した二世紀の碑文が挙げられる（*CIL* XIV, 2867=*ILS*, 3686）。また下部建築群からは、イシス＝フォルトゥーナ像の衣服と推測される灰色の大理石が発見されている（cf. N. Agnoli, op. cit., Cat. I.1, 31–40）。前二世紀のもので、肩から膝までが一六〇センチメートルほどの大きな塊だ。下部建築群からは他にもクラウディウス帝（在位：四一～五四年）の時代の二点のオベリスクも発見されているので（cf. Agnoli, op. cit., Cat. III.23, 284–287）、エジプトの神々の聖域があったという見解は説得的といえるだろう。プラエネステの神託に言及している最新の研究のひとつであるF・サンタンジェロの著書では「神託の洞窟」が神託所とされているが（F. Santangelo, *Divination, Prediction and the End of the Roman Republic*, Cambridge University Press, 2013, 73）、もはや支持され得ない。

(24) プラエネステでのセラピス信仰が確認されており、またナイルモザイクではセラピスと同一視されたオシリスがナイル川と共に表現されていることからも、セラピスの聖域と考える研究者もいる。

(25) 田原文子「古代ローマにおけるエジプト表象――パレストリーナの『ナイルモザイク』に関する研究の現状と解釈の試み」（『超域文化科学紀要』東京大学大学院総合文化研究科超域文化科学専攻、二〇一〇年、一五、一四四―一四八頁）参照。

(26) *Brill's New Pauly*, Vol. 11, 'Praeneste', col. 765; Coarelli, *Rome*, 526–530.

(27) Plin. *NH*, 33.61.

(28) Coarelli, *I santuari*. 井戸を神託が行われた場所とする見解は、プラエネステの神託に関する最近の研究のひとつ、フラテアントニオの論文でも支持されている（C. Frateantonio, Heiligtum und Orakel der Fortuna Primigenia in Praeneste (Italien), in: U. Egelhaaf-Gaiser, D. Pausch and M. Rühl (Hrsg.), *Kultur der Antike: Transdisziplinäres Arbeiten in den Altertumswissenschaften*, Verlag Antike, 2011, 189）。

(29) Agnoli, op.cit., Cat. I.5, 52–55.

(30) Frateantonio, art. cit., 177.

(31) Champeaux, *Fortuna*, 55.

(32) *Brill's New Pauly*, Vol. 5, 'Fortuna', col. 506.

(33) Santangelo, op. cit., 73–80.

(34) Cf. J. Briscoe, *A commentary on Livy, books XXXIV–XXXVII*, Clarendon Press, 1981, 132–133.

(35) Vitr. 3.2.2.

(36) *ILLRP*, 9=*II* XIII.2, 1 (*Fasti Antiates Maiores*); *II* XIII.2, 17 (*Fasti Praenestini*). Cf. Ov. *Fast.*, IV.373–376.

(37) *ILLRP*, 9=*II* XIII.2, 1 (*Fasti Antiates Maiores*); *CIL* IX, 421=*II* XIII.2, 6 (*Fasti Venusini*); *CIL* XI, 3592=*II* XIII.2, 8 (*Fasti Caeretani*); *CIL* VI, 2296=*CIL* VI, 32483=*CIL* VI, 32495=*II* XIII.2, 11 (*Fasti Esquilini*); *CIL* VI, 10286=*CIL* VI, 10287= *II* XIII.2, 12 (*Fasti Magistrorum vici*). Cf. Ov. *Fast.*, V.729–730. *Inscriptiones Italiae* の注釈でデグラッシは、*Fortuna Publica populi Romani Quiritium Primigenia* が正式な名前であったと述べる。

(38) *ILLRP* 9=*II* XIII.2, 1 (*Fasti Antiates Maiores*); *CIL* VI, 2295=*CIL* VI, 32482=*II* XIII.2, 2 (*Fasti Fratrum Arvalium*).

(39) プルタルコスがカピトリヌス丘にはセルウィウス・トゥッリウスが建設したフォルトゥーナ・プリミゲニアの神殿があったと述べている（Plut. *De frot. Rom.* 10）。そこでデグラッシは *Inscriptiones Italiae* で *in C*（*apitolio*）と補った。それに対してリウィウスの注釈書を記したブリスコーは、恐らく後一世紀にカピトリヌス丘にもフォルトゥーナ・プリミゲニアの神殿が建設され、それをプルタルコスはセルウィウス・トゥッリウスが建設したものと誤解したとし、一一月一三日の神殿はクィリナリス丘のフォルトゥーナ三女神の神殿の三つめだと考える（Briscoe, op. cit., 132–133）。

(40) *OCD*^{3}, 'Fortuna/Fors', 606; Briscoe, ibid; Agnoli, op. cit., 23–24, n. 83.

(41) *Lutatium Cerconem, confectorem primi Punici belli, fama extitit uelle ad Praenestinam Fortunam + sortes mittere siue colligere. hoc cognito senatus inhibuit extraria responsa + consultorum disquiri. iussum legatis est aedilibusque in hoc missis, ut, si consuluisset, ad supplicium Romam reduceretur. denique adeo profuit factum, ut ex incerta ei Romana auspicia fuerint: nam ab altaribus patr<i>s profectus Aegates opulentissimas insulas in conspectu Carthaginis populatus est.*

(42) ルタティウス・ケルコはルタティウス・カトゥルスの誤りであるとする研究もあるが、D・ワードルはウァレリウス・マクシムスが混同したと考える。アエガテス沖の海戦で勝利してカルタゴとの和平交渉へと導き、「第一次ポエニ戦争を終らせた」のは、コンスルとしての任期の最後の時期にあったカトゥルスであるからだ。ただし次のコンスルとなったケルコは、三月のアエガテス沖の海戦の後、四月半ば以降にカトゥルスとともにカルタゴからシチリアを獲得するために派遣された。その時にケルコがアエガテス諸島を「略奪」した可能性もあり、またカルタゴとの交渉での最終的な責任を持っていたのであれば、「第一次ポエニ戦争を終らせた」という説明は誤りとはいえないことも指摘している。Cf. D. Wardle, *Valerius Maximus: Memorable Deeds and Saying*. Book 1, Oxford University Press, 1998, 146–148; Id., Valerius Maximus and the End of the First Punic War, *Latomus*, 2005, 64, 377–384. 他方でD・R・シャクルトン・ベイリーは、兄L・ルタティウス・カトゥルスと弟Q・ルタティウス・カトゥルス・ケルコの混同を指摘するにとどめている。Cf. D.R. Shackleton Bailey, *Valerius Maximus: Memorable Doings and Sayings*. Book I (The Loeb Classical Library), Harvard University Press, 2000, 44–45.

(43) ワードルは、背景が政治的なものであったとしても、ローマの国家祭儀の観点で説明されるべきと考える。ローマ人にとっては籤はカピトリウムのユピテル＝オプティムス＝マクシムス神殿の前で引くべきであり、最高神ユピテルのみによって支配されるものであった。しかしプラエネステの女神に戦争という公的な事柄について神託伺いをすれば、女神に重要な意味を与えてしまう。

(44) E.M. Orlin, Foreign Cults in Republican Rome: Rethinking the Pomerial Rule, *Memoirs of the American Academy in Rome*, 2002, 47, 1–18.

(45) *II* XIII.2, 17: [*biduo sacrific*] *ium maximu* [*m*] / [*fit*] *Fortunae Prim* [*i*] *g* (*eniae*) *utro eorum die* / [*eius*] *orac* (*u*) *lum patet IIviri vitulum i* (*mmolant*).

(46) Champeaux, *Fortuna*, 55–57.

(47) 前三九二年、カミッルスがエトルリアの都市国家ウェイイを征服した後、そこに祀られていた女神がローマのアウェンティヌス丘にユノ・レギナとして迎えられた例が知られる（Liv. 5.21.3）。

(48) Plin. *N.H.*, 3.68–70. Cf. G.D. Farney, *Ethnic Identity and Aristocratic Competition in Republican Rome*, Cambridge University Press, 2007, 41, n. 7. 大プリニウスは、当時は既に消滅してしまった五三のラティウム・ウェトゥ

スの人々を挙げている。

（49）Farney, op. cit., 39–53, 271–272.

（50）E. Dench, *From Barbarians to New Men: Greek, Roman and Modern Perceptions of Peoples from the Central Apennines*, Clarendon Press, 1995, 74–76; Farney, op. cit., 74–77. 例えばノメントゥム出身のL・アティリウス・ノメンタヌスは貨幣でROMAと記すべきところに出身地を示すNOMという語を刻んだ。そもそも彼の添え名ノメンタヌス自体が出身共同体を示すものである。他にもホラティウスも、プラエネステ出身の人物の尊大さを描いている（Hort. *Sat.* 1.7）。Cf. Farney, op. cit., 75–76.

（51）Pl. *Truc.* 687ff. プラウトゥス『ローマ喜劇集4』（高橋宏幸・小林標・上村健二・宮城徳也・藤谷道夫訳、京都大学学術出版会、二〇〇二年）五四八頁。

（52）Quint. 1.5.55–56. クィンティリアヌス『弁論家の教育1』（森谷宇一・戸高和弘・渡辺浩司・伊達立晶訳、京都大学学術出版会、二〇〇五年）六八―六九頁。またキケロは都ローマの人々のラテン語の美しさについて語っている（Cic. *De Or.* 3.42–46）。Cf. J.N. Adams, *Bilingualism and the Latin Language*, Cambridge University Press, 2003, 121, n. 53, 153–154; Farney, op. cit., 75, n. 99.

（53）Pl. *Bacch.* I.11–13. プラトゥス『ローマ喜劇集1』（木村健治・宮城徳也・五之治昌比呂・小川正廣・竹中康雄訳、京都大学学術出版会、二〇〇〇年）三八三頁。

（54）Pl. *Capt.* 879ff. プラトゥス『ローマ喜劇集1』（木村健治・宮城徳也・五之治昌比呂・小川正廣・竹中康雄訳、京都大学学術出版会、二〇〇〇年）四六九―四七〇頁。

（55）コンスルを務めるような人物が少なくとも二回、そして私的にも訪れているので、プラエネステのフォルトゥーナの聖域の名声がうかがわれる。しかし上述のようにここでも、犠牲についてのみで神託についての言及はない。

（56）Farney, op. cit., 65–74.

（57）C. Smith, The Religion of Archaic Rome, in: J. Rüpke (ed.), *A Companion to Roman Religion*, Wiley-Blackwell, 2011, 36–37.

（58）Liv. 1.45. リウィウス『ローマ建国以来の歴史1――伝承から歴史へ（1）』（岩谷智訳、京都大学学術出版会、二〇〇八年）九八頁。
（59）Cic. *Tusc.* 1.28; Dion H. 6.13; Val. Max. 1.8.1c; Plut. Coriolanus 3.4.
（60）Cf. O. de Cazanove, Pre-Roman Italy, Before and Under the Romans, in: Rüpke, op. cit., 41–57. 小プリニウスが、自身の地所の中にあり、祭りの時には周辺からの参拝者で賑わう、豊穣の女神ケレスの神殿の改修についての書簡を残している（Plin. *Ep.* 9.39）。神殿だけではなく、古くなったケレスの像を作り直すことまで手配しており、明らかに小プリニウスがその全てを管理していた「私的な聖域」であったといえる。

第五章　皇帝崇拝と聖域(1)
――ローマ帝国東方属州を中心に

藤井　崇

はじめに

ローマ帝政期の元老院議員である小プリニウス（ガイウス・プリニウス・カエキリウス・セクンドゥス）の『書簡集』第一〇巻は、彼が五賢帝のひとりトラヤヌスの特命で小アジアの属州ビテュニア＝ポントゥスに赴任した際に、属州の諸問題について皇帝と交わした往復書簡を収めており、歴史家にとって貴重な史料となっている。小プリニウスとトラヤヌスが取り組んだ問題は、諸都市の財務状況、公共建築、結社の問題など多岐にわたるが、そのひとつが、当時はまだ「異教」だったキリスト教の問題である。キリスト教徒の頑迷さと彼らの告発を目論む密告書に困惑した小プリニウスは、次のような審理方法を考案した。(2)彼の任期の二年目、都市アマストリスでの出来事と考えられている。

クリストゥス信者である、あるいはあったことを否認した者は、私の先導で、ローマの神々の名を呼び、祈りの言葉を復唱し、あなたの像——これはこの時のため、神々の像とともに法廷に持ち込ませていました——に、香料と葡萄酒を捧げ、さらにクリストゥスを罵りましたら——このようなことは、もし彼らが正銘のクリストゥス信者であれば、強制されても決して受けつけないと言われています——釈放すべきだと考えました。(3)

（國原吉之助訳）

神々と皇帝の像への供儀をもってキリスト教徒か否かの試金石とする発案を含む小プリニウスの審理を、トラヤヌス帝は「当然とるべきであった手続きを正しく実行したのである」と返書のなかで認めている。(4) ここに言及されている神々の像と皇帝像は、金属や大理石の全身像ではなく、本来の保管場所（おそらくは神殿）から一時的に法廷に持ち込むことができる形状のものだったのだろう。(5)

この小プリニウスの事例以外にも、キリスト教徒の審理と迫害のなかで、皇帝像への崇拝儀礼がキリスト教徒の「踏み絵」としての役割を果たしていることがいくつか知られているが、(6) キリスト教徒迫害における皇帝崇拝の意義はどのように考えたらよいのだろうか。(7) 著名な古代史家がこの問題に取り組んでいる。ファーガス・ミラーは、キリスト教徒に直面したローマ人が護持しようとしたのは第一に伝統的な宗教体系であり、皇帝崇拝はあくまでその多神教世界の一部に過ぎなかったとする。(8) 一方、キース・ホプキンズは、皇帝崇拝はそれを拒否するキリスト教徒の異質さをあぶり出すという、独自の役割を持っていたと主張した。(9) 後に詳しく見るように、皇帝崇拝が伝統的な諸祭儀に深く組み込まれていたとするミラーの主張はまったく正しいが、相当数のキリスト教徒殉教伝に皇帝崇拝が言及されていることを重視するならば、キリスト教徒を審理する帝国政府当局の意識のなかでは、皇帝崇拝が独自の立場を占めていたと考えるのが妥当だろう。

では、この考えをさらに進めて、皇帝崇拝は国家によって定められ、帝国民すべてに徹底されるべき「国家宗教」だったということはできるだろうか。答えは、イエスでもありノーでもある。帝国の首都ローマでは、皇帝が亡くなると、元老院と次期皇帝が認めた場合、神格化のための葬儀を経て、その皇帝はディウス（divus）、つまり神君となり、神官職、祭壇、神殿など儀礼のための設備が整えられた。皇后をはじめとする皇帝家のメンバーも、死後、同様のディウス（男性）やディウァ（女性）になることができた。神君に捧げられた神殿や、神格化のための葬儀、実際に「神」になっていくプロセスについては、多くの史料が残っている。死後の神君にたいするこのような崇拝は、元老院と次期皇帝という帝国の中枢部で決定され、首都ローマを中心に組織化されたという点で、ある種の国家宗教だったといっても間違いではないだろう。この国家宗教的な皇帝崇拝は、首都ローマに限られたものではなく、属州ヒスパニアをはじめとする西方属州や各地に駐屯したローマ軍団でもおこなわれた。

しかし、帝政期の皇帝崇拝は同時に、国家宗教ではなかった。五〇〇万平方キロメートルにおよぶローマ帝国には多数の属州が存在したが、これらの属州では、死去して首都ローマで神格化された皇帝だけではなく、まさに統治中の生きている皇帝が神として崇拝されたことが、豊富な史料によって明らかにされている。属州では、帝国中央の神格化と基本的には異なったシステムのなかで、属州レベル、都市レベル、個人レベルのさまざまな形態の崇拝儀礼が、統治中の皇帝にたいしておこなわれた。この意味で、皇帝崇拝は国家宗教ではなかった。

本稿は、この後者の皇帝崇拝――中央の神格化の原則に拠らない属州の皇帝崇拝――に着目し、おもにローマ帝政前半期（前一世紀末のアウグストゥス帝から三世紀末のディオクレティアヌス帝までとする）を中心としながら、統治中の皇帝が属州においてどのような形で崇拝されていたかを考えたい。その際、特にギリシア本土・島嶼部や小アジア、キプロスといったローマ帝国東方属州における伝統的宗教の聖域(10)と皇帝崇拝との関係を、主たる分析対象とする。ローマ帝国東方属州において、皇帝崇拝に関わる儀礼の多くは、ローマ支配以前から存在した伝統的宗教の聖域でおこなわれた。皇帝の神像が聖域の主神殿に設置されたり、犠牲や奉献が皇帝と主神に同時におこなわれたり、広域の聖域に皇帝崇拝のための社が新たに建立されたり、皇帝のための祭礼が聖域で挙行されていた既存の祭礼に組み入れられたりした事例が、数多く知られている（後述）。これらの事例を根拠として、ローマ帝国のギリシア人（ローマ帝国東方属州のギリシア語話者とする）は皇帝崇拝を自らの祭儀の体系に取り込むことで、ローマ支配という政治的現実を宗教的文脈に置き直し、支配者たる皇帝との適切な関係を確立しようとしたのだと、多くの研究者が考えている。被支配者のギリシア人の立場から皇帝崇拝を分析するこのような研究には、皇帝崇拝を衰退したギリシア世界によるローマ皇帝への阿諛追従とみなす従来の研究を見直し、いわば「下から」の崇拝儀礼の確立に注目した点で、大きな功績がある。こうした研究の先駆けとなったサイモン・プライスの小アジアのギリシア人に関する著作以降[11]、ローマ帝国ギリシア語圏のそれぞれの地域に関して、皇帝崇拝を属州民の立場から分析する研究が現れている[12]。

本稿は、これらの研究を参考にしながら、既存の聖域と皇帝崇拝のあり方を示す興味深い事例をいくつか検討していく。重要な論点は以下の三つである。第一に、皇帝崇拝は既存の聖域にどのように取り込まれたのか。第二に、誰が既存の聖域に皇帝崇拝を持ち込んだのか。ここでは、特にローマ総督をはじめとする帝国政府当局者の役割に着目する。第三に、地理的に固定された聖域の外に形成された祭礼行列のような「動く聖域」にたいし、皇帝崇拝はどのような存在だったのか。以下に続く三つの節でこれらの論点をそれぞれ検討した後で、最後に、既存の聖域における皇帝崇拝を、同じ帝政期の他の宗教や祭儀と比較し、本稿のまとめとしたい。

一　既存の聖域におけるローマ皇帝

ローマ皇帝崇拝のための神殿――カイサレイオンあるいはセバステイオンと呼ばれる――は、小アジアでは六〇以上の都市に八〇件以上確認されており、ギリシア本土でもギュテイオン、メッセネ、アテナイといった都市に建設された。帝政初期に関する文献史料では、早くも前二九年にオクタウィアヌスがペルガモンとニコメディアに自身と（おそらく）女神ローマのための神殿を建立することを許可し、(13)ティベリウス帝の時代には、皇帝崇拝神殿の神殿守り（ネオコロス）の立場を求めて、小アジアの主要都市の使節が自身の都市の由緒、経済力、景観、伝説上あるいは歴史上のローマとの縁の深さを元老院で訴え、最終的にスミュルナに神殿建立が認められた事例が知られている。(14)また、銘文、考古学史料を通じても、多数の皇帝崇拝神殿の存在が明らかになっている。例えば、小アジア、カリア地方のアフロディシアスでは、帝政初期のユリウス＝クラウディウス朝の時代にセバステイオンが建立されたが、ローマ皇帝たちを神話上の英雄のごとく描いたレリーフが多数残存している（後述）。

しかし、皇帝崇拝のための施設は、アフロディシアスの事例のように独立の神殿、聖域として建設されただけでなく、帝政期以前から存在していた聖域に何らかの形で組み込まれた場合も多かった。例えば、小アジアのエフェソスでは、市壁外にある守護神アルテミスの神殿のなか、もしくはそのすぐ近くに、アウグストゥスの神殿が建立されたし、(15)ギリシア本土、アッティカのラムヌースのネメシスの聖域からは、アウグストゥス、もしくはクラウディウスの治世に、この聖域がリウィア（アウグストゥスの妻で、ティベリウスの母）の崇拝のために使用されたことを示す銘文が出土している。(16)また、セプティミウス・セウェルスの妻ユリア・ドムナについては、アテナイのパルテノン神殿に金製の像が安置されると同時に、アテナ・ポリアスとともに犠牲を捧げられたことが知られている。(17)

このように、ローマ皇帝とその家族の神像や神殿が既存の聖域の中に建立されたり、皇帝たちがその聖域の主神とともに犠牲などの崇拝儀礼を受けたりした現象は、時の政治権力を代表する人物が聖域に組み込まれたという点で、ヘレニズム時代の支配者崇拝の伝統を受け継ぐものである。ヘレニズム諸王朝の王とその家族にたいしても、統治中に神としての崇拝が捧げられ、それに伴って、既存の聖域の中に彼らのための神殿や像が設置され、王家の人々は聖域で祀られている神々と習合した。(18) 地中海東部地域の聖域は、ヘレニズム期、ローマ帝政期を通じて、時の権力者を自らの宗教的な枠組みに取り入れることに成功したのである。

しかし、同時に注意しなければならないのは、既存の聖域が皇帝と皇帝家の人々の崇拝を取り入れたのが事実だとしても、それがそのまま、その聖域の主神と皇帝とが完全に習合したり、彼らがまったく同じ立場で崇拝儀礼を受けたりしたことを意味するわけではないということである。宗教史家アーサー＝ダービー・ノックの古典的論文(19)以降、数多くの研究者が指摘しているように、大半の場合、皇帝の宗教的地位は聖域の主神の宗教的地位より下位に置かれた。例えば、各地の聖域に建立された皇帝像は、その多くが、人間としての皇帝の名誉を称えるために聖域の主神に奉献された像だったと考えられている。(20) また、神々にたいするもっとも重要な儀礼行為である犠牲についても、皇帝もしくは皇帝家の人々が生ける神として正式の犠牲を捧げられたことが確認できる事例は非常に少なく、皇帝にたいする直接の犠牲を避けて皇帝の健康や皇帝家の安寧のための犠牲がおこなわれたり、皇帝にたいして犠牲が捧げられた場合でも、神にたいする犠牲とは区別をつけられたりした[21]。この意味で、先述のユリア・ドムナへの犠牲は、例外的事例である。また、都市の有力者の経歴を記した銘文には、都市の既存の聖域で祀られている神々の神官職と皇帝崇拝の神官職が並んで言及されている例が多いが、これも神々と皇帝との習合を示すものではなく、あくまで別個の神官職を同一人物が兼任もしくは歴任したことを証明するに過ぎないと考えられている[22]。

既存の聖域における皇帝の従属的な宗教的地位の背景として、以下の二点が指摘できるように思う。第一に、帝国中央での皇帝観。死んだ皇帝は次期皇帝と元老院の協力により神格化され、これが皇帝崇拝の「国家宗教」的な側面の根幹をなすことはすでに述べたが、このことは同時に、生きて統治している皇帝はあくまで人間であるという皇帝観が、首都ローマに確固として存在していたことを意味している。このような皇帝観は、部分的ではあれ、属州の皇帝崇拝における皇帝の宗教的地位にも影響を与えたと考えられる。属州レベルや都市レベルの皇帝崇拝の設立にあたっては、属州や都市が使節をローマに派遣し、皇帝や元老院に崇拝設立の決議を伝え、認可を求める場合があった[23]。そのような使節にたいし、皇帝はほとんどの場合、自身を崇拝の対象から外すように、もしくは崇拝の内容をより穏当なものに変更するように求めた[24]。既存の聖域における皇帝の従属的な立場は、その一部は、統治中の皇帝を人間とみなす帝国中央の皇帝観とそれに基づいた皇帝と属州・都市のコミュニケーションを反映していると考えられる。

既存の聖域における皇帝の宗教的地位の第二の、そしてより重要な背景は、各聖域の宗教的枠組みの強固さと、それを支えた政治・社会制度の継続性である。帝国東方属州の皇帝崇拝儀礼は、皇帝や元老院への使節派遣を伴うにせよ伴わないにせよ、その大半は属州、都市、都市有力者のイニシアティブに端を発するものだった。例えば、先述のアテナイでのユリア・ドムナへの崇拝儀礼は、都市アテナイの何らかの決議によってその設置が定められ[25]、他方、アフロディシアスのセバスティオンは、都市の有力な二家族の寄進によるものだった[26]。皇帝崇拝は、属州（や都市連合であるコイノン）と都市の決議、そして都市有力者のエウェルジェティズムという、帝政期の東方属州の都市制度と社会的、政治的慣行を原動力としていたのである。そして、これまで見てきたように、このような皇帝崇拝が導入されたのは、多くの場合、各都市・地域の既存の聖域であり、これはローマ帝国以前より都市と都市有力者がその運営に尽力してきたものだった。既存の聖域で皇帝が主神に従属的な立場に置かれたのは、主神を頂点に置く聖域の宗教体系が容易には変化しないというある程度一般的な理由に加えて、聖域への皇帝崇拝導入に中心的役割を果たしたのが、以前から聖域の運営に従事していた属州、都市、都市有力者だったという、聖域の宗教的枠組みを支えた政治制度と社会慣行の継続性が背景に存在していたのではないだろうか。

二　皇帝崇拝のイニシアティブ——帝国政府当局者の力

前節では、既存の聖域における皇帝崇拝とそれに関わる儀礼、さらに聖域での皇帝の宗教的地位を確認したうえで、既存の聖域への皇帝崇拝の導入の主体として、帝国東方の属州、都市、個人

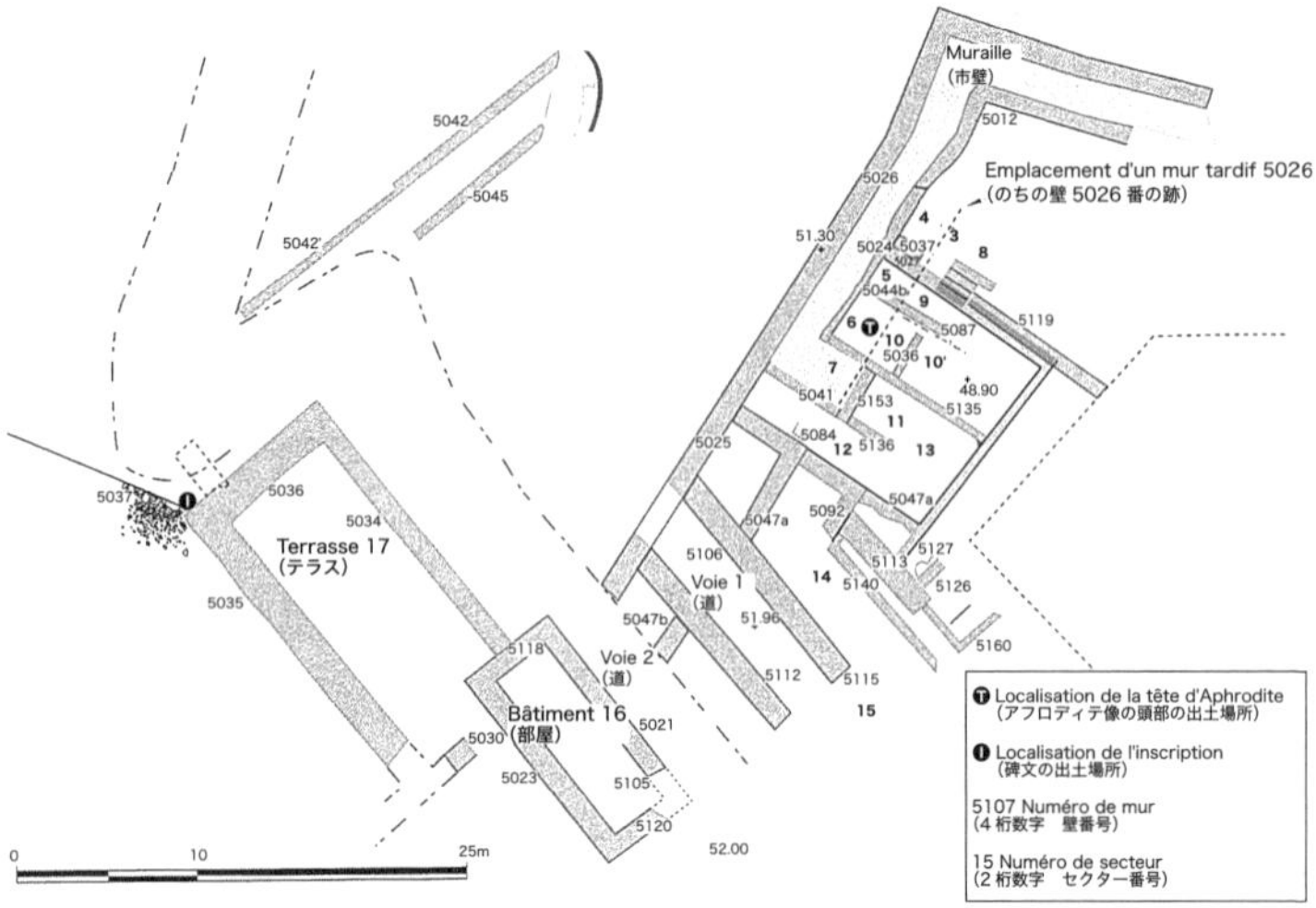

図 1.　キプロス島アマトゥス市の北門付近

の役割を重視した。従ってここまでの議論は、属州民の側からの皇帝崇拝の形成を重視するプライス以降の研究動向（前述）にならうものだが、このような見方には、皇帝崇拝というシステムにおける下層（属州民）から最上層（皇帝）への儀礼行為に注目するあまりに、システムの中間にあって属州民と皇帝とをつなぐ働きをしていたはずのローマ帝国政府当局者、特に属州総督の役割を十分に考慮していないという弊害がある。かつてミラーは、皇帝崇拝における総督の役割を今後追求されるべきテーマとしてあげていたが、[27] 属州総督の儀礼行為全般については重要な研究が散見されるものの、[28] 皇帝崇拝の研究者がまとまった形でこの問題に取り組んだことはなかったように見受けられる。プライスも、総督の役割に関する重要な史料をいくつか挙げながらも深い分析はせず、総督を皇帝崇拝のシステムの複雑さを示す一要素と捉えているに過ぎない。[29] しかし、当時のギリシア都市とその有力者にとって属州総督が政治的に常に注意を払わなければならない存在だったことは明らかで、[30] 都市とその有力者が皇帝崇拝の主な担い手だったことを考慮するならば、属州総督が各都市・地域の皇帝崇拝にたいし何らかの役割を果たしていた、少なくとも各都市の有力者と属州総督との間に、皇帝崇拝に関する何らかのやりとりがあったと考えるのが自然だろう。ここで関連する史料をすべて検討することはできないが、注目に価する事例を二、三取り上げ、この問題の重要性を示しておきたい。

まずは、帝国政府当局者が率先して既存の聖域を改変し、皇帝崇拝を付け加えた事例を見てみよう。キプロス島の南岸にアマトゥスという都市があるが、図1は、このアマトゥス市の北門付近を表している。北から来た道が Terrasse 17 にぶつかって東に折れ、門を通って市壁の中に入っている。この Terrasse 17 付近から、近年、興味深い銘文が発見された。すでに確認されていた同種の銘文とあわせて、以下に史料一、二として訳出する。新発見の銘文は、史料一である。

史料一　(Fujii, op. cit., 162, Amathous no. 3)

皇帝ティトゥス・カエサル・ウェスパシアヌス・アウグストゥスとキプロスの大女神アフロディテに。総督ルキウス・ブルッティウス・マクシムスが石碑で囲まれた聖域を修復した。二年。

史料二（Fujii, op. cit., 162-63, Amathous no. 4）
キプロスのアフロディテと皇帝ティトゥス・カエサル・ウェスパシアヌス・アウグストゥスに。
総督ルキウス・ブルッティウス・マクシムスが石碑で囲まれた聖域を奉献した。二年。

このふたつの銘文が示唆するシナリオを、オペールとエルマリーの論文[31]を参考に復元するならば、以下の通りである。まず、Terrasse 17の南東にあるBâtiment 16には、北門の背後にそびえるアクロポリス上にあったアフロディテ神殿とは別に、ヘレニズム時代よりアフロディテ神殿が存在したと考えられている。そしてローマ時代、おそらく七六／七七年に発生した地震の影響で破損したこのBatiment 16のアフロディテ神殿を、ティトゥス帝の二年、つまり七九／八〇年に、当時キプロスのローマ総督だったルキウス・ブルッティウス・マクシムスが、時の皇帝ティトゥスを神格に含める形で改修・拡大し、Terrasse 17に新しい神殿を建立・奉献したと想定できる。つまり、ローマ総督のイニシアティブで皇帝崇拝が既存の聖域に持ち込まれたのである。ブルッティウスは、新しい聖域を市壁に取り込んで、北門を出入りするアマトゥスへの来訪者の最も目につくところに置き、さらに建設を示す銘文を来訪者がまさに北門に向かう場所に設置することで、この都市に新しいランドマークを追加したということができるだろう。
次に、同じくキプロスのオパオン・メランティオスの聖域での帝国政府当局者の活動をみてみよう。この聖域は、キプロス最大の聖域であるパフォス・ウェトゥスのアフロディテ聖域から北に一三キロメートル内陸に入ったアマルゲッティに位置している。標高約四〇〇メートルの田園地帯にあるオパオン・メランティオス聖域は、ヘレニズム時代からローマ時代まで続いた露天のつましい聖所で、神殿のような構造物は確認されていない。(32) この聖域からは、数多くの小型の石像やテラコッタ像、そして二二個のギリシア語銘文が発見されている。大半の銘文は、オパオン・メランティオスもしくはアポッロン・メランティオスという神格への奉献に関するものだが、これらと性格を大きく異にする銘文がふたつ確認されている。

史料三（Fujii, op. cit., 181-82, Paphos (Amargetti) no. 1）
法務官代理の財務官ティトゥス・アピカトゥス・サビヌスが、カエサル・アウグストゥスに（これらの像を）捧げる。

史料四（Fujii, op. cit., 182, Paphos (Amargetti) no. 2）
〔ローマ人の財務官〕ティトゥス・アピカトゥス・サビヌスが、神聖なる〔アウグストゥス〕の子であり青年の第一人者である〔ガイウス・カエサル〕とルキウス・カエサルに（これらの像を捧げる）。

これらの銘文から、キプロス駐在の財務官であるティトゥス・アピカトス・サビヌスが、アウグストゥス、そしてアウグストゥスの養子に入ったガイウス・カエサルとルキウス・カエサルに、順次像を奉献していることがわかる。これらの像が、神としての皇帝と皇帝家の人々の崇拝に直接関係する像だったのか否かは、それ自体考察に価するテーマだが、ここでは、奉献の受け手（つまりアウグストゥスとその養子）が与格で表現されていること、そして史料三に関しては、奉献に関する動詞として儀礼行為を示唆するkathierooが用いられていることから、これらの像が皇帝崇拝に関わっていた可能性が高いと考えてよいだろう。(33)ともかくここで重要なのは、このふたつの銘文では他の奉献物に見られるオパオン（もしくはアポッロン）・メランティオスへの言及がまったくないこと、つまり、サビヌスの奉献物をみる限りでは、この聖域が皇帝崇拝のためだけの聖域だという錯覚が生まれてしまう、ということである。もちろん、帝政初期に実際にこの聖域を訪れた参詣者には、他の奉献物によって聖域がオパオン（もしくはアポッロン）・メランティオスに属することは明らかだっただろうが、サビヌスの奉献は、キプロス島内陸部の小規模聖域に皇帝崇拝の要素を混入させただけでなく、そのアイデンティティまで変えてしまう契機をはらんでいたということができるだろう。

もちろん、地域の宗教的伝統に介入して、既存の聖域の性格を変え、また聖域そのものを再建して皇帝崇拝を導入することが、常に総督をはじめとする帝国政府当局者に可能だったわけではない。前節でみたように、属州、都市、都市有力者が既存の聖域に皇帝崇拝を導入する際、多くの場合、その聖域の従来の枠組みはしぶとく存続した。帝国の権力を代表する政府当局者といえども、既存の聖域に無秩序に皇帝崇拝を組み込むことはできなかったのである。このことを示す興味深い事例が、アフロディシアスで知られている。帝政期のカリア地方の都市アフロディシアスは、ヘレニズム時代は目立たない地方都市だったが、ローマ共和政の内乱期にスッラやオクタウィアヌス（のちの初代皇帝アウグストゥス）との結びつきを強め、帝政期にはさまざまな特権を享受する有力都市へと成長した。[34] オクタウィアヌスは、全アシアからアフロディシアスを自分の町として選び取ったと、ある書簡のなかで明言している。[35] アフロディシアスとローマ皇帝家とのこうした強い結びつきには、この町の神殿で古くより崇拝されていた女神アフロディテも関係していた。アフロディテに対応するラテン語圏の女神ウェヌスは、ウェヌス・ゲネトリクス、つまり母神ウェヌスとして、カエサルやオクタウィアヌスが属したユリウス氏族の始祖とされるとともに、ウェヌスとアンキセスの交わりから生まれたトロイアの英雄アエネアスを伝説上の建国者とする国家ローマの生みの親ともされた。[36] このウェヌス＝アフロディテ、皇帝家、国家ローマのつながりは、アフロディテ崇拝をおこなっていた帝政期のギリシア語圏の諸都市において、帝国と自身の都市との結びつき、さらには帝国内での自らの特権的立場を喧伝する格好の材料となった。[37] 都市アフロディシアスでは、セバステイオン（皇帝崇拝神殿）のレリーフに、神話上のアフロディテとアエネアスから、歴史上のユリウス＝クラウディウス朝の皇帝たちに至る系譜が、優美な彫刻で表現されている。[38]

このような帝国との強固な結びつきとそれに伴う特権を享受したアフロディシアスは、属州アシアの総督もうかつに介入できない都市だった。例えばアレクサンデル・セウェルス帝時代（二二二〜二三五年）の属州総督スルピキウス・プリスクスがアフロディシアスに招待された際、総督は自身の訪問とアフロディテ神殿での犠牲の奉献が、アフロディシアスの法、元老院決議、さらには皇帝の書簡に背反するものでないか憂慮する書簡をアフロディシアスに宛てている。[39] この書簡がここで特に重要なのは、スルピキウス・プリスクスが犠牲の内容、つまり皇帝アレクサンデル・セウェルスとその母ママエアの安寧と統治の永続のためにアフロディテに犠牲を捧げることが適法か否かを都市アフロディシアスに質していることである。ここからは次のふたつの点が明らかになる。まず、アフロディシアスでは、皇帝自身は犠牲の受け取り手ではなかったということ。犠牲は皇帝と皇母のために女神アフロディシアスに捧げられるのであって、その意味で皇帝と皇母の宗教的地位は女神に並び立つものではなかったのである。[40] 次に、皇帝・皇母のための犠牲の受け取り手としてアフロディテを選んでよいかについて、ローマ総督がアフロディシアスの意向を（少なくとも建前上は）尊重する姿勢を明らかにしていること。この事例は、皇帝のための神への犠牲なので厳密な意味での皇帝崇拝にはあてはまらないが、それでも皇帝のための儀礼を既存の聖域で挙行する際には、総督といえども、その聖域の宗教体系と聖域が属した都市の伝統、特権、意向を無視することはできなかったのである。

三　動く聖域――祭礼行列と皇帝崇拝

本稿では、これまで皇帝崇拝が何らかの形で関わっていた都市内もしくは都市外の既存の聖域を検討してきたが、それらはすべて聖別された空間を持つ、他の都市施設から基本的に独立した聖域だった。もちろん、当時の宗教的空間はこのような形態の聖域だけではなく、大聖域のなかに存在した小聖域や小神殿、広場（アゴラ）、柱廊、行政施設、劇場や競技場に設置された社や祭壇、各家庭の小祭壇など、さまざまな形で社会の隅々に存在していた。これに合わせて、皇帝崇拝も建築物や儀礼行為の形で、聖域の外の、都市のさまざまな場所に組み込まれた(41)。ここで、皇帝崇拝がおこなわれた都市空間のなかから特に顕著なものをひとつだけあげるとするならば、それはギュムナシオンだろう。ギュムナシオンは、古典期よりギリシア都市の運動、軍事教練、教育のための施設として重要な役割を果たしていたが、ヘレニズム期、帝政期にいたっても、都市の「第二の広場」としての重要性は衰えることがなかった。本稿で重要なのは、ヘレニズム期と帝政期のギュムナシオンが、ギュムナシオンの守護神とされるヘルメスとヘラクレスをはじめとする神々の崇拝場所として機能したことで、これは古典期以降のギュムナシオンの大きな特徴のひとつに数えられている(42)。おそらくは祭壇や神像、小神殿の形で存在していたであろうギュムナシオンの宗教的空間では、ヘレニズム王とローマ皇帝のための支配者崇拝もおこなわれた。崇拝儀礼の内容や、ギュムナシオンの主神との関係には不明な点が多いが、ローマ皇帝にたいして、ペルガモン(43)やラペトス（キプロス島）(44)をはじめとする各地のギュムナシオンで皇帝崇拝儀礼がおこなわれことを示す証拠が残っている。

本節は、このように都市内外の聖域を含む多様な宗教的空間における皇帝崇拝を、それらの諸空間を結びつけた祭礼行列という観点から分析する。ギリシア宗教における祭礼行列は、宗教祭儀の一部をなす公的なセレモニーで、祭礼行列のギリシア語（ポンペ＝送ること）の語源が示唆するように、その本来の目的は、奉献物や犠牲獣を聖域などの最終目的地まで運び、そこで運んできたものを神へ送る（捧げる）ことだった。(45) 行列の経路は厳密に定められたが、その出発地点、到着地点には多くの場合に聖域が選ばれ、行列途中の中継地点として、先述の都市内の宗教的空間をはじめとして、都市内外の政治的、文化的重要拠点が含まれていた。つまり、祭礼行列とは、聖域を中心に展開される都市の価値観の表明だったのである。また、祭礼行列においては経路だけでなく、出発地点、到着地点、中継地点での儀礼行為や、開催日、参加者の資格と並び順、衣装や行列で運ぶべき儀礼に関わる物品などが事細かに定められていた。この意味で、祭礼行列はそれ自体が宗教的、政治的な秩序を持った空間だった。本稿にとって決定的に重要なのは、帝政期にこの祭礼行列に皇帝崇拝の要素が組み込まれた事例がいくつか確認されていることである。聖域を中心に形成され、都市内外の重要拠点を結びつけ、さらにそれ自体が宗教的、政治的な秩序を持つ、いわば「動く聖域」ともいえる祭礼行列に、皇帝崇拝はどのように組み込まれ、それは祭礼行列をおこなう都市にとってどのような意味を持っていたのか。特に顕著なエフェソスとギュテイオン（ペロポネソス半島）の事例に触れながら、これらの問題を考えてみたい。(46)

属州アシアの中心地として帝国有数の大都市だったエフェソスは、ゼウスとレトの娘アルテミスが郊外で生まれたという伝えもあり、市壁外のアルテミシオン（アルテミス神殿）で古来より名を馳せていた。このエフェソス出身の騎士身分のローマ市民だったガイオス・ウェイビオス・サルタリオスは、一〇四年に大規模な寄付をおこない、年一回の金銭分配と福引、そして二週間に一度の行列開催を目的とする財団を設立した。[47] サルタリオスの寄付と財団設立は、富裕者が都市運営のさまざまな側面を自費で支えるという、ヘレニズム期と帝政期に顕著だったエウェルジェティズムと呼ばれる社会的、政治的慣行の代表的な事例であるが、サルタリオスの申し出は形の上ではローマ総督と都市エフェソスの認可を得て実行されたことになっており、彼の寄付の内容を詳述する五六八行に及ぶ銘文も、帝国政府当局者の書簡ならびにエフェソスの民会と評議会の決議という形式をとっている。

まず、金銭分与と福引は、アルテミスの誕生を記念してタルゲリオン月の六日にアルテミス神殿で開催され、市民団、評議会、皇帝崇拝神官、少年団、アルテミス神殿の神官団、神像の清掃人などが参加することができた。本稿にとってより重要な行列は、エフェソスにあったアシアの共同皇帝崇拝神殿の神官の就任日、エフェソスの民会開催日、皇帝崇拝の祭礼の開催日、大エフェシア祭の開催日、体育競技祭の開催日などに挙行され、平均すると二週間に一度の頻繁な開催だったと考えられている。そのため、サルタリオスの行列はアルテミシオンの祭礼のみに結びついた狭義の祭礼行列でなかったが、いずれにせよ、アルテミシオンならびにアルテミス崇拝と深く結びついた行列だったことにかわりはない。

長文の銘文から引き出すことのできる情報は多いが、ここでは行列に持ち出された像、参加者、行列経路という三つの点に着目したい。サルタリオスは行列に持ち出す像も寄付したが、それは金製および銀製のアルテミス像九体、財団設立時の皇帝トラヤヌスと皇后プロティナの銀製像一体ずつ、アウグストゥスの銀製像一体、ローマの元老院と人民の銀製像一体ずつ、騎士身分をあらわす銀製像一体、エフェソスの六つの市民区分をあらわす銀製像一体ずつ、アンドロクロス（エフェソスへの最初の植民団の長(48)）とリュシマコス（アレクサンドロスの「後継者」のひとりでエフェソスの再建者(49)）の銀製像一体ずつなど、計三一体に及んだ。エフェソスの宗教的アイデンティティ（アルテミス）、政治的アイデンティティ（市民区分）、歴史的アイデンティティ（アンドロクロスとリュシマコス）が、エフェソスが直面したローマ帝国という政治的現実（トラヤヌス、プロティナ、ローマ元老院・人民）と結びつけられていることは明らかである。これらの像は、行列に持ち出されない時はアルテミシオンに安置され、トラヤヌスとプロティナの像のみサルタリオスが個人で管理した。ただ、ここで留意しておきたいのは、アルテミス像にのみ神性を示唆する金属である金が用いられていることである。銀製のトラヤヌスは、宗教的地位という点で、エフェソスの守護神には及ばなかったのである。次に、行列の参加者であるが、行列の出発地点である市壁外のアルテミシオンからエフェソスのマグネシア門までは、アルテミシオンの神殿守りやネオポイオイ（エフェソス市民権と神殿財産の管理者）などが前述の三一体の像を運び、マグネシア門から市内への行列には、二五〇名の少年（エフェボイ）が加わった。この人数に行列の見物人を加えるならば、エフェソスの若者を中心に多数の人々が行列に関与していたといえるだろう。最後に、行列経路である。ここでも、ローマ帝政下のエフェソスと古い歴史を誇るギリシア都市としてのエフェソスが結び付けられた。行列がマグネシア門から市内に入ったのち、最初に通過するのは上広場で、そこには女神ローマと神君カエサルの神殿やドミティアヌスの神殿など、ローマ帝国と皇帝崇拝に関する建築物が立ち並んでいた。他方、上広場を後にして、エンボロスと大理石道というエフェソスの目抜き通りを過ぎた行列が目にするのは、最初の植民者アンドロクロスに植民の神託を与えた神アポッロンの神殿である。帝国支配の現実を示す上広場とエフェソスの始原を物語るアポッロン神殿の間で、行列はローマ帝政下の都市自治も強調する。大理石道から外れて市内中央部の劇場に入った行列は、運んできた像を劇場の決められた場所に配置し、民会の開催を見守った。ローマ帝政期のギリシア都市の民会の実態については研究者の間でも議論があるが(50)、いずれにせよ、エフェソスの過去と現在を結びつける行列が、実際の都市政治の場と関連させられていたのは興味深い。劇場を出てアポッロン神殿を通過した行列は、コレッソス門を通り、市外のアルテミシオンに戻った。

以上がサルタリオスの寄付と行列の概要だが、本稿のテーマである聖域と皇帝崇拝という観点からは、次の三点が特に重要である。第一に、行列におけるアルテミシオンとアルテミスの中心性。行列の出発・到着地点はともにアルテミシオンであり、金製一体を含む九体のアルテミス像は、サルタリオスが寄付した像のなかで最多のものである。行列自体はアルテミシオンの祭礼行列ではないが、エフェソスの過去と現在を示す市内のモニュメントが、アルテミス（とその神殿）を中心に結びつけられていたことは明白である。第二に、このアルテミスを中心とする行列に、皇帝崇拝が組み込まれていたこと。銀製像で表現された統治中の皇帝トラヤヌスが、崇拝すべき神として考えられていた可能性は低いが、彼は行列を通じて、銀製像で表現されたアウグストゥス、そして上広場の皇帝崇拝施設と関連付けられた。第三は、イニシアティヴの問題。サルタリオスの寄付は、エウェルジェティズムという社会・政治慣行に基づく個人のイニシアティヴに拠るものだったが、彼の発案はローマ総督の許可を得て、エフェソス市の決議という形で実現された。本稿ではこれまで、既存の聖域における皇帝崇拝の導入を、都市、個人、帝国政府当局者の三者に注目して検討してきたが、サルタリオスの行列にもまさにこの三者の関与を確認することができるのである。

次に、ギュテイオンの祭礼行列(51)であるが、行列の次第はギュテイオン市の聖法(52)（ティベリウス帝時代）で定められた。それによると、まず都市のアゴラノモスはアウグストゥス、ユリア・アウグスタ（リウィア）、ティベリウスの像（もしくは肖像画）を劇場に安置し、支配者（皇帝と皇帝家の人々）の安寧のために参事会員と公職者団がそこで香を捧げたのち、アウグストゥスとティベリウス、その他の皇帝家の人々、そして共和政期に「ギリシアの自由」を宣言したティトゥス・クインクティウス・フラミニヌスを記念する競技祭が開催された。さらに、共和政末から帝政初期にかけてギュテイオンを導いた都市有力者の父子を称える競技祭も追加された。本稿にとって重要な行列は、この劇場での催事日に、アスクレピオスとヒュギエイアの聖域を起点としておこなわれ、行列には、少年、青年、乙女、規定の衣服に身を包んだ市民と女性が参列した。行列が終点のカイサレイオン（皇帝崇拝神殿）に到着すると、エフォロスは、雄牛を支配者たちと神々の安寧と支配の永続のために犠牲として捧げた。

以上がギュテイオンの祭礼行列の概要だが、これがエフェソスの行列よりさらに皇帝崇拝の要素が強い行列となっているのは、一見して明らかである。祭礼行列の終点はカイサレイオンであり、そこで、皇帝を直接の対象とはしないものの、皇帝の安寧と支配の永続のために、行列で率いてきた雄牛を屠るのである。また、行列と同時に開催された競技祭は、統治中のティベリウスを含む皇帝・皇帝家三名の「臨席」のもと、彼らに捧げるべく挙行された。しかし同時に、この祭礼行列に既存の聖域が組み込まれていることも忘れてはならない。祭礼行列の出発地点は、アスクレピオスとヒュギエイアの聖域だったのである。ギュテイオンの祭礼行列は、儀礼のイニシアティブという点でも非常に興味深い。この祭礼が都市の聖法に基づいていることはすでに述べたが、この聖法の決議は都市が派遣した使節によってティベリウスへ直接伝えられたことが、聖法の銘文とセットで残されているティベリウスのギュテイオンへの返答[53]から明らかになっている。その返答で、ティベリウスは父アウグストゥスへの崇拝儀礼の申し出は喜んで受けつつも、自身は、統治中の皇帝としてより穏当な名誉がふさわしいと答えている。ティベリウスはアウグストゥス、リウィアと並んで像（肖像画）を与えられ、香や犠牲の受益者となっているが、銘文のなかで「神」など神性を示す添え名は付けられていない。使節を通じた皇帝との直接のコミュニケーションを通じて、帝国中央の皇帝観が都市の皇帝崇拝儀礼に反映されている一例とみることができるだろう。

おわりに

キプロス島南岸のクリオンは、その市外のアポッロン・ヒュラテスの聖域で殊に有名だが、この聖域から本稿を締めくくるにふさわしいある銘文が出土している。

史料五（Fujii, op.cit., 176-77, Kourion no. 13）

テュケーに。〔――〕キプロスのレガトゥスが、アンティノウスのために、彼に求められた賛歌を贈る。……（略）……われらは、地下のアドニス（すなわち）故郷を〔遠く離れて〕眠るアンティノウスを讃える。……（略）……御髪麗しきリラ使い（＝アポッロン）は、わたしをただあなた（＝アンティノウス）のためだけの歌い手に育てた。アポッロン・ヒュラテスの祭壇の傍らで、〔あなたのために〕わたしはリラを弾き、あなたのためにキタラを奏でよう。あなたのために、わたしは合唱隊を作った〔――〕フォロネウスとペルセウスの血から〔――〕高みにあるこの町を手に入れた。あなたの命に従って、今わたしは歌おう、紫だった波打つ御髪、祝福されしビテュニアの子……（略）……。

この銘文は残念ながら損傷が非常に激しいが、キプロス駐在のレガトゥスがハドリアヌス帝の愛人アンティノウスに捧げた讃歌が刻まれていると考えられている。この無名のレガトゥスは、一三〇年のエジプトでのアンティノウスの死後、ハドリアヌス自身が推進したアンティノウス崇拝、そしてアンティノウスのために歌われた同時代の讃歌を参考にして、この讃歌を作ったのだろう。讃歌のなかで、クリオンとアポッロンの聖域にまつわる神話が統合され、さらにそれがアンティノウスを通じて、ローマ帝政期の東地中海世界に結びつけられている。まず、この讃歌では、クリオンが「フォロネウスとペルセウスの血」と表現されているが、フォロネウスはイナコスの子、火の発見者でアルゴリスの最初の居住者とされており、ペルセウスは有名なアルゴスの英雄である。つまり、クリオンのアルゴス起源がここに強調されている。さらに、讃歌ではアンティノウスとアドニスが同一視されているが、アドニスの父キニュラスはキプロスの王のひとりで、その子のひとりクレウスはクリオンにその名を与えている。そして最後に、アポッロンはアドニスの祖父であり、これは銘文が建立された聖域の主である。この帝国政府当局者の讃歌は、これに伴ってアポッロン・ヒュラテスの聖域でおこなわれたであろうアンティノウスのための祭儀とともに、クリオンをめぐる神話の束をまとめ、聖域の由緒を帝国の出現で可能になった広大な東方属州のなかに可視化し、それを皇帝家という帝国の中枢へとつなげているのである。

この銘文がここでさらに重要なのは、既存の聖域における皇帝崇拝のふたつの軸、すなわち聖域への組み込まれ方の多様性と、聖域での儀礼行為の均質性を見事に表現しているからである。

本稿はこれまで、ローマ帝政期のギリシア本土・島嶼部、小アジア、キプロス島といった東方属州を対象に、既存の聖域と祭礼行列に、皇帝崇拝が誰によってどのように組み込まれていったか、具体的な事例をいくつか分析してきた。これらの事例が与える印象は、一見すると、極めて多様である。例えばアフロディシアスとアマルゲッティでの皇帝の宗教的立場はまったく異なるし、皇帝崇拝がむかえられる聖域の主神も、アテナ、アフロディテ、アポッロンなど様々である。では、この多様性はどこに由来するのか。もちろん、端的には各聖域の宗教体系と聖域を取り巻く社会、政治状況の多様性に由来することはいうまでもないことだが、ここでは、各聖域の表面上の差異をこえて共通する、帝政期の聖域のひとつの特徴を強調したい。それは、聖域の伝統への回帰、もしくは伝統の「発見」である。クリオンのアポッロン崇拝をアンティノウス崇拝に結びつけるために、帝国政府当局者はあたかも好古家のようにアポッロン・ヒュラテスとキプロスにまつわる物語を整理し、讃歌に歌った。クリオンをペルセウスと関連づける神話は、少なくとも銘文史料上はこの讃歌からはじまったと考えられるため、この人物がおこなったのは、単なる聖域の古層への回帰ではなく、都市とその聖域に関する伝統の発見だったといってもよいかもしれない。聖域の伝統への回帰が皇帝崇拝と明確に結びついていることが確認できる事例は多くはないが、本稿が検討した事例のなかでは、例えばエフェソスの行列やティベリウス帝期の神殿守りをめぐる諸都市の争いには、そうした傾向を見いだすことができるだろう。古典期、ヘレニズム期以来の政治的境界線が消滅した帝政期の東地中海地域には、ローマ帝国のもとでひとつの広大な「ギリシア世界」が誕生したが、そうした古代版のグローバル化が進展するほど、都市や聖域は来し方を振り返り、独自のアイデンティティの確立に取り組んだ。(54) 既存の聖域における皇帝崇拝のあり方の多様性は、伝統を作り上げる聖域が、何とかその伝統と整合的に皇帝崇拝を組み入れようとした苦心の現れなのではないだろうか。

もうひとつの論点――均質性――は、多様性の問題と相反するようにみえるかもしれないが、これもローマ帝政期の「ギリシア世界」のグローバル化と関係している。クリオンのアンティノウス崇拝の大きな特徴のひとつは、神を称える讃歌が作られ銘文に刻まれていることだが、神をなだめその権能を称える手段としての讃歌は、帝政期に好んで用いられた儀礼行為だった(55)。既存の聖域の皇帝崇拝における儀礼行為には、この讃歌のように、当時の宗教祭儀一般と共通するものが少なくないし、対象を皇帝崇拝儀礼に絞っても、同様の儀礼が各地の皇帝崇拝に共有されている場合が多い。例えば、前節で検討した行列、また皇帝への宣誓儀礼は、非常に目立つ儀礼ではあるものの、複数の地域で確認されている。既存の聖域における皇帝崇拝儀礼の均質性の背景としては、帝政期の「ギリシア世界」の確立で、儀礼に関する情報交換が進展したことがあるのではないだろうか。本稿では、聖域における皇帝崇拝の導入に主要な役割を果たした者として、属州、都市、都市有力者、そして帝国政府当局者を想定したが、皇帝・元老院への使節派遣、コイノンでの会議、複数都市での公職就任、複数属州での総督赴任など、帝政期の「ギリシア世界」でこそ可能になった相互の情報交換の機会の増大のなかで、彼らは各地の皇帝崇拝儀礼の新機軸を知り、トレンドを作り上げ共有したのではないだろうか。その結果として、既存の聖域における皇帝崇拝の導入の主体が誰であれ、特徴的な儀礼が各地に共通して存在する状況が生まれたのではないかと考えられる。

注

（1）本研究はJSPS科研費26284114の助成を受けている。

（2）小プリニウスによるキリスト教徒審理については、わが国でも豊富な研究の蓄積があるが、ここではさしあたり、保坂高殿『ローマ帝政初期のユダヤ・キリスト教迫害』（第二版、教文館、二〇〇六年、三六三―四〇〇頁）をあげておく。

（3）Plin. *Ep.* 10. 96. 5.

（4）Plin. *Ep.* 10. 97.

（5）D. Fishwick, Pliny and the Christians. The Rites *ad imaginem principis*, *AJAH*, 1984, 9, 123-30.

（6）皇帝の像への言及がある殉教伝としては、*ActApoll* 7; *MartDasii* 7 and 11などがある。

（7）皇帝崇拝に関しては、弓削達『ローマ皇帝礼拝とキリスト教徒迫害』（日本基督教団出版局、一九八四年）が優れた概説である。この論文が対象とするローマ帝国の東方属州に関しては、阪本浩「ギティオン碑文（SEG. XI. 922-3）をめぐって」（『日本文化研究所研究報告』二一、一九八五年、一三九―六一頁）、藤井崇「皇帝が神となるとき――キプロス島のローマ皇帝崇拝」（『世界史の研究』二四〇、二〇一四年、一―一四頁）が、西方属州に関しては山本晴樹「ガリア・ナルボネンシスのアウグスターレス再考――Quadronius Fidelis（CIL XII, 4414）の場合」（別府大学史学研究会『史学論叢』四四、二〇一四年、一一六―二二頁）などがある。外国語文献では、東方属州に関してはS. Price, *Rituals and Power: The Roman Imperial Cult in Asia Minor*, Cambridge University Press, 1984が、西方属州に関してはD. Fishwick, *The Imperial Cult in the Latin West. Studies in the Ruler Cult of the Western Provinces of the Roman Empire*, 3 vols., 8 parts, Brill, 1987-2005が、まず参照すべきものである。

（8）F. Millar, The Imperial Cult and the Persecutions, in: H.M. Cotton and G.M. Rogers (eds.), *Rome, the Greek World and the East*. Vol. 2, *Government, Society, and Culture in the Roman Empire*, University of North Carolina Press, 2004, 298-312. 初出は一九七三年。弓削前掲書、二五五―五八頁も同様の見解を示す。

（9）K. Hopkins, *Conquerors and Slaves*, Cambridge University Press, 1978, 227-29.

（10）本稿では、聖域を周辺の土地や施設から聖別され、神々に犠牲を捧げる祭壇を持ち、また多くの場合、神々の住まい（神像の安置場所）とされた神殿やその他の施設が設けられた空間と定義する。もちろん、他の土地・施設からの独立の程度や、聖域内の建築物の内容は、聖域によって様々である。

（11）Price, *op.cit.*

（12）以下、二〇〇〇年以降に単著として出版された代表的な作品をあげる。小アジアについては、T. Witulski, *Kaiserkult in Kleinasien. Die Entwicklung der kultisch-religiösen Kaiserverehrung in der römischen Provinz Asia von Augustus bis Antoninus Pius*, Vandenhoeck & Ruprecht, 2007; G. Frija, *Les prêtres des empereurs. Le culte impérial civique dans la province romaine d'Asie*, Presses Universitaires de Rennes, 2012. ギリシア本土・島嶼部については、F. Lozano, *La religión del poder. El culto imperial en Atenas en época de Augusto y los emperadores Julio-Claudios*, Archaeopress, 2002; M. Kantiréa, *Les dieux et les dieux augustes. Le culte impérial en Grèce sous les Julio-claudiens et les Flaviens*, De Boccard, 2007; F. Camia, *Theoi Sebastoi. Il culto degli imperatori romani in Grecia (provincia Achaia) nel secondo secolo D.C.*, De Boccard, 2011. キプロスについては、T. Fujii, *Imperial Cult and Imperial Representation in Roman Cyprus*, Franz Steiner, 2013. エジプトについては、S. Pfeiffer, *Der römische Kaiser und das Land am Nil. Kaiserverehrung und Kaiserkult in Alexandria und Ägypten von Augustus bis Caracalla (30 v. Chr.–217 n. Chr.)*, Franz Steiner, 2010. シリアについては、M. Bernett, *Der Kaiserkult in Judäa unter den Herodiern und Römern. Untersuchungen zur politischen und religiösen Geschichte Judäas von 30 v. bis 66 n. Chr.*, Mohr Siebeck, 2007. 以下の論集は、最新の研究動向を知るのに有用である。P.P. Iossif, A.S. Chankowski and C.C. Lorber (eds.), *More Than Men, Less Than Gods. Studies on Royal Cult and Imperial Worship*, Peeters, 2011; A. Kolb and M. Vitale (eds.), *Kaiserkult in den Provinzen des römischen Reiches. Organisation, Kommunikation und Repräsentation*, De Gruyter, 2016.

（13）弓削前掲書、二七二―七九頁。

（14）Tac. *Ann.* 4. 15 and 55-56.

（15）*I.Ephesos* no. 1522. ただし、このアウグストゥス神殿（*Sebasteion/Augusteum*）の正確な場所については議論がある。Price, op.cit., 254; *SEG* 40, no. 1001を参照のこと。

(16) *IG* II², no. 3242. この銘文の年代と、アッティカにおけるリウィアの宗教的立場については、Kantiréa, op.cit., 113-16; *SEG* 54, no. 305を参照のこと。

(17) *IG* II², no. 1076. この銘文の改訂については、*SEG* 37, no. 97を参照のこと。

(18) ヘレニズム時代の支配者崇拝については、C. Habicht, *Gottmenschentum und griechische Städte*. 2nd ed., Beck, 1970; A. Chaniotis, The Divinity of Hellenistic Rulers, in: A. Erskine (ed.), *A Companion to the Hellenistic World,* Blackwell, 2003, 431-45; K. Buraselis and S. Aneziri, Die hellenistische Herrscherapotheose, *ThesCRA,* 2004, 2, 172-86を参照のこと。

(19) A.D. Nock, Σύνναος θεός, in: Z. Stewart (ed.), *Arthur Darby Nock. Essays on Religion and the Ancient World.* Vol. 1, Harvard University Press, 1972, 202-51. 初出は一九三〇年。

(20) A. Chaniotis, Der Kaiserkult im Osten des römischen Reiches im Kontext der zeitgenössischen Ritualpraxis, in: H. Cancik and K. Hitzl (eds.), *Die Praxis der Herrscherverehrung in Rom und seinen Provinzen,* Mohr Siebeck, 2003, 3-28; Fujii, op.cit., 37-56.

(21) Price, op.cit., 207-33; D. Fishwick, Votive Offerings to the Emperor?, *ZPE,* 1990, 80, 121-30. ミュティレネ（レスボス島）に関して、オリュンポスの神々への犠牲獣とアウグストゥスへの犠牲獣が毛色で区別された可能性を示す銘文が存在する。Price, op.cit., 217-19; P. Herrmann, Der Kaiser als Schwurgottheit. Ein Inschriftenfragment aus Milet, in: E. Weber and G. Dobesch (eds.), *Römische Geschichte, Altertumskunde und Epigraphik. Festschrift für Artur Betz zur Vollendung seines 80. Lebensjahres,* Im Selbstverlag der österreichischen Gesellschaft für Archäologie, 1985, 303-14を参照のこと。

(22) Nock, art.cit., 232-33. 属州アシアの皇帝崇拝神官の包括的研究については、Frija, op.cit.を参照のこと。

(23) C. Habicht, Die augusteische Zeit und das erste Jahrhundert nach Christi Geburt, in: E. Bickerman, C. Habicht et al. (eds.), *Le culte des souverains dans l'empire romain,* Fondation Hardt, 1973, 39-99, esp. 45; Price, op.cit., 66-67, 243-44. ギリシア都市のローマへの使節派遣一般については、F. Millar, *The Emperor in the Roman World (31*

BC-AD 337). 2nd ed., Duckworth, 1992, 363-463; F. Quaß, *Die Honoratiorenschicht in den Städten des griechischen Ostens. Untersuchungen zur politischen und sozialen Entwicklung in hellenistischer und römischer Zeit*, Franz Steiner, 1993, 192-95が有用である。

（24）阪本前掲論文、一四八—五七頁、Fujii, op.cit., 104-109.

（25）M. Beard, J. North and S. Price, *Religions of Rome*. Vol. 2, *A Sourcebook*, Cambridge University Press, 1998, 257-58.

（26）R.R.R. Smith, The Imperial Reliefs from the Sebasteion at Aphrodisias, *JRS*, 1987, 77, 88-138, esp. 90. 関連する銘文は、J. Reynolds, New Evidence for the Imperial Cult in Julio-Claudian Aphrodisias, *ZPE*, 1981, 43, 317-27, esp. 318-20, no. 2; *I.Aphr.* nos. 9. 1, 9. 25 and 9. 112.

（27）Millar, art.cit., 303-304.

（28）例えば、W. Eck, Die religiösen und kultischen Aufgaben der römischen Statthalter in der hohen Kaiserzeit, in: M. Mayer (ed.), *Religio Deorum. Actas del coloquio internacional de epigrafia culto y sociedad en occidente*, Ausa, 1988, 151-60; Z. Várhelyi, *The Religion of Senators in the Roman Empire: Power and the Beyond*, Cambridge University Press, 2010, 122-50; A. Bérenger, *Le métier de gouverneur dans l'empire romaine de César à Dioclétien*, De Boccard, 2014, 265-87.

（29）Price, op. cit., 69-71.

（30）例えば、ローマ帝国に生きたギリシア人のひとりだったプルタルコスは、小アジアの一都市の政界で立身を目指す友人に向けたアドバイスという設定の文章（Plut. *Mor.* 813 D-F）のなかで、都市の指導者層はローマ総督の存在を常に意識しなければならないと強調する。帝国行政と都市指導者層の協力関係については、クリストファー・ケリー『ローマ帝国』（藤井崇訳・南川高志解説、岩波書店、二〇一〇年、五二—七六頁）を参照のこと。

（31）P. Aupert and A. Hermary, Nouveaux documents sur le culte d'Aphrodite à Amathonte, *BCH*, 2006, 130, 83-115.

（32）オパオン・メランティオスの聖域については、O. Masson, Amargetti. Un sanctuaire rural près de Paphos,

BCH, 1994, 118, 261-75を参照のこと。

（33）聖域における皇帝のための奉献物や立像の銘文と、それがあらわす皇帝の宗教的立場については、Chaniotis, art.cit.; M. Kajava, Honorific and Other Dedications to Emperors in the Greek East, in: Iossif et al (eds.), op.cit., 553-92を参照のこと。

（34）アフロディシアスの概要については、K.T. Erim, *Aphrodisias. City of Venus Aphrodite*, Muller, Blond & White, 1986を参照のこと。

（35）*Aphrodisias and Rome* no. 10.

（36）ウェヌス・ゲネトリクスについては、R. Schilling, *La religion romaine de Vénus depuis les origines jusqu'au temps d'Auguste*. 2nd ed., De Boccard, 1982, 301-74を参照のこと。

（37）例えば、キプロスはアフロディテを島全体の守護神としていたが、女神の主要な神域がおかれたパフォス・ウェトゥスからは、アウグストゥスをアフロディテの後裔と表現する銘文が出土している。藤井崇「キプロス島におけるローマ皇帝崇拝――ティベリウス帝への宣誓儀礼を中心に」（『西洋古典学研究』五九、二〇一一年、八四―九五頁）を参照のこと。

（38）アフロディシアスのセバステイオンのレリーフについては、Smith, art.cit.; ケリー前掲書、二九―三一頁を参照のこと。

（39）*Aphrodisias and Rome* no. 48. アフロディシアスとローマ帝国政府との関係については、A. Chaniotis, The Perception of Imperial Power in Aphrodisias. The Epigraphic Evidence, in: L. de Blois et al. (eds.), *The Representation and Perception of Roman Imperial Power*, Gieben, 2003, 250-60を参照のこと。

（40）皇帝崇拝における犠牲については、上記の注21を参照のこと。

（41）小アジアの都市空間における皇帝崇拝施設については、Price, op.cit., 133-69を参照のこと。

（42）ヘレニズム期のギュムナシオンの宗教については、S. Aneziri and D. Damaskos, Städtische Kulte im hellenistischen Gymnasion, in: D. Kah and P. Scholz (eds.), *Das hellenistische Gymnasion*. 2nd ed., Akademie, 2007, 247-71を参照のこと。

（43）H. Hepding, Die Arbeiten zu Pergamon 1904-1905. Die Inschriften, *MDAI (A),* 1907, 32, 241-377, esp. 309-10, no. 29. ギュムナシオンにおける皇帝崇拝一般については、Habicht, op.cit., 143-44; Price, op.cit., 110 and 143-44を参照のこと。

（44）Fujii, op.cit., 179-80, Lapethos no. 2.

（45）M. True et al., Greek Processions, *ThesCRA,* 2004, 1, 1-20.

（46）皇帝崇拝における祭礼行列の役割に関する最新の研究状況については、*SEG* 58, no. 1942を参照のこと。

（47）サルタリオスの寄付と祭礼行列については、G.M. Rogers, *The Sacred Identity of Ephesos. Foundation Myths of a Roman City,* Routledge, 1991; ケリー前掲書、二六―二九頁を参照のこと。サルタリオスの寄付を記す銘文（*I.Ephesos* no. 27）のテクストと英訳は、前者の一五二―八五頁にある。

（48）Ath. 8. 361.

（49）Strabon 14. 1. 21.

（50）帝政期のギリシア都市の民会や民主政の実態については、C. Brélaz, La vie démocratique dans les cités grecques à l'époque impériale romaine. Notes de lectures et orientations de la recherche, *Topoi,* 2013, 18, 367-99が関連する研究をまとめており有用である。

（51）ギュテイオンの祭礼行列については、阪本前掲論文、Kantiréa, op.cit., 65-69が重要な研究である。

（52）*SEG* 11, no. 923. この銘文の改訂については、Kantiréa, op.cit., 204-205, no. 2aを参照のこと。

（53）*SEG* 11, no. 922. この銘文の改訂については、Kantiréa, op.cit., 205-206, no. 2bを参照のこと。

（54）T. Whitmarsh (ed.), *Local Knowledge and Microidentities in the Imperial Greek World,* Cambridge University Press, 2010.

（55）A. Chaniotis, Old Wine in a New Skin: Tradition and Innovation in the Cult Foundation of Alexander of Abonouteichos, in: E. Dabrowa (ed.), *Tradition and Innovation in the Ancient World,* Jagiellonian University Press, 2002, 67-85.

Ⅳ　古代末期以降

第六章　後期ローマ帝国における聖域の変容(1)

――州民と政府の関係を通じて

田中　創

はじめに

四世紀初頭に迫害され、多くの犠牲を出したキリスト教徒は、それから一〇〇年後には一転して帝国政府からの公的支援を受け、帝国内で大きな存在を占めるまでになった。それに付随して、伝統的な神々に捧げられた聖域空間が破壊されたり、キリスト教会に転用されたりするなどして、都市景観は一変する。キリスト教会の司教たちが新たな地方社会の指導者として台頭し、契約を保証する宣誓、祭暦、人の命名法など市民生活の様々な側面に新たな公認宗教が入り込むようになったのである。本稿では、このような「キリスト教化」が進んだ四世紀のローマ社会を概観し、聖域空間の改変が行われた社会構造を描き出すことを目的とする。

さて、この急激な変化をもたらした要因については、これまでも様々な角度から分析・検討がなされてきた。とくに皇帝の手で偶像崇拝・供犠執行・神殿参拝などの異教祭礼を禁止する勅法が発せられた事実は重視され、いわゆるキリスト教の「国教化」もこのような史料状況から説明されてきた。しかし、勅法を宗教的転換の契機と見なす姿勢については、一定の留保をつける必要があることも近年ではとみに指摘されている。その理由として、皇帝に直接訴えかける人々の陳情といった外的な働きかけに対し受動的な皇帝のあり方が強調され、勅法の効力について限定的な見方が加えられるようになったことが挙げられよう(2)。

その結果、帝国の「キリスト教化」に関して、正統キリスト教以外の宗教を弾圧する勅法が定められたこと自体よりも、地域社会においてそれらの勅法が運用された実態を分析することに注目が集められるようになった。その結果、現地で修道士をはじめとする多くの人力を動員することができ、キリスト教に好意的なローマ帝国政府とのつながりを活用して必要な特権や譲歩を引き出しうる司教たちの役割が強調される。こうして、帝国全体における聖域空間や都市景観の変化はこのような強力な司教の主導権に帰されることとなる。他方で、伝統的な神々の崇敬や地方有力者層も根強く存在し、彼らもまた独自の政治的影響力を発揮しえた。そのために、帝国内には伝統宗教の聖域空間も残りえたとするのである。

新興のキリスト教と伝統的多神教（＝「異教」）という二項対立に対し、近年では多神教の柔軟性に着目し、キリスト教が帝国政府からの支援を受けて広まる中でも、形を変えながら、根強く伝統宗教の要素や儀礼が存続したことも着目されている。特に近年の英語圏では一神教的多神教という視点を用いた議論が展開されることが多い(3)。他方で、同じく重要な視点として、多神教的キリスト教という観点も提示されている。(4) 四世紀以降の帝国の変化を見るにあたっては、このような宗教的混淆と当時の心性を背景として理解する必要があろう。

そこで、このような研究も参考にしつつ、本稿第一節では、人々の心性面に関する事例を紹介し、そもそも我々がしばしば前提としがちである「キリスト教」「異教」といった思考枠組みをもう一度考え直したい。その上で、第二節では中央政府の宗教政策とそれに対する地方側の反応を検討し、帝国全体での漸次的な「キリスト教化」を促進した社会構造を描き出す。この第二節では特に中央と地方のダイナミズムに焦点を絞って考えたい。最後に第三節では、中央政府と地方住民の間に立ち、実際の聖域空間改変に大きな影響を及ぼしえた、州総督の役割を検討する。

一　混ざりあう宗教

帝国の宗教的変化を見る上での前提として、複数の宗教の並存状況や、信仰自体の明確な区別立てが困難な状況についてまず配慮する必要があろう。本節ではそのような宗教観の漸次的変容の一こまを見ていきたい。

その一例として、最初に小アジアのフリュギア地方から発見された墓碑が語る人物を考えてみよう。

パトリキオスとドムネの子、ゾシモスは良き生まれで、その祖国の誉れある者、いと高き民《ヒュプシストス》の出身。彼は、霊の書物とホメロスの詩句で……書き板に人々の求める事柄をことごとく書き、賢き人々のために折り畳んだ書き板に将来を予言した。(5)

このゾシモスは何かしらの予言に携わっていた人物であることが末尾で触れられている。碑文には若干の欠損があるものの、その予言に用いられたのは文中に現れる「霊の書物」と「ホメロスの詩句」と考えられる。というのも、このふたつはいずれも他史料から予言に用いられたことが認められるからである。ホメロスは古代ギリシアの有名な詩人であり、我々のもとにも『イーリアス』と『オデュッセイア』という二大叙事詩が伝わっている。我々が文学作品と見なすのが専らであるこれらの作品を予言に用いるというのはどういうことだろうか。その使い方の一例を示唆するパピルスが我々のもとに残っている。その一部を抜粋してみよう。(6)

四―三―六　トロイエー方の誰彼からも感謝と名誉を与えられよう　（『イーリアス』四歌九五行）
四―四―一　船を控えて泊めるがよい、もはや夫人に実意はないゆえ　（『オデュッセイア』一一歌四五六行）
四―四―二　仰せを断るなんて、筋にも道にもかないませんわ　（『イーリアス』一四歌二一二行）
四―四―三　御身と私との心に従い、すぐさま考え直してくれよう　（『イーリアス』一五歌五二行）

このパピルスには『イーリアス』や『オデュッセイア』から採られた一節がとくに脈絡もなく並べられている。一体、このパピルスはどのように使われたのだろうか。それを示唆するのが各行の冒頭に付されている三つの数字である。本稿では途中からの抜粋としたが、本来パピルス上では一―一―一、一―一―二というように数が進み、一―一―六の次は一―二―一というように六進法で数が増えていく形式を取っている。ここから考えられるのは、さいころなどを三回振って、出目に応じてパピルスの連番数字を参照するという使い方である。例えば、さいころを振って最初に四、二度目に四、三度目に二と出たら、「仰せを断るなんて、筋にも道にもかないませんわ」という詩句を参照し、あとはそれを「提案を受け入れるべきだ」というように占うのである。詩句それ自体は曖昧なので、その判断は当然解釈する側に委ねられる。

おそらくフリュギアのゾシモスも類似した形でホメロスの権威と古典の知識を利用して、将来の指針を人々に助言していたのではないかと思われる。他方で、「霊の書物」と呼ばれるものは、そのギリシア語から考えて、いわゆる聖書を指すと考えられる。聖書自体も預言を含む神秘的な書物であり、占いにも用いられた。実際、アウグスティヌスは自らが回心する際に庭園で聖書の適当な頁を開き、そこにあった文言を自らの運命を指し示すものとして解釈した逸話を伝えている。(7) その史実性はともかくとして、アウグスティヌスの前提として、聖書の文言に将来の予言を認める一般の心性があったことが読み取れるだろう。こうしてみていくと、フリュギアのゾシモスは予言という行為のために聖書もホメロスも包括して扱っており、我々現代人が安易に考えるような宗教観で

は捉えられない状況があったことが窺える。(8)

このような混淆した宗教状況を考えさせる史料として、サラミスのエピファニオスが伝えるエピソードがある。それは、アレクサンドリアとペトラでの処女神崇拝の様子である。ここでエピファニオスは、キリストの誕生日（=クリスマス）の正しさを示すために、異教徒たちも結局のところキリストの誕生を示すような類似の儀式を行っていると語っている。まずは、史料の文言を見てみよう。

他にどれほど多くのことが、この計算——私が言っているのはキリストの誕生〔日〕の計算のことだが——を前提としており、そして証明となり、またなってきたことか。そして実際、偶像崇拝を創始した詐欺師たちはこの真実の一端を認めざるを得ず、彼らを信じる偶像崇拝者たちを騙すために公現祭《エピファネイア》と同じ夜に最大の祭りを催して、虚妄に希望を抱く者たちが真実を追求しないようにさせるのである。まず、アレクサンドリアのコレイオンと呼ばれるところでそれは行われている。これは極めて大きな神殿で、つまるところ、コレーの神域である。さて、一晩中眠らずに笛の音に合わせて偶像のために歌を歌い、不寝の勤行を果たすと、鶏鳴の後、松明持ちたちは地下の奥まったところへ降りて行き、裸の姿で輿に座っている木製の彫像《クソアノン》を運び出してくる。その像の額には金を施した十字架のしるしがあり、それぞれの手にも別のふたつの同じようなものがあり、また、両膝にも別のふたつがあるので、全部で五つの金で刻されたしるしがある。まさにこの彫像を担いで、神殿の真っ只中を、笛と鼓と賛歌とともに、七周回る。こうして練り歩いた後で、再びその像を地下の場所に運んで行くのである。そして、この秘儀は何であるかと尋ねられると、この日のこの時間にコレー（すなわち処女）はアイオーンを生んだと答えて言うのである。これはペトラ市（これはアラビアの主都で、聖書に書かれているところのエドムである）の偶像神殿でも同じように行われており、人々はアラビアの方言で処女を賛美し、彼女をカアムー、すなわちコレーまたは処女と呼び、彼女から生まれたものをドゥーサーレース、すなわち主のひとり子と呼ぶのである。また、エルサ市でもこれがその晩に行われ、それはペトラやアレクサンドリアにおけると同様である。(9)

無論これらの情報をエピファニオスのような部外者がどのようにして得たのかという問題は残り、額面どおりに記述を受け取ることは難しい。しかしながら、議論の前提として異教徒の間に類似した祭事が並存していることを前提とし、そこにキリスト教的な解釈（処女マリアからの御子キリストの誕生）が施されたことを指摘するエピファニオスの心性は四世紀の混沌とした宗教状況を示すものである。また、ここで展開される供犠は偶像を使ってはいるものの、偶像に対して供犠を捧げるなど、キリスト教徒が最も嫌悪し、勅法によっても禁止されている儀式の情景が描写されていない点は注目してよいだろう。エピファニオス自身も、異教徒たちの「虚妄」には触れながらも、神像を用いていることをそれほど批判的に捉えていない点は興味深い。

同じく宗教的混淆状況を示すものとして、ペルシオンのイシドロスによるエフェソスのアルテミス神殿の描写がある。エフェソスは古くから女神アルテミスの崇拝で知られ、その神殿は世界の七不思議に数え上げられるほど有名な施設であった。神殿それ自体は三世紀のゴート人の略奪や地震などの影響で荒廃し、古代末期には徐々にアルテミス崇拝自体も廃れていった。(10) しかし、そのような中でも次のような信仰の形態があったことを五世紀初頭のイシドロスが伝えている。

殉教者たちの遺体の灰が、彼らの神に対する愛と志操の堅固さゆえに、我々から崇敬されていることにあなたが衝撃を覚えているのなら、彼らに癒してもらった人たちに尋ねて、どれだけの病苦に対する治療をそれがもたらすのかを知りなさい。そうすれば、この出来事を馬鹿にしなくなるだけでなく、きっとその成果を熱烈に称えるようになるでしょう。他方で、あなたが書いてきたように、あなた自身が遺骨に接することを請い求めるとしても、邪で悪行で名を馳せた者たちの遺骸は忌むべきものとなさい。というのも、異教徒《ヘレネス》たちはそれをアルテミス・エフェシアの神殿に埋めて、極めて浅ましい形でそれを崇拝の対象とし、取るに足らぬ人間の墓と疫病もたらす遺灰を神さびたものとしているのですから。(11)

本書簡の名宛人の素性は不明な点が多いが、その内容に鑑みるに、おそらくキリスト教に関心がある人物ないしキリスト教徒でありながらも教義や信仰に関する理解の浅い人物と考えられる。その名宛人に対して、イシドロスはキリスト教徒の聖遺物崇拝のあり方を説明している。聖遺物崇拝とは名高い聖人や殉教者の遺骸に病気治癒や救いの力を見出す信仰であった。ところが、書簡の中でイシドロスはエフェソスのアルテミス神殿で、聖遺物崇拝と類似した遺灰の崇拝が行われていることを指摘している。この異教徒たちの崇拝はエフェソスにおける唯一の証言であり、これがキリスト教徒的な考えを受け入れた異教徒なのかどうかなど詳細については不明である。しかし、このようにキリスト教徒の崇拝と異教徒の崇拝が一般の人々に明確に区別できない事例もありえたのである。

しばしばキリスト教の国教化として理解されるのは、勅法による偶像崇拝や供犠執行の禁止であるが、供犠に対しても決して異教徒が一致した考えを持っていたのでないことに留意する必要がある。既に帝政前期でも、ルキアノス『供犠について』に見られるように、人間が神々に犠牲を捧げる必要性には疑義が出されている。(12) 実際、テュアナのアポロニオスに代表されるような新ピタゴラス派の哲学者などは動物犠牲に対して否定的な姿勢を取っていた。(13) 新プラトン主義者のポルフュリオスも同様に供犠の必要性について検討し、伝統的な供犠と捧げものの薫香が必要とされるのは下級の神々であって、真の至高の神には供犠よりも瞑想が必要という考えを展開している。(14) 供犠忌避の姿勢は決してキリスト教徒に限られた極端な少数派意見ではなく、むしろ帝国内の様々な宗教思想にも見られるものであった。したがって、勅法で命じられた供犠の禁止を一概に反異教的なものと位置づけることには注意を要する。

加えて、帝政後期の日常生活の中では、様々な宗教がひとつの都市空間に共存していることがしばしば見られ、一般の人々はそれらの宗教の混在にあまり厳格な態度を見せずに接していたようである。たとえば、シュリアのアンティオキアではユダヤ教徒たちの大規模な共同体があり、ユダヤ教の祭典の時期には広場などで催しが行われた。教会の司祭として説法に当たっていたヨアンネス・クリュソストモスは、このユダヤ教の祭典に、教会の信徒たちが無頓着にも参加し、祭の楽しみを分かち合っている様に嘆きの声を上げている。(15)

アンティオキア内でのユダヤ教徒の権威を示す出来事として、ヨアンネスが説教で口にしている、あるキリスト教徒の男女の諍いがあろう。その話によれば、ある訴訟沙汰をめぐって路上で口論になったキリスト教徒の男女がいた。男の方は、女に履行約束をさせるために、力ずくで神前の誓いを立てさせることにする。しかし、そこで彼が連れて行こうとしたのは自分が信仰するキリスト教の教会ではなく、ユダヤ教徒たちの会堂（シナゴーグ）であった。公の場でのキリスト教徒同士の騒ぎを見咎めたヨアンネスはこの男を諫止するとともに、なぜわざわざ誓いを立てさせるために教会ではなくシナゴーグに連れて行こうとしたのかを尋ねると、彼の答えは、その方が効力がありそうだからというものであった。(16)

祭典への参加や誓いの立て方など、古代社会には宗教が極めて身近な形で存在していた。史料でセンセーショナルに伝えられる暴力的な事件はその事態の非日常性ゆえに記録されたものの、一般的に、複数の宗教の平和的共存を常々目にし、雑然とした宗教観をもっていた庶民たちが多くいたことだろう。(17) 我々は「異教徒」「キリスト教」「ユダヤ教」の分裂と競争という単純な図式ではなく、このような渾然一体とした宗教的多様性を背景に、帝国の変化を考えていかなければならない。

二　君主の交替と宗教の変化

皇帝と宗教

ローマ皇帝という君主を戴く中央政府の大きな特色のひとつに、君主が交替すると、しばしばその宗教的施策に大きな変化が見られる点がある。

そもそも、三世紀以来、皇帝の意向に応じて新たな神への崇拝が導入されたり、廃止されたりすることは行われていた。エラガバルスの名で知られるマルクス・アウレリウス・アントニヌス帝は自らが祭司であったエメサ(現シリア、ホムス)のエラガバルス神をローマに持ち込み、崇拝させたが、彼の死後まもなく取りやめられた。他方、混乱する帝国の再統一に向けて尽力したアウレリアヌス帝は新たに太陽神崇拝を導入し、その神官団は彼の死後に至っても存続したことが確認される。ほかにも、ディオクレティアヌス帝が正帝ふたり、副帝ふたりという統治体制でユピテルとヘラクレスを連想させる称号を皇帝に付すなど、宗教的要素は支配の正統性の主張、軍事的成功などと密接に関連する形で喧伝された。時の政府がどのような神に特に力点を置くかはその時々の政権の意向によって変わりえたのである。

コンスタンティヌス帝とリキニウス帝によるキリスト教公認もこのような君主の気まぐれとでも言うべき宗教政策の変転の中で行われていると言えよう。(18) コンスタンティヌスがキリスト教に対して、公認のみならず、旺盛な援助を施したことはローマ皇帝として異例であったが、(19) その彼でさえも、どのキリスト教派を正統なものとして認めるかは曖昧であった。たしかにコンスタンティヌスはキリスト教会を援助したが、たとえば「ドナトゥス派」として知られる北アフリカの一派に対しては迫害帝さながらの態度で接したのであり、(20) 晩年にはいわゆる「アレイオス派」とされる一派を贔屓し、ニカイア会議の決定を固守し教会の不和の種となるアタナシオスなどの司教たちには厳しい態度を見せた。(21)

父帝の政策を引き継いだコンスタンティウス二世も、教会会議開催のたびに生じる司教たちの政治的摩擦の中で、一部のキリスト教派に対し、断固たる姿勢を見せた。(22) そのあとを継いだユリアヌス帝は、前帝の治世中に追放されていた司教たちの追放措置を解き、各派の自由な活動を認めた代わりに、キリスト教会への積極的な支援をとりやめ、逆に伝統的な神々の崇拝に惜しみない援助を行った。(23)

ユリアヌス帝が若くしてササン朝ペルシア遠征で戦死すると、その跡を継いだ皇帝は再びキリスト教支援に復すことになる。(24) それでも積極的な支援を受けられるキリスト教派は一部に限定され、追放措置など苛烈な措置を受けた教派があったことは忘れてはならない。そして、テオドシウス帝も支持する教派を変えただけでその本質には類似性が見られる。それまで国家からの積極的な支援を受けていたいわゆる「アレイオス派」は一転して皇帝の寵を失い、それまで冷遇ないし迫害を受けていた「ニカイア派」が正統教会として国家に支えられるようになったのである。(25)

このように四世紀において、ローマ帝国政府の宗教・教派に対する姿勢はその時々の君主の意図、宗教関係者の政治的影響力に応じて、猫の目のように変化した。それではこのような変転の中で、臣下の側はどのような対応を見せたのだろうか。以下では具体事例をもとにして、四世紀前半の東地中海世界の状況を見ていくことにしよう。

皇帝のメッセージ

コンスタンティヌス帝はそれまで迫害を受けていたキリスト教を公認した皇帝としてよく知られているが「公認」するということが実際にどのような形で社会に示されたかを考えることも必要である。そこで、まず東帝リキニウスを打倒した後、東地中海世界の新たな支配者として登場したコンスタンティヌスが発した皇帝書簡を見ることとする。引用がいささか長くなるが、君主の語りかけがどのような形で行われ、いかなる宗教観を臣下に提示したかが目の当たりにできるだろう。

勝利者コンスタンティヌス・マクシムス・アウグストゥスからオリエンスの州民へ。

（中略）これまでの皇帝たちはその野卑な性格ゆえに、非常に頑なであったと予は見なしている。予の父（＝コンスタンティウス一世）だけは、自身の行為すべてにおいて素晴らしい敬虔な心で救い主なる神を呼び求め、穏健な働きをなした。ところが、他の者はすべて精神が健全でなく、穏健さよりも野卑さを大事にして、後者をこれ以上なく発揮して、自分たちの利益のために真実の理《ことわり》を歪めた。そして、彼らの恐るべき邪悪さが甚だしくかきたてられた結果、神の事柄にも人間の事柄にも平和がもたらされていたのに、内戦の火が再び彼らによって放たれたのである。（中略）

至高なる神よ、予は今こそあなたに嘆願いたします。オリエンスの人びとに慈悲深くあって下さい。長期にわたる災禍に疲弊している州民に慈悲深くあって下さい。あなたのしもべである予を介して癒しを差し伸べて下さい。おお、万物の主よ、聖なる神よ、予がこのように嘆願するのは不当なものではありません。なぜなら、予はあなたのお導きにより、救いのための働きに着手し、それを達成いたしましたし、どこであれ、あなたのしるしを掲げて、勝利の軍勢を率いたのですから。たとえどこで公共の必要によって呼び求められようとも、予は、あなたの徳の符牒に従って、敵に向かって進軍するつもりです。だからこそ予はあなたに、愛と畏怖を純粋にない交ぜにして、予の魂を捧げたのです。予はあなたの名前を真摯に愛し、あなたが多くの証拠で予にお示しになって予の信仰を揺るぎないものにしたあなたの権能を畏怖しているのです。それゆえ予は、あの汚れた不信仰の者たちが愚かにも破壊し傷つけたあなたの至聖なる家を建て直すために、予の双肩を差し出し、奮励いたします。

（中略）しかし何びとも、内なる確信によって受け入れたもので他の人を傷つけてはならない。

各人はその見たり思惟したりしたものを、もし隣人のために役立てられるならば、役立てよ。しかし、それができぬなら、放っておくがよい。不死のための試練に進んで挑むことと、処罰を振りかざして〔他人を〕強制することはまったく違うことなのだから。これらのことを予は語った。これらのことを予は説いた。衡平なる予が目指していた以上に長く。というのも、予は、真理についての予の信仰を隠すことを望まなかったからである。それはとくに、聞く所によると、神殿の慣行と闇の力が完全に取り除かれてしまったと一部の者が言っているからである。実際、予はこのことを全人類に勧めていたことであろう。もし有害なる迷妄の暴力的な反抗が全体の救済を損なう形で一部の者たちの魂に度外れに根ざしていなかったならば。

（エウセビオス、秦剛平訳『コンスタンティヌスの生涯』京都大学学術出版会、二〇〇四年を筆者が一部改変）(26)

コンスタンティヌス帝のキリスト教「公認」姿勢には微妙なニュアンスが込められている。書簡全体で強調されているのは先帝たち、すなわちディオクレティアヌスらの取ったキリスト教迫害政策の過ちである。同時に、彼らが自らの権威付けに利用していたユピテルやヘラクレスといった神々のあり方についても、批判的な暗示がある。(27) 逆にキリスト教への崇敬は戦争の勝利と結び付けられ、「至聖なる家」たる教会を建て直す決意が明確に示されている。

書簡末尾に示唆されているように、コンスタンティヌス帝は、いわゆる多神教崇拝のための神殿を廃することはなく、強制的に臣民に対してキリスト教への改宗を行わせることもなかった。実際、ユダヤ教徒への特権を認めたり、皇帝の属するフラウィウス氏族崇拝に関連する神殿の建設を認めたりするなど、キリスト教以外の宗教への特権や恩典も与えていることは他史料から知られている。(28) 公式な場所での腸卜師の活動は、それらを「迷信」と表現しながらも、伝統に則っているという点でその活動自体は禁じないなど鷹揚な姿勢を見せることもあった。(29) その意味でコンスタンティヌスは、他宗教の並存状態を基本的には認めていたと言える。

しかしその一方で、皇帝個人がキリスト教を信奉し、他の宗教を「迷信」と見なしていることは書簡の中で隠されもしていない。皇帝が書簡や勅法のような媒体を通じて、自らの個人的信条・思想を吐露していたことは古代ローマ世界の皇帝像を把握する上では欠かせない観点である。そして、これが単なるポーズではなく、実際にキリスト教を他の宗教よりも優先して扱ったことはいくつかの事例から確認することができる。たとえば、先述のフラウィウス氏族の崇拝を認めた際にも、神殿が「迷信の穢れ」で毒されないよう命じている。この「迷信」が何を指しているかは明確ではないが、供犠の執行を意味していると解するのは、他の法文史料などから確認される皇帝の供犠への嫌悪からも有力と言えるであろう。(30) また、ローマ市を訪問したコンスタンティヌス帝が市の中心部にあるカピトリウムで供犠を執行しなかったことは、人々から多くの衝撃をもって受け止められることになった。(31)

このような皇帝の姿勢は行政措置にも表われていた。以下ではその具体事例を見ていくことにしよう。

都市への恩恵付与と宗教

コンスタンティヌスはキリスト教会に様々な援助を注いだ。まず、聖職者たちには公共奉仕からの免除特権が与えられた。[32] また、教会には、聖職者や聖女、寡婦のために糧食も支給された。[33] 帝国各地でのキリスト教会建立に際しても、皇帝は資材の提供などの面で建設を援助し、豪勢で絢爛な教会堂の建築を認めている。[34]

キリスト教徒への配慮のためであれば、他の宗教が若干の不利益を蒙ることも辞さなかった。パレスティナのマムレの神域はそのような事例と言えよう。マムレは、アブラハムに神の使いが顕現した場所として崇敬を集めていたが、そこはキリスト教徒のみならず、ユダヤ教徒、天使崇拝の異教徒らもそれぞれの信心から祭典に集まってくる場所であった。しかし、帝は、パレスティナを実地に訪問した義母の報告をもとに、その場所に立てられていた異教の祭壇を破壊し、司教主導での教会堂建設を認めている。[35] また、エルサレムではキリストの墓を探すためにアフロディテ神域を掘り崩し、そこに聖墳墓教会を建てている。[36] これらは皇帝による神域空間の改変事例と位置づけられよう。

帝が神殿をどのように扱ったのかについては史料間で食い違いが多く、正確な像はつかみがたいが、ヒエロニュムスが伝えるような帝国全土での一元的な破壊措置は考えにくく、[37] むしろ新首都コンスタンティノポリス建設と関連して、貴金属・装飾品入手のために、帝国東部の有名な神殿から著名な像や金目のものを接収したと考えるのが妥当であろう。(38) 皇帝は確かに他宗教の存続を認め、一部特権には手をつけずにおいたが、キリスト教と全くの平等とはいかなかったのである。

かかる皇帝の姿勢が最も顕著に現れたのが、都市格の付与である。帝は、キリスト教を信奉している共同体を優遇し、近隣の大きな共同体から解放したことが知られている。例えば、パレスティナのガザ市の港湾地区であったマイウマは、共同体全体でキリスト教を信奉したことの報いとして、帝から都市格とコンスタンティアという都市名を下賜され、それまで従属していたガザ市から独立したという。(39) 同様の事例はフェニキアのコンスタンティナ市にも当てはまると教会史料は伝えている。(40)

主として教会関連の出来事を伝える教会史料がこれらの世俗の出来事を特筆して伝えているのも瞠目に値するが、碑文史料からも同じような事例が伝えられている。それが、近隣のナコレイア市との関係に苦慮するオルキストスである。後者は前者における祭礼のための賦課が割り当てられていたが、コンスタンティヌスの計らいで都市格を与えられ、隣町からの独立を達成した。碑文が途切れてしまっているために明確な文脈の確定はできないものの、オルキストスの嘆願書部分の文面と、皇帝の勅答部分とを対比させて考察する限り、住民の側が既に嘆願の時点で自らの信仰を都市昇格の根拠に用いていた可能性は高い。(41)

場合によってはこれとは逆の事態もありえた。ユリアヌス治世においては、コンスタンティヌスによって与えられたマイウマの都市格は没収され、再びガザ市の村落に戻された[42]。また、カッパドキアのカイサリアでは、それまでにキリスト教徒による度重なる神殿の破壊・略奪が行われていたが、これに憤慨したユリアヌスは、キリスト教聖職者たちを州総督の下僚団という忌避されていた役職に就任させるとともに、町からは都市格を剝奪し、村落へと降格させたのである[43]。

もちろん、宗教的な事柄のみが昇格や降格の理由となったわけではないし[44]、コンスタンティヌスによる都市への特権付与が宗教に基づかない形で行われた事例も認められる[45]。ただし、都市格の付与には皇帝にとって望ましい帝国の秩序や都市空間の再編という要素が認められることを考えると、皇帝の贔屓にしている宗教がある程度の考慮材料になったであろう。いささか力点が異なるが、皇帝による都市・宗教空間の再編事例として、帝が実母ヘレナの出身地であったドレパノンを母にちなんでヘレノポリスという町に変えた出来事が挙げられよう。帝は同時に殉教者ルキアノスの聖遺物をこの町にもたらし、殉教者堂を建立している。この町は皇帝が晩年訪れ、自らの洗礼を決意した土地でもあるが、その際司教団たちが同市まで随行した記述が史料に残されていないことから見て、同市が皇帝個人の信仰の地として機能していた可能性がある。このような都市空間再編における皇帝の主導性は、ルキアノスが史料上確認される殉教者遺物移転の最初期の事例であることともよく符合しよう[46]。

このように宗教を紐帯とした地方都市と中央政府のつながりは三～四世紀にかけて一貫して見受けられる。例えば、三世紀中葉のデキウス帝は小アジアのアフロディシアスから派遣された使節団

に対し、次のような回答をしている。(47)

汝たち（アフロディシアスの都市政務官たち、参事会、民会）が、都市の名祖の女神のゆえに、そして、ローマ人たちとの縁と信義のゆえに、我等の帝権が確立したことに喜び、正当な犠牲と祈りとを捧げたのは相応しいことであった。そこで我等の側としては、汝らのものである自由、そして我等以前の皇帝たちから汝らが受け取ってきたその他すべての特権とを保つものである。なぜなら、汝らが将来に対して抱く希望をも増進することに我等はやぶさかではないのだから。

ここからはアフロディシアスの側から同市における犠牲と祈りという宗教儀礼の実施を報告し、その見返りとして従来与えられてきた特権を追認してもらうという図式があることが読み取れる。このように、宗教儀礼は地方共同体とローマ帝国政府とを結びつける紐帯として重要な役割が与えられていた。(48)

この構図をより明確に示すのが、四帝統治期の皇帝マクシミヌス・ダイアの措置である。ディオクレティアヌスが先鞭をつけたキリスト教徒迫害にとりわけ熱心だったとされるマクシミヌスは、迫害を効果的に実行するために、内応者を組織して、各都市からキリスト教徒を迫害する嘆願を提出させたという。それに答えるマクシミヌスの書簡として、エウセビオスはフェニキアのテュロス市に掲示された皇帝書簡の翻訳を記録している。(49)

興味深いのは、エウセビオスとほとんど同内容の文言を伝える碑文が小アジアから複数発見されていることである。ひとつはリュキア地方のアリュカンダ(50)、もうひとつは内陸部のコルバサであり(51)、前者は都市からの嘆願書の部分を伝え、後者は書簡の発給地・日付などの情報が付随している点で重要である。ここから分かるのは、マクシミヌスがキリスト教徒迫害を行った都市に見返りとして特権を付与していたこと、それを複数の都市に対して機械的に行っていたことである。この特権の内容が具体的に何であったかをマクシミヌスの書簡は明示していないが、おそらく具体的には都市部への財政的免除を意味したと考えられる(52)。

エウセビオスの伝えるとおり、マクシミヌスは表向きにはキリスト教徒の迫害停止を命じるガレリウス帝の命令を自らの支配領域で回付させたものの、その後、都市からの請願に対し好意的な応答をすることで、実質的には迫害を容認していた。このように帝国統治が単に政府からの一方的な意図で実施されていたのではなく、都市からの協力に裏打ちされていたことは見逃すべきではない。ここにコンスタンティヌスのもとでの政府と都市の関係にも共通する構図が見出されるのである。とくに首都ローマを離れて、外民族との戦闘に臨むべく帝国周縁部を移動することが多くなった三世紀以降の皇帝たちにとっては、帝国支配に協力的な都市の存在は安定した帝国支配を築く上で必要不可欠であった。そして、両者が密接な関係を築き上げる際に、宗教が重要な役割を果たしていたことは帝国全体の社会的変化を考える上で看過すべきではないだろう。

改宗のタイミング

前段で見たような皇帝の信奉する宗教への共同体側の対応と類似した動きは、個人レベルでも見ることができる。前述のマクシミヌスの治世中には、シュリアのアンティオキア市の都市監督官テオテクノスが興味深い施策を見せている。彼は、マクシミヌスへの使節派遣において一役買ったほかに、アンティオキア市に新たな神域を設置したことが伝えられている。それはゼウス・フィリオスの神託所というもので、この神域から下される神託はキリスト教徒迫害にもつながったとされる。神託はローマ帝政期において重要な意義を持った宗教現象であり、それをテオテクノスが利用したこと自体にも大きな意味があるが、ここでは特に、地域エリートが自らの影響力を行使する場所として新しい神域を設置したという事実を特に重視したい(53)。

これと類似のことは、コンスタンティヌスの治世にも起きた。ナジアンゾスのグレゴリオスの父親で同名のグレゴリオスは、ヒュプシストス神の崇拝者であった。彼の妻はキリスト教徒で、夫に対して何度もキリスト教への改宗を促したものの、一向に説得は成功しなかった。そのようなグレゴリオスが一転してキリスト教への改宗を決心したとされるのが、コンスタンティヌスの治世のときであった。リキニウス帝を打倒し、東地中海世界を支配下に入れたコンスタンティヌスは、その直後にニカイア教会会議の開催を呼びかけ、公共便利用を認めるなどして積極的に帝国各地から司教たちを呼び寄せた。この様子を見たことが、グレゴリオスがキリスト教徒になることを決意した要因だったという。そして、彼は自らの手で地元のナジアンゾスに教会堂を建立し、その土地の主

導的なエリートとして活躍するようになる。(54)

頑なに改宗を拒否していた人物がコンスタンティヌスの治世で一転して改宗する事例として、ティベリアスのヨセフスも挙げられよう。彼はユダヤ教徒の名家出身として地歩を築いた人物で、若い頃からキリスト教への関心を持っていたという。何度も改宗の要請があったにもかかわらず頑なにユダヤ教徒として活動を続けた彼は、キリキア地方でユダヤ教徒たちと悶着を起こすと一転してキリスト教に改宗する。その際に庇護を求めた相手がコンスタンティヌスであった。彼は皇帝からガリラヤ地方に教会を構えて、布教に当たるよう命じられ、崩れていたハドリアヌス神殿を教会堂に作り変え活動の拠点としたという。(55)

これらはそれぞれナジアンゾスのグレゴリオスとサラミスのエピファニオスというキリスト教司教が伝える出来事であるため、その正確な動機付けや解釈には注意をせねばならない。しかし、いずれの人物も自分より一世代上の人物という比較的近い時期の人物の経歴をたどっていることから、あからさまな虚偽を述べているとは考えにくい。そのため、改宗の動機はともかくとして、コンスタンティヌスの治世を契機として、他宗教の信徒だった地方有力者たちが、キリスト教の中に新たな可能性を見出して改宗し、いずれも教会堂の建築に取り組んでいることは客観性の高い情報として着目すべきであろう。皇帝が支持する宗教に敏感に呼応した地方有力者の側が教会建築を通じて都市景観を変えることがありえたのである。

ユリアヌスの施策にも同じことが言える。皇帝は直接的にはキリスト教徒への迫害は行わず、むしろ追放刑に処されていた司教たちの帰還を認めるなど宗教的中立の立場を取っていた。その反面、積極的な財政援助を行うことで、各地の有名な神殿を復興したり、新たな神官職を設置したりした。この動きに地方住民側も敏感に反応する。コンスタンティヌス以後、神像が収蔵されたり、神殿の柱が私邸の装飾などに転用されるという事態が相次いでいたが、多神教に好意的な新皇帝の到来は一部の熱狂的な反応を得たのである。それまで収蔵されていた神像が公の場の儀式に引き出されるようになり(56)、装飾を我が物としていた人物たちに対しては訴訟をはじめとした報復措置が取られた(57)。

出世を望む人々もこのような変動する情勢に敏感に対応していた。四世紀後半のウァレンス帝の元で道長官となり、三七二年の正規コンスルにまで駆け上ったモデストスは治世ごとにその信仰を変えたことでも知られている(58)。特にユリアヌスの治世にはキリスト教からの背教者たる高官たちが複数知られている(59)。また、修辞学教師のヘケボリオスも時の政権が支持する宗教に応じて自らの宗教信条を変えた(60)。もちろん、自らの主義・主張にこだわって、筋を貫き通した人物たちも多く、むしろそういった人たちこそが後代に伝説化され名を残されることにもなった(61)。しかし、その一方で君主の採択する方針に応じて、柔軟な対応を見せる者たちも多くいたことは四世紀の政治風土を考える上で留意せねばならない点である。皇帝たちは戦線の場に応じて移動を繰り返す、ところ定まらぬ存在であったが、その政権の交替に応じて方針・信条もまた絶え間なく変転を続けていたのである。

三　聖域空間の変容と州総督の役割

ここまで、帝位の交替に伴う地方住民側の対応を見てきた。最後に本節では、具体的な聖域空間の変容過程を見ていきたい。とりわけ、中央政府と地方社会の間に位置し、日常の聖域空間管理において主体的役割を担った州総督について若干の考察を加える。

聖域空間の変容を考える上で、まずは、帝政後期の聖域、とりわけ神殿施設のあり方を見ていこう。いくつかの史料からは、異なる宗教の神域が近隣に存在し、競合関係にあったことが知られる。例えば、アンティオキアの郊外にあるダフネは多くの人々が訪れる景勝地であったが、そこには四世紀半ばに副帝ガルスが聖バビュラスの殉教者堂をアンティオキア市から移設し、その地で有名だったアポロン神殿と並存する形となった（これも最初期の聖遺物移送事例のひとつである）。後者は神託で有名であったが、後にダフネを来訪したユリアヌス帝は聖人の遺骸のせいで神託が得られないという理由から、聖遺物をアンティオキア市に移送するようキリスト教徒たちに命じ、原状に復帰させようとしている。[62]

またディデュマのアポロン神殿は霊験あらたかなる神託所として帝政前期に隆盛を極めていたが、三世紀の軍事的混乱の中で神域は近隣住民の避難所へと姿を変え、雑然とした共同体を構成することになった。そのため、神域内には旧来の神託所のみならずキリスト教の小堂も併設されるなど、神殿関係者とキリスト教関係者の利害対立が生じやすかった。[63]その結果、皇帝が神域に関心を示したときには、大きな争いの火種も起きた。ディオクレティアヌスのキリスト教大迫害の契機となったのも、皇帝の問いかけに答えたこの神域の神託であった。[64]

このように、複数の聖域が近接していた事実は、皇帝の施策の変動とあいまって、ときに過激な暴力などの社会的緊張を生み出すことがあった。その理由のひとつとして、神殿などの宗教施設が地方有力者たちの経済的・社会的勢威を発揮する場として機能していたことも関係があろう。[65] このような緊張は皇帝が直接当該地域を来訪するときにとりわけ顕著である。[66]

その一方で、四世紀の神殿施設については多目的の転用事例がしばしば確認される。その史料からは必ずしも神殿という聖域空間が活発に機能してはいなかった状況が垣間見える。

帝政後期の神殿施設には中央政府による財政・管理上の統制がなされていた。統制措置が取られるようになった時期を伝える史料こそ存在しないものの、既にコンスタンティヌスの治世には皇帝の許可・指示のもと、神殿施設を別の用途に転用する事例がいくつか認められ、例えば州総督の庁舎、監獄などの公共施設への転用が知られている。[67]

しかし、このような皇帝の能動的な指示よりも史料に頻繁に伝えられるのが、司教による申請を受けて、神殿を教会に転用する事例である。なかには、それがきっかけとなって、キリスト教徒と異教徒との摩擦を引き起こした事態も伝えられる。[68] ただし、転用された神殿施設が既に廃墟となっていたと史料がしばしば触れていることも見逃すべきではない。[69] 騒乱は伴っていないものの、先述のヨセフスの事例も同様であった。さらに、神殿の破壊ほどには目立ちにくい事例ながら、実際には少なくなかったと考えられるのが、個人が神殿付属の土地を下賜してもらったり[70]、神殿自体を建築材に転用したりする事例である。特に史料で言及されるのは柱材の邸宅への利用である。神殿に用いられていた豪壮な柱は邸宅の装飾として有力者たちの垂涎の的であり、これらは褒賞として皇帝から個人に与えられることがあった[71]。

このように地方住民からの要望を契機とした皇帝の下賜・許可によって、神殿施設は公共建築、教会堂、個人邸宅の建材など様々な形に転用されたと考えられる。この仮説は、四世紀以降も存続が許された神殿や広く崇敬を集めた神殿が史料から確認されていることにも説明をつけられるであろう。このような働きかけが神殿の保護に発揮された事例も認められる。ギリシアの高名な神託所であったデルフォイの神域はコンスタンティヌスのもとで正規コンスルにまで登りつめたフェリキアヌスなる人物の庇護を受けて、中央政府から神域保護の特許状を手に入れたことが知られている[72]。

このような状況に照らすと、転用された神殿や法史料で言及される破壊対象の神殿が、既に荒廃し、老朽化していたものと言及される点には注意が必要である。神殿施設の転用は一般的には挑発的・暴力的なものではなく、古い施設の再利用を目的としたと考えた方が自然だからである。実際、一元的な神殿施設の破壊を命じてはおらず、何かしらの形で機能を続けている神殿施設に暴力的破壊が行われるのを防ごうとする帝国政府の姿が法史料からは浮かび上がる[73]。聖域空間の改変には地方側の自主的な働きかけが大きな役割を果たしていたと考えられよう。

上記仮説のメカニズムにおいて、地方での実際的な行政の総責任者にあたる州総督の意義も決して小さくなかったと考えられる。もっとも、近年の研究では地方の活力が着目される一方で、州総督については、影響力を発揮する余地が少なかったと指摘されることがある。その理由のひとつとして挙げられるのは、州総督には一～二年程度の任期しかなく、派遣先の地方との強い利害関係を築けなかったことがある。この点は、任期が特に定められておらず、地元社会と密接なつながりを持って活動をしていた司教や地元有力者、あるいは総督の下僚団とは対照的であった(74)。しかし本稿では、そのような状況がありながらも、聖域空間の改変に際して州総督の影響がとくにふたつの面で発揮された可能性を指摘したい。

まず第一に裁判官ならびに皇帝命令の現地執行役としての総督の役割である。彼らは、神殿施設利用をめぐる係争や皇帝の指示実行において重要な決定権者となりえた。

ともかく、どのような裁決を受けて、帝の手紙が（あなたのもとに）達しているのかも、そして、この裁決が決定的にもなれば、そうもならないことも、あなたは御存知です。それゆえ、この裁決を私たちが利用できるようにしてください。全てはあなたの心と力次第となるでしょう。なぜなら、あなたの心が解決策を見出し、あなたの力が最終的なものになるのですから(75)。

これはある州総督に宛てた修辞学教師の書簡からの一節であるが、皇帝書簡の現地での運用において総督の役割が決定的であったことをこの教師のいくつかの作品は前提としており、[76]これと同じ所見はミラノの司教アンブロシウスも述べている。[77]そもそも帝国政府自体が、地方における命令執行が州総督らの手心によって妨げられていることを把握していた。[78]そのため、これを防ぐために、皇帝は総督の下僚団が総督の目付役にもなるように命じ、もし彼らが総督を諫めない場合には連帯責任になることを定めている。[79]また、神域の保護を、州総督が中央政府に奏請することもあった。州総督のプラエテクスタトゥスは夜間の供犠執行の禁を、彼の担当領域であるギリシアでは履行ないよう皇帝ウァレンティニアヌスに求めて許可を得ている。[80]このように、近接する聖域空間の存在や政権の変化が地方社会に摩擦を引き起こしたときに、州総督はその問題の奏上の可否を決定したり、勅法の命令実施如何を最終的に現地で決定したりするなど、神域にまつわる係争の行方を大きく左右しえたと考えられる。実際、かかる権能を背景に、総督の中には勅法の指令を無視して、公的な場所で供犠や神殿参拝などを大胆にも実施する者もいた。そして、その総督の儀礼に呼応して神事解釈に詳しい占い師や哲学者も各地から参集することがあったのである。[81]

総督の第二の重要な権能として挙げられるのが、平時での公共建築の維持・管理任務である。帝政前期以来、神殿施設と公共建築の維持・修復は州総督の主要な業務のひとつであった。[82]神殿施設への強い関心を持つ州総督であれば、州の財源をもとにして積極的に神殿施設の改修に励んでいたことが伝えられている。[83]加えて、総督は神殿管理役の選定にも責任を持っていた。ある勅法は神殿管理役にキリスト教徒を任命しないよう州総督に命じているが、それは宗教的嫌悪感に配慮するという目的もあったろうが、総督の許可のもとに神殿管理を担ったキリスト教徒たちが施設に手をつけるのを妨げる目的もあったであろう。(84) 北アフリカの碑文が州総督による祭司職の復興を事績として記録していることも、彼の裁量が宗教慣行の維持に及ぼした影響を示唆している。(85) 神殿財産の転用などについて州総督が日常的に関与していた可能性も否定できない。ユリアヌス治世に訴追されたオリオンは、ユリアヌスが「もし何ぴとかが聖財を何か所持しているなら、それを取り立てよ」という命令を出したことを契機にボストラ市民たちから神殿財産返還をめぐって訴追・迫害されたことが知られる。しかし、彼は先帝コンスタンティウス二世治世には善良な州総督として評判を受けたとされている。(86) もしもユリアヌスの反動政策がなければ、彼の統治における神殿財産の転用は後代に知られなかったであろう。

先にも述べたように、神殿という公共建築の管理者であり、皇帝への上奏文の提出や命令実施の大きな裁量を持っていた州総督の役割は決して過小に評価されるべきではない。第二節では皇帝の宗教観に対応する地方住民たちの姿を見てきたが、総督がどのような宗教を支持し、どのような行政上の判断を下すかも、現地の宗教景観に相当な影響を及ぼしたと考えられるからである。各地域各様の神域事情が生まれることとなった背景として、これまでに見てきたような地方住民、州総督、中央政府の三者の利害関係を視野に置くべきであろう。

おわりに

以上、見てきたように、帝国のキリスト教化と呼ばれる現象を理解するにあたっては、複数の要因が混ざり合っており、本稿ではそれを中央と地方の関係の中で把握することを試みた。皇帝が支持する宗教とその施策が帝国全体に大きな影響をもたらしたことは間違いない。皇帝の宗教施策は多かれ少なかれ物質的恩恵を伴うことが多く、それを求めた地方側の協力も期待できるからである。

一方の地方住民側は、皇帝の施策に敏感に反応した。キリスト教という新たな要素が政治的要因として入るとキリスト教を皇帝への嘆願に取り込む共同体も現れた。また、地方有力者も、伝統的な神殿施設や宗教共同体に縛られず、キリスト教を通じて自己の社会的影響力を誇示する道を見つけることも可能になった。聖職者への就任による免除特権獲得という対応に始まり、教会建築や貧者への慈善という形で自らの社会的声望を高めるという積極的な行動も見られるようになった。

このような宗教情勢の変化は一見すると急速な展開に見られるが、心性的な点では決して特異なものとは言い切れない。異教徒と呼ばれる人たちの中にも、またキリスト教徒と呼ばれる人々の中にも多様な思想的信条、宗教的実践があり、供犠の禁止、神殿施設の利用などは必ずしも異教集団を規定する必須要件をなしてはいなかった。帝国住民の市民生活の中では宗教的多様性が常に現前していたのである。たしかに教会建築や殉教者礼拝堂の建設など、キリスト教がこれまでにない都市景観への関与を示すようになったことには大きな意義があろう。しかし、その「キリスト教化」

には、画一性とは程遠い側面があったことも忘れてはならない。

このような住民側の動きを黙認したり、促進したり、あるいは抑制したりするに当たって、州総督が果たした役割も見逃してはならない。皇帝の命令の実施や、嘆願の中央への伝達、そして平常時の神殿管理にあたり大きな裁量を持っていたのは、彼らであった。実際、コンスタンティヌスやユリアヌスの統治期にあたっては総督の動向はしばしば史家や叙述作家たちの関心の的となっている。(87) もっとも、この点については、州総督の交替に応じた州民の反応や州政治の変動過程をより詳細に検討する必要があり、今後の更なる検討課題としたい。ただ、本稿での考察から、帝国のキリスト教化は単に皇帝の恣意により変化したわけではなく、地方側そして役人側の利害関心、その背景にあった宗教的心性の変化といった社会全体の動静が複雑に絡み合っていることは示せたであろう。

注

（1）本研究はJSPS科研費JP25770263の助成を受けたものである。

（2）F. Millar, *The Emperor in the Roman World*, 2nd ed., Duckworth, 1992; R. Van Dam, From Paganism to Christianity at Late Antique Gaza, *Viator*, 1985, 16, 1–20; R. M. Errington, Christian Accounts of the Religious Legislation of Theodosius I, *Klio*, 1997, 79, 398–443.

（3）S. Mitchell, The Cult of Theos Hypsistos between Pagans, Jews, and Christians, in: P. Athanassiadi and M. Frede (eds.), *Pagan Monotheism in Late Antiquity*, Clarendon Press, 1999, 81-148. 彼とVan Nuffelnが編者となってい

る*One God. Pagan Monotheism in the Roman Empire*, Cambridge UP, 2010と*Monotheism between Pagans and Christians in Late Antiquity*, Peeters, 2010もここに位置づけられる。

（4）　保坂高殿『ローマ史のなかのクリスマス――異教世界とキリスト教　一』（教文館、二〇〇五年）、同『多文化空間のなかの古代教会――異教世界とキリスト教　二』（教文館、二〇〇五年）。

（5）　C. H. E. Haspels, *The Highlands of Phrygia: Sites and Monuments*, vol. I, Princeton UP, 1971, 313, no. 40.

（6）　*PGM* VII 58–61. 括弧内は筆者による出典箇所の補い。『イーリアス』は呉茂一訳（岩波書店、一九五三―一八年）、『オデュッセイア』は松平千秋訳（岩波書店、一九九四年）を利用した。

（7）　August., *Conf.* VIII 12. 29–30.

（8）　キリスト教徒による予言の利用としては、Lactant., *Div. inst.* I 7; *Theosophia Tubingensis*, §13; Constantinus, *Ad sanctos*, 18–20.

（9）　Epiph., *Adv. haeres*, LI 22. 8–11.

（10）　C. Foss, *Ephesus after Antiquity. A late antique, Byzantine and Turkish City*, Cambridge UP, 1979, 30, 32, 86.

（11）　Isidorus Pelusiotes, *Ep.* I 55.

（12）　Lucian, *De sacrificiis*, 1–4, 11–13.

（13）　Philostr., *VA*, I 32; V 25. Iambl., *VP*, 107.

（14）　Porph., *Abst.* II 34. 2.

（15）　Iohannes Chrysostomus, *Contra Judaeos* I 1–2 [PG 48: coll. 844–6]. アンティオキア郊外のダフネにもユダヤ教のシナゴーグがあったが、そこでの病気治癒のお籠りにもキリスト教徒たちは参加していた。Ibid., I 6 [PG 48: col. 852].

（16）　Ibid., I 3 [PG 48: coll. 847f.].

（17）　カレンダエの祭典への人々の参与もこの文脈に位置づけられるであろう。Lib., *Oratio*（以下 *Or.* と略記）. IX; Iohannes Chrysostomus, *Homilia in Kalendas* [PG 48: coll. 953–62]; Asterius Amasenus, *Homilia* IV.

（18）　ここでは帝の改宗が政治的な目的でなされたか、あるいは本人の真の改心ゆえになされたかという長年の議論には立ち入らない。近年の研究として、H. A. Drake, *Constantine and the Bishops. the Politics of Intolerance*, Johns Hopkins UP, 2000、ポール・ヴェーヌ『「私たちの世界」がキリスト教になったとき——コンスタンティヌスという男』（西永良成・渡名喜庸哲訳、岩波書店、二〇一〇年）、T. D. Barnes, *Constantine. Dynasty, Religion and Power in the Later Roman Empire*, Wiley-Blackwell, 2011を参照。

（19）　東方を征服したコンスタンティヌスは直後の統治二〇周年祭をニコメディアで祝う（Jer., *Chron.*, 231[e]）と共に、その隣町ニカイアで大規模な教会会議を開催している。また、即位三〇周年祭にも司教たちが集まりキリスト教的色彩を帯びた頌詞を発表していることも留意すべきであろう（Euseb., *Laus Constantini*（以下*LC*と略記）.1–10）。

（20）　August., *Ep.* 88. 3.

（21）　Socrates, *Historia Ecclesiastica*（以下*HE*と略記）. I 25, 35; Sozom., *HE* II 25, 27; Theodoretus, *HE* I 31–33; Philostorgius, *HE* II 11.

（22）　Julian., *Ep.* 114は、キリスト教皇帝コンスタンティウス二世の弱みをここに見出している。

（23）　Amm. Marc., XXII 5. 2; *Historia Acephala* III 1; Lib.,*Or.* XVIII 126; Sozom., *HE* V 3, 5; Philostorgius, *HE* VII 1b, 4; *Artemii Passio* 22; Theodoretus, *HE* I 11. 3.

（24）　ウァレンスによる神殿財産再没収（*Codex Theodosianus*（以下*CTh.*と略記）.V 13. 3; X 1. 8）。その後、異教にとって決定的とされるのがグラティアヌスによる公的支援の中止である（*CTh.* XVI 10. 20の神殿財産接収令。ホノリウス期の言及）。厳密な意味の同時代法史料は残っていないが、*Codex Justinianus*（以下*CJ.*と略記）. XI 66. 4やAmbrosius, *Ep.* 18. 16; Symmachus, *Ep.* I 68がその存在を示唆する。R. Delmaire, *Largesses sacrées et res privata. l'aerarium impérial et son administration du IVe au VIe siècle*, Ecole française de Rome, Diffusion de Boccard, 1989, 641–5.

（25）　J. Curran, From Jovian to Theodosius, in: Averil Cameron and Peter Garnsey (eds.), *The Cambridge Ancient History, Volume XIII. The Late Empire, A.D. 337–425*, Cambridge UP, 1998, 78–110; H. Leppin, *Theodosius der Große*, Primus, 2003; R. M. Errington, *Roman Imperial Policy from Julian to Theodosius*, University of North

Carolina Press, 2006.

（26）Euseb., *Vita Constantini*（以下 *VC*. と略記）. II 48–60. なお、同史料の作者については近年、保坂高殿「エウセビオス『コンスタンティヌスの生涯』の諸問題――その真正性、成立問題、編集意図」（『西洋古典学研究』五八、二〇一〇年、六〇―七三頁）がエウセビオス偽作説を再提起し、史料成立を後代のものと主張しているが、その保坂も本書簡がコンスタンティヌス帝のものであることは認めている（上掲論文、六九頁、注二一）。

（27）エウセビオスが「暴君」と「神霊 daimones」を関連させ、キリストを「暴君殺し」と形容していることは、決して偶然ではない。Euseb. *HE*. X 4. 10–16.

（28）*CTh*. XVI 8. 2, 3; *CIL* XI 5265.

（29）*CTh*. IX 16. 1, 2; XVI 10. 1.

（30）*CTh*. IX 16. 1; XVI 10. 2; Euseb., *VC* III 52f.

（31）Zos. II 29. 5. 後代に作られた帝の改宗伝説で、カピトリウムが嬰児犠牲の場として現れるのもこの史実と関係があるかもしれない。G. Fowden, The Last Days of Constantine, *JRS*, 1994, 84, 153–168.

（32）Euseb., *HE* X 7; *CTh*. XVI 2. 1, 2, 7.

（33）Theodoretus, *HE* I 11. 2; IV 4. 1.

（34）教会建築の具体例としては Sozom., *HE* II 3. 1.

（35）Sozom., *HE* II 4.

（36）Euseb., *VC* III 26–28. 聖墳墓発掘と十字架発見のエピソードはその後の伝説化もあって、史的復元の難しい問題だが、詳細はここでは論じない。

（37）Jer. *Chron*., p. 233^{b}. なお *Chron. Pasch*. a. 379 は神殿閉鎖を伝える。帝による個別の神殿破壊命令は、Euseb., *LC* VIII 5–9; *VC* III 55f., 58; Socrates, *HE* I 18. 7–11; Sozom., *HE* II 5. 5 に見出される。

（38）コンスタンティヌスは帝国東部を支配下に収めると、神殿財産の接収を行った。その意図は新首都コンスタンティノポリスの建設や貨幣改革と関連したのではないかと推測されている。Euseb., *LC* VIII 1–4; *VC*

III 54; Julian., *Or.* VII 228B–C; Anonymus. *De rebus bellicis*, II 1; Lib., *Orr.* XXX 6, 37; LXII 8; Socrates, *HE* I 16. 3; Sozom., *HE* II 5. 3. パッラダスの詩句もこの時代に位置づけられる可能性が近年示された。K. W. Wilkinson, Palladas and the Age of Constantine, *JRS*, 2009, 99, 36–60; Id., Palladas and the Foundation of Constantinople, *JRS*, 2010, 100, 179–194.

(39) Euseb., *VC* IV 37f., cf. Socrates, *HE* I 18. 13; Sozom., *HE* II 5. 7–8; V 3. 6.

(40) Euseb., *VC* IV 39; Sozom., *HE* II 5. 8. cf. Theophanes, AM 5838.

(41) *MAMA* VII 305. Panel I, ll. 16–42 はオルキストス住民の嘆願内容を反復しており、実際、碑文に刻まれている住民の嘆願書の前半部（Panel II, ll. 17–34）とも対応している。そのため、Panel I, ll. 39–42 で言及される宗教に関しても元来住民の嘆願書に記載されていたと推測される。

(42) Sozom., *HE* V 3. 6.

(43) Sozom., *HE* V 4. 1–5.

(44) ヒスペッルム市がウォルシニイ市への移動の困難から、請願によりフラウィウス氏族の神殿設置と独立した祭典の主催を認めてもらうとともに、市に皇帝一族の名を与えられた例。*CIL* XI 5265. 大清水裕「ヒスペッルム勅答碑文をめぐる諸問題――コンスタンティヌス帝治世イタリアの州会議と都市参事会員たち」（『西洋史研究』新輯三八号、二〇〇九年）一―二六頁。

(45) 例えば、コンスタンティヌスの名前を冠した町として、Byzantium, Augustodunum, Arelate, Portus, Cirta, Constantia ad Danubium, Maximianopolis などがあり、皇帝からの特別な恩恵があったことが推測されるが、すべての事例を宗教的文脈で説明することはできない。

(46) N. McLynn, The Transformation of Imperial Churchgoing in the Fourth Century, in: S. Swain and M. Edwards (eds.), *Approaching Late Antiquity. The Transformation from Early to Late Empire*, Oxford UP, 2004, 241. また、天使ミカエル図像の特異性も、教会教義から独立した皇帝の崇拝に求められるかもしれない。C. Mango, St. Michael and Attis, *Δελτίον Χριστιανικής Αρχαιολογικής Εταιρείας*, 1984 (1986), n. s. 12, 39–62. なお、ヘレナの名を冠した町は、他にパレスティナにもある（Sozom., *HE* II 2）。

(47) J. Reynolds, *Aphrodisias and Rome*, Society for the Promotion of Roman Studies, 1982, Doc. 25.

(48) とくに帝国東部では各都市が皇帝崇拝に関連する神殿の守護役であることをローマ政府に承認してもらった後、その地位を喧伝し、その承認回数を都市同士で競い合うという事象が認められるが、これもまた宗教を媒体とした帝国諸都市の結びつきの一例と言えよう。B. Burrell, *Neokoroi. Greek Cities and Roman Emperors*, Brill, 2004.

(49) Euseb., *HE* IX 7.

(50) *CIL* III 12132.

(51) S. Mitchell, Maximinus and the Christians in A.D. 312: A New Latin Inscription, *JRS*, 1988, 78, 108.

(52) 免税措置はリュキア＝パンフュリア州総督に宛てられた *CTh.* XIII 10. 2 からの推測。「機械的」回答については、D. Feissel, Les constitutions des tétrarques connues par l'épigraphie. inventaire et notes critiques, *Antiquité Tardive*, 1995, 3, 47–9; S. Corcoran, *The Empire of the Tetrarchs. Imperial Pronouncements and Government AD 284–324*, 2nd ed., Oxford UP, 2000, 149.

(53) Euseb., *HE* IX 2–4, 11.

(54) Gregorius Nazianzenus, *Or.* XVIII 5.

(55) Epiph., *adv. haeres.*, XXX 4–12. もっとも、エルサレム追放後のユダヤ教徒の中心都市として発達していたティベリアスでの布教は不首尾に終わったらしい。

(56) Lib. *Epp.* 710, 712, 757; Gregorius Nazianzenus, *Or.* V 37.

(57) ユリアヌス治世に入っての住民側の反応と騒擾については枚挙に暇がない。後代にキリスト教徒から背教者として記憶されたことで、本来なら無関係な出来事もユリアヌスに帰されてしまっている可能性がある。後段で述べるものを除き、いくつかの主だったものをここでは挙げておく。エデッサではアリウス派の一団が異端のヴァレンティヌス派を襲撃したことの処罰として、教会の土地が帝室財産に、財貨が帝室財務庁に没収される（Julian., *Ep.* 115）。アレクサンドリアでは、コンスタンティウス二世のもとで寵を得ていたアリウス派司教ゲオルギオスと数名の官僚が住民の私刑を受ける（Amm. Marc., XXII 11. 3–11;

Socrates, *HE* III 2–3 = Julian., *Ep.* 60; Sozom., *HE* V 7; *Chron. Pasch.* a. 362. cf. Gregorius Nazianzenus, *Or.* IV 86)。アレトゥサでは、司教マルコスが神殿破壊の賠償請求を受ける（Gregorius Nazianzenus, *Or.* IV 88–91; Sozom., *HE* V 10. 8–14)。ガザでは、神殿を侮辱した数名を私刑。ユリアヌスは、住民を無罪放免とするが、州総督は処罰（Sozom., *HE* V 9)。タルソスでは、司教にアイガイのアスクレピオス神殿から取った柱を返還させる（Zonar., XIII 12. cf. Philostorgius, Appendix III 2)。エメサでは、キリスト教徒の墓に放火する事件が起きるも、ユリアヌスは罰せず（Julian., *Mis.* 357C)。また、大教会に人々が押し入り、ディオニュソスの像を設置したというエピソードも伝えられる（*Chron. Pasch.* a 362)。ベリュトスでは、Vindaonius Magnusが教会を焼きうち（Theodoretus, *HE* IV 22. 10)。ほかにもユリアヌスの時期にシナゴーグ破壊の報復としてユダヤ教徒による教会焼き討ちが東方各地であったと伝わる（Ambrosius, *Ep.* 74 [=*Ep. extra collectionem* 1a]. 15)。ただし、法史料がシナゴーグ破壊を伝えるようになるのはテオドシウス一世治世からである（*CTh.* XVI 8. 9; 12; 20; 21; 25; 26; VII 8. 2)。また、フェニキアのヘリオポリスは異教の伝統が強いこともあり、激烈な迫害のエピソードが伝えられている（Gregorius Nazianzenus, *Or.* IV 86f.; Sozom., *HE* V 10. 5–7; Theodoretus, *HE* III 7. 2–4; Philostorgius, Appendix III 5. cf. *Chron. Pasch.* a. 362)。セバステ、スキュトポリス、アスカロン、シュリアのエピファニアについても、ユリアヌス期の迫害事例が伝えられるが、聖遺物伝承の縁起譚としての側面もあり、史実かどうかには疑問の余地が残るものもある（*Chron. Pasch.* a. 362)。フリュギアのメロスでは神殿破壊の実行者が総督の科した拷問で死亡し殉教者に列聖される（Socrates, *HE* III 15; Sozom., *HE* V 11. 1–3)。

(58) A. H. M. Jones, J. R. Martindale and J. Morris, *The Prosopography of the Later Roman Empire. Vol. I. A.D.260–395*, Cambridge UP, 1971, 608.

(59) Philostorgius, *HE* VII 10; Theodoretus, *HE* III 12. 2.

(60) Jones, Martindale and Morris, op. cit., 409.

(61) E.g. Gregorius Nazianzenus, *Or.* VII; Theodoretus, *HE* III 15.

(62) Gregorius Nazianzenus, Or. V 32; Iohannes Chrysostomus, De S. Babyla; De hierom. Babyla 5–9; Rufinus, *HE*

X 36; Socrates, *HE* III 18; Sozom., *HE* V 19; Theodoretus, *HE* III 10; Artemii Passio 53–5. cf. Amm. Marc., XXII 12. 8; Ch. Shepardson, *Controlling Contested Places: Late Antique Antioch and the Spatial Politics of Religious Controversy*, University of California Press, 2014, Ch.2.

（63） P. Athanassiadi, The Fate of Oracles in Late Antiquity. Didyma and Delphi, *Δελτίον Χριστιανικής Αρχαιολογικής Εταιρείας*, 1989–90（1991）, n. s. 15, 272–4.

（64） Lactant., *De mort. pers.* 11. 7; Euseb., *VC* II 50–2. ユリアヌスの治世にも皇帝が併設された小堂の除去を州総督に命じていることが知られるが、帝は自らもアポロン神殿の祭司であるという立場を押し出していた。Sozom., *HE* V 20. 7. Julian., *Ep*. 88.

（65） 特に後期帝国では教会施設での儀礼を利用した権威の表現が大きな意味を持った。Van Dam, op. cit.; McLynn, op. cit., 235–270. ウァレンスなどの四世紀後半の諸皇帝について教会堂使用をめぐる騒動が伝えられるのもこの文脈に位置づけられよう。Sozom., *HE* VI 21. 3–5; cf. Theodoretus, *HE* IV 35（トミス）。Rufinus, *HE* XI 5; Socrates, *HE* IV 18; Sozom., *HE* VI 18; cf. Theodoretus, *HE* IV 17（エデッサ）。Ambrosius, *Epp*. 75, 75a, 76（ウァレンティニアヌス二世）。テオドシウスがコンスタンティノポリス市民に向けて出した *CTh*. XVI 1. 2 = *CJ*. I 1. 1も元来同じ目的であった可能性がある。N. McLynn, “Genere Hispanus”. Theodosius, Spain and Nicene Orthodoxy, in: K. Bowes and M. Kulikowski（eds.）, *Hispania in Late Antiquity. Current Perspectives*, Brill, 2005, 79–108.

（66） この理由のひとつとして、皇帝という強力な権威がやってくることで、それまで保たれていた地方内の勢力均衡が崩されることが考えられる。Amm. Marc. XXII 9. 16にあるように、皇帝に第三者の悪口を吹き込むのはその顕著な例である。

（67） 公共用：Malalas, XIII 3, 5; 38; *Chron. Pasch*. a. 444; *CTh*. XVI 10. 8; cf. *Constitutiones Sirmondianae*（以下*Sirm*.と略記）. 12; Lib., *Or*. XXX 43. ハドリアヌス神殿など：*P. Oxy*. I 43, XVII 2154; *PSI* III 175.

（68） Rufinus, *HE* XI 22; Socrates, *HE* III 2. 3; Sozom., *HE* V 7. 5–7; Marcus diaconus, *Vita Porphyrii* 63–71. cf. Gregorius Nazianzenus, *Or*. IV 88, 90.

(69) cf. August., *Ep*. 232. 3.

(70) Lib. *Orr*. II 31; XVII 7; XXX 38f.; Amm. Marc. XXII 4. 3. cf. *CTh*. X 3. 4; 10. 24.

(71) Lib. *Orr*. VII 9–10; XVIII 126; Lib., *Ep*. 828. cf. Lib. *Epp*. 724, 1364; Zonar., XIII 12. 34. 逆にユリアヌスが単独支配者となったことで、これらの転用された柱の返還をめぐる裁判が生じるようになった。cf. Iulianus, *Ep*. 80.

(72) Athanassiadi, op. cit., 276.

(73) *CTh*. XVI 10. 3, 8, 15, 18, 24; XII 1. 112.

(74) P. Brown, *Power and Persuasion in Late Antiquity. Towards a Christian Empire*, University of Wiskonsin Press, 1992, Ch. I; E. Meyer-Zwiffelhoffer, *Mala desidia iudicum*? Zur Rolle der Provinzstatthalter bei der Unterdrückung paganer Kulte（von Constantin bis Theodosius II.）, in: J. Hahn（ed.）, *Spätantiker Staat und religiöser Konflikt*, 93–131.

(75) Lib., *Ep*. 214. 4.

(76) Lib., *Orr*. I 69; XV 67; XXVIII 27; XXIX 29; XLV 32; XLIX 19; *Epp*. 144. 3; 200. 2; 214. 3–4; 265. 2; 271. 3; 1201. 1. cf. *Epp*. 221. 2; 230. 2–3; 272. 2.

(77) Ambrosius, *Ep*. 74（= *Ep. extra collectionem* 1a）. 30.

(78) *Collectio Avellana* 13. 7; *Sirm*. 12（= *CTh*. XVI 10. 19）, 14（= *CTh*. XVI 5. 46）.

(79) *CTh*. XVI 10. 10–13.

(80) *CTh*. IX 16. 7; Zos., IV 3. 3.

(81) *CTh*. XVI 10. 4; Eunap., *VS* 491, 503. 四世紀末のテオドシウス朝になると帝国高官による神殿参拝の禁止が命じられるが、実効性には疑問が残る（*CTh*. XVI 10. 10–11）。cf. *CTh*. IX 16. 6–9; XVI 10. 7, 9.

(82) *Dig*., I 16. 7. 1.

(83) Eunap., *VS* 503. Amm. Marc., XXVII 9. 10; *CIL* VI 102; *ILAlg*., II 541; A. Chastagnol, La restauration du temple d'Isis au Portus Romae sous le règne de Gratien, in: J. Bibauw（éd.）, *Hommages à Marcel Renard*, vol. II Latomus,

1969, 135f.

（84）実際、イリオンの町のように実態としては司教が管理することもありえた。Julian., *Ep*. 79.

（85）*CIL* VI 1736.

（86）Lib., *Epp*. 763, 819.

（87）Euseb., *VC* II 44. Libanius, *Or*. XVIII 158. 州総督の人事には道長官の推挙が大きな意義をもった。A. H. M. Jones, *The Later Roman Empire 284–602. A Social, Economic and Administrative Survey*, Oxford UP, 1964, 391.

第七章　キリスト教的空間の成立

——南ガリアの都市と礼拝

奈良澤　由美

はじめに

五世紀から七世紀、空間的実体において古代世界は次第に崩壊し変容する。

この時代、古代の空間概念は基本的に存続しており、教会は、ローマ帝国が明確に管理していた空間組織をまず採用して自らの管理体制を構築する。また、古代社会における墓地への概念、つまり、死者は居住地の外に埋葬され、また埋葬は家族の領域に属するという概念は、基本的に継続していた。しかし一方で、社会的変動が大きな空間的変容へと導き、居住区域は収斂し、あるいは分散し、あるいは消失し、新しい居住体系が育っていく現象が各地で認められる。「聖域」と埋葬への概念がキリスト教的に変質し、居住地、礼拝所、墓地などの空間をめぐり、多様な形態が共存するようになる。新しいキリスト教世界のトポグラフィーの特性として、死者の領域と「聖域」の混合・混在が指摘されるが、聖なる人々の墓への崇拝から新しい「聖域」が現われ、そこに生者も死者も集まっていくキリスト教的な礼拝空間が次第に構築されていくのである。

古代のトポグラフィーの中にどのようにキリスト教聖堂が建設され、その後どのように中世的風景へと変遷していくのか。「異教」の都市、聖域、墓地から、新しい居住空間と礼拝の場および墓地へ、この時代のゆるやかで複雑な移行の状況を、ここでは南ガリア地方の具体的な事例を分析しながら、その継続、断絶、変質を考察していく。

一　都市領域と司教座聖堂

南ガリアのトポグラフィーは、ローマ支配以前のケルト社会の伝統と、ローマによる比較的豊かな都市整備とモニュメントの双方により特徴づけられている。ガリアの各地に建てられていった最も古いキリスト教聖堂は、基本的にローマ都市領域内に立てられた司教座聖堂、エクレシア *ecclesia*、であった。古代末期のガリアのローマ都市 *civitas* のほぼすべては、初期中世に司教座となっている。(1) とはいえ、帝政初期と比較したとき、五世紀末の各都市領域の状況は大きく異なってくる。ローマにより建設された一〜二世紀の都市領域が実際しばしば巨大すぎたがゆえ、すでに三世紀からガリアの都市が閑散化していく現象が各地に観察されており、古代末期の都市領域は概して数世紀前よりも大きく縮小している。

比較的堅固に存続した古代の都市領域の中にキリスト教聖堂が設置された例をいくつか見ていき

たい。たとえば、軍港を付随した植民都市であったフレジュス（古代名*Forum Iulii*）では、司教座聖堂はアウグストゥス時代末期に創設を帰されるフォルムの西に隣接した位置に建設されている[(2)]。司教座の存在は三七四年のヴァランスの教会会議に初めて記述されており、一九八〇年代の発掘の結果、司教座聖堂の最初の建築は五世紀に年代決定されている。司教座聖堂の建立された位置は、城壁に囲まれた都市領域のうちでも最も古くまた最も港に近い中枢に位置する場所であり、何らかの公共の建物の壁の基礎構造の上に建設されていること、つまり、古代のトポグラフィーに直接的に則っていることが明らかにされている（図1）。

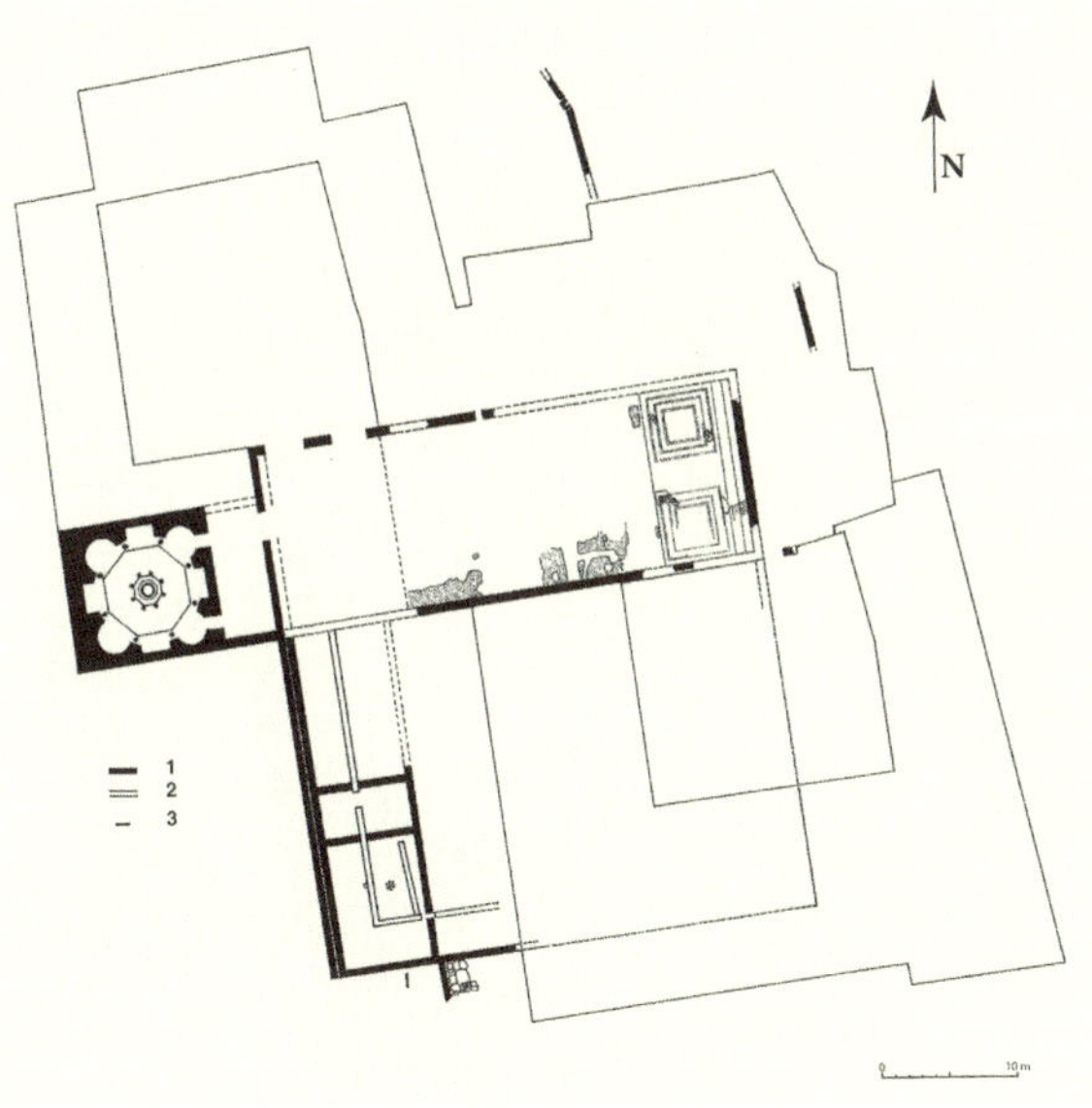

図1.　フレジュスの5世紀の司教座聖堂の平面図
M. Fixot (dir.), *Le groupe épiscopal de Fréjus...*, fig. 24.

　ガリア人アルウェルニ族の中心都市であったクレルモン*Civitas Arvernorum*では[(3)]、トゥールのグレゴリウスの伝えるところによると、

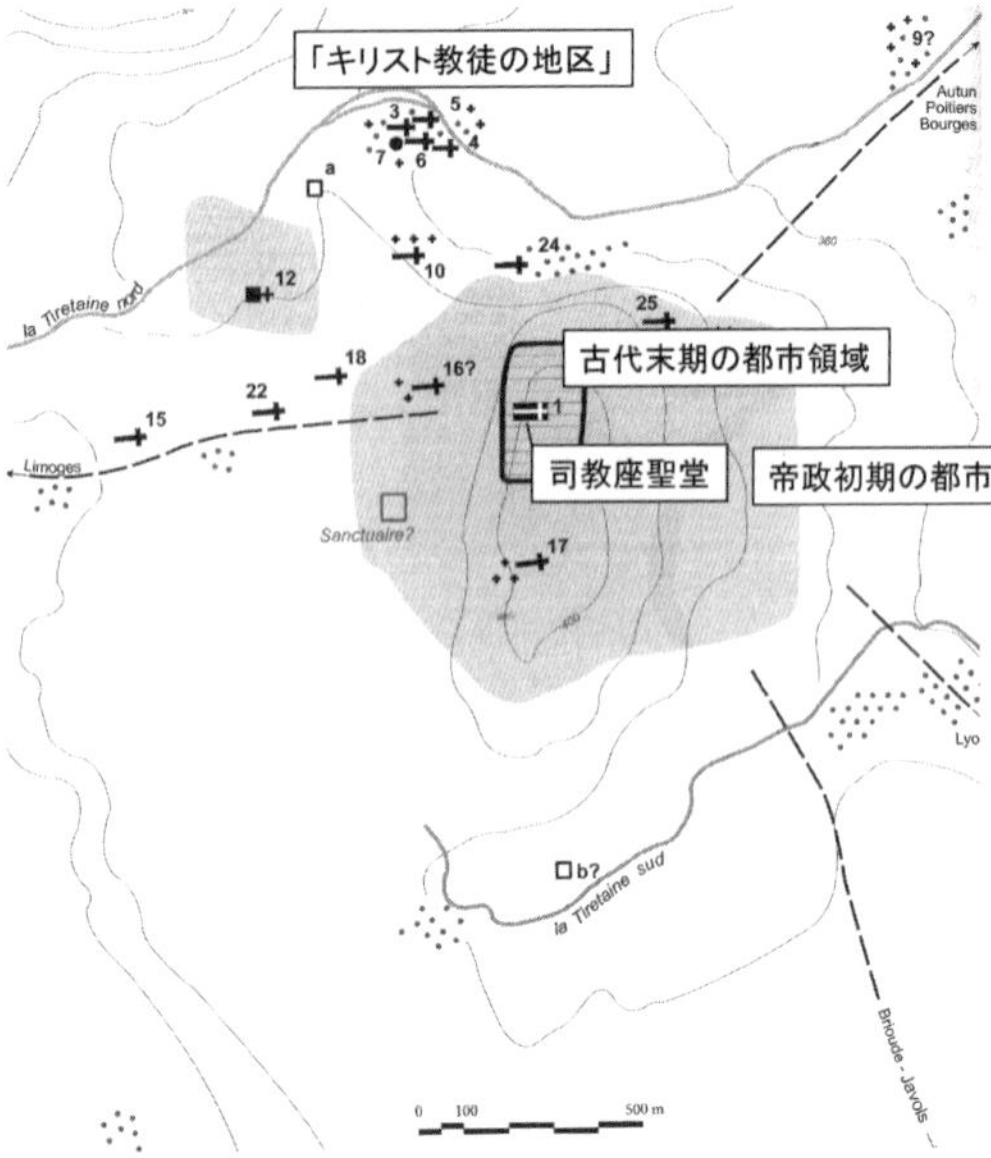

図2.　古代末期のクレルモン
TCCG, XVI, 2014, 494.（日本語は執筆者が追加）

司教ナマティウスが十字形プランの壮麗なエクレシアを一二年かけて都市城壁内に建設した。[4] ゴシック時代に再建された現在の司教座聖堂の下には、一九世紀の発掘によって三層の床面が発見されているが、そのうち最も古い床がこの五世紀の聖堂のものであると解釈されている。この聖堂は帝政期初期建造のフォルムの北側に建設されており、よって古代の都市領域の政治的中核部に位置していた。司教座聖堂を囲む古代末期の城壁により作られる領域は、帝政初期の市街地が広がっていた丘の頂に位置するが、帝政初期の領域に比較すると非常に狭い（図2）。城壁がいつ作られたのか、年代は明確にされていないが、少なくとも四七〇年の西ゴート族の最初の攻囲の際には存在していた。では、司教ナマティウスの建設以前にはどこに司教座聖堂があったのか。伝統的には城壁外の「キリスト教徒の地区 *vicus christianorum*」（現在のサンタリール地区）にあったと考えられてきたが、実際には確かな根拠は存在していない（後述）。

　エクサン＝プロヴァンス*Aquae sextiae*では、紀元後五〇〇年前後に司教座聖堂が建設された場所は、帝政初期に公共建築が立ち並んだ石畳のフォルムの一角であった（図3）。[5] 聖堂は中世に大きく改修されながら、現在まで司教座聖堂として存続し続けているが、聖堂下と周辺の発掘によって、この聖堂が古代の住宅網を尊重した形で組み込まれ、古代の道路網からの大きな変更がなされてい

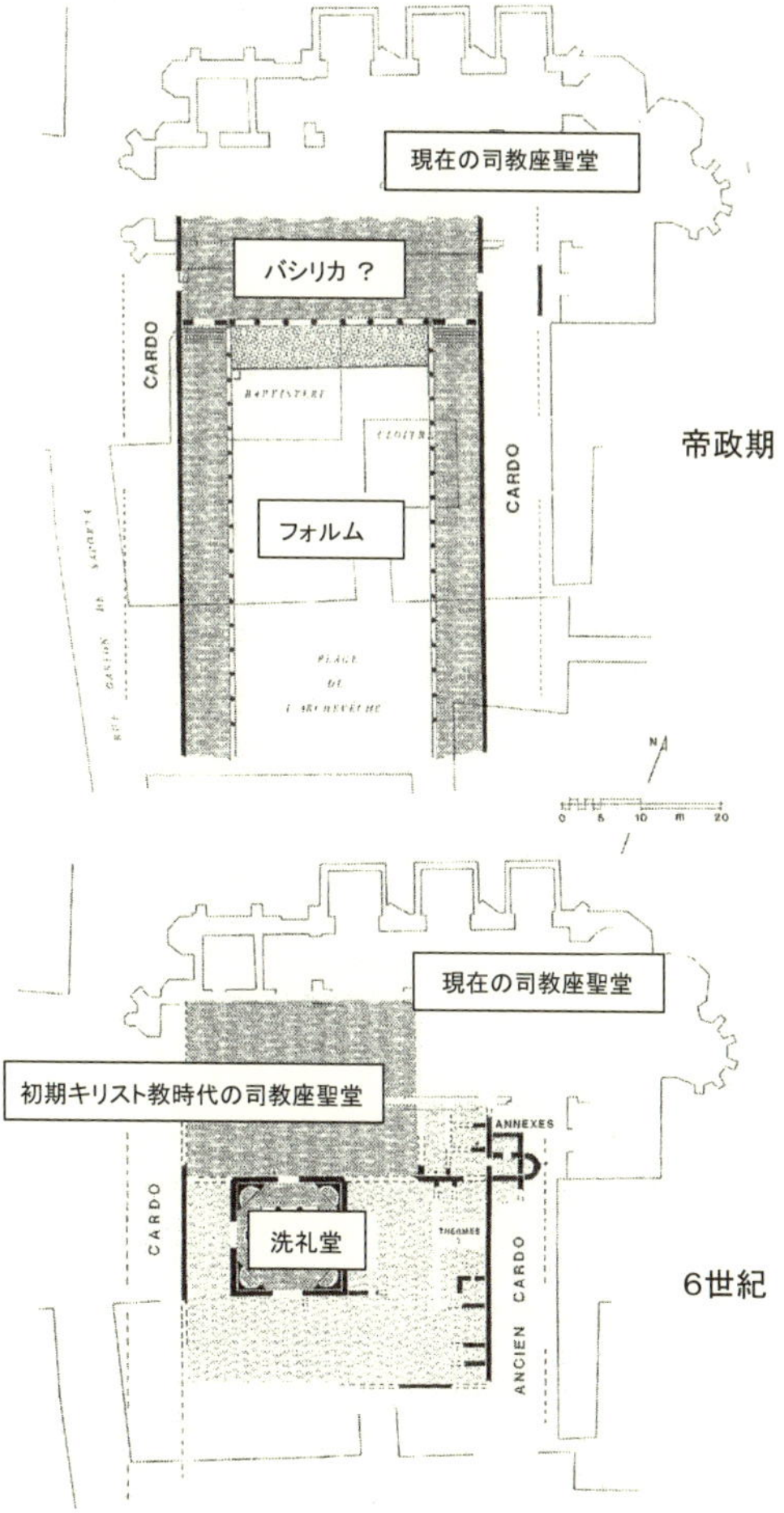

図3.　エクサン＝プロヴァンスの現在の司教座聖堂内および周辺の発掘により明らかになった遺構の平面図
Les premiers monuments chrétiens de la France, 1, Paris, 1996, 117.（日本語追加）

ないことが明らかにされている。一方、ローマ教皇ゾシムスの四一七年の手紙から[6]、エクスには少なくとも五世紀初めには司教座聖堂が存在していたことが推察されている。その最初期の聖堂は、何よりもその名から、中世の聖母に捧げられた聖堂ノートル＝ドゥ＝ラ＝セーズの場所にあったとこれまで考えられてきているが、聖堂自体にはこれまで本格的な発掘調査がなされておらず、いまだ仮説のままである。ノートル＝ドゥ＝ラ＝セーズ聖堂は一四世紀に一旦廃墟となり、一三八三年に「聖ミトルの墓」とされる五世紀の装飾石棺が、ここから司教座聖堂へと移されたことが知られている[7]。聖堂の場所は古代の都市領域の西端区域に位置し、この区域にはユリオ・クラウディウス朝期に建設されたとされる劇場が存在するが、五世紀後半に劇場の内部に相当数の住民を収めることができる「住居」が設置されていたことが二〇〇四年以降の考古学調査から明らかにされており[8]、この区域が古代末期に多数の住民を保持していたことが、ここにまず司教座聖堂が建設されたことの傍証となっている。

ではなぜ司教座聖堂の場所は移されたのか。五〇〇年ころにフォルムに司教座聖堂が建設されたとき、フォルムはすでに放棄されていたか、あるいはおそらく何らかの別の機能に転用されていた可能性が高い。かつてのフォルムには使用可能な十分な空間と資材があったこと、さらに、都市領域の中でのこの空間の特権的性格がまだ人々の記憶に十分に残されていたことが、町にふさわしいより豪奢な司教座聖堂を建設しようと人々が考えたとき、この場所が選ばれた理由だったのであろう。劇場の区域は、たとえ都市領域内であっても、辺鄙で質素な界隈であったはずである。

アルル *Arelate* において[9]は、最初期の司教座聖堂は都市領域の南東の端、城壁沿いの区域に存在し、ある時期に中世期以降の司教座聖堂サン＝トロフィームの場所に移行されたと現在推定されている。サン＝トロフィーム聖堂は、古代のフォルムに隣接した場所に建つ。一方、城壁の南東角部分の内側に位置している中世の修道院サン・セゼールは、司教カエサリウスが六世紀初めに創立した女子修道院を起源とすると考えられており、カエサリウスが五四二年に死去したすぐ後に記された『聖カエサリウス伝 *Vita S. Caesarii*』によると、女子修道院は先に存在していた教会 *ecclesia* の横に建設された。[10]この記述が、最初期の教会がこの場所に存在したと考える第一の根拠となっている。現在、サン＝セザールの敷地内に、古代末期に遡りうるキリスト教遺構が少なくとも三つ発見されている（図4）。ひとつは、城壁のムルグ塔直下に一九三二年に発見された小聖堂の遺構であり（図4―1A）、二〇〇九〜二〇一一年に発掘調査の対象となっている。遺物から紀元後四世紀後半に年代決定されているが、その規模の小ささから発掘者M・ヘイマンスは私的礼拝堂ではないかとする。その北にやはり比較的小規模のアプシスを持つ遺構の一部が発見されており（図4―1C）、二〇一二年に発掘調査の対象となった。五世紀から六世紀初頭においては矩形の建物であり、遅くとも七世紀初頭にアプシスが付け加えられている。さらに、二〇〇三〜二〇〇四年、アプシスの幅が二〇メートルの規模を持つ非常に大きな聖堂遺構が、サン＝セザール敷地内、前述の二遺構の北側に発見された（図4―1B）。多数の色大理石で飾られた荘厳な建造物であるこの遺構について、六世紀の前半、つまりカエサリウスの時代に帰すことができる考古的資料は、多くはないにしてもある程

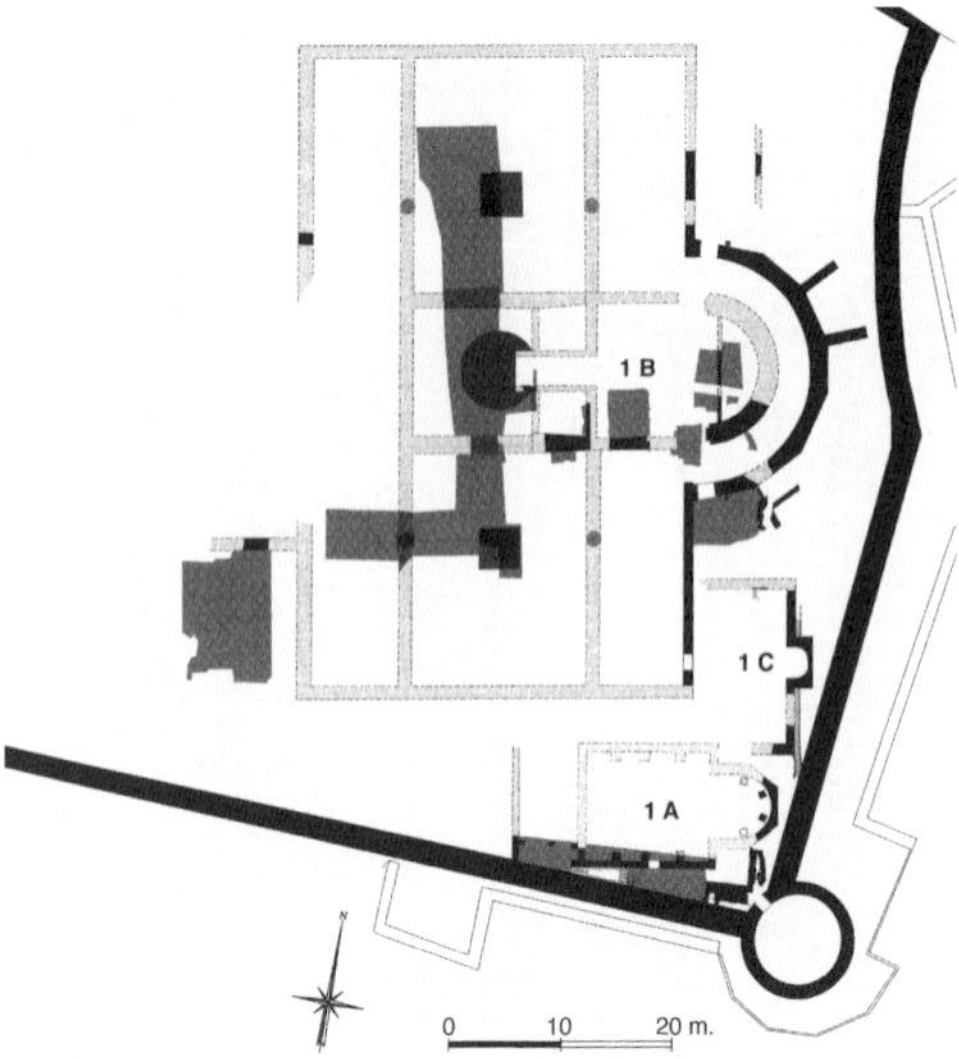

図 4.　アルルのサン・セゼール敷地内の発掘調査の平面図
TCCG, XVI, 2014, 41.

度そろっている。一方、四世紀に遡る壁体が発見されているが、その時代にキリスト教の礼拝のための建物であったのかどうかは定かではない。聖堂として少なくとも九世紀までは使用され続けていたことが、多くの改修の痕跡から分かっている。その規模と装飾の豪華さは司教座聖堂に相応しいが、そう同定することに問題はないのか、女子修道院の遺構はどこであるのか、四世紀のアルルの司教座聖堂はどこであるのか、いつの時代からサン＝トロフィームの場所の聖堂が司教座聖堂となったのか、M・ヘイマンスは数多くの疑問に対する結論を現在のところ保留にしている。発掘調査はいまだ継続中である。

次は、古代末期に都市領域が分裂し、あるいは移動する例である。

ヒエロニムスの異端者ウィギランティウスの糾弾の際のコメントから紀元前七二年に建設されたとされるコマンジュ *Lugdunum Convenarum* の都市領域は、現在の町のある丘の下、北側に、ガロ

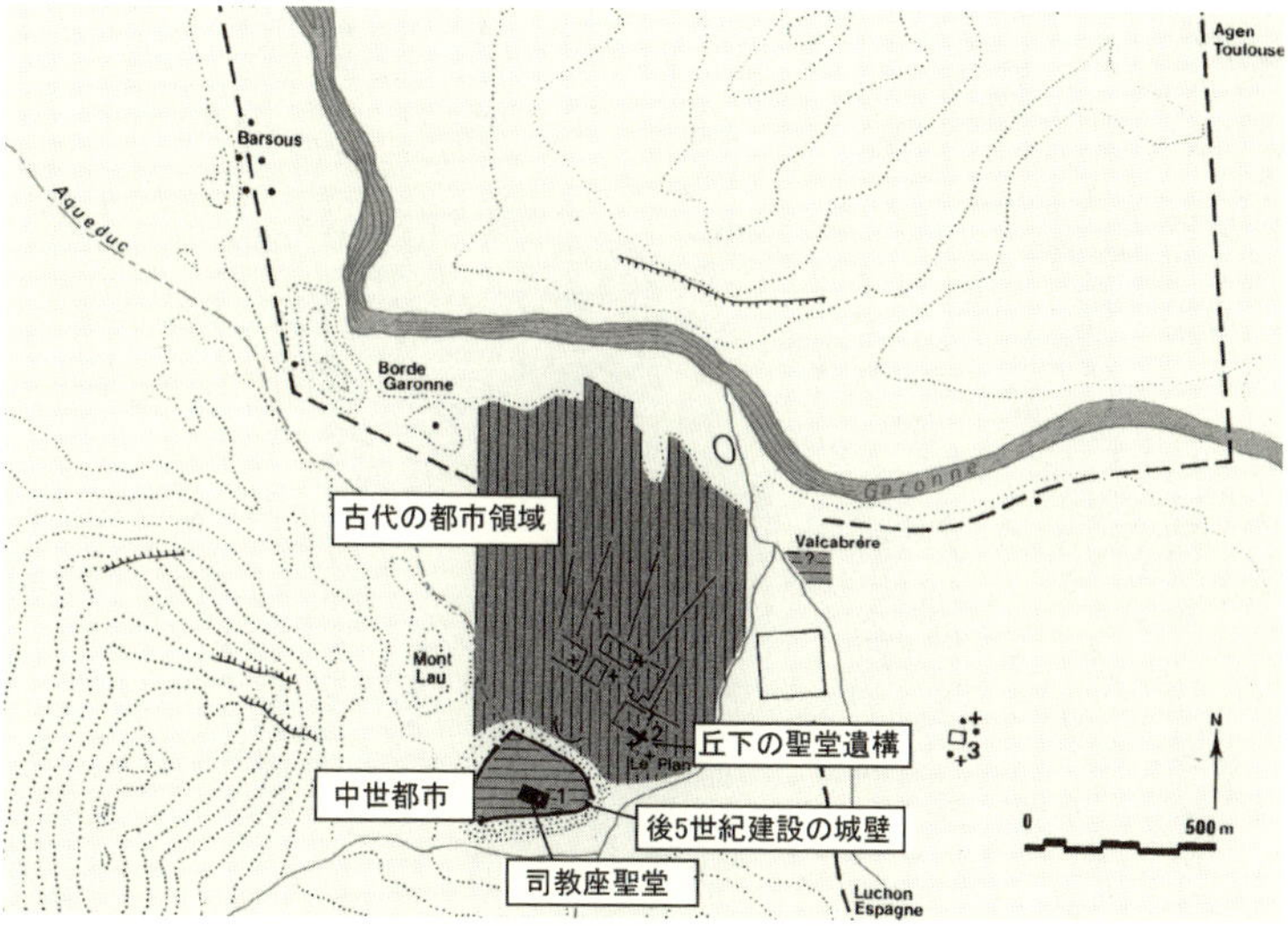

図5.　サン・ベルトラン・ドゥ・コマンジュ
Pulchra Imago : *fragments d'archéologie chrétienne : Exposition du 30 mars au 11 novembre 1991*, Saint-Bertrand-de-Comminges, 1991, 23.（日本語追加）

ンヌ河までの平らな地帯に広がっていた（図5）。考古学的に町の最初の発展が残されているのは紀元後二〇年頃であるが、二世紀には五〇〇〇人から一万人の人口をもつ中規模の古代都市となっていた。[11] 三世紀末ないし四世紀初めにノウェンポプラニアに編入され、四一五年、トゥールーズを首都に西ゴート王国が成立すると、四一八年にノウェンポプラニアも連邦となる。この出来事は行政的・経済的システムをそれほど変更させなかったとされる。ただし、この時期に丘の上に城壁が作られたのはおそらく偶然ではない。[12] 丘上の城壁は最初の建設が五世紀に遡ることが発掘調査から明らかにされている。[13] 五世紀以降、城壁内に人々は移り住み、おそらく現在の司教座聖堂の場所に城壁内の最初の司教座聖堂が建てられたと推定されている。(14)トゥールのグレゴリウスによると、五八五年、王位継承権を主張するゴンドバルドが城壁の中に立てこもり、教会*ecclesia*にて、賛同者たちがゴンドバルドを引き渡すことを決める話し合いが行われた。ブルグンド王ゴントランの軍は街の住民を皆殺しにし、聖職者たちも教会の中で惨殺し、街全体に火をつけ全てを破壊したと語られている。一方、古代末期に丘の下の古代の町が完全に放棄されたわけではなく、いくつかの地区では再建、拡大、整備が五〜六世紀を通して行われている。五世紀前半、丘の上の教会と同じ時期に、「古広場*forum uetus*」の南沿いに位置するインスラの中に、キリスト教聖堂が、どちらかというとひそやかに、住宅網の中に溶け込んで、建設されている。この区域は五世紀にはいまだ壮麗に整備された建物がひしめいていた。聖堂遺構が発見されたのは一九一〇年代であるが、当時の発掘調査は四世紀初めにその建設年代を位置づけたため、研究が充分でなかった一九五〇年代までの時代、フランスの最古キリスト教遺構として常に引用される存在となっていた。その見解が広く受け入れられたのは、歴史文書に現れる町の古い歴史ゆえであったのだろう。実際にはバシリカの建設はもう少しあと、最近の発掘によれば五世紀前半に推定されている。(15)

この丘下の聖堂が長い時代にわたって使用されていたことは確かであり、数多くの改修の痕跡が残されている。建設当初は全く都市的環境の中に設置されていた聖堂であるが、次第に郊外の埋葬的機能をもつ聖堂へと変化していっている。六世紀後半から七世紀初頭頃と推定される装飾つきの

写真1.　2004年にサン・ベルトラン・ドゥ・コマンジュで発見された祭壇断片

石棺他、多くの墓が聖堂内から発見されており、炭素一四による年代測定によって、七世紀前半から一二世紀初頭までの幅広い年代にまたがる墓の存在が明らかになっている。また石棺と同じ様式の装飾を持つ、少なくとも二体の祭壇に復元できる三つの祭壇断片が丘上の聖堂の周辺から発見されており（写真1）[16]、ゴントラン軍による焼き討ちの前あるいは直後の時代に、これらふたつの聖堂を対象とした聖堂内部の再整備の活動が活発に行われたことがわかる。

よって、コマンジュでは五世紀に丘の上と下に町が分かれ、それぞれが住居網の中に教会堂を持ち共存しており、丘下の教会は埋葬的性格をその後強めながら初期中世を通して存続していたという状況が浮かび上がる。最初に名が知られているコンウェナエの司教は

写真２．リエズの司教座聖堂遺構とサン・マクシムの丘

五〇六年のアグドの教会会議に署名されているスアウィスであるが、ウィギランティウスについてのヒエロニムスのコメントなどから、多くの研究者たちは司教座の起源を四〇〇年ごろと推察している。丘下の聖堂は五世紀初頭に都市領域の中に司教座聖堂として建設されたのか、グレゴリウスが語るところの五八五年の事件の舞台となる丘上のエクレシアはいつ建設されたのか、このふたつの聖堂の当初の位置づけはどのようであったか、重要ないくつかの背景は現在のところ明らかではない。

古代の都市領域が次第に閑散化し、人々が高台や城壁内に移り住む現象はガリアの各地に知られている。これまで集落が存在していなかった高台に新しく集落が作られることもあれば、ローマ支配以前のオピドゥムを再整

写真 3.　発掘調査（2011 年）が行われているリエズの洗礼堂

備して居住することもあった。

　ガリア人レイイ族の中心都市であったリエズ[17]は、フレジュス、エクス、ディーニュからの街道の交差地にあるローマの植民市として栄えた。ローマ時代の都市領域を見下ろす丘（のちのサン・マクシマンの丘）には、レイイ族のオピドゥムがあったと推定されている（写真2）。古代の都市領域は城壁を持たず、南アルプスから流れ込む豊富なふたつの川にゆるやかに縁取られ、領域内にはフラウィウス朝時代の建設の浴場の遺構が二カ所に発見されている。そのうちのひとつ、都市領域の南部分に位置した浴場は、ガリア・ナルボネンシスで最も大きな浴場のひとつであり、司教座聖堂と洗礼堂（写真3）はその敷地上に建設されている。

　一九六〇年代から行われてきた発掘調査に

よって、聖堂と洗礼堂の建設時期は五世紀と推定されており、リエズに司教座が創設された時期（おそらく五世紀初頭）からそれほど下らない。聖堂は浴場複合体の東部分、おそらく運動場*palaestra*であった大きな部屋の壁体基礎を、洗礼堂はフリギダリウムの壁体基礎を、それぞれ用いながら建設されている。直前まで浴場は機能していたのか、あるいはその前に放棄されていたのかは発掘では明らかにされていない。ただ、洗礼堂は水を引き排出する設備を必要とするため、古代の浴場の敷地に聖堂を建設する例は少なくない。(18)

東の浴場とその周辺の居住地は、早ければ三世紀末に放棄されており、この浴場から司教座聖堂までの区間には、四世紀から七世紀の間に年代が帰される墓が、ときには広い範囲に密集した状態、つまりネクロポリスの一部と解釈してもいい状態で発見されている。古代末期の都市領域の広がりは明確ではないが、司教座聖堂の東側、すなわち都市領域の南東部分はもはや居住地ではなくなっていたと見做されるべきであろう。

一方、五世紀には城壁を備えた集落*castellum*がおそらく丘の上に発達していたことが司教マクシムス伝の記述から推定されている。(19)現在丘の頂上に立つサン＝マクシム聖堂は一七世紀の建設であり、それ以前の時代についての物質的痕跡は何も知られていない。発掘調査などは現在まで行われていない。サン＝マクシム聖堂は司教マクシムスが丘上の城塞集落内に建設した聖アルバヌスに捧げた聖堂を引き継いでいるのか、あるいは司教マクシムスの遺骸がおさめられた聖ペテロに捧げられた聖堂を引き継いでいるのか。

リエズの司教については、四〇〇年から六五〇年まではほぼ全員の司教の名（七人）が知られるのに対し、六五〇年から九五〇年の間にはふたりの司教の名が知られているのみであり、歴史的空白期となる。この空白の期間、最初の司教座聖堂がどのような状態であったのか、周辺に集落が存在したのか、司教座はサン＝マクシムの丘に移されていたのか、こうした疑問はいまだ解明されていない。古キリスト教時代の司教座聖堂はロマネスク期に改築されて、聖母に捧げられた小司教区教会として文書に現れる。一五〇〇年に中世の城壁沿いの場所に新しく司教座聖堂が建設された時期、最初の司教座聖堂は破壊されて墓地となる。

このようにリエズでは、都市領域と司教座聖堂の位置が時代を通したえず変化していたことがうかがえる。五世紀に古代都市領域の端に司教座聖堂が建設されたが、それほど時をおかずにその場所周辺が埋葬の領域となっていたこと、五世紀におそらく丘の上に城壁を備えた集落が存在していたということ、それらが現在のところ判明している古代末期の重要なトポグラフィーの変化である。しかしどの時代まで司教座聖堂は丘下の古代都市領域にとどまっていたのか、古代末期に都市領域と埋葬領域はどのように変遷したのか、丘上の集落はどこにあったのか、丘下の集落はその後どのようになったのか、明らかになっていないことは数多い。

たとえば、一九六〇〜七〇年代および二〇〇〇年代の発掘により組み紐模様を基調としたカロリング朝期の浮彫装飾が施された石材彫刻の断片が少なからず出土しているが（写真4）、一方で遺構自体には七世紀から一二世紀の間の考古学的層位は何も残されていない。リエズの最初の司教座聖

写真4.　リエズの司教座聖堂遺構の2006年の発掘調査で出土した彫刻断片

堂が丘下集落の教会としてロマネスク時代まである程度継続して使用されていたのかどうか考察するにあたり、これらの典礼備品石材断片がほぼ唯一の痕跡となっている。実際、聖堂の五世紀の床位置とロマネスク時代の床位置はほとんど変わらず、アプシス内に残された典礼設備の痕跡は、六〇年代の発掘では古代末期のものと見なされていたが、近年の発掘によってロマネスク時代のものである可能性も検討されている状況である。

　古代末期に都市の境界が揺らぐ問題は、同様にディーニュにも指摘される。ディーニュ *Dinia* は、ボディオンティキ族の中心都市であった。中世には、一三世紀建設の現在の司教座聖堂ノートル＝ダム＝デュ＝ブルグの周辺、およびその西方に位置する丘上に、ふたつの集落が存在した。川の沖積によって、古代都市の痕跡は非常に少ないが、司教座聖堂の敷地および周辺に綿密な調査が近年行われ、都市領域についてのある程度の情報が提示されている。丘上の区域には古代の痕跡は何も

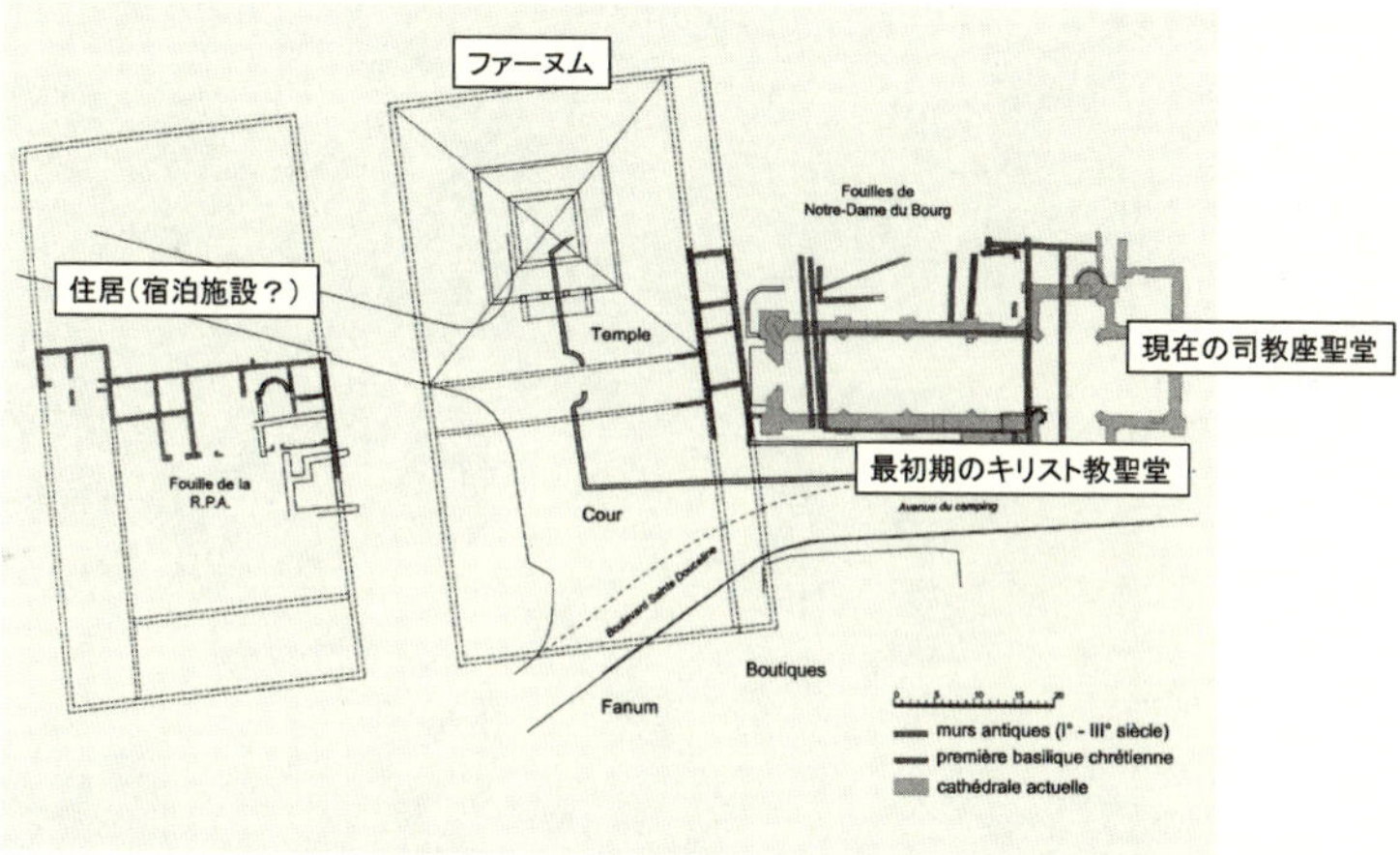

図6.　ディーニュの司教座聖堂ノートル＝ダム＝デュ＝ブルグの西側の古代構造物の復元案
G. Demians d'Archimbaud *et al.*, *Notre-Dame du Bourg à Digne*…, fig. 13.（日本語追加）

発見されていない。

現在の司教座聖堂ファッサードの西側に、紀元後一世紀建設の壁体部分が発見されている（図6）。この壁体はケルト伝統の神殿であるファーヌムの一部ではないかと推定され、さらにその五〇メートルほど西方には暖房設備をそなえた同時代の大型の住居が、一方聖堂から一五〇メートル東方にはやはり同時代の居住区域が発見されており、紀元後一世紀から三世紀の間、この場所は大規模な建築活動の一環にあったことがわかる。一方、三世紀より後の居住地は何も発見されておらず、おそらくこの地区は都市領域の端に近い場所だったのではないか、三世紀末までに町は縮小し、住宅はほぼ廃墟となり、この場所は町の領域の周辺外側に位置していたのではないか。三世紀末から四世紀初めに、現在の聖堂の北に位置する場所に小さな墓

写真 5.　ディーニュの司教座聖堂地下に保存されている初期キリスト教時代の至聖所の遺構

廟が建てられているが、[20] 五世紀までにこの墓廟は小さな聖堂となり、その南、つまり現在の司教座聖堂の位置に、広い典礼空間を備える聖堂が建設される（写真5）。初期中世を通し、南聖堂はさらに空間を拡大させて発展を続ける一方、北の聖堂は一〇世紀頃に放棄されている。[21]

古代末期のこの場所の聖堂は司教座聖堂であったのか、明確に結論付けることは結局のところできない。紀元後一世紀建設のファーヌムは五世紀までに神殿としての機能は徐々に放棄されたらしい。都市領域の境にあった古い神域の横にまず墓廟が建てられ、五世紀以降に「双立教会」の形状を持つ教会堂となり、その後発展・変容し、初期中世においてこの地方の司教座の中心の場所となったという発展の様相が、少なくとも現在導き出されるであろう。

ローマ支配以前のトポグラフィーも、古代都市の変容の過程でひとつの成因となる。

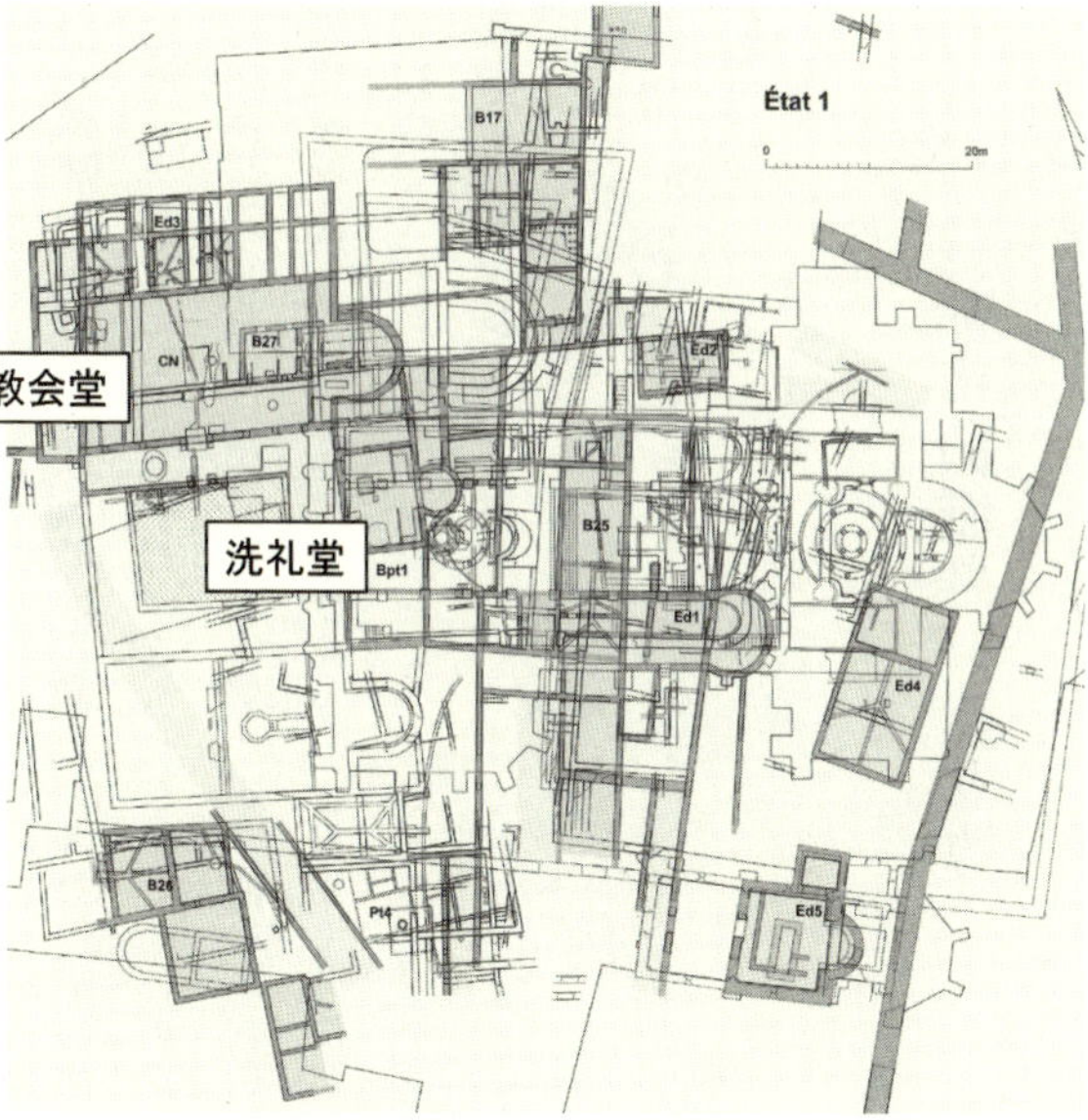

図 7.　ジュネーブの司教座聖堂群（380—400 年頃）
Ch. Bonnet et coll. A. Pellex, *Les fouilles de la cathédrale Saint-Pierre de Genève*…, fig. 6.（日本語追加）

ジュネーブの司教座聖堂の下には、アロブロージ族の集落、さらにローマの住居の痕跡が積み重なっている。[22] ジュネーブの最初の集落は紀元前一三〇～一二〇年ころに確認され、最も高い丘に柵で囲まれた一種の砦が、下の段丘には神殿を中心とした小集落が発達し、そこにはおそらくアンブロージ族の英雄の墓であっただろう古い墳丘にくりぬかれた墓も存在した。帝政初期はローマ都市ニヨン近くの副次的集落 *vicus* であったが、おそらく四世紀初めに都市

civitas に格上げされる。

司教座聖堂は、帝政後期の規模の大きな住宅の住居網に従いながら建てられている。四世紀中ごろ、礼拝対象となっていた考えられる墓を囲む小堂がまず建てられ、その上に三八〇年頃に聖堂が、その南に洗礼堂が建てられた（図7）。明確に古代の都市領域内に建てられた司教座聖堂が埋葬用の聖堂を起源とすることはヨーロッパではあまり例がなく、どのように解釈すべきか問題は提起されるにとどまっている。[23] おそらくローマの都市領域としての歴史は短く、ケルト時代の英雄の墓への崇敬の伝統を長く引き継ぐ土地であったがゆえ、例外的な発展の形が可能になったのだろうか。洗礼堂は古代の神殿の基礎のほぼ上に建てられており、発掘者シャルル・ボネは過去からの継続を強調し、かつての聖なる場所の記憶を残そうとする意図が中世までも引き継がれていったと述べている。

二　都市領域外バシリカ

古代末期には、古代社会の墓地への概念、つまり、死者は居住地の外に埋葬され、また埋葬は家族の領域に属するという概念は基本的に継続していた。とはいえ、古い墓地は放棄され、あるいは中断されてまた再開され、新しい墓地の区域が生まれ、埋葬の領域は絶え間なく変化していた。

司教などの聖職者あるいは特権的な個人が自分や家族や仲間の埋葬ために聖堂を建築し、その聖堂にはそれぞれが望む聖人の聖遺物が収められ、そしてその聖堂内や周辺に聖人の加護を求める人々の墓が集まってくる。こうした現象は、ガリアの数多の町の周辺に顕著に認められる。都市領域外の埋葬用バシリカは、五世紀から七世紀までの時代に最も特徴的なキリスト教的現象であると見做すことができるであろう。聖人に捧げた聖堂は多くの巡礼者たちをひきつけ、さらなる埋葬バシリカや修道院が建設されて成長していく。

ローマのカタコンベは迫害されたキリスト教徒たちの礼拝の場であったとかつて空想的に解釈されていたが、ガリア地方の町についても、最古のキリスト教徒コミュニティーの礼拝の場はまず町の外の殉教者が葬られていた墓地にその起源があるのだと見做す伝統が存在していた。しかし実際には、聖人崇敬が活発になるのはガリアにおいては六世紀以降であり、都市領域への司教座聖堂の創設の時代から少し遅れる。

クレルモンは、特にこの伝統的見解を根強く支持させる歴史資料の存在のために、最初の司教座聖堂が城壁外の「キリスト教徒の地区 *vicus christianorum*」にあったと長い間考えられてきた。[24] トゥールのグレゴリウスの語るところでは、迫害の時代、異教神殿に仕えるウィクトリヌスがカシウスによってキリスト教に改宗し、ふたりともども殉教したのがこの場所であった。考古調査が明らかにしたところによれば、この地区には帝政初期・中期から墓地が存在していた。町の東、リヨンへ向かう街道沿いの墓地が古代末期に次第に放棄されるにつれて、さらに墓がこの地区に集まるようになっていき、六世紀には非常に密に聖人に捧げられた埋葬用バシリカが立ち並び（図2）、司

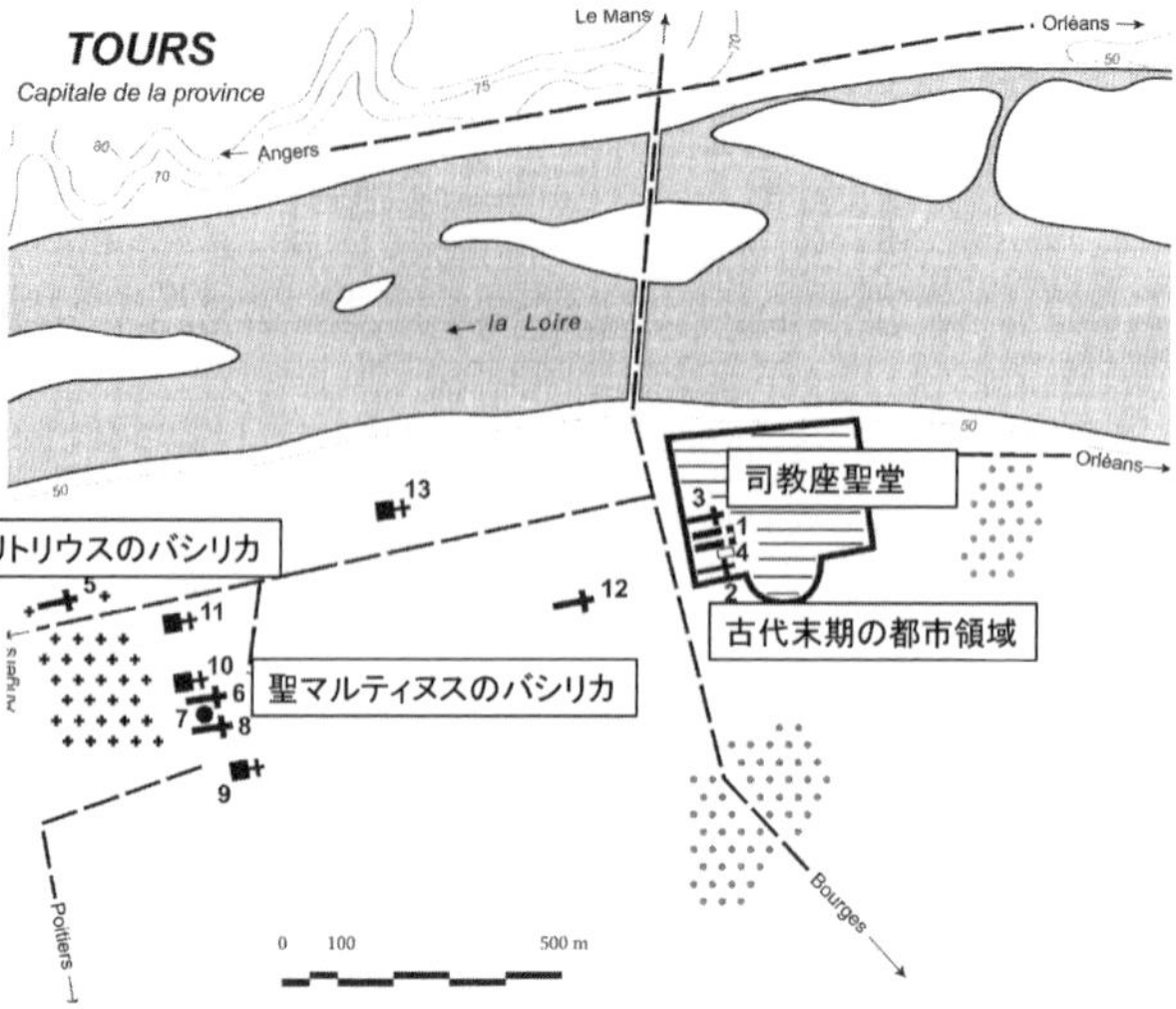

図８．古代末期のトゥール：*TCCG, XVI, 2014, 670.*（日本語追加）

教たちや信徒たちはバシリカの中やまわりに墓を設けていった。この場所の重要性は疑う余地がない。ただ、歴史資料をより詳細に再検討したCh・ピエトリの研究以降(25)、最初のキリスト教徒コミュニティーの典礼の場所をカシウスが殉教した場所に置こうとする伝統は、実際には根拠はないと判断された。六世紀に城壁外に洗礼堂が存在していたことが知られているが(26)、おそらく「キリスト教徒の地区」に司教らの墓をおさめた多数のバシリカが立ち並び、巡礼の中心地となった以後に、巡礼者らの要望に応えて洗礼堂が建てられたのではないかという推定が可能であろう(27)。

実際、トゥールの城壁外の聖マルティヌスの墓の上に建てられた巨大なバシリカを中心とした複合建築体には、洗礼堂が備わっていたことが知られている。

三世紀末から四世紀前半、トゥールの市街地の規模は縮小されて城壁が築かれたが、司教リトリウスが最初の教会*ecclesia*を建設したのはおそらくその城壁内であった（図8）。[28] 一方、最初の城壁外バシリカは元老院議員の家をリトリウスが改装して建てたバシリカ*Basilica sancti Litorii*であり、そこにリトリウスの遺骸が葬られた。[29]

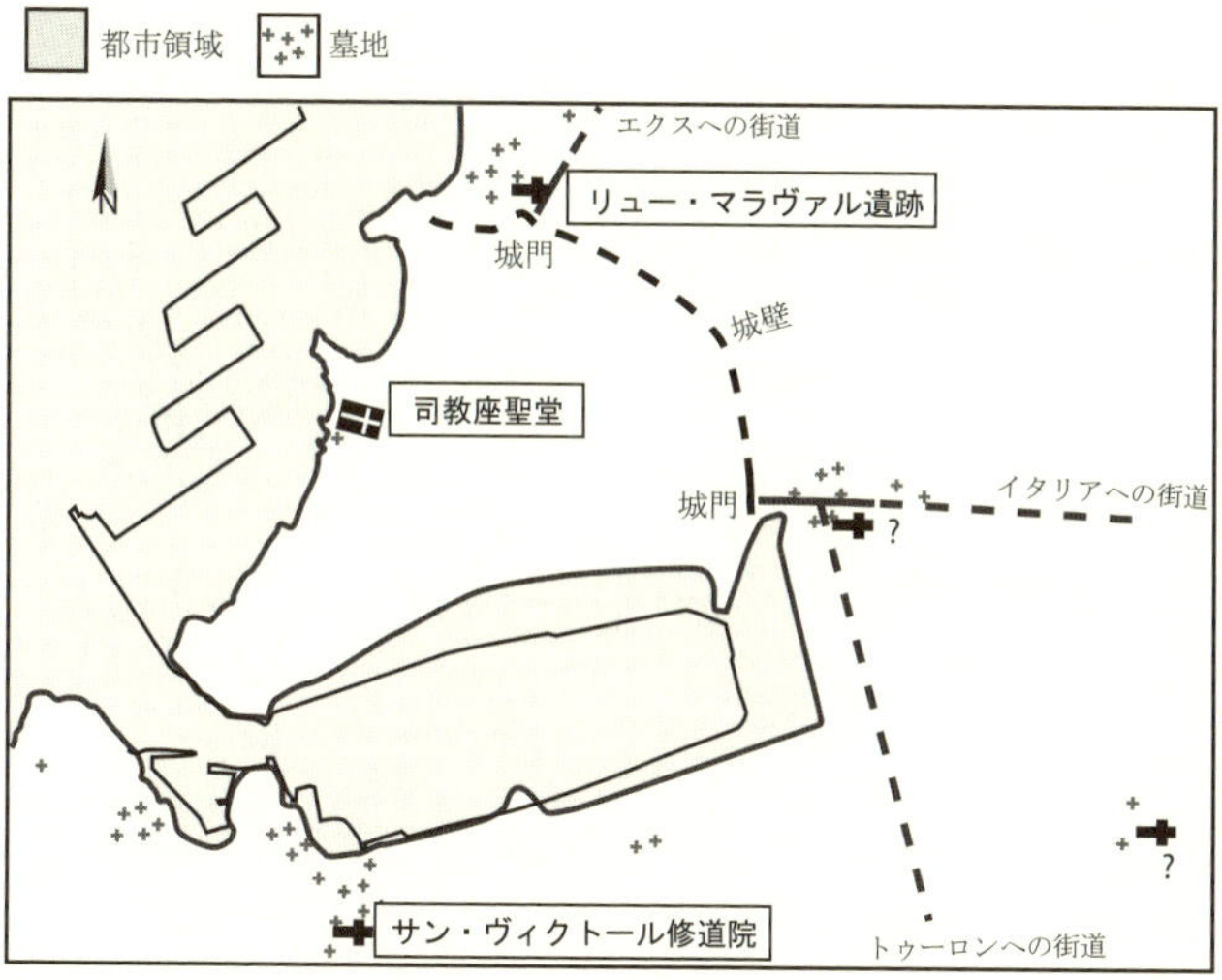

図9.　古代末期のマルセイユ

聖マルティヌスは自らの希望によって郊外の一般墓地に葬られたが、次の司教であるブリクティウスは、マルティヌスの墓を囲む小さな建物を立てる。その三〇年後、司教ペルペトゥウスは巨大なバシリカをそこに建設し、その際に洗礼堂がそのバシリカに付属して作られた。その後バシリカに新しい洗礼堂が建設されて、グレゴリウスはこの古い洗礼堂を聖ベニグヌスに捧げた礼拝堂とした。[30] こうして発展していったサン・マルタン聖堂は、ガリアでとりわけ多くの巡礼者が訪れる聖地であり、周辺には数々の聖堂、修道院、宿屋、さらには墓地が建設されていき、信仰の一大地区が形成されていく。

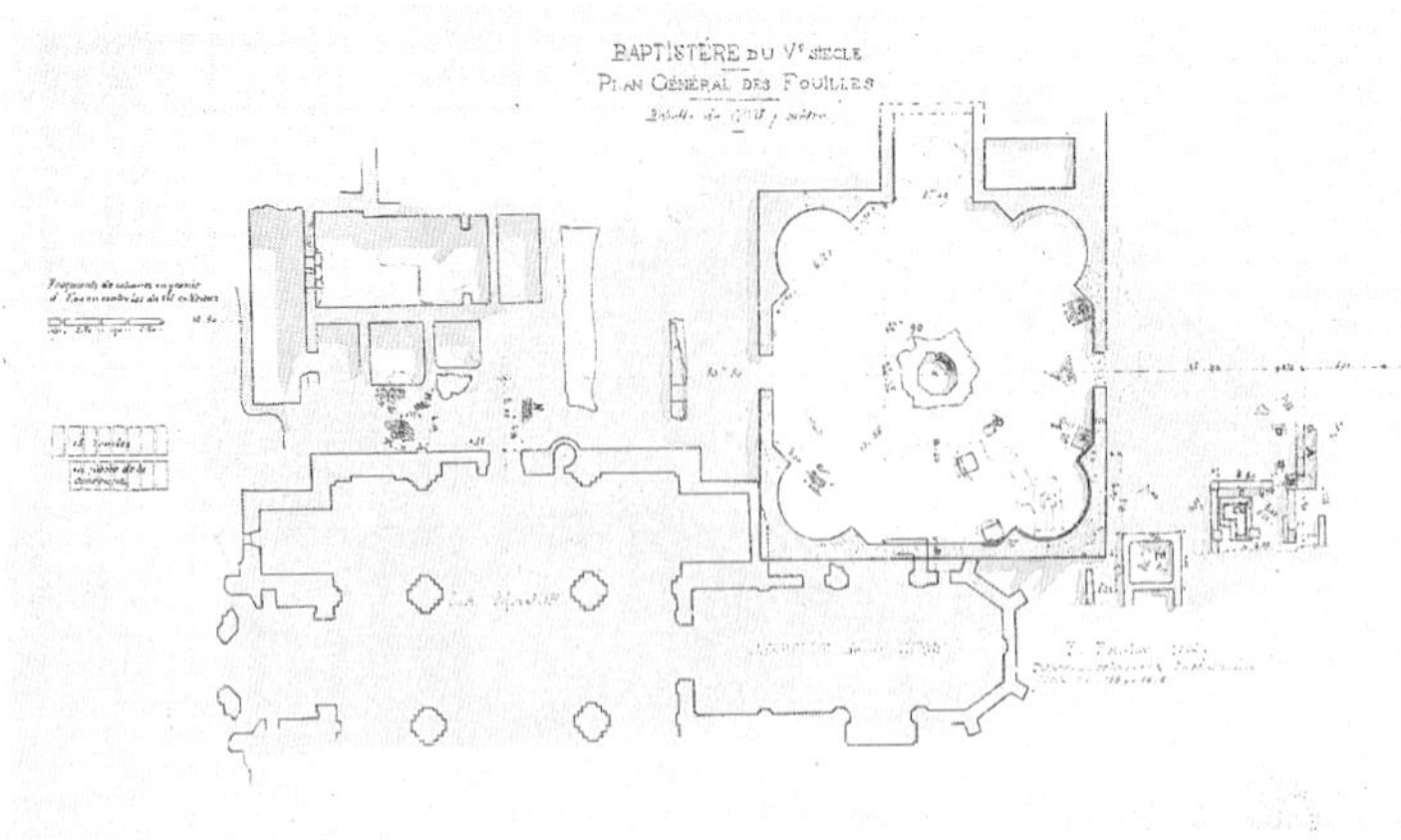

図 10.　マルセイユの司教座聖堂の 19 世紀初頭の発掘の平面図　F. Roustan, *La Major et le premier baptistère de Marseille*, Marseille, 1905, pl. 4. 南（図の左端）に 15 体の石棺

マルセイユでは古代の都市領域は海と入り江と城壁によって明確に区別されている（図9）。城壁外は、ヘレニズム時代から初期中世までの墓地がぐるりと取り囲んでおり、特に古代末期の時代については、ラシドンの入り江の南対岸の領域に数多くの墓が発見されている。そして、城壁の門のすぐ外および入り江の南対岸に、複数の古代末期の埋葬バシリカが建設される[31]。

城壁内には、五世紀ないし六世紀に建設された司教座聖堂の基礎が、ロマネスク時代建造の司教座聖堂の下に発見されている。その巨大で壮麗な洗礼堂は、一八世紀末までロマネスク聖堂の脇に残存していた（図10）。海から美しく眺望されるこの場所は、ギリシア時代の神殿の場所を引き継いだという見解が提示されているが、証明は難しい[32]。一九世紀初頭の発掘において、古代末期の司教座聖堂の身廊の南に一五体の地元産石灰岩製の石棺

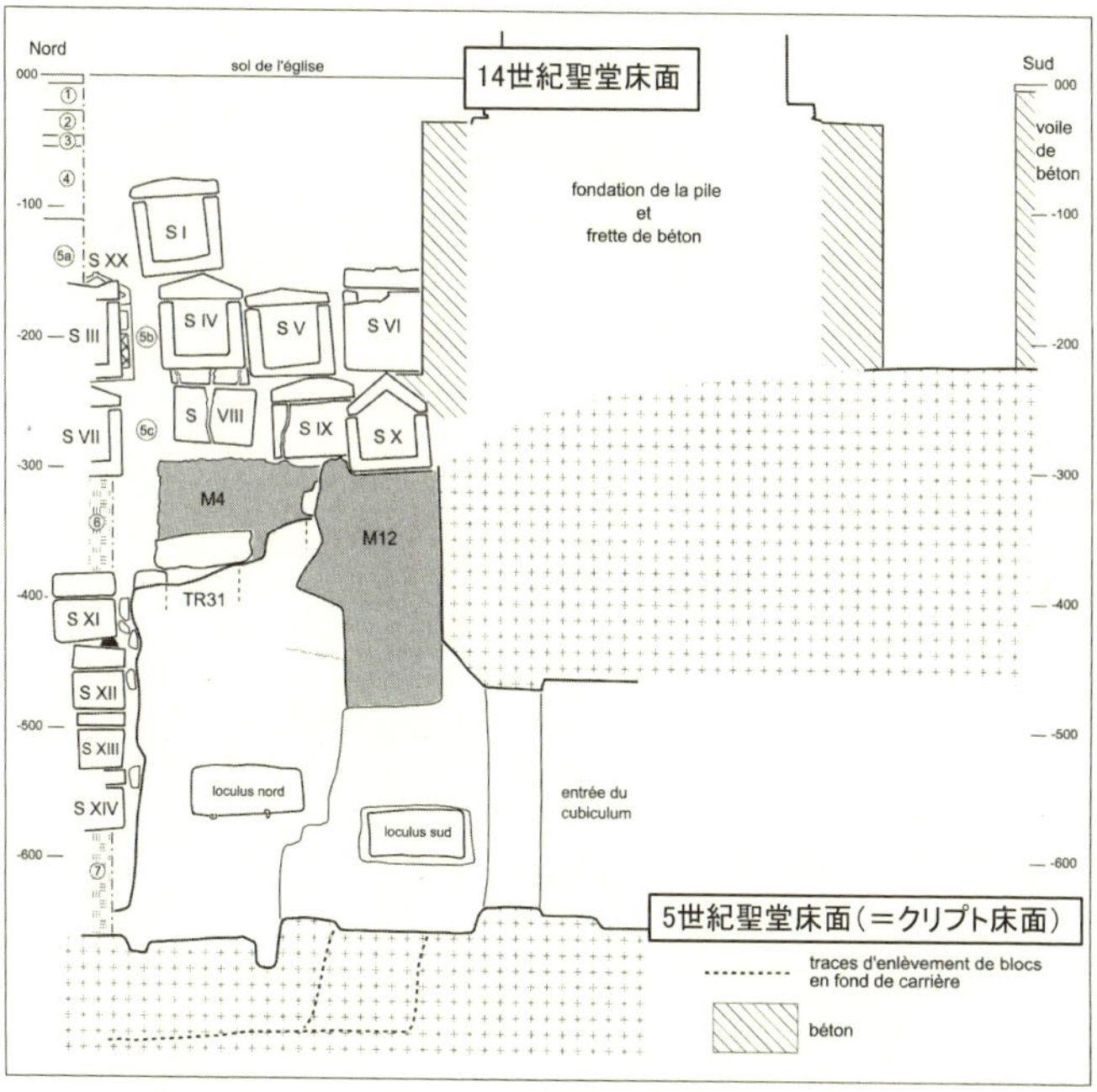

図 11.　マルセイユのサン＝ヴィクトール修道院教会の 1970 年代の発掘によって発見された初期キリスト教時代の石棺の出土状況を記録した立面図
M. Fixot, J.-P. Pelletier, *Saint-Victor de Marseille*..., fig. 178（日本語追加）

の存在が記録されている。これらの石棺は非常に規則正しく並べられ、形態から五～六世紀の墓と推定される[33]。ガリアにおいてこの初期の時代に都市領域内に墓が設けられた稀な例のひとつであるが、埋葬領域が限られているというマルセイユの事情と、聖職者や特権的人物に限られた「アド・サンクトスの埋葬（聖人の近くへの埋葬）」であったということが、背景として考えられるであろう[34]。

　マルセイユでは、ふたつの城壁外埋葬バシリカが綿密な発掘調査の対象となっているが、アド・サンクトスの埋葬が双方にきわめて顕著である。それぞれの聖堂内部と周囲には数多の墓が積み重ねられている。

入り江の南対岸に建つサン・ヴィクトール修道院教会は、古代末期の埋葬バシリカをクリプト部分に組み込みながらゴシック期に再建築されている。教会の立つ場所は、もともとは石切り場であった崖地であり、そこに古代末期に墓地が広がっていた。崖に掘り抜かれた墓室のひとつが、現在クリプトで最も崇敬されている聖ヴィクトールの墓のあった場所とされる洞窟である。古代末期の埋葬用バシリカは、中世の聖堂とは異なり、南向きであり、南の方形の至聖所に祭壇が置かれていたと推定される。祭壇空間の直前（北）の空間には最も特権的な人物が埋葬され、また、至聖所の後方（南）、バシリカの入口など、石灰岩の崖であった場所に、高く何段にも石棺が積み重なっている状況が発見されている（図11）。

一方、マルセイユ城壁外にやはり五世紀に建設されたもうひとつの埋葬バシリカが、二〇〇四年のリュー・マラヴァルの発掘調査において発見された。トゥールのグレゴリウスが語るところの聖ステファヌスに捧げたバシリカ *Basilica sancti Stefani* ではないかと推測されているが、確かではない。三〇〇近い墓がバシリカ内部とその外壁周囲に出土しており、特にアプシスの内部とその周辺に集中している。アプシス内には、鱗模様の浮彫の装飾を持つ大理石板で囲まれたふたつの墓を内包した小建造物が祭壇の北に立ち、おそらくこのバシリカの創設者であった人物の墓ではないかと推測される。このバシリカは、七世紀に放棄され、放棄の際、祭壇下の聖遺物だけが回収されている。[35]

三　田舎環境

都市郊外に建立された埋葬用バシリカが、五世紀から七世紀の時代にきわめて固有のキリスト教聖堂の形態であるとすれば、古代都市からさらに離れた場所に建てられていく聖堂は、中世的環境の形成へとつながる重要な要因となっている。都市と都市の間の空間、田舎環境の領域についてつづいて概観する。[36]

田舎環境のキリスト教化は、都市区域よりも数世紀遅れて本格化したと考えられている。古代末期から初期中世へ、田舎環境の居住形式は多様であり、また絶えず姿を変えていた。キリスト教聖堂が建設される環境は、ローマ時代の副次的集落 *vicus* や、あるいはヴィッラ *villa* などの古代の居住形態から引き継がれる空間であったり、あるいはケルト的なオピドゥム形態への回帰に伴う集落の空間であったり、あるいは特権的個人が自らの領地に建設した礼拝堂であったりした。[37]

ノラのパウリヌスの書簡（特に *Epistula 32*）により知られている、スルピキウス・セウェルスが建設した私的聖堂 *ecclesia domestica* は、聖職者が自らの領地に建設した修道院的性格を持つ聖堂であった。並行するふたつのバシリカ式聖堂と洗礼堂を備えており、V・サクセルは、もしもその後の動乱期に破壊されなかったならば、小教区教会となっていたかもしれない司教座聖堂に近い性格を

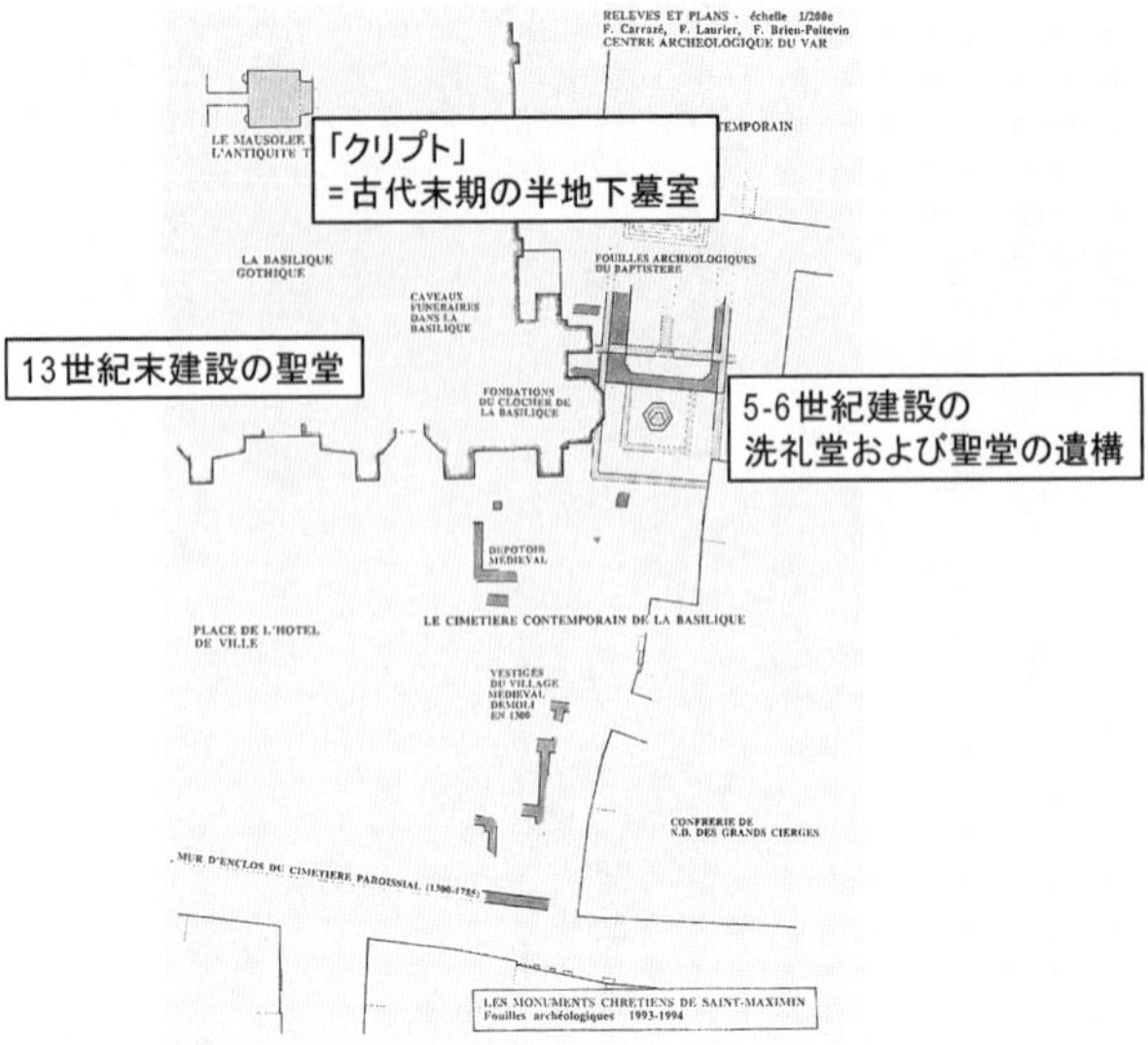

図12.　サン＝マクシマンのサント＝マリー＝マドレーヌ聖堂周辺に発見された古代末期の聖堂と洗礼堂の1993–1994年の発掘の平面図
Fr. Carrazé 作図（日本語追加）

持つ複合体であったとしている。(38) 聖マルティヌスがこうした最初期の小教区教会的性格の聖堂をもはやいくつかの村 *vici* に建設していた。(39)

実際、五世紀から七世紀の期間、多様な性格の主導者によって田舎環境に聖堂の建設や運営が行われていた。歴史資料からは少なくとも三〇近くの田舎環境に建設された礼拝堂の存在が列挙できるとL・ピエトリは指摘しており、(40) こうした私的礼拝堂は確実に増加していた。五〇六年のアグド教会会議の第二一決議では、世俗特権階級の私有地に建てられた礼拝堂では、所有者の家族のためにミサを行うことができることが確認されている。(41) 多くの場合礼拝堂には司祭が所属し、定期的に礼拝をおこなっていた。一方で、司祭の任命や資産運営に関して自治を望む私的礼拝堂所有者に対して、教会側は自らの権限下にそれらを置くことを苦慮していた状況が、いくつかの教会会議の決議からうかがうことができる。(42) また、復活祭や聖誕祭のような主要なミサは、人々は司教座のある町まで移動し、司教座聖堂で司教とともに行なうことが求められていた。(43)

一方、考古資料としてはどのような田舎環境の聖堂の状況が確認できるであろうか。

現在のサン＝マクシマン（ヴァール県）の巨大なゴシック聖堂は、一二七九年にカルロ二世により発見された半地下墓地の上に建設された。現在「クリプト」と呼ばれているその地下墓地には見事な装飾浮彫を持つ四体の大理石製石棺が収められており、そのひとつはマグダラのマリアの墓であると考えられて崇敬の対象となってきたが、実際は、地元有力者が自分の領地に四世紀末に建てたおそらく家族墓であった。

一九九三年、現在の聖堂の脇に古代末期の聖堂と洗礼堂と遺構が発見され、発掘調査の対象となった。(44) 発見された聖堂は早ければ五世紀前半に地下墓地の三〇メートルほど南に立てられ、次いで、そのファッサードに隣接する形で五〇〇年頃に洗礼堂が建てられたと推定されている（図12）。一方、古代の小さな集落がサン＝マクシマンの現在の町の北西に、古代の墓地の痕跡が聖堂の近辺に発見されている。発見された聖堂は、おそらく半地下墓所を建てた地元有力者の一族がその墓の近くに建てた私的な礼拝堂であり、半世紀のちに洗礼堂が建て加えられて、小さな集落の小教区的な教会としての性格を持つようになったのであろう。建設当初、聖堂自体には埋葬用的性格はなかったようで、聖堂内に墓はひとつも発見されていない。しかし時代が下るにつれて洗礼堂の周辺

写真6．サン＝マクシマンのサント＝マリー＝マドオレーヌ聖堂の「クリプト」由来の線刻彫刻石板『イサクの犠牲』 *CAG 83/2*, Paris, 1999, fig. 828.

と洗礼堂内に墓地が広がって行く。洗礼堂はある時期から世俗用途となったらしく、床面にサイロが設けられている。聖堂はその後サン・ヴィクトール修道院の従属教会となり、その称号で一二世紀まで存続した。

なお、「クリプト」の南のアルコソリウムの支壁に張られていた線刻装飾を持つ四枚の石板（写真6）は、図像と様式から五世紀と推定される。おそらく古代末期の墓所ないし聖堂に由来し、一二世紀に聖堂が破壊されるまで聖堂内ないし周辺に伝わっており、破壊後もいずれかに回収されて保存され、ゴシックの聖堂が建てられたときに、クリプトに設置されたのではないか。この線刻彫刻の存在と洗礼堂の記憶ゆえに、一三世紀にこの場所が古い起源を持つ場所だとの認識があり、それが「聖人の墓」の「発見」という出来事を生んだのではないか、と推測することは可能であろう。

このサン＝マクシマンに発見された古代末期の聖堂と洗礼堂は、小教会区網が完成する以前の時代、司教の権限下にあるキリスト教徒コミュニティーの細分化と、田舎環境のキリスト教化が大きく進んでいた時代の、通常のミサ、洗礼、埋葬の機能を備える小教会区的性格の聖堂の例のひとつとして位置づけることができる。洗礼堂と墓地を備えた田舎環境の教会は、聖体の秘蹟、洗礼、埋葬というキリスト者の生涯の主要な儀式を果たす設備を備えていることになる。

ラ・ゲイヨル（ヴァール県）の一〇〇〇年頃に建設された聖堂の周辺には、古代末期の墓地と五世紀建設の小聖堂が発見されているが、洗礼堂は備わっていなかった。(45) この場所の六〇〇メートル南にローマ時代のヴィッラの存在が知られており、五世紀の小聖堂は古い墓地に建てられた埋葬用の私的な礼拝堂であったのだろう。聖遺物を収めるための窪みが設けられ、イエス・キリストのシンボルであるクリスモンと鷲の浮彫で飾られた五世紀の祭壇支柱（写真7）が伝わっており、典礼の執り行われる場所であったことが推定される。五～六世紀の墓がこの聖堂内外に密集しているが、初期中世後半には墓地の機能が途絶えたらしい。一一世紀の聖堂には、二世紀と三世紀のふたつの大理石製の装飾石棺が伝わっている。(46) 片方は神話主題、片方は田園生活を主題とした必ずしもキリスト教に断定できない宗教的に曖昧な作品だが、どちらの石棺も五世紀の碑文が刻まれ、キリスト教徒の埋葬のために再利用されたことがわかる。多くの再利用材が使われた一一世紀の聖堂は、特徴的なトランセプトを持ち、古代の石棺を一種崇敬の対象として納めるための特別なプランであっただろう。古代末期に墓地の中の私的な埋葬用礼拝堂であったこの場所は、数世紀の空白期間のの

写真 7．ラ・ゲイヨルのサント＝マリー聖堂に由来する 5 世紀の祭壇

ち、装飾石棺の存在から古キリスト教時代の信仰の場所として認識され、「擬古的」な礼拝堂として生まれ変わった経緯が推察される。

一方、古代の神殿をひきつぐ聖堂の例はそれほど多くない。異教神殿の破壊行為については、たとえばスルピキウス・セウェルスの聖マルティヌスの生涯には、マルティヌスが多くの異教神殿を破壊させたことが記され[47]、あるいは異教への礼拝の存続を嘆くアルルのカエサリウスの説教の中では、破壊された神殿を再建しようとする者たちのことが語られている[48]。ただし、考古資料として、ガリア地方には異教神殿を破壊したと明確に分かる例は存在していない。また、異教神殿の上にキリスト教聖堂を建てた例もガリアではほとんど知られていなかった。次に述べるルージャンの遺構は、破壊の状況は全く確認されないとしても、神殿の上に聖堂を建設した稀な例のひとつである。

ルージャン（エロー県）の中世市街地から北東に二・五キロほどのところにあるサン・ジャン地区に、一九八二年にローマ時代（紀元後一世紀）の三つの神殿を含む聖域遺構が発見された[49]。古代都市ベジエの周辺の田舎環境に位置し、聖域周辺には集落が存在していたことが発掘から明らかにされている。五世紀半ば頃から墓地が発達していき、三神殿のうちの北神殿の内部にも墓が設けられ、マウソレウムないしメモリアとして使われるようになった。最初期の墓がキリスト教徒のものかそうでないか、考古資料だけでは判断不能であり、また、墓がいつからこの場所に作られ始めたか明確にはわからない。ただ神殿での礼拝活動がもはやあまり行われなくなっていた時代であったと考えられる。北神殿内部の墓は炭素一四測定によって五世紀ないし六世紀初めと年代推定されている。六世紀後半から八世紀末の間の期間に、この北神殿は東側に半円アプシスによって拡張され、礼拝機能をもつ空間へと変換する。一方、アプシス建設に先立ち、遅くとも六世紀前半に、洗礼槽を中央に配する建物が、南神殿の基礎に重なりながら建設されている。アプシスや洗礼堂の周辺にさらに墓は増え続け、埋葬の機能は一〇～一一世紀まで続いていた。洗礼堂がいつまで使われ続けたのかはまったくわからないが、中世末期の聖堂がその上に建設されている。ルージャンが歴史資料に現れるのは九世紀末以降である。

発掘調査により、歴史資料には現れない古代末期から初期中世の田舎環境の洗礼堂が現在まで相当数発見されているが、そのコンテキストは様々である。ルージャンでは、聖堂は墓地に転用された聖域に建てられたが、たとえばルピアンで発見された洗礼堂を付随するキリスト教建造物は、大きなヴィッラに属する領地に建てられている。(50) このヴィッラはトー潟湖沿いに多数分布していたうちのひとつであり、紀元前一世紀中ごろより存在し、紀元後五世紀に大きく改修されている。二七メートルの長さを持つ一廊式の大きな聖堂の北に隣接して、五メートル四方の洗礼堂が立っていた。このヴィッラは六世紀以降放棄され、一方聖堂の周辺は初期中世に発達し、集落と城砦が成立している。聖堂がどのような地位を有していたのか明確なことはわからない。

あるいはロック・ド・パンプリューヌ遺跡で発見された洗礼槽を伴う聖堂は、丘陵上の新しい集落の城壁の中に建設されている。(51) この集落は、石灰質高地の頂に古代末期にまったく新しく形成された。城壁に囲まれたオピドゥム形式の居住地の住宅は、共通する資材と工法で建てられており、あまり階層差が見られない。五世紀末～六世紀初頭に建設された聖堂は、オピドゥム内のもっとも高い場所に位置している。聖堂内部に特権的埋葬である墓が複数基あるが、墓地は伴っていない。集落は六世紀中ごろから七世紀初頭の間に放棄され、聖堂もその頃に使用が終わっている。田舎環境へ布教が広がっていく時代、集落の形態の変化と呼応しながら教会の組織網は密になっていった。古代末期から初期中世のガリアの田舎環境の集落形態については、考古調査の進展によって、史料には残されていない集落の生成と消滅の状態が現在少しずつ解明されてきている。五～六世紀には丘陵上への居住地が増え、ローマ的居住環境とは異なる新しい居住環境が展開する一方、そうした居住地の多くはその後放棄され、無名のままの遺跡が南ガリアに多数残されている(52)。

南ガリアではローマ時代の土地整備、都市、街道、二次集落などが、その後の教会組織網の発展にやはり大きな役割を果たしていたことは確かである。そして、都市領域内においても田舎環境においても、さまざまな過去の建築構造の上にキリスト教聖堂は建てられている。神殿、浴場、フォルム、住宅地、ヴィッラや墓地など、実際、ロマネスク時代に聖堂が（再）建設されている場所には、非常に多くの場合、古代の痕跡が発見されている。ただし、古代に何らかの建造物があった場所にキリスト教徒たちが建設活動を行った時、その古代モニュメントは放棄されていたのか否か、放棄されてからどの程度の時間が経っていたのか、明確に分かる例は現在のところ大変少ない。

本稿でとりあげた事例からうかがえるように、いまだ解明されていない事実は幅広く、さらに新しい考古発掘成果と残されている文書資料とを調整して解釈を導く作業は複雑であり、しばしば整合性を欠く。八世紀以降に明確な中世的空間が発展していくのに対し、五世紀から七世紀の期間、古代のトポグラフィーの継続と断絶において、多様な形態が共存していたことは確かである。古代末期に変動する居住領域の問題は、埋葬の場所の変動と密接に結び付いている。この期間のキリスト教の礼拝空間の発達において、居住領域と埋葬領域の変容の経過の解明は不可欠であるが、今後の発掘調査の成果を待つと同時に、古い発掘の解釈の見直しも必要となってくるであろう。

注

（1） *Topographie chrétienne des cités de la Gaule des origines au milieu du VIIIe siècle*, I–XVI, Paris, 1986–2014. この全一六巻に結集したガリアのキリスト教地誌研究は、一九七二年にノエル・デュヴァルとシャルル・ピエトリを中心に小さな研究チームが結成されたことに始まり、一九八六年から二〇〇七年の間に一五冊が出版された。二〇一四年に刊行された第一六巻では、刊行後に特に考古学調査の進展によってもたらされた新しい資料を組み入れながら、四〇年間の研究の総括と見直しが行われている。*Topographie chrétienne des cités de la Gaule*（以下*TCCG*と記す）の研究プロジェクトは、歴史資料と考古学資料を統合し、かつては「暗黒の数世紀」であった古代から中世への移行期について、一九七〇年代以降の研究動向を反映させた新しい視野を打ち立てるというアプローチにのっとり進められている。特に考古学調査によりもたらされる資料は、情報の刷新と厳密化が絶え間ないため、今後もさらなる研究の更改が続けられるであろう。

（2） *TCCG*, II, 1986, 43–47 ; Ch. Gébara, *Carte archéologique de la Gaule*（以下*CAG*と略す）, 83/3, 2012 ; M. Fixot (dir.), *Le groupe épiscopal de Fréjus*,（*Bibliothèque de l'Antiquité tardive* 25）, Turnhout, 2012; *TCCG*, XVI, 2014, 94–96, 522–523.

（3） Ch. Pietri, L'espace chrétien dans la cité. Le *vicus christianorum* et l'espace chrétien de la cité arverne（Clermont）, *Revue d'histoire de l'église de France*, 66, 1980, 177–210; *TCCG*, VI, 1989, 27–40; *TCCG*, XVI, 2014, 81–86, 494–495.

（4）*Historiarum libri decem*, II, 16.

（5）R. Guild, J. Guyon, L. Rivet, Les origines du baptistère de la cathédrale Saint-Sauveur: étude de topographie aixoise, *Revue archéologique de Narbonnaise*, 16, 1983, 171–232; *TCCG*, II, 1986, 17–28; J. Guyon, N. Nin, L. Rivet, S. Saulnier, *Atlas topographique des villes de Gaule méridionale, 1, Aix-en-Provence*（*Revue archéologique de Narbonnaise, Supplément 30*）, Montpellier, 1998; F. Mocci, N. Nin, *CAG*, 13/4, Paris, 2006; *TCCG*, XVI, 2014, 22–25, 414–415.

（6）*Corpus Scriptorum Ecclesiasticorum Latinorum*, 35, 1, 104, l. 10–15.

（7）*Gallia Christiana Novissima*, I, “Instrumenta” LXI, col. 68–69.

（8）N. Nin, La réoccupation des monuments antiques : l'exemple du théâtre d'Aix-en-Provence（Bouches-du-Rhône）, in: *Archéologies de Provence et d'ailleurs. Mélanges offerts à Gaëtan Congès et Gérard Sauzade*（*Bulletin Archéologique de Provence, Supplément 5*）, 2008, 627–674 ; *TCCG*, XVI, 81–86.

（9）*TCCG*, III, 1986, 73–84 ; M. Heijmans, in : *CAG*, 13/5, 2008 ; Id., Edifices religieux d'Arles à l'époque de Césaire dont il est question dans la *Vita Caesarii*, in: M.-J. Dlage, M. Heijmans, *Vie de Césaire d'Arles*, Paris, 2010, 311–322 ; Id., Le monument chrétien hors norme de l'enclos Saint-Césaire d'Arles, in: *L'Antiquité tardive en Provence*（*IV*^{e}*–VI*^{e} *siècle*）. *Naissance d'une chrétienté*, J. Gyuon, M. Heijmans（dir.）, Arles, 2013, 173–179; *TCCG*, XVI, 2014, 37–45.

（10）*Vita S. Caesarii*, I, 35（M.-J. Delage, M. Heimans, *Vie de Césaire d'Arles. Sources Chrétiennes* 536, Paris, 2010, 194–195）.

（11）R. Sablayrolles, A. Beyrie, *CAG*, 31/2, Paris, 2006.

（12）古代末期（三〜五世紀）に城壁を建設したないし再建した南ガリアの町は少なくない。プロヴァンスでは、アルル、アヴィニョン、ギャップ、サン＝ブレーズ、ヴナスクなどを挙げることができる：M. Heijmans, in: *L'Antiquité tardive en Provence...*, 87–89. 三世紀末からの城壁の建設ラッシュは、多くの場合、決して緊迫した情勢から成されたのではなかったという見解が現在一般的である。城壁は、町の外観を壮麗にする特権的構造物であった。

（13） S. E. Cleary, J. Wood, *Saint-Bertrand-de-Comminges*, III, *Le rampart de l'Antiquité tardive de la ville haute*, Bordeaux, 2006.

（14） 一〇八三年に司教となったリールのベルトランにより建設され、その後大改築が行われ、多くの巡礼者が訪れることとなった司教座聖堂は、これまで全く発掘調査の対象となっていないため、古代末期に遡る聖堂の存在は仮説のままである。

（15） J. Guyon, J.-L. Paillet, Saint-Bertrand-de-Comminges: Basilique de la ville basse, in: *Les premiers monuments chrétiens de la France, 2, Sud-Ouest et Centre*, Paris, 1996, 177–189; J. Guyon, De *Lugdunum* des Convènes à *Conuenae*, puis Saint-Bertrand: l'évolution urbaine de Saint-Bertrand-de-Comminges à la lumière des fouilles récentes, in: *Itinéraire de saintes à Dougga. Mélanges offerts à Louis Maurin*, Bordeaux, 2003,131–149; *TCCG*, XIII, 2004, 51–81 ; *TCCG*, XVI, 2014, 248, 628–629.

（16） R. Gavelle, Sur une table d'autel inédite trouvée à Saint-Bertrand-de-Comminges et sur les relations de son décor avec la basilique chrétienne du même site, *Revue de Comminges*, 1982, 489–516; Y. Narasawa, J.-L. Schenck-David, *Une table d'autel pour Convenae. Monuments et objets de Saint-Bertrand-de-Comminges*, Musée municipal de Saint-Bertrand-de-Comminges, 2010.

（17） *TCCG*, II, 1986, 35–42; *CAG 04*, Paris, 1997, 361–395; *TCCG*, XVI, 2014, 234–242, 622–623. また、二〇〇四～二〇一一年、リエズをめぐる共同研究プログラム「リエズとその地域：通時的アプローチ *Riez et le territoire riézois : Approches diachroniques*」がカミーユ・ジュリアン研究所のPh・ボルガールの指揮により行われ、プログラムの成果として多くの発掘報告や研究論文が発表されている。

（18） 古代の浴場の場所に司教座聖堂が建設された都市の例としては、他にシミエ、ランス、ポワティエなどを挙げることができる。Cf : *TCCG*, XVI, 2014, 368.

（19） *Vita s. Maximi episcopi Reiensis*, 8.1.（*Maxime de Riez: entre l'histoire et la légende: Dynamius le Patrice*, "*Vie de saint Maxime*", *évêque de Riez* ; *Fauste de Riez*, "*Panégyrique de saint Maxime*", *évêque et abbé*, traduction et notes de P. Boulhol et P.-A. Jacob, Valensole, 2014, 112–113).

（20）墓廟の建設年代は墓廟内の三つの墓に行われた炭素一四測定から引き出されている。

（21）*TCCG*, II, 1986, 73–75; G. Demians d'Archimbaud et al., *Notre-Dame du Bourg à Digne: Fouilles, restauration et aménagements liturgiques: une chronique monumentale du 20 siècle*, Digne, 2010; *TCCG*, XVI, 2014, 89–91, 508–509.

（22）*TCCG*, III, 1986, 37–48; Ch. Bonnet, Baptistères et groupes épiscopaux d'Aoste et de Genève : évolution architecturale et aménagements liturgiques, *Actes du XIe Congrès international d'archéologie chrétienne, Lyon-Vienne-Grenoble-Genève-Aoste, 1986*, Rome, 1989, 1407–1426; Id., *Les fouilles de l'ancien groupe épiscopal de Genève (1976–1993)*, Genève, 1993; Ch. Bonnet et coll. A. Pellex, *Les fouilles de la cathédrale Saint-Pierre de Genève. Les édifices chrétiens et le groupe épiscopal*, Genève, 2012; *TCCG*, XVI, 2014, 98–106, 526–527.

（23）Ch. Bonnet et coll. A. Pellex, *Les fouilles*..., 2012, 7–8; *TCCG*, XVI, 102–103.

（24）クレルモンのトポグラフィー研究については注3を参照。

（25）Ch. Pietri, L'espace chrétien dans la cité...

（26）*Historiarum libri decem*, V, 11.

（27）ローマを始め北アフリカや東方の各地に、都市外の殉教者に捧げられたバシリカに洗礼堂が建てられた例が知られている：P.-A. Février, Baptistère et ville, in: *Hommage à Dj. Manno-Zissi, Recueil du Musée national de Belgrade*, Belgrade, 1975, 211–220.

（28）*TCCG*, V, 1986, 19–39; XVI, 2014, 284–288, 670–671.

（29）*Historiarum libri decem*, X, 31.

（30）*Op. cit.*

（31）*TCCG*, III, 1986, 121–133; *CAG 13/3*, Paris, 2005; M. Fixot, J.-P. Pelletier, *Saint-Victor de Marseille, Études archéologiques et monumentales*, *Bibliothèque de l'Antiquité tardive 12*, Turnhout, 2009; *TCCG*, XVI, 2014, 165–176, 568–569.

（32）　H. Tréziny, in: *CAG 13/3*, 237.

（33）　J. Guyon, Les cimetières de l'Antiquité tardive, in: *Marseille, Trames et paysages urbains de Gyptis au Roi René. Actes du colloque international d'archéologie, Marseille, 3–5 novembre 1999*, Aix-en-Provence, 2001, 356.

（34）　たとえばローマの場合、非常に堅固な都市領域を持つが、五世紀の混乱ののちに人口は急激に減少し、都市領域の内部は閑散として「田舎」の区域と「町」の区域がまばらに分布するようになり、一方で都市領域外の安全性が極めて悪化した。ローマでは五～七世紀の都市領域内への埋葬が相当数報告されている。Cf. 加藤磨珠枝「中世初期ローマにおける墓地の変容――フォルム・ロマーヌムを中心に」（『戦いと弔いに関する比較文化史的研究』二〇〇九年）八七―九三頁。

（35）　拙稿「マルセイユの古代末期から初期中世の教会遺構――祭壇、聖遺物、祭司空間について」（『西洋中世研究』三、二〇一一年）一〇七―一二八頁。

（36）　田舎環境とキリスト教化の問題について、古代末期のガリア地方に関する主要参考文献のうちのいくつかを以下に挙げておく：V. Saxer, Les paroisses rurales de France avant le IXe siècle : peuplement évangélisation, organisation, *Les cahiers de Saint-Michel de Cuixà*, XXX, 1999, 5-47; *Aux origines de la paroisse rurale en Gaule méridionale. IVe–IXe siècle. Actes du colloque international 21–23 mars 2003, Salle Tolosa*（*Toulouse*）, éd. par Ch. Delaplace, Paris, 2005; Y. Codou, M.-G. Colin, La christianisation des campagnes（IVe–VIIIe s.）, *Gallia*, 63, 2006, 57–83 ; *L'espace du diocèse. Genèse d'un territoire dans l'Occident médiéval*(*V^{e}–XIIIe siècle*), F. Mazel（dir.）, Presses Universitaires de Rennes, 2008 ; *Mondes ruraux en Orient et en Occident II, Antiquité tardive*, 21, 2013.

（37）　修道院の設立も、田舎環境の問題に大きく関与するが、ここでは取り扱わない。

（38）　V. Saxer, Les paroisses rurales..., 1999, 13.

（39）　Ch. Delaplace, Les origines des églises rurales（V^{e}–VIe siècles）. A propos d'une formule de Grégoire de Tours, Histoire et sociétés rurales, 18, 2, 2002, 11–40.

（40）　L. Pietri, Les *oratoria in agro proprio* dans la Gaule de l'Antiquité tardive: un aspect des rapports entre *potentes* et évêques, in : *Aux origines de la paroisse rurale en Gaule...*, 235–242.　史料において、この田舎環境の聖堂は

様々に呼ばれている。 *oratorium, oraculum, ecclesia, basilica, domus, templus, sancrarium, aula*…

（41） *Concilia Galliae*（*Corpus Christianorum* 148）, Turin, 1963, 202–203.

（42） たとえばシャロン教会会議（六四七〜六五三年）の第一四決議では、私的領土（*villae*）に建設された礼拝堂について、所有者が司教の管理を拒否するという苦情が出されているが、司祭の任命権についても場所の資産についても決定権は司教にあるということ、それを拒否する場合は罰せられるとしている。*Les canons des conciles mérovingiens*（*VIe–VIIe siècles*）: *texte latin de l'édition C. de Clercq*, Introduction, traduction et notes par Jean Gaudemet et Brigitte Basdevant,（*Sources chrétiennes* n.353–354）, Paris, 1989, 556–557. ほかに関連する決議としては、オルレアン第一教会会議（五一一年）第一七決議、オルレアン第四教会会議（五四一年）第七決議および第二六決議: *op. cit.*, 82–83, 270–271, 280–281.

（43） オルレアン第一教会会議第二五決議、クレルモン教会会議（五三五年）第一五決議: *op. cit.*, 86–87, 218–219.

（44） J. Guyon, M. Fixot, F. Carraze, Les premiers monuments du culte chrétien à Saint-Maximin. Bilan de deux campagnes de fouilles（1993–1994）, *Bulletin de la Société des amis du vieux Toulon et de sa région*, 1995, no. 117, 30–47; M. Fixot, *La crypte de Saint-Maximin-La-Sainte-Baume. Basilique Sainte-Marie-Madeleine*, Aix-en-Provence, 2001; M. Fixot, F. Carrazé, Saint-Maximin, Basilique Sainte-Marie-Madeleine, *Congrès archéologique de France, 160e session, Monuments du Var, 2002*, Paris, 2005, 231–241.

（45） G. Démians d'Archimbaud, Fouilles de la Gayole（Var）, 1964–1969, *Revue d'études ligures*, 37, 1971, 83–147 ; *CAG,* 83/1, Paris, 1999, 333–338.

（46） *CAG,* 83/1, 336–338, fig. 276, 278.

（47） *Vita sancti Martini*, XIII; XIV; XV.

（48） Césaire d'Arles, *Sermons au peuple*, II,（*Sources chrétiennes*, no. 243）, Paris, 1978, 444–445.

（49） M.-G. Colin, L. Schneider, L. Vida, Roujan-*Medilianum*（?）de l'Antiquité au Moyen Âge. De la fouille du quartier des sanctuaires à l'identification d'une nouvelle agglomération de la cité de Béziers, *Revue archéologique de*

Narbonnaise, 40, 2007, 117–193.

(50) Chr. Pellecuer, L. Schneider, Premières églises et espace rural en Languedoc méditerranéen (V^{e}–Xe s.), in: *Aux origines de la paroisse rurale*..., 100–103.

(51) L. Schneider, Nouvelles recherches sur les habitats de hauteur de l'Antiquité tardive et du haut Moyen Age dans le sud-est de la France. Le Roc de Pampelune à Argelliers (Hérault), *Les Nouvelles de l'Archéologie*, no. 92, 2003, 9–16; L. Schneider, in: *CAG,* 34/3, 115–127; C. Pellecuer, L. Schneider, Premières églises et espace rural..., 105–109.

(52) L. Schneider, Entre Antiquité et haut Moyen Age: traditions et renouveau de l'habitat de hauteur dans la Gaule du Sud-Est, in: *Paul-Albert Février de l'Antiquité au Moyen Âge. Actes du colloque de Fréjus 7 et 9 avril 2001*, Aix-en-Provence, 2004, 173–200; Id., Structures du peuplement et formes de l'habitat dans les campagnes du Sud-Est de la France de l'Antiquité au Moyen Age (IVe–VIIIe s.), *Gallia*, 64, 2006, 11–56; Id., De la Fouille des villages abandonnés à l'archéologie des territoires locaux. L'étude des systèmes d'habitat du haut Moyen Âge en France méridionale (V^{e}–Xe siècle): nouveaux matériaux, nouvelles interrogations, in: *Trente ans d'archéologie médiévale en France. Un bilan pour un avenir*, dir. J. Chapelot, Caen, 2010, 133–161.

最終章　東方における聖堂と社会[1]
――リキア西部トロス教会主教座聖堂をめぐって

浦野　聡

はじめに

四世紀初と末のキリスト教公認と国教化は、地中海世界の聖域地図を塗りかえる一連の重要なきっかけであった。キリスト教教会を地中海世界における普遍的聖域類型の地位に押し上げ、教会がひとびとの魂のよりどころとして公共空間の中心、あるいは少なくとも焦点のひとつを占める社会を普及させる国家的支援になったのである（その過程で種々の葛藤があったことは本書田中論文参照）。皇帝・政府の保護の下、重要な都市には主（司）教座聖堂が置かれ[2]、大都市ではしばしば街区ごとに教会堂が建設されていった[3]。教会堂はいたるところの小都市や村落にも作られたし、俗世から離れて聖職者が修行を積む教会や修道院が、都市から遠く離れた場所にも建てられたということは序章に述べたとおりである。もちろん、長らくひとびとの崇拝を集めてきた伝統宗教の聖域が、いくつかの地で根強く信仰を集め続けたケースもあったが（シリアのガザなど）[4]、社会のキリスト教化は押しとどめがたく進み、教会堂の高窓やファサードが集落の屋並みに高く聳える中世的居住地景観、少なくともその原型は六世紀までの古代末期において形成されたと言ってよい。

遡って、二世紀末、キリスト教の公認以前、護教家ミヌキウス・フェリックスは、全知全能の神は不可視なるがゆえにこそ神と信じられるため、キリスト教徒にとって、いかなる神殿や祭壇も必要なく、正しい人による祈りと感謝のみが、神にふさわしい奉献であると述べていた（*Oct.* 32.1-2）。そして、そのゆえに、キリスト教にとっては、まさに祈りと感謝を捧げるための特別の場所が必要であった。感謝の祈り（エウカリスティア）と聖体拝領をその中核とする、洗礼の典礼と主日の典礼は、すでに二世紀半ばのユスティノスの時代には、象徴的犠牲祭儀としてその形を整えていた（*1 Apol.* 65.1-66.1）。典礼の意味を正しく理解しえない異教徒や入信志願者に邪魔されることなく、これらの儀式を遂行するための場所や舞台装置（祭壇を含む）が確保されねばならなかった。また、とくに毎週行われるようになった主日の典礼では、信仰の奥義に精通した聖職者が、聖典の朗読に引き続く説教を通じて、信徒に神の愛と救済の奇跡を言葉によって伝え、信徒とともに式文を唱えて信仰を共有し確かめ合った（*1 Apol.* 67.3-5）[(5)]から、そうした言語的コミュニケーションのための静謐な空間も必要であった。

こうしたキリスト教の聖域空間は、伝統的なギリシア・ローマ宗教のそれとは、およそ異なる形式・形態の聖域空間として成長を遂げた。キリスト教公認と国教化による爆発的な信徒の増大とともに、いたるところで均一な機能を持った室内空間が必要とされたため、いわば規格建築ともいう

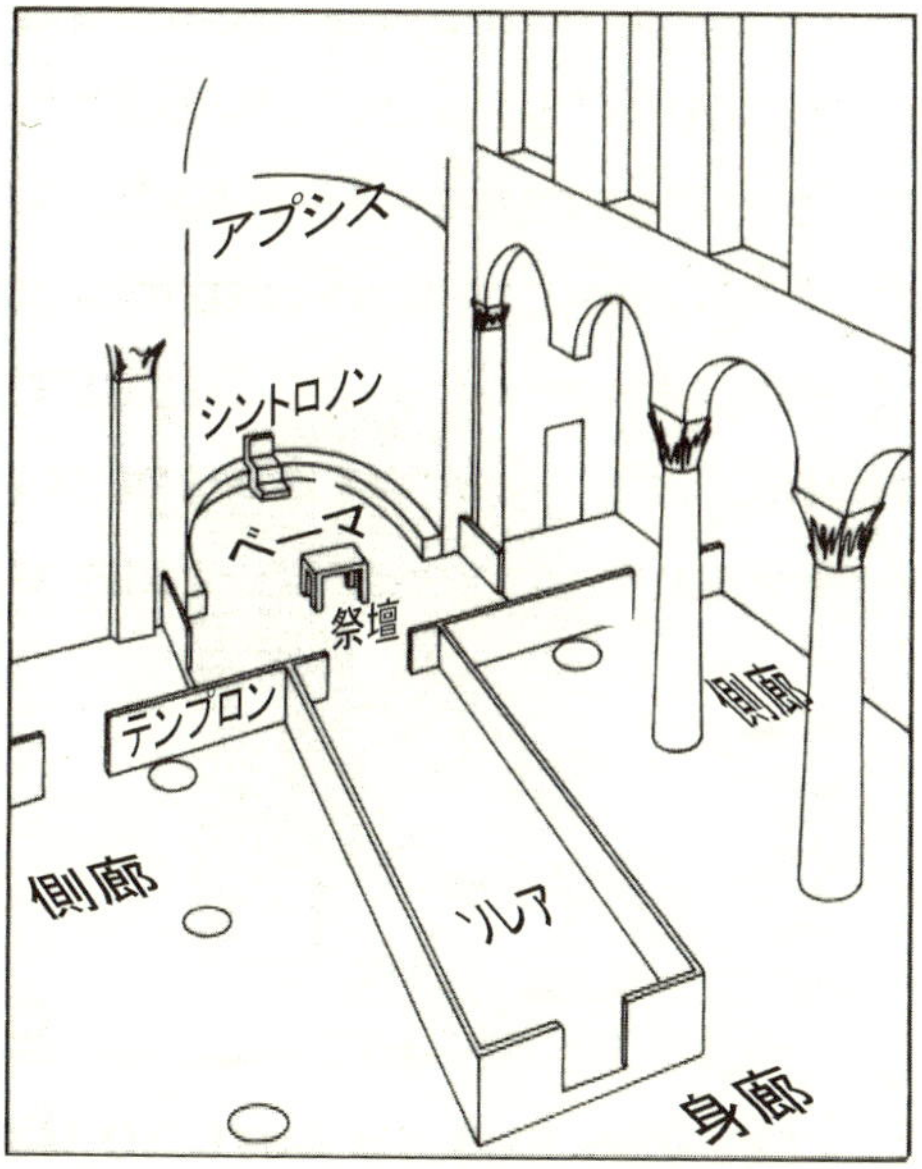

図1．初期教会内部の模式図

べきものが成立し、普及していったのである。既存の施設を転用する場合を除き、説教や典礼に有用な聖域の形は、まず、いわゆるバシリカ様式の聖堂として固まっていった。後陣（アプシス）窓から曙光の差しこむ崇高な場所に配された祭壇とそれを取り巻くテンプロン（ベーマともいう。以下、便宜的に、その範囲を画する線をテンプロン、それによって区画されている範囲をベーマと呼ぶ）、その奥のアプシス下に設けられた聖職者が典礼時に着席するシントロノン、聖職者が祭列を組んで進む身廊、信者が典礼を見守り説教を聞く側廊、権威を認められた聖職者のみが説教を行うことを許された説教壇等が、いくばくかのヴァリエーションを伴いながら整えられた（図1。但し、側廊を伴わない単廊式の小さなバシリカも古代末期・中世を通じて存続した）。聖堂本体とその付属施設（洗礼堂や礼拝堂など）の内部は、儀式や言葉のみによっては十分効果的に伝えきれない神の奇跡の意味を具体的、象徴的に伝えるため、聖書の様々な場面や栄光の印を描いたレリーフやフレスコ画で飾られていた。時代の経過とともに、典礼のあり方や教義の重点が変わると、そうした聖堂の姿もそれらに応じて変化を遂げていくことになるけれども、典礼装置ともいうべきキリスト教の聖域空間は、原則的に、このようなものとして変わらず維持されたといいうる。

さて、今、ここでは、筆者が代表者として二〇一〇年以来取り組み、二〇一六年夏に終了したトロスという主教座都市の聖堂（アトリウムを除き約三六メートル×三四メートル）の発掘成果を、この聖堂が放棄されたと考えられる一二世紀前後に至るまでの歴史について知りえたことを中心に、かいつまんで示してみることとする。もちろん、トロスの都市社会自体の発展・衰退との関連、トロスが属したリキアの大部分とカリアの一部を含むミュラの大主教座管区における諸主教座との関係、キュビライオタイと呼ばれたテマ行政管区との関連など、不明の点は少なくない。しかし、文献資料の乏しさからこれまでほとんど論じられることのなかった、古代末期以降の東地中海域の一地域における、聖堂と社会・政治的変化のかかわりについて、具体的な事例によりながら、最新の知見を示してみることには、しかるべき意味があるだろう。地中海的な聖域と社会関係の構図が、いかにしてビザンツ的な聖域と社会のそれにその装いと内実を変えていったのか、古代から中世へという時代変化をも見据えつつ、その具体相を、定点観測的に論じることが期待できるからである。

先回りしていえば、トロスからの知見は、とりわけ、二〇世紀の後半に先んじて行われていた南隣の都市、クサントスの東のバシリカ（おそらく主教座聖堂。以下、「東バシリカ」）の発掘や、その他の都市の考古学的調査から得られていた知見と合わせ、もともと地中海との関わりも深く、多様な文化的刺激を享受していたリキアの地方社会が、時代が下るにつれ、地中海に対して防御を固め、主要な居住地や主教座を内陸に退去させていったことを示唆している。おそらく、そうした方向への発展は、古代の地中海世界的ネットワークが解体し、内陸交通を通じた中世の西欧世界、アラブ・イスラーム世界とのネットワークが成長してくるというフィジカルな環境変化の反映であっただろう。しかし同時にそれは、ビザンツ時代特有のひとびとの精神世界のあり方も映し出していたとも想像される。すなわち、コンスタンティノープルの総大主教を頂点とした教会ネットワークとビザンツ帝国の行政機構を通じて辛うじて世界とつながったこの時代の地域社会において、ひとびとは、聖堂を中心として作り上げたキリスト教的ミクロコスモスのもたらす安心感に縋《すが》ろうとしたであろうということである。そうした閉鎖的で一途な聖域と社会の関係は、本書の諸論文で取り扱われた古代地中海世界における聖域と社会の、自由かつオープンで多元的な関係とは大きく異なっており、世界宗教としての普遍主義に拠って立ちながら、宗教的、政治的、軍事的に鋭く対立するイスラーム教世界の普遍主義への対抗をトラウマのように意識せざるを得なかった中世東方キリスト教世界特有の関係であった、とみなしうるかもしれない。それは、世界宗教拮抗の時代たる中世ならではの聖域のあり方といえそうだが、そこまで論じることは、本書の射程をはるかに超えるので、以下、見通しの指摘にとどまることをあらかじめお断りしておきたい。

一　トロス主教座と主教座聖堂の建設

トロスに主教座が置かれた時期については定かでない。四五一年のカルケドン公会議録にトロスの主教としてアンドレアスの名が現れるのが、この主教座に関する記事の初出である。[6]おそらく、リキア中部の主要都市ミュラに大主教座が置かれた際、リキア西部のクサントス河谷の代表的都市のひとつであったトロスはその管区内の主教座としての地位を確認されたのであろう。私たちが、トルコのアクデニス大学のタネル・コルクートのトロス調査チームに参加を許され、発掘することになったのは、この都市のアゴラ、パレストラ（運動場）、大小ふたつの浴場に囲まれた、都市中心部の聖域基壇（テメノス）北端上に築かれた貫通型交差廊をもつ三廊式バシリカ型聖堂であり（写真1・図2）、この聖堂は、おそらく当初から、隣接都市のクサントスの東バシリカと同様、主教座聖堂として建設されたものと考えられる。クサントスでは、都市背後の丘の頂上と、アゴラの西に、東バシリカに匹敵する、ないし準ずる規模の大きな聖堂が、古代末期に築かれていたが、トロスでは、われわれの聖堂以外には、大浴場の温浴室を改造した小さな教会堂が見つかっているのみである（以後、われわれが発掘した建築物自体を指す場合、この「浴場の小教会堂」と区別するため、「主聖堂」と呼ぶ）。この小教会堂は、主聖堂が使用できなくなっていた時期（後述）の代用を目的に作られたと思われ、トロスでは、キリスト教時代の全期間を通じて、ひとつの主教座聖堂しか機能していなかったものとみられる。主聖堂建築当時、古代の聖域基壇の南端には、クロノス神殿が依然としてその

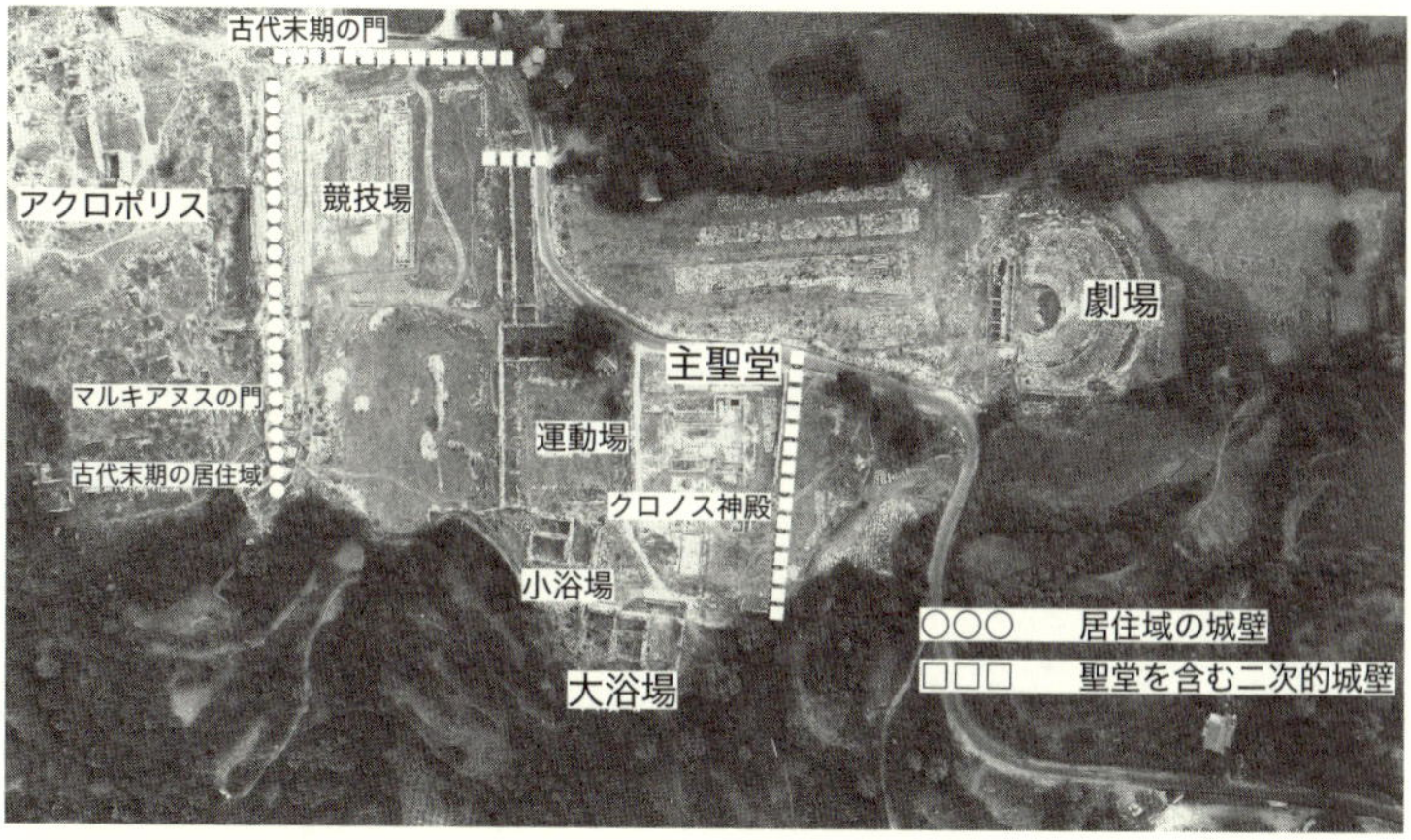

写真1.　トロス主要部

偉容を誇っており、[7] この古い伝統を持つ神殿に対して、アゴラからのアクセスを禁じるような形で、主聖堂は築かれた。

主聖堂の最初の建築年代（最初の建築から次節で述べる最初の再建大修築までの時期を「第一期」と呼ぶ）を推定する手がかりはふたつある。まず、舗床工房についての情報である。象嵌モザイク（オプス・セクティーレと呼ぶ）で舗装されたと考えられるテンプロン＝ベーマ（祭壇部）以外の部分は、細石片モザイク（オプス・テッセラートゥムと呼ぶ）で舗装されたが、それを担当したのは、南隣の都市、クサントスの東バシリカの拝廊（ナルテックス）と北の側廊のモザイク舗装を担当した工房Bであったとみられる。モチーフや表現技法が酷似し、同様の高い技術的・芸術的水準を示している（写真2a・b）。クサントスでは、六世紀の地震によって聖堂自体大きく損壊し、舗床モザイクも、かなりの部分が、その当

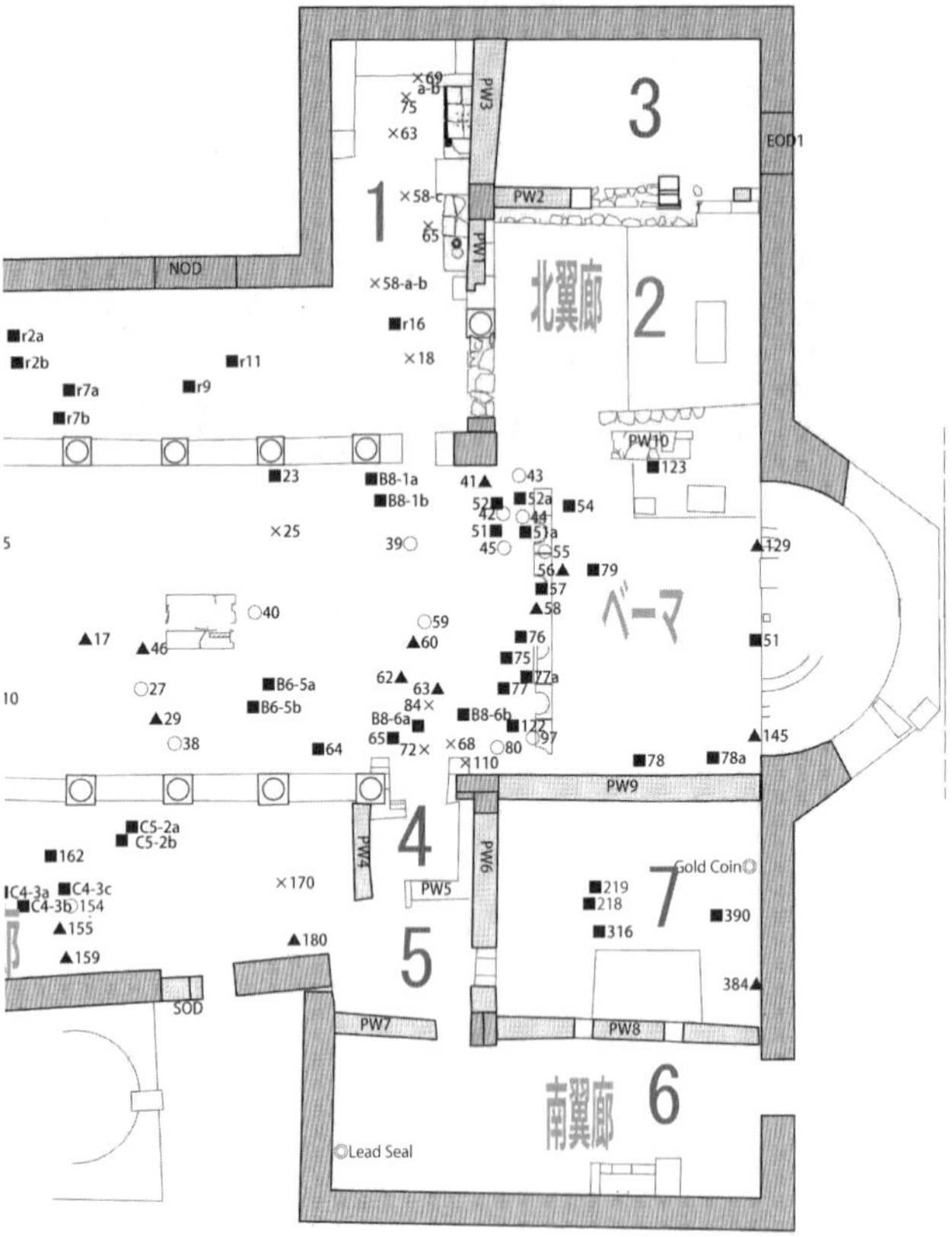

drawn by TAKI Yuichi
cooperated by KAWAMOTO Satoshi & YAMANE Youki
Fukuoka University / JAPAN
2013/08/21 Tlos / TURKEY

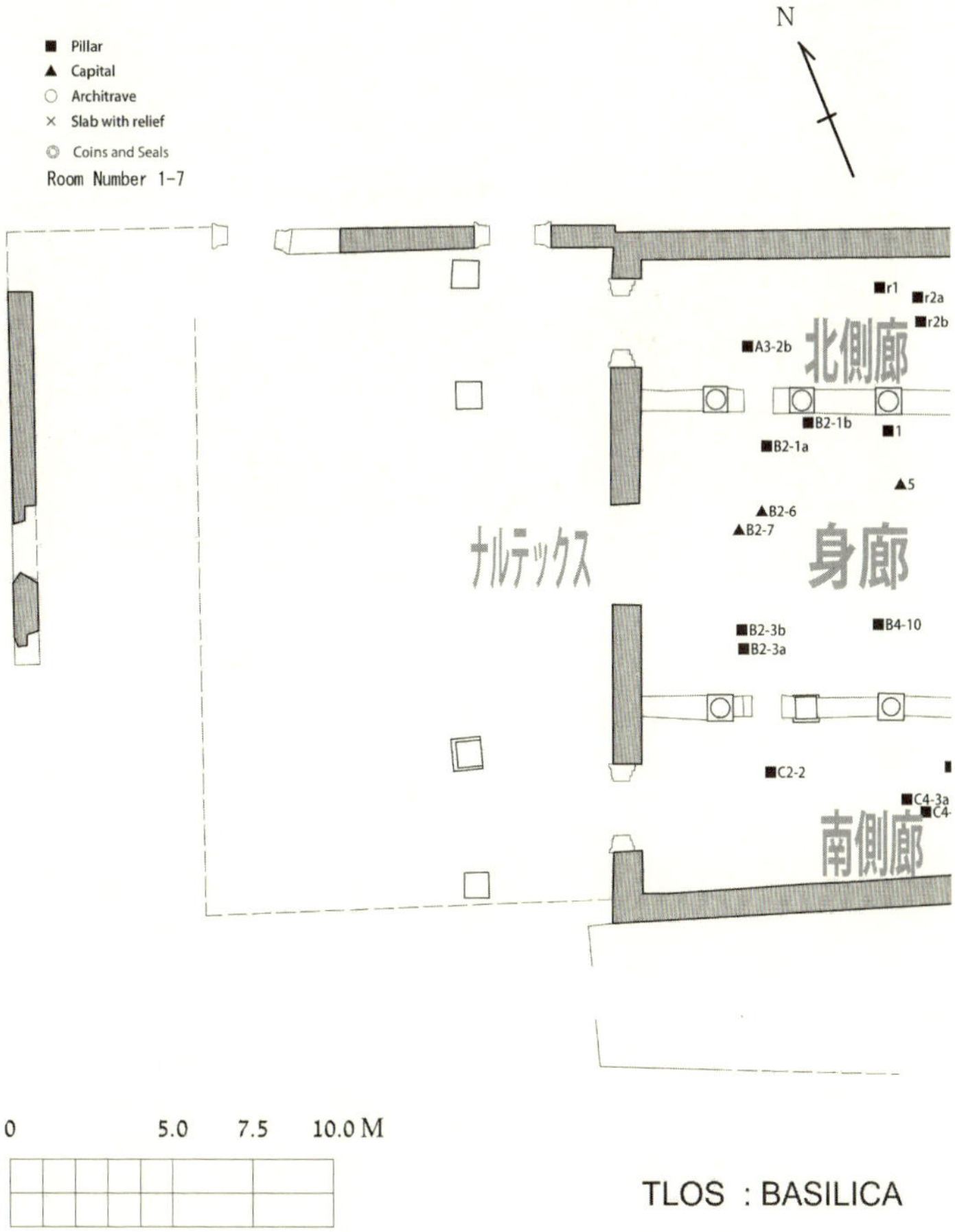

図2.　トロス主聖堂平面図（発掘物）

写真２a.　工房Ｂの舗床モザイク。クサントス東バシリカのナルテックス北区画。
　　Ｕ字十字の意匠。

時に活躍した全く別のスタイルを持つ工房ＤとＥによって舗装しなおされているので、工房Ｂは、創建時にクサントス東バシリカの他の部分の舗床を担当した工房ＡとＣとならんで、初期の特定の時期にのみ活動した工房であったと考えうるだろう。おそらく工房Ｂは、クサントス河谷の主要都市で聖堂の建設需要が高まった際に、コンスタンティノープルあたりの大都市から招かれた熟練のモザイク職人集団であり、その工房が舗床を担当したトロスの主聖堂も、クサントスの東バシリカと相前後して建設されたに違いない(8)。

第二の手がかりは、出土貨幣の情報である。主聖堂の南側廊とその延長である南翼廊第五～六室には、年代は定かではないが、おそらく、後述する身廊・祭壇部と、側廊・翼廊部を仕切る腰高壁（パラペット）が出来た時期

写真2b．トロス主聖堂身廊の舗床モザイク。
東端のカーペット。U字十字の意匠。

（これ以降、次の聖堂崩落までの時期を、以下「第二期」と呼ぶ）以降に、一八基の墓が、床面のモザイクを破壊する形で掘られており、それらの墓を埋め戻した土の中、あるいは、その周辺から、四世紀後半の貨幣が五点見つかっている。この時代の貨幣は、主聖堂内のほかの場所からは全く見つかっていないので、主聖堂完成後のいずれかの段階の年代を示すというよりは、主聖堂築造以前の建築物を解体した工事、ないしその後、主聖堂を築造した際の床面の基礎工事の年代を示しているであろう。これら五点のうち最も年代の下る貨幣は、ウァレンティニアヌス二世とテオドシウス一世期のものであった。(9) 上でトロス主聖堂と同時期と推定したクサントスの東バシリカの創建時期は、これまで、モザイクやその他装飾、また土器のスタイルの観点から、五世紀半ば～六世紀後半と考えられてきた。(10) しかし、出土貨幣の情報にてらせば、工房Bの活動が六世紀に属するとは考え難く、トロス主聖堂は、四世紀末から五世紀前半、おそらくキリスト教の国教化からさほど下らない時代の築造にかかるものと考えるのが妥当と思われる。

トロスの都市社会とキリスト教の関係については、間接的証拠ながら、すでに四世紀の初頭の段階でキリスト教がある程度の浸透をみせていたことを推察させる史料が残っている。すなわち、トロスのアゴラ（残念ながら、碑文発見者がどこをアゴラとみなしたか、定かではない）の積石壁面に刻まれていた皇帝の布告と指令書を、原文のラテン語のまま刻んだ一連の碑文がそれである。現在、その一部のみが、トロスの遺跡から数キロ離れた場所に、何らかの理由で運ばれて残っているこの碑文は、(11)三〇五年、ガレリウス帝が、最高価格令違反やキリスト教徒迫害令によって財産を奪われたり、没収されたりしたひとびとの救済を目的として発した命令を、当局の指令に従って公共の場に刻んだものと解されている。(12)しからば、これらの碑文が公示された地では、誣告やそれに基づく不当な没収という事案が現実に発生しており、それゆえ都市当局も指令を敏感に受け止め、率先して救済令を目立つ場所に掲示したのだと考えられよう。トロスも、おそらく大迫害期にはすでに、キリスト教徒として、あるいはその疑いをかけられて財産を没収されるような信徒／洗礼志願者集団を持っていたと考えられ、この都市が、国教化という宗教政策の変化に応じて直ちに主教座聖堂の建設に着手したとしてもなんら不思議はない。

その一方、正確な年代は不明ながら、碑文の字体から五世紀のいずれかの時期のリキア総督と考えられているフラウィウス・クラウディウス・スプーダシウス・マルキアヌスの名を刻む銘文は、(13)

写真３．マルキアヌスの城壁再建記念碑文

主聖堂建設時期の年代的下限を推定し、また古代末期の都市と教会の関係形成を考える上で、一考に値する論点を提供してくれる。この銘文は、この総督によって行われたアクロポリスを取り巻く城壁の建設（再建）を記念し、アクロポリス南麓に再開発された居住区へ通じる東の門の秣石《まぐさいし》に刻まれたものである（写真３）。この城壁の建設（再建）の結果、アクロポリス南麓の傾斜地が古代末期の中心的居住地区とされた、というコルクートの推定[14]が当たっているとすれば、そこには教会堂が含まれない一方、アクロポリスの東裾、古代の都市の中心に建設された主聖堂は、古代末期の主要居住地をはずれ、城壁外に位置付けられたということになる。このことから、主聖堂の建設は、この五世紀の城壁とそれに囲まれた居住区の整備に先行しており、城壁建設と都市中核域の移転・防御の必要性が生じた当時の状況の影響を受けていなかったのではないか、との推定が導かれる。同様の事態は、近隣のパタラでも生じており、そのほかの地域では、例えば、北アフリカのアムマエダラでも司教座聖堂が古代末期の城壁の外に位置している。すなわち、古代末期でも、都市の防禦の必要性がさほど高くなかった時代に作られた主（司）教座聖堂が、その後の政治・国際情勢変化に応じて、住民の日常生活圏からある程度距離を置くようになるのは稀なことではなく、むしろ、それらは、異教的古代の社会的・宗教的コンテクストの中で、かつての聖域を占拠し、住民の社会生活上の動線の結節点を占めると同時に、異教の神格の聖域を無力化することなどを目的に建てられていたものと解されよう。こうした立地のあり方に注目すれば、トロスの主聖堂は、古代末期でも、比較的早く、いまだに異教的古代都市の雰囲気が漂う中で建設されたものと考えてよく、上で推測した国教化の時期からさほど遅れない時期という年代推定も支持されるだろう。

ところで、都市と聖堂の関係について考える際、聖堂が、それ自体が独自の経済生活圏の核になりえたということを忘れてはならない。トロスでは、上述のアクロポリスを取り巻く狭い範囲の城壁（写真1の○○○）の外側、アゴラを横切って、われわれの主聖堂を包み込むような形で、もうひとつの城壁（写真1の□□□、写真4）が築かれていた。その城壁の延長上には、いつとは特定しえないながら、その造作から古代末期のものと推定されている小城門が設けられているので、これは、アクロポリスの城壁の外側に形作られた、二次的に防衛すべき生活圏を画する城壁と考えてよいと思われる。そして、その壁の範囲に収まるであろう、われわれの主聖堂と南のクロノス神殿の間を占める幅六〇メートルほどの区域では、すでに発掘の行われたクロノス神殿の基壇部付近から、魚

写真4.　市場アゴラ半地下店舗群天井のアーチ上に築かれた壁

介類や獣骨を含む食物の残滓や陶器製の聖水入れ容器を作るための押し型が、また、主聖堂近くの攪乱層からは五・六世紀と一一世紀の貨幣がそれぞれ出土している。(15) これらの事実は、主聖堂と大浴場に囲まれた、かつての古代の聖域が、少なくとも古代末期には聖堂脇の工房や作業場等として、古代におけるのとは全く異なる役割を与えられるようになったということを物語るであろう。聖域という観点から見るならば、主に室内空間に限られたキリスト教の聖堂は、自らの外壁によって戸外の穢れから守られていたがゆえに、聖堂に隣接した場所にさえ世俗的な生活・生業空間を置くことが可能であったという、古代末期以降の聖域の、規格化された室内空間というのとは別の特質が浮かび上がってくる。そうした聖俗近接の空間配置は、ほかの地域の教会建築の周囲でも確認されており、そこには、教会の聖職者や準聖職者の修行の一環としての労働によって成り立ち、教会を経済的に支え、またそこに俗人たちの流れを導く、ひとつの生産経済圏が成立していたと考えうる。(16)トロスにもそのような生産圏が成立していたとすれば、それがアクロポリス南麓の古代末期の世俗的居住圏といかなる関係にあったのか、またその関係がいかに変化していったのかということは、古代末期都市・中世都市のあり方を考える上で次に問われるべき重要な論点だが、残念ながら、聖堂周辺未発掘の現況では、答えをだすことはできない。

トロス主聖堂の初期形式は、上述のごとく貫通式交差廊を持つ三廊式バシリカであり、類例には、近郊ではパタラ（写真5）やアペルライの主教座聖堂があるほか、パンヒュリアでも、ペルゲの主教座聖堂（バシリカA）が五廊式ながら貫通式交差廊を持つ聖堂として挙げられる。このような形式のバシリカ建築は、クラウトハイマーが、典礼上広いスペースを必要としたシリア・パレスティナの東方教会建築に起源をもつものと考えた(17)一方で、最近では、ヘレンケンパーが、根拠は示さず、ギリシアの影響を受けたものと推測している。(18)また、トロスの主聖堂は、内拝廊を有さず、外拝廊とアトリウムを兼ねた空間を持つのみだが、これもパタラやペルゲの主聖堂にみられる形式である。系譜関係については、パタラやアペルライの聖堂の年代調査がまだ行われていないので、今後の調査の進展を待たねばならぬが、貫通式交差廊は決して稀な例ではないから、いずれそれが解明される期待は小さくない。

キリスト教建築らしい交差廊のプランと東の後陣に視線を集める効果を狙った東西に長い空間構成を持つという点を除けば、トロスの主聖堂は、高さ四メートル超と推測される縦溝を持たない円

写真5.　パタラの主聖堂（北側廊からアプシス方向）

柱の列柱（南北それぞれ七本ずつから成る）上に載せた高さ八〇センチ内外のコリント式柱頭がその主梁を支えるなど、古代の公会堂としてのバシリカ建築様式の特徴を色濃く受け継ぐ建築物であった。身廊と側廊を分ける列柱や翼廊の柱といった空間を区切る構造物は、床面より一〇～一五センチほどの高さの敷石上に建てられていたにすぎない。入り口は、西正面、身廊とふたつの側廊にそれぞれ通じる三つのほかに、南と北の側廊脇にひとつずつ、さらに南と北の翼廊肩にひとつずつ設けられるなど、東西南北いずれの方向からもアクセスしうるべく開放的に設計されていた（ただし、東のふたつの出入り口はいずれも南北に細長い前室（未発掘）に通じていたようである）。外拝廊＝アトリウムは、聖堂の西外壁際にモザイク舗床の痕跡を残していることから、そこには屋根付き列柱回廊が巡らされていたと思われる。現況では、聖堂の北外壁の延長上、アトリウムの北面に、門の枠柱がふたつ並んで残されており、

写真６．床材に使われた側板（中央手前と左手奥）

その部材は聖堂の西面入り口の枠材と同じものなので、その位置は動かされた可能性があるものの、いずれも建築当初からのものであろう。

付属洗礼堂は、フェティエ近隣の海岸沿いのシポロ（古代名シンボロン）の教会堂と同じく南側廊の外壁の外側に付属させられているが、その位置については、単に限られた敷地面積を有効活用するために翼廊西側に配置されただけのものと考えられ、そのことに特別の意味を見出しえない。[19] 洗礼堂は、未だ発掘を終えていないが、半円形の空間に赤いタイルをモルタルで内貼りした洗礼槽が用いられていた形跡がある。石造の十字形の洗礼槽は、現在のところ、見いだされていない。上部構造については、列柱によって支えられた主梁が石造であったか木造であったか、また、二階部分が存在していたか、残念ながらわからない。

工法については、リキア地方の聖堂は、トロスの主聖堂を含め、多くが古代の建築物の転用材を用いており、少なくともピュドナやアペルライの聖堂、またクサントスの丘上のバシリカやフェティエ湾のゲミレル島やカラジャオェレン島の教会などでは、不整形の石材をモルタルで固めて壁体を作る、古代末期以降二〇世紀前半に至るまでこの地方で広く採用されていた工法によっている。トロスの主聖堂もその例外ではない。南側廊の外壁は、ほかの外壁と異なり、主聖堂の中心軸に対して数度、反時計回りにずれており、これは、以前の建築物の壁体基礎を利用したことの反映であるかもしれない。

当初の調度と設《しつら》えについては、知り得るところは多くないが、その中で、いくつかの石板、中でも厚さ一〇センチ、幅、高さとも九〇センチはあろうかという二枚の大きな石板が目を引く。ほぼ同じ大きさのそれらは、第二期にベーマの床の補修に使われており（写真6）、かつそのうち一枚には十字架の浮彫を削り落とした跡が見られるので（写真7）、第一期の調度部材であったと考えられる。仕上げはやや荒いものの、古代からの石工技術の伝統を思わせるこれらの石板は、祭壇の側板として用いられていてもおかしくない重厚さを持つ[20]。他方、テンプロンの障柵の石板として用いられた可能性があるのは、六〇センチと背は低いながら、幅一五〇センチはあったかと思われる横長の石板で、石棺の側板に使われていたものである。柱台に支えられたアーチが「生命の十字架」を取り囲んで連なる図案の浮彫を持ち、その素朴なデザインと加工技術は、それが地元の工房の手になることを示唆する（写真8）。同様の「生命の十字架」のモチーフの石板は、その他にも墓の側板

写真７．石板中央の削り落とされた十字架文

や蓋石に転用されていくつか見つかっているが、これらの石板の制作年代について知る手がかりはない。むしろ、テンプロンの敷石の上には、石板を立てて据え付けるための溝も切られていないため、第一期においては、テンプロンの障柵は、あったとしても木製のそれであったと考えたほうがよいかもしれない。

祭壇それ自体と、それを覆った天蓋については、痕跡がわずかながら存在する。前者は、その範囲を縁取る色大理石の石列（すなわち祭壇正面足下のそれ）が、辛うじて西側で床上に残る一方、後者は、東側に二基、その柱礎が現存し、現存しない西側の二基は、その痕がモルタルで塗り固められている。柱礎の位置から判断して、天蓋は一辺三メートルほどの正方形の区画を占めていたものと考えられる。色大理石の縁取り石列は、天蓋の柱礎によって囲われる範囲に内接する正方形の西辺に沿って埋められており、その位置は、ちょうどベーマを東西に等分する直線上にある（写真９）。

写真8.　生命の十字架の浮彫を持つ石棺の側板
この石板は、本文中では、テンプロンの障柵として用いられた可能性があるものとしたが、下部に余白がなく、したがって、障柵として立てる際の「埋めしろ」を欠いている。別の用途の部材であった可能性については、後述する。

このことは、まず最重要の祭壇の基壇を、ベーマ奥半分の中央の位置に来るように定めてから、天蓋の位置を決めたという設計上の手順を物語るだろう。現存する二基の柱礎はサイズも不揃いの転用材だが、南のそれは、北のそれと中心で結んだ線が聖堂の横軸線と平行になるように据えられた上、西側の弧を一直線に切り取られた痕跡を残している。おそらく、そこに接して祭壇の手前に立つための踏み段が一段高く設置されていたものと考えられる。すなわち、祭壇の基壇は、写真9に点線で囲った範囲にあったと推定される。祭壇の東側から祭壇に続く部分の床には、大きな穴を埋め戻した跡があり、おそらく、最初の建設の段階から、灌水のための導管が通されていたであろう。

説教壇については、この時期のそれがどこに置かれたのか示す痕跡を確認できない。わずかに説教壇の手すりを構成したと思われる、古代末期のレリーフ意匠を伴う部材の断片が出土しているが、それは五センチ

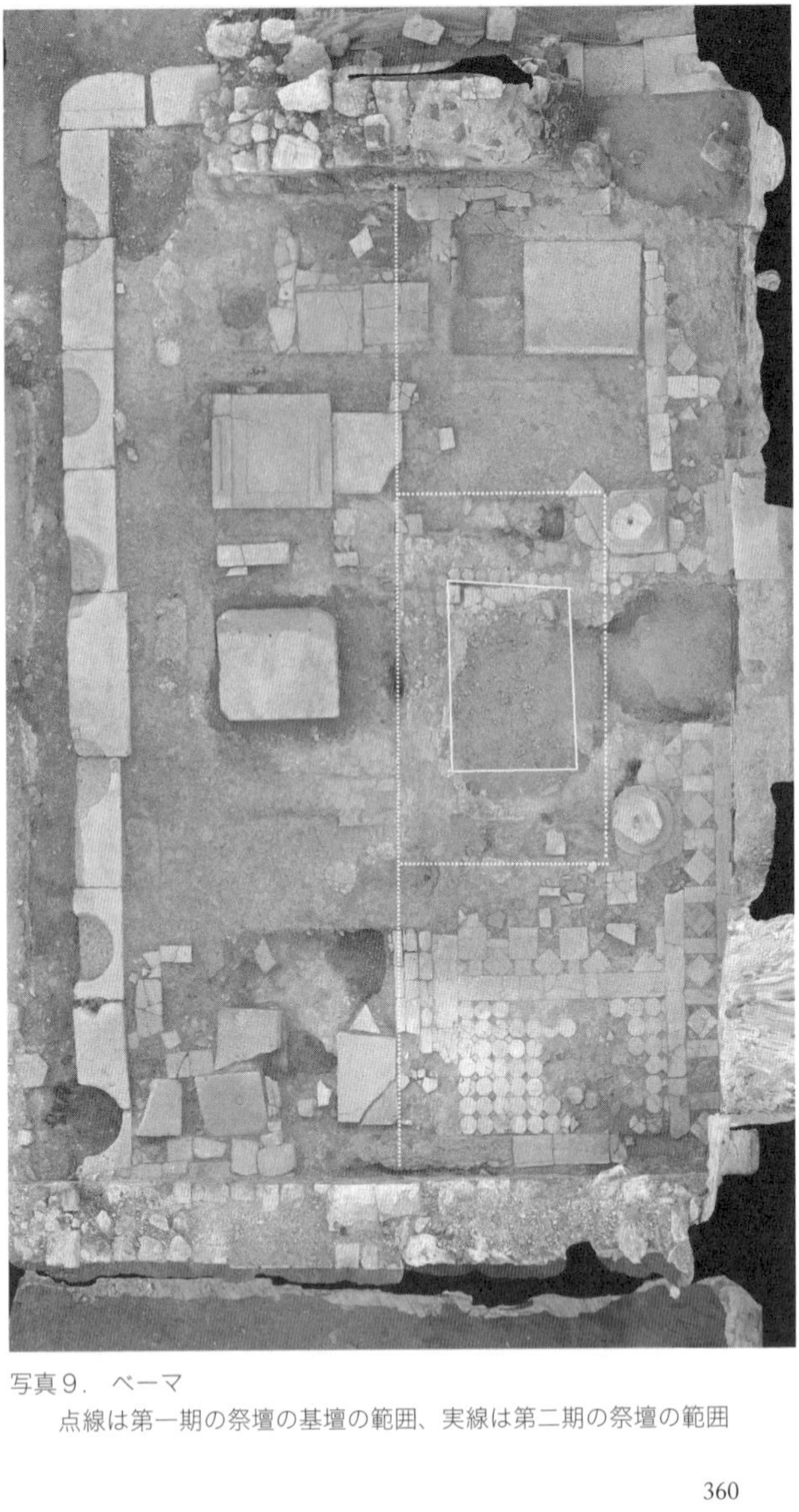

写真９．ベーマ
点線は第一期の祭壇の基壇の範囲、実線は第二期の祭壇の範囲

写真10.　南側廊壁面のフレスコ。下部の左右対称になっているパターンは、この写真ではわかりにくいが色大理石の薄板を模したものと考えられる。

程度の比較的薄い石板であることから、説教壇自体は、どこに据えられていたにしても、さして大きなものではなかったと推測される。

聖堂内のフレスコ装飾については、ある程度有意の図柄を復元しうるものとして、まず、南翼廊外壁の内側にモルタル上に残された下書き図が挙げられる。目の高さほどのところに半径一〇センチの魚鱗文（ペルタ）がコンパスで描かれた痕跡が残されているが、これは、石材を固着しているモルタルと固着した初期の漆喰の上の痕跡なので、第一期のものであることは確実と思われる。その一方、南側廊外壁内側下部に残る、五〇センチ×三〇〇センチほどの範囲のフレスコ画には、色大理石の羽目板を模した意匠や、飾りロープやリースを模した意匠が確認される（写真10）。いずれも、下部に描かれている（したがって主要主題ではない）図像であるが、ローマ時代以来の装飾の伝統を引き、そこにとりたててキリスト教的図像表現は見当たらない。ただし、この南側廊に現存するフレスコは、色や意匠の類似性から、第二期に設けられた仕切り壁のフレスコ（後述）と同時代のものである可能性があり、もしそうであるならば、我々は南側廊において第一期のフレスコ装飾について知りえないということになる。なお、北翼廊北東隅や北側廊北西隅には、ベンガラ赤によって枠線を描いたと思われる縦の直線の痕跡が確認されるが、これはローマ時代以来、居宅の内装によく見られる装飾である。その一方で、西外壁内側でわずかに確認しうるフレスコには、何度か漆喰が塗り直され、そのたびにフレスコも多色で描き直された痕跡が残っており、第一期において、壁画装飾は、常に豊かな色彩表現を伴うとともに、図案はその都度多様であったものと考えられる。

こうしてみると、トロス主聖堂では、建築当初、後陣前の一段の高みに設置された祭壇を除き、堂内に立ち入る者の視線を意図的に遮ったり、あるいは誘導したりするような調度も少なく、見通しの良い空間を構成していたとみられる。建築上、空間の重要度の区別を表現しようという意図は不明瞭で、ただ装飾上、舗床各部のモザイクに投下された手間と費用の多寡がそれを示しているのみであったかと推量される。すなわち、テンプロンの敷石に囲まれた最重要の典礼空間ベーマ（祭壇部）は、高価な象嵌モザイクで（現存せず。後述）、また、その延長として使われた翼廊部の大黒柱と副大黒柱をつなぐ敷石に囲まれた部分（北翼廊では図面の第二室、南翼廊では第七室）と身廊部は、細かい細石により複雑な意匠を描くモザイクで舗床された。それに対し、平信徒に立ち入りが許された、より外側の部分（側廊と翼廊第一、第三、第五、第六室）と、洗礼志願者に立ち入りが許された外拝廊＝アトリウムの部分は、比較的大きな細石によって単純幾何学文を描くモザイクで舗装されている。壁面のフレスコ装飾も、そのような空間的重要性の区別を表象していた可能性はあるが、痕跡が少なく、残念ながら推測にとどまる。

二　主聖堂の改築、もしくは再建

六世紀のことと推定されている地震は、クサントスの東バシリカに大きな被害をもたらし、その後の再建の契機となったが[21]、年代は不明ながら（後述）、同じく地震の被害を受けたらしいトロスの主聖堂も大規模な修改築、ないし再建を経験した。この修改築は、それまで身廊と側廊を分けていた列柱に、それまでの、おそらく短かったであろう柱礎に代えて高さ一メートル以上の柱台を据え、さらに柱台間の敷石列上に高さ八〇センチ超のパラペット（腰高仕切り壁）を設置するという本格的なものであった。列柱に柱台を設置するためには、身廊の柱を取り外さねばならず、そうした大掛かりな工事を、屋根を載せたまま行ったとは考えにくいから、主梁の崩落にともなう再建工事として実施された可能性が高い。

第一期の柱列を支えた敷石列の上に、新たに設置された柱台は、若干ずつ規格が異なるので、転用材、もしくは既製品の寄せ集めであったと思われる。その幅は敷石の幅（六五～七〇センチ）より広いにもかかわらず、身廊側で側面を敷石の縁に揃えて据えられたから、側廊側では、不規則に五

写真11.　パラペットと舗床（左が北側廊、右が身廊。北内部戸口２の箇所で撮影）

センチから一〇センチほどはみ出している。そうしてできた不細工な凹凸を目立たなくするため、煉瓦等で接地面を整え、柱台間のパラペットもやや幅広に造作した結果、側廊の舗床モザイクはその分だけ隠されてしまった（写真11）。また、両大黒柱の東側、アプシス脇の東外壁に至るまで、ベーマと翼廊を分ける線上には、テンプロンの横幅を南北それぞれ四〇センチほど狭める形で、やはり腰高の仕切り壁9と10が設置されたが（ただし、仕切り壁10には翼廊への入り口が開けられた）、この壁の側面は、身廊と側廊を分ける柱台／柱台間パラペットの側面と、特に身廊側で一直線になるように正確に施工されているので、これも柱台や柱台間パラペットと同時期、すなわち第二期に設置されたものと考えられよう。

床面に関しては、細石モザイクは、地震の影響により、とりわけ北外壁際で激しく撓曲《とうきょく》したり、身廊部で重量物の落下により大きく凹んだりして、ところどころはがれてしまった。しかし、クサントスの東バシリカとは異なり被害の程度も少なく、応急処置的やり方で漆喰やモルタルによる補修を受けるにとどまった。それに対し、祭壇部の象嵌モザイクは、翼廊との間の仕切り壁により、テンプロンの幅が狭められたことにもよったのであろう、いったん全面的に剝がされ、赤いモルタルを使って貼り直されている。現況では、南東隅に、無傷だった嵌め石タイルやもともとのタイルと色や形状の近い石板を使って（わざわざ廃材・破材から同形のタイルが作られている場合もある）、かつてのモチーフをできるだけ踏襲する形で敷かれた象嵌モザイクの舗床が残る（ベーマの床面積の八分の一ほど。写真9）。しかしながら、ベーマの全体にわたって床材を固定するのに用いられた赤いモルタルは、多くの箇所で、高価な象嵌の嵌め石ではなく、安価な大判煉瓦板や大型の石板（上で祭壇の側板と推測した二枚の大型石板がその中でも際立つ）を戴いている。また、床材自体が失われてしまったところでも、赤モルタルに残る陰影は、大判煉瓦やその他の石板のそれである場合が多い（写真6・9）。したがって、第二期の再建工事においては、高価な嵌め石の新規入手を断念せざるをえない事情があったとみられる。経済力が足りなかったからかもしれないし、再建が急がれたからかもしれない。七世紀以降であれば、国際情勢の悪化に伴う経済ネットワークの衰退も作用したことであろうが、この点は後に述べる。

第二期の調度と設えについては、まず、祭壇に関して、注目すべき痕跡が残されている。すなわち、ベーマの床面には、第一期の祭壇の範囲より一回り小さく（天蓋の内のりから各方向、三〇〜四〇センチ程度ずつ内側）新しい祭壇の範囲が画され、件《くだん》の赤モルタルで固定された六角形の小タイルの列で縁取られているのが観察される。(22) そのうち西側に敷かれたタイル列は、身廊に正対するよう、聖堂の中心軸に直交して敷かれていたのに対し、北側の列は、奇妙なことに中心軸から時計回りに三度ほどの傾きをもって敷かれた。祭壇側の床は、その北側のタイル列に沿って一〇センチ程度の深さで垂直に掘りこまれており、現状では、そこに煉瓦が、おそらく祭壇の基礎として積まれているが、煉瓦は直方体なので、タイル列に沿って西に行くにつれ隙間が広がってしまっている（西の端で三センチ。写真9）。わざわざこうした隙間を生じさせる理由があったとは考え難いから、タイル列の敷かれた時期は、煉瓦による祭壇の基礎が築かれた時期に先んじていたとみなすのが妥当だろう。すなわち、現在残る煉瓦積みの祭壇基礎は、後代（おそらく第三期）のもので、第二期には、別の形の祭壇が設置されていたに違いない。この北側のタイル列に沿って祭壇側の床が垂直に掘り込まれていることに照らせば、そこには煉瓦ではなく、平滑な表面を持つ大きな部材、おそらく祭壇の北側面を形作る大型の石板がタイル列に沿って差し込まれていたという可能性が高く、それは、同様に床に差し込まれた西側面（正面）を形作る大型石板に対してやや鋭角を形成するように設置されたものであったろう。南西隅の六角タイルの陰影が残る地点から聖堂の中心軸と並行に東へたどってみると、識別は容易ではないが、その線上に何かの部材を固定したと思われる赤モルタルの痕跡が残っており、そこには祭壇範囲の南東隅にあたる六角タイルが敷かれていた可能性が高い。以上の知見を総合すると、祭壇は、写真9に示した白い実線の範囲、すなわち南西隅のみが直角の不等辺四角形の範囲を占めていたものと考えられ（西側正面で一五五センチ、北側側面で一一〇センチ）。すなわち、第二期の祭壇は、四隅を占めた角材は想定しうるにせよ、横幅のわずかずつ異なる石板を床に直接挿し、箱型に組みあげたものだったと推定される。

そのような推定に即して祭壇の側板を探してみると、ベーマ近くの身廊部から出土していた二枚の薄い石板の断片群が、その有力候補となる。これら二枚はいずれも、片面に、円形の蔦に囲まれた花文の両側に十字架文を配する全く同じ図案のレリーフが刻まれていて、図案から復元してみると、もともと幅一四〇センチ×高さ八〇センチの大きさであったとみられる。その一方、これらは、後に、幅一〇〇センチほどに切り詰められ、それぞれ裏面に動物文と組紐文による別々の図案のレリーフを施されて再利用された（写真12a・b、13a・b）。材質も表面レリーフの技術も高水準であるから、コンスタンティノープルなど都会からの移入品であったと思われるが、十字架文と蔦文の組み合わせは五～六世紀によくみられる作例なので、その面が使用されていたのがトロスにおいてであったならば、第二期の祭壇の側板として用いられていた可能性は高い。二枚のうちの残存部分の少ない方の石板Bは、十字架と蔦文が刻まれた面で、本来あるべき右の一〇～一五センチほどの余白部分を切り落とされている。このような加工は、その面の図案、すなわち十字架文と蔦文を装飾として使用することを前提としており、第二期に、できるだけ祭壇の形を直方体に近づけようと

写真 12a.　祭壇の側板Ａ（十字架文のある面）

してなされた石材の寸法合わせの試みの一環と考えれば、加工の理由も説明がつく。その場合、余白部分を切り落とされた石板は、祭壇の短辺である北面ないし南面を、切り落とされなかった石板は長辺である西面ないし東面を、それぞれ構成したものであっただろう。

祭壇を覆う天蓋については、すでにこの時期には存在していなかったと考えられる。天蓋の西側柱礎の位置には、赤モルタルが入れられ、部分的に直角三角形の小タイル列が敷かれたり、煉瓦の陰影が残ったりしている。残された東の二基の柱礎が残されたのは、祭壇の崇高さを際立たせる背景の飾り柱を据えるためであっただろう。仕切り壁９の脇に太さ四〇センチほどの飾り柱にふさわしい柱材

写真 12b.　祭壇の側板 A（動物文のある面）

が見つかっている。

テンプロンの障柵は、上に言及した、「生命の十字架」意匠の浮彫を持つ石板（写真8）がそれを構成した可能性がある。先述のように、これらは北翼廊と南側廊の墓の側板と蓋石に用いられていたから、第二期の障柵であったのならば、墓廟は第二期の遅くか、第三期以降、いずれにせよ、ベーマ部分が再び不使用に帰して後に作られたものとみなければならない。ただ、すぐ下で触れる説教壇手すりの彫刻と仕切り壁のフレスコに明らかなように、第二期には装飾に地方工房の関与が明瞭に認められる。同じく地方工房の手になるであろうこれらの石板も、たとえそれらがテンプロンの障柵に用いられたものではなかったとしても、第二期に属

写真 13a.　祭壇の側板 B（十字架文のある面）

したと考えてよいかもしれない。
説教壇に関しては、身廊の細石モザイクの上、長さ四メートル超、幅一・五メートル、厚さ二〇センチ超にも及ぶ、その基礎部分にあたる五点の巨大な石製スラブの一部が敷かれたまま残っていた。この基礎は、身廊とベーマを合わせた聖堂空間の、中央からややベーマ寄りに配置され、身廊のモザイクのうちでも、最も重要なカーペットの中央に描かれたクジャクの主要意匠を隠してしまっている（写真14）。説教壇上に登る階段の手すりを構成したと思われる部材も、部分的ながらその周囲で発見されている。そのうち最も大きな部材には、いわゆる「生命の花」の最小モジュールがひとつだけ浮彫りされているが、未完成かと思われるほど装飾も淡泊で、その仕上げもお

写真13b.　祭壇の側板B（動物文のある面）

ざなりである（写真15）。この石板の裏には、ローマ帝政期以前の碑文の名残があり、師尾氏によれば、それは石棺側面に刻まれた墓荒らしに対する呪詛文の一部という。すなわち、説教壇は、トロスのいたるところに残る古代の石棺を解体して切り出した石板を利用して作られたものであった。[23] おそらく地方工房の手になるものであろう。

ベーマと南翼廊を分けるべく新設された仕切り壁9と10には彩色フレスコの痕跡が残されており、特に前者の中央寄りに残された漆喰の上には、赤い方形の縁取りの中、緑、赤、黄色で盾形のエンブレムが並んで描かれているのが識別できる（写真16）。エンブレムの中には円形の図形がおかれているが、文字や人物像は確認されない。仕切り壁9のアプシス寄りには、布地やリボン

写真14.　トロス主聖堂身廊の舗床モザイク

のような絵柄がみられる。こちらは、下部しか残っていないので、どのような図案であったのか判然としない。彩色フレスコの痕跡が残る部材の断片は、上部から崩落したと考えられる比較的大きなものも含めて、ベーマからいくつか見つかっており、装飾画は、おそらくアプシス脇の壁面を天井まで覆いつくしていたと考えて間違いない。フレスコに描かれた図案は、全体として素朴であり、幾何学図案であっても、縦横のバランスを欠いたり、線の太さが異なったりしている。こうしたことから、これらも地方工房の手になるものと思われる。

第二期再建・修築・改装工事は、交差廊を貫通式から区画式に変えることで、典礼空間とそれ以

写真15.　説教壇の側板。右下に斜めの浮彫線がみえる。この上に手すりがあったと思われるので、実際の使われ方は天地逆である。

外の空間を分け、さまざまな面で社会の新たな要請に答えようとするものであった。まず指摘すべきは、それが、従来は祭壇周り以外キリスト教的性格の不明瞭であった堂内の典礼空間を、キリスト教典礼の目的にかなうべく一新したという点である。柱台と柱台間パラペットは、聖職者のみが立ち入ることのできる身廊と、俗人がそこに留まることを義務付けられる側廊の間を物理的に仕切った。さらに、翼廊と祭壇部の仕切り壁は、梁からその上にカーテンを垂らして、翼廊部を視界から隠す類の「目隠し」を形作ったと推察されるが、パラペットでつながれた柱列の延長を構成して、視覚上奥行きの深い空間を作り上げ、側廊から典礼を眺める平信徒の視線をベーマに集中させる働きをした。視線の先にある、ア

写真16.　仕切り壁9に描かれたエンブレム文

プシスとアプシス脇の壁面、そして仕切り壁の内側面には、現存のエンブレム文が示唆するように、神の権威を高める様々な図像が描かれていたと考えられるから、そうした装飾は渾然一体となって、会衆の敬虔な気持ちを高める視覚効果を発揮したことであろう。身廊の中央に置かれた説教壇は、仕上げもお座なりでその大きさと高さを確保することを最優先したもののように思われるが、時代が下るにつれ、ミサ典礼が多段階に複雑化し、会衆の眼前で行われる感謝の祈り前後の儀式の荘厳さを際立たせる必要性が増したこと考えれば、理にかなった改装の一環であったといえる。すなわち、説教壇は、司教がミサに先立つ小聖入をそこから始め、司祭が聖書から神の言葉を読み上げ、また、洗礼を授けられた赤子を会衆に示す場となっていったからである。そこは、典礼空間の中で、一般会衆に最も近くにありながら、祭壇の延長部分として、ひときわ高みに聳えている必要があった。かくして、全体としてコンパクトに設計された第二期トロス主聖堂の典礼空間は、そこで行われる典礼が、空間的制約の中で、最も効果的に会衆の信仰心に働きかけるよう設えられ、実際にそのように機能したものと推測できる。

第二に指摘すべきは、区画式への転換が、翼廊を身廊から切り離すことで、典礼空間以外の聖堂空間を、他の多様な用途に供する可能性を開いたことである。翼廊部は、第二期の再建以降、仕切り壁によって、北と南でそれぞれ三室と四室に区画されていくことになるが、そのうち、北翼廊では北側廊の延長となる西側の部屋（第一室）は墓廟とされて、その壁際に、室内墓が四基設置された。いずれも後代に盗掘に遭っていて、年代や被葬者の詳細は不明であるものの、棺が床上に作り付けられていたという事実は、それらが、死者のための記念礼拝を継続的に催すべく意図して作られたものであることを示し、それゆえ、被葬者は、功績ある聖職者ないし有力俗人であったことを推察させる。第一室を画する仕切り壁3と四つの墓の仕切り構造体は、床面の撓曲を修正する形で煉瓦

写真17.　南翼廊の床上墓出土の聖遺物入れ

や石材を組み、同じ時代に一括して設置されているが、施工精度が第二期再建工事のパラペットや仕切り壁に比べて落ちるので、第二期に属したとしても遅い時代、むしろ第三期に属したとさえみなしうるかもしれない。その場合、北翼廊のスペース全体が第二期当初にどのように使われたのか、北側廊とどのように区画されていたのかといったことについて、推測する手掛かりはない。

南側廊の延長である南翼廊第六室にも、床上に同様の設えを施され、三層（床上一層、床下二層）に渡って遺骸を安置する室内墓が一基確認される。とくにその第二層に葬られていた若い母と乳児の副葬品（写真17：とりわけ聖母とヨハネがそれぞれ表裏に彫刻された十字架形の聖遺物入れ）から、この墓も高位聖職者、ないし有力俗人の家族墓であったと推測される。ただ、この墓は、床下まで郭室に利用している点、また翼廊南壁中央に独立に設置され、第六室を墓廟とする意図で作られてはいないという点で北翼廊の四基とは異なる。最も深く、第一層に葬られた成人男性を記念する目的で作られた墓が、やがてその家族によっても使われ、床上に棺を作りつけられることになったという可能性がある。(24) いずれにせよ、これら、北・南翼廊の床上に郭室を目立たせる形で設置された五つの墓の周囲からは、一一世紀以降の中期ビザンツ時代に属する、礼拝用の祭具と思われる彩釉陶器の破片が見つかっており、いずれも、第三期まで継続して死者記念の対象にされていた証拠とみなしうるだろう。これらの墓がいつ作られたものであれ、最終的に、これら五基以外にも、南側廊から南翼廊にかけて、一八基もの床下墓が作られていくのは、第二期再建工事でこの空間が典礼空間から切り離されたからこそであったといえよう。

典礼空間以外の空間は、埋葬に用いられたばかりではない。北翼廊のうちで、より典礼空間に近い残りの部分は、典礼空間のバックヤードとしての役割を持たされたと推定される。すなわち、第二室と第三室は、もともと東側の外壁に設けられていた出入り口を塞がれて外部空間から切り離される一方で、仕切り壁10の西端に内部戸口を設けられ、ベーマとのつながりを保っていたからである。ベーマから離れた第三室からはガラスランプの破片や燭台を床に固定していた鉄製のピックが出土しているので、その部屋は祭具室として使われた可能性が高く、またベーマにより近い第二室は、そのような出土物を持たないながら、その位置から見て、聖職者の典礼の際の控室・典礼準備室として機能したものと思われる。あるいは、典礼中の賛歌を詠ずる合唱隊のためのスペースであったかもしれない。

南翼廊に目を向けてみれば、仕切り壁9によって完全にベーマから切り離されているので、この空間は北翼廊とは対照的に、典礼とは関係の薄い空間であったとみなせよう。仕切り壁のすぐ南に位置する第七室は、別の仕切り壁6と8によって他のスペースから隔絶され、ただ第五室を前室としてそこからのみアクセスが可能になるよう戸口を設けられた。戸口周辺の室内からは錠前の一部が出土しているので、扉付きの倉庫として用いられたと推測される。さらに、南側廊の延長である第五室から、床上墓のある第六室を通り、聖堂の東側に抜ける外部戸口は、北翼廊の同様の位置にあった外部戸口が閉じられたのとは異なり、継続して使用された形跡がある。また、南側廊南面に開けられていた出入り口も、その幅の半分を石材で塞がれているものの、同じく外部戸口の役割を維持していた。すなわち、北翼廊が典礼空間とのつながりを保って後者と関連の深い空間を構成したのに対し、南翼廊は典礼空間とのつながりを絶って、むしろ外部空間との関係を維持した、といえよう。第七室が倉庫であったのなら、周辺から集められた農産品や手工業産品などを収蔵するために用いられた空間であった可能性がある。(25) また、南側廊・翼廊が、後に、床に穴を掘り遺骸を埋葬する墓地として使われるようになっていくのも、北側廊・翼廊と異なり、典礼空間とのかかわりを早期に失っていたからと考えるのが妥当であろう。

第二期の再建工事がいつ行われたのかという問いに答えるのは難しい。わずかに、身廊の中心軸線近く、テンプロンの敷石寄りの場所の床面から、七世紀初頭、フォカス帝の銅貨が見つかっているのが、おそらく第二期の年代に関わると考えられる唯一の痕跡だが、それが落とされ、そのままにされた事情を知る手掛かりはない。ベーマの床面の再舗装に新規の高級石板タイルを入手しえなかったこと、細石モザイクの床面補修がモルタルや煉瓦による補修にとどまったこと、祭壇の造作に急ごしらえの感があること、祭壇の側板以外の装飾は地方工房の手になるであろうことは、いずれも、この聖堂の再建が、クサントスの東バシリカの再建より遅く、ビザンツ帝国の経済・文化ネットワークが危機に瀕して以降に行われたであろうことを示唆する。実際、クサントスでは、それまで象嵌モザイクであった部分まで、高度な技法を持つ工房によって細石モザイクで舗装しなおされているなど、経済や流通の危機の兆候は見受けられない。

その一方、柱台間パラペットやベーマの仕切り壁の施工精度が高いことは、トロスの第二期再建工事が、古代末期のしかるべき技術的・文化的遺産をいまだ享受できる時代に行われたことを指し示していよう。コンスタンティノープルからの移入品と思われる祭壇の側板が高い加工技術を示していることは、その図案がよくある量産タイプのそれだとしても、そうした時代背景の存在を示唆する。これらの知見を総合すると、トロスの第二期再建工事は、六世紀末から七世紀前半にかけてのある時期に行われたという可能性が高いように思われる。第二期主聖堂完成後、いつまで使われたのかについては、それを知るための手掛かりが全くない。北翼廊第一室の北寄りに古い焼け跡が残っており、第一室の墓廟の築造が第三期であったならこれは第二期の終わりに起こった火災の痕跡とみてよいかもしれないが、主聖堂全般を見渡すと、それと同時代のものとみなしうる火災痕はほかに見いだせず、火災が第二期聖堂の終わりをもたらしたとはみなしがたい。(26)

今、ここで当時のトロス社会との関係で、第二期の主聖堂の在り方についてまとめるとすれば、次のようになろう。第二期には、主聖堂の典礼空間は、第一期に比べて縮小されつつも、典礼の発展に応じて必要な調度や装飾を必要十分に備え付けられることになった。その一方、典礼空間から壁で明確に区別された余剰の空間を利用して、収納や保管という世俗性の高い目的のためのスペースも自らの屋根の下に取り込む一方、墓廟や墓地といった聖俗の中間的性格のスペースが発展する余地も開いた。当時、トロス社会において、典礼空間の整理・縮小を動機づけるような人口減少があったかどうかはわからないが、説教壇の規模の大きさから考えて、再建時にそのような事情が作用したようには思われない。第一期の主聖堂が、キリスト教建築として依然として明確な機能性を持たずに建設されていたことを考えれば、第二期の主聖堂は、社会のキリスト教化の進展を受けて、一層、キリスト教建築の複合体としての性格を明確にして再建されたと評価してよいものと思われる。また、おそらくその事業の主体は、装飾の地方的性格から考えて、トロスに居住する聖職者と市民たちであった。

三　主聖堂再々建の試み

第二期のトロス主聖堂がいつまで十全な形で機能し続けたかはわからない。はっきりしているのは、それが、おそらく一一世紀、再々建の試みを経験した（以下、これ以降の期間を第三期と呼ぶ）ということと、その再々建は、結局完了しなかったということである。

第三期再々建工事を最も明確に特徴づけるのは、テンプロンの敷石と身廊の細石モザイクの東端にまたがるように設置された聖障（イコノスタシス）である。この設えは、ベーマを身廊から一層区別された神秘的空間として演出するべく、テンプロンの敷石に沿って立てた高い柱の間に腰高の石板柵を設けた内装建築で、その上の空間を聖画（イコン）で埋め尽くす装飾が、ビザンツ中期以降一般化した。トロスで設置されたのは、身廊の幅一杯に長さ三〜三・五メートル、太さ五〇センチの円柱を六本並べるという、本格的で重厚なそれであった。柱を立てるために、テンプロンの敷石には半円の窪みが彫り込まれる一方、身廊側の細石モザイクの外縁部分は剝がされて床面には幅四〇センチ、深さ二〇センチほどの溝が作られている。半円の窪みの深さはまちまちだが、それは、互いに長さ・高さの異なる転用材の柱と柱頭を重ねた際、飾り梁（エピスタイル）を載せる面の水平を確保するためであっただろう。周辺の出土部材から判断して、円柱の上には、まず渦巻文・若木文・生命の花文等、様々なレリーフを持つ高さ四〇～五五センチの柱頭（これをコリント式柱頭と区別するために「ビザンツ式柱頭」と呼ぶ）が載せられ、さらにその上に、連続アーチ文と植物文を木口に浮彫りした厚さ二〇センチほどの飾り梁が差し渡されていた（写真25）。柱の間には、円形や方形の組紐文の中に花文や幾何学文の浮彫を配した高さ九〇センチの分厚い石板の障柵が立てられた（身廊部から三枚見つかっている写真18a～c）。柱頭、飾り梁、障柵のレリーフ

写真18a．聖障の障柵
（身廊北東部より出土）

写真18b．聖障の障柵
（身廊西部、入り口付近出土）

写真18c．聖障の障柵
（身廊西部、入り口付近出土）

は、作例により出来もまちまちだが、いずれも、中期ビザンツの時代的特徴を示すモチーフを共有し、一貫したデザインで堂内を飾ろうとする石工集団の意図を感じさせる。

この工事が単なる改築ではなく、再々建のためのそれであったとみなしうる根拠は、この聖障に用いられていたビザンツ式柱頭が、もともと身廊の主梁を支えていた列柱のコリント式柱頭を再加工したものであったという点にある。屋根と主梁が落ちていなければ、それらを別の場所の柱頭に利用することはできない(27)。ビザンツ式柱頭のうち一点には、コリント式柱頭の葉飾りを削り落とした後、研磨し切れず残した浅い切れ込みが、数カ所確認されるほか、いずれも同様にして削り出されたためであろう、コリント式柱頭よりサイズが小さく、いびつな形になっている（写真19ａ～ｃ）。さらに、身廊の説教壇の土台近くで見つかったコリント式柱頭は、天地を逆に置かれていた上、葉飾りを尻の部分のみ、鑿でそぎ落とされていた（写真20ａ・ｂ）。これは、ビザンツ式柱頭への加工

写真 19a.　ビザンツ式柱頭 inv.058 の背面

写真 19b.　ビザンツ式柱頭 inv.145

写真 19c.　ビザンツ式柱頭 inv.063

途中で放棄されたものと思われるが、ビザンツ式柱頭がコリント式柱頭の転用品であったことの何よりの証左であるとともに、再々建工事が何らかの理由により途中で断念されたという経緯も物語っていよう。

ベーマの床面から仕切り壁のそれを含む壁面にかけては、白い漆喰が一面に分厚く塗られ、床面には、その漆喰で象嵌モザイクの石板タイルの形を模した造形がなされていた（写真21）。ただし、第三期工事は未完成であったから、これら漆喰による造形や補修は、第二期最後の化粧の可能性がある。すなわち、第三期の工事は、身廊の屋根や主梁が落ちていた状態で、まず聖障を作ることから始められたようであり、その際、ベーマの上の屋根も落ちていたとすれば、野晒しのまま、柔らかい漆喰で床面を造形したとはおよそ考え難いからである。他方、後述するように、少なくとも北翼廊では、第三期に屋根は崩落を免れ、そのために墓廟が作られたと考えられるので、それに連続するベーマ上の屋根も架かったままであったかもしれない。その場合には、この漆喰による床面造形も第三期に属した可能性が高くなるが、おそらく第三期工事を中断させた災害とその後の未完了に終わった基礎工事（後述）の過程で、床面はずいぶん破損してしまったであろうから、第三期のベーマの床面の状態について確実なことを述べるのは困難である。

祭壇は、上述のごとく、基礎の煉瓦積みを残すのみであり、上部構造の痕跡は確認されなかった。設置前であったのか、設置後に災害等で破損し残骸が除去されたのか、判断の手がかりはない。第二期の祭壇側板と推定される石板は、上述のように幅一〇〇センチに切り詰められた上、裏面に組

写真 20a.　部分的に葉をそぎ落とされたコリント式柱頭

写真 20b.　コリント式柱頭のそぎ落とされた葉

写真 21.　漆喰の造形で模したタイル列

紐文に囲まれた鳥獣文を施されていた。これらは、二枚分しか見つかっていないうえ、ベーマからではなく、第四室の入り口近くの身廊部から破損した状態で発見されている。祭壇への貼り付け前、その場所に置かれたまま破損したものか、祭壇への貼り付け後に破損し、残骸除去の過程でそこに破片が集められたものか、いずれとも判断できない。祭壇の側板に再利用しようとしたかどうかについてすら不明とすべきだろう。ベーマ床上には、仕切り壁際に横たえられた飾り柱やビザンツ式柱頭の断片などが見出されており、ベーマの設えはいったんの完成をみたにせよみなかったにせよ、結局、その工事は途中で放棄されている。なお、ベーマ北東隅、南西隅、そして北西外には、大きな穴が三つ開けられ、その中に小ぶりの柱礎や、聖障の柱の断片が、おそらく意図的に充塡材として埋められた状態で発見された（写真22a・b）。これらの穴は、したがって、第三期の設えがおそらく災害により崩壊して後の工事再開に関わるものと考えられる。ただ、聖障の部材のほとんどは、それが立てられていた場所で崩落したまま放置されていたので、それらを取り除くことなく掘られたこれらの穴の意味は不明とせざるをえない。

説教壇については、上述のごとく、その基礎の上が柱頭の加工場所になっていたことからも明らかなように、第三期においては結局再建されなかったと考えられる。第三期工事開始時、身廊には、屋根や主梁が落ちた際の瓦礫が落ちていたと思われるが、それらはほとんど片付けられたようである。そのため、発掘開始時には身廊部の堆積が最も少なかった。身廊と側廊を分ける列柱が、第三期工事中、すべてが倒れていたわけではなく、聖堂放棄後に倒れたものもあったことは、いくつか

写真 22a.　ベーマの北西角の穴

写真 22b.　ベーマの北東隅の穴

の柱の出土層位の高さからうかがい知ることができる。
拝廊は、もともとの細石モザイクの大部分が剥がれてしまっていたためであろうか、あるいはわざわざ剥がしたものであろうか、全面的に様々な大きさの煉瓦で舗装し直されていた（写真23）。

ファサードは、少なくとも第三期を通じて、その高さを保っていたようであり、聖障の障柵が二枚、入り口付近に置かれて、取り付けられるのを待っていた。これらのうちの一枚は、おそらく聖堂の放棄時前後に、ファサードの倒壊により粉砕されている（写真18c）。

北翼廊の墓廟と南翼廊・側廊の墓については、それぞれ第二期聖堂の崩落の度合いや、第三期再々建工事の進展度に応じ、それぞれ異なる運命をたどった。まず、北側廊は、主梁は落ちたものの（さもなくば、柱頭を聖障に転用できない）、外壁の大規模な崩落は免れ、瓦礫を片付けた後、同じく外壁の崩落を免れた北翼廊第一室の墓廟への通路として使用し続けられたと考えられる。北翼廊、特に第一室と第三室の床上からは、多くのヤギや羊の骨が見つかっている一方、北側廊のパラペット側面や第三室中央にはたき火の後がみられ、これらは、聖堂が放棄された後、躯体の上部が残っ

写真23.　ナルテックスの後代の舗装

写真24.　第七室に置かれた石材

たこの部分をシェルターにした旅人や遊牧民の残した痕跡と考えられる。上述のように、墓廟の近くからは一一世紀前後のものと思われる彩釉陶器の破片が出土しており、これは第三期においてもそこの墓の被葬者の記念が行われていたことの証拠とみなしうるだろう。また、これらの墓は、屋根の大規模な崩落を免れた結果、いずれも後代に盗掘を受けることになった。

南翼廊は、第二期以降に屋根と外壁の崩落があったものと考えられる。南翼廊の床上墓の、幼児が複数葬られた最も新しい第三層は、いったん暴かれた後、丁寧に瓦礫で埋め戻され、分厚い石材の蓋を被せられた形跡を残している。南翼廊第七室は、東外壁際に、未加工のコリント式柱頭と太さ七五センチ近くの、同じく未加工の巨大な円柱ドラムが横たえられており（写真24）、特に前者は壁にできた大きな穴から持ち込まれたものと推察される。この部屋は、第三期再々建工事のための資材置き場として使われたらしい。第五室と第七室の間の仕切り壁6は、南大黒柱と南副大黒柱の中間に据えられていた円柱を取り外してから新たに作りつけられており（その円柱は第七室の中央南寄りに作りつけられた上述の土台枠組の上に横たえられていた）、おそらく第七室に、低い屋根を架ける目的で設置されたものであろう。南翼廊の第七室から発見された動物骨には、ヤギや羊のほか、牛の骨やごく少数の豚の骨が含まれており、この事実は、第七室が第三期工事における作業員の食事や休息のためのスペースとしても用いられたことを物語る。南翼廊は、聖堂の放棄後、再び瓦礫に埋まってしまったらしく、第六室の床上墓も、その後荒らされることはなかった。

それに対し、南側廊はまた別の運命をたどったものと考えられる。そこから見つかっている墓は、南外壁寄りとパラペット寄り、それから側廊の中心線に沿って、三列にわたり計一一基が、八〇センチ以上の深い位置に順次作られていったが、いずれも屋根が架かっているうちに作られた後、やがて崩壊した壁や列柱、また主梁の瓦礫に埋もれてしまった。それは、おそらく、列柱の柱頭を利用した第三期工事が始まる前のことであり、第三期工事中、そこの瓦礫はそのままに放置されたと考えられる。南側廊外壁に半分のみ開けられた外部戸口から続く床上には、墓の上に堆積した瓦礫を積み替えて階段状の構造物が作られているのが見つかっている。その一方、南側廊の延長上、南翼廊の第五室にある三基の墓は、浅いところに作られているうえ、第六・七室と身廊をつなぐ第四室への通路上にある。これは、側廊の西の三分の二が屋根の崩落によって使えなくなったため、やむなく東の三分の一の延長上に、埋葬の必要に応じて慌ただしく作られたものであろう。第三期の工事中、資材置き場・作業員の控室と現場をつなぐ通路になったと考えられるこの場所が、通路として使われていた期間に墓地として使われたとは考え難いので、おそらくこの三基は、聖堂再建工事の放棄後に作られたものであったと考えられる。実際、一一世紀末から一二世紀初頭のアレクシオス一世の銅貨がその周辺から出土している。これらの墓の脇の第四室は、床に象嵌モザイクを張られた上、新たに厚いモルタルで補強された壁一面を暗色のフレスコで装飾されていた。完形に近い素焼きの壺が床上から見つかるなど、第三期工事放棄後にも特別の場所として使用されていた痕跡があり、墓に葬られた死者の魂を慰めるための礼拝空間として使われた可能性がある。これらの墓も盗掘を受けていないので、ほどなく瓦礫に埋もれてしまったのであろう。

ところで、第三期の年代や期間を考える際、最も有用な情報を与えてくれるのは、工事に関係したと思われる出土貨幣と封鉛である。貨幣については、南翼廊第七室の東外壁近くの床上からバシレイオス二世とコンスタンティノス八世時代の金貨（九八九～一〇〇一年発行）が一枚見つかっている(28)。第七室の、この貨幣が発見された場所は、東の外壁寄り、先述の巨大な円柱ドラムと柱頭が置かれていた場所のすぐ近くであり、これらの部材は、第三期の工事継続が断念された際、そのままにされてしまったのであろう。高価な金貨が落とされ、そのまま見過ごしにされたのは、そのような大きな部材の搬入や工事作業中のこととは考え難く、工事継続の断念と現場撤収に際してのことであった可能性が高い。ただ、貨幣の発行年代は、再々建終了年代の上限を定めるのみであり、この証拠から一〇世紀末～一一世紀初頭に再々建の試みが断念されたとはいえない。他方、封鉛については、第六室の床直上と、床上一メートル強のところから、テマ・キュビライオトーン（キュビライオタイと呼ばれたカリアからリキアにかけての地方の軍・行政管区）の書記官長（プロトノタリオス）の封鉛が二枚出土している。前者は半分しか残存せず、そこから読み取りうる情報は少ないが、ほぼ完形をとどめる後者は、銘に現れる書記官長の爵位から、一一世紀前半より時代が下るものと考えられる。(29) いずれも、トロス以外の場所、例えばテマの官庁が置かれた場所から、書記官長の裁可のもとに発送された再々建工事用の機材や建築部材に取り付けられていたものであった可能性が高い。後者の封鉛は、南翼廊の西の窓の近くの浅い層位から出たものなので、工事中にその場所に落とされたものというよりは、聖堂の南側の外で荷ほどきした際に落ちたものが、ずっと後にこの周辺が農地とされたとき瓦礫とともに堂内に投げ入れられたものであっただろう。これらの証拠に照らせば、第三期の工事は、その始まりは不明ながら、一一世紀の半ばころまでは行われていたものとみられる。

ところで、テマの書記官長の封鉛の存在は、トロスの主聖堂の第三期再々建工事が、第二期再建工事とは対照的に、国家のてこ入れを受けた事業であったということを示している。トロスの主聖堂再々建が国家政策の一環であったならば、その経緯も、より広い行政的・宗教的・社会的コンテクストの中で理解されるべきだろう。とりわけ、トロスの主聖堂再々建プランは、同じ時期に、古代末期の洗礼堂を転用して再々建されたクサントス東バシリカ主聖堂のそれと、(30) いくつかの類似点と相違点を有しており、両者の比較は、トロス主聖堂再々建を歴史的文脈の中において理解するの

写真25.　飾り梁木口のレリーフ

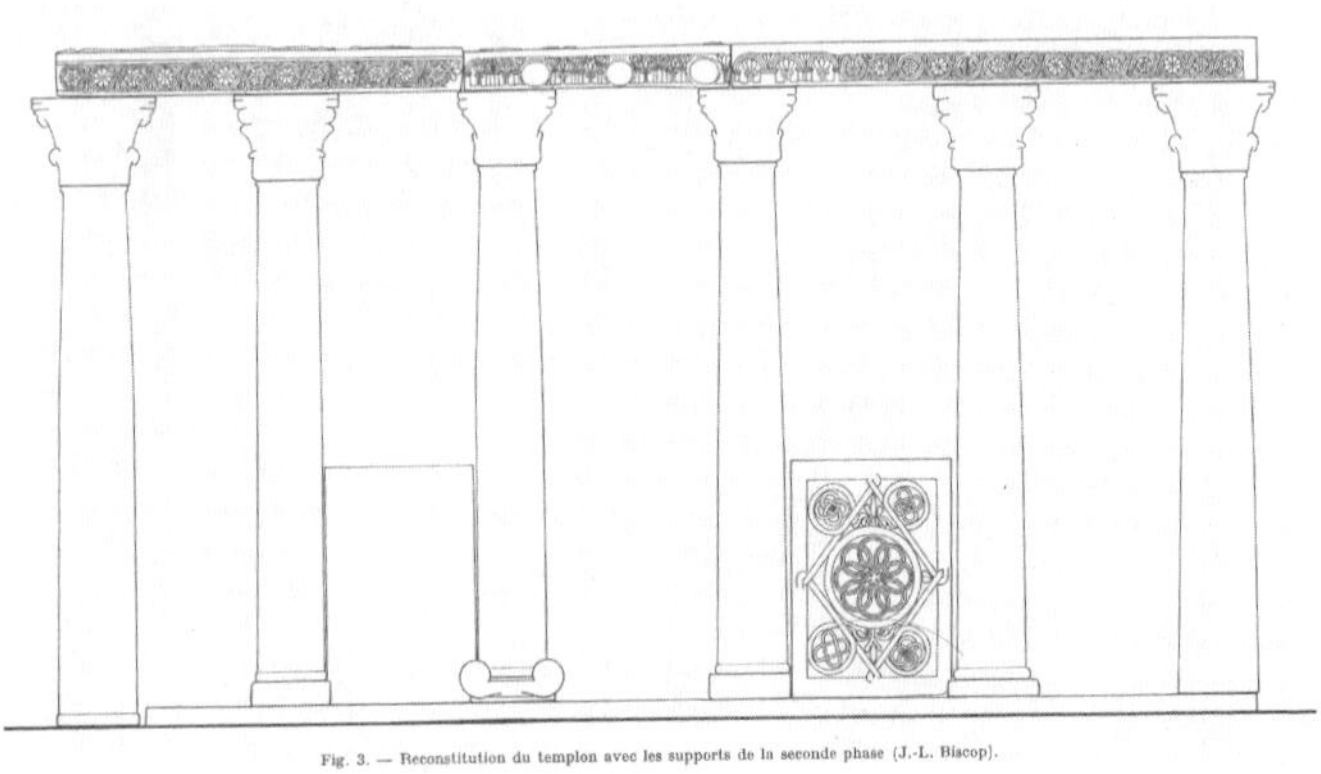

Fig. 3. — Reconstitution du templon avec les supports de la seconde phase (J.-L. Biscop).

図3.　クサントス聖堂の聖障（トロスでは、柱間が20%広い）

に役立つ。

　まず、類似点。いずれの聖堂の聖障も、転用材である六本の太い円柱を利用しているうえ、それらの間に据えられた障柵も、それらの上に乗せられた飾り梁も、方形・円形の紐文に囲まれた花文や幾何学文や、連続アーチ文に囲まれた若木文の浮彫等、共通・類似の意匠のレリーフを持つ（写真25・図3）。こうした類似性は、両聖堂再々建を促すような共通の計画が存在し、その実現のために、コンスタンティノープルやミュラ、アッタレイアといった大都市から建築家や工房を招き、重機等を持ち込んだということを示唆している。次いで、相違点。クサントスの中期ビザンツ聖堂は、トロスの主聖堂と異なり、古代末期の聖堂本体を放棄して洗礼堂を改築したために規模が小さい（アプシスと拝廊を除き、幅八メートル×奥行一三メートル。しかもU十字の洗礼堂の形は維持されたので、堂内に入れる俗人会衆の数は二〇人程度）。また、聖障の柱頭は、転用材であったコリント式のそれらをそのまま利用し、中期ビザンツ風のそれに作り変えられることはなかった。このことは、きわめて少人数の会衆の集いを前提にしつつ、聖堂の再建を急いだということを示すであろう。しかし、その一方で、クサントスでは、聖障は聖堂の規模に対して不釣り合いなほど大きく立派に設えられるとともに、その装飾は、飾り梁の木口に使徒の肖像や複雑な組紐文等多様な意匠を施し、また梁の底面にも幾何学文様を刻むなど、トロスのそれより、ずっと手が込んでいる。このことは、クサントスの聖堂が、外観の壮麗さは犠牲にしても、内装により多くの資源を投下する価値がある存在とみなされたということを示している。要するに、クサントスとトロスの聖堂再建は、政府による同じ復興政策プログラムに乗りながら、後者より前者が高い優先度と位置づけを与えられていたということを物語っているものと考えられる。

一〇世紀から一一世紀にかけてのミュラ大主教座内における主教座の序列、およびその中におけるクサントスとトロスの位置づけ（の変化）は、マケドニア朝によるビザンツ帝国中興の光と、その断絶後の混乱の影の中で、大きく揺れ動いたものと推察される。そうしたことを知るための手がかりとして、何より一〇世紀初頭に作成された主教座序列表（ダルーゼの校訂本の配列に従って「第七表」と呼ばれている）[31]が挙げられる。この表は、七世紀前半のビザンツ帝国の状況をスナップ写真のように反映したそれまでの序列表（ダルーゼの、とくに「第一表」とそれを踏襲した九世紀初頭の「第四表」）[32]を大きく書き換え、少なくともミュラの大主教座については、管内の主教座の序列を、当時の地政学的重要性を反映したものに改めた。すなわち、八世紀のアラブの水軍の地中海進出により、廃れてしまった海沿いの主教座を廃止・降格する一方、ミュラの後背地、クサントス河谷、内陸のエルマル平原の三つの地域の主教座を中心に、その戦略的重要性に応じて地位を引き上げたのである。この序列表がレオ六世の下で作られたのか、あるいはロマノス一世の下で作られたのかについては、議論があるにせよ[33]、いずれの見解も、それが精力的で有能な皇帝と政界にも大きな影響力を持った総大主教ニコラス一世ミュスティコスの強力な指導の下に作られたものという点では一致している。そうであれば、この表が、一〇世紀初頭における地政学上の正確な知識とそれに基づく政策上の熟慮に従って作られたことを疑う理由はないと思われる。そこにおいて、クサントスは、ミュラの大主教管区内で、それまでの目立たない順位（全体で一八位）から一気にテルメッソス（マクレ）とトロスを抜いてクサントス河谷周辺の主教座中の第二位（全体では八位）に躍り出ることになった。七世紀にはすでに退潮著しかったクサントスは、しかし、海岸から一〇キロの丘上にあって海からの攻撃に対して守られており、内陸の重要な主教座アラクサからクサントス川を通じて海岸までに至る流通・軍事・情報伝達ネットワークの結節点として復興されるにふさわしいと考えられたのであろう。同じような海岸から離れた丘上にあり、しかし海岸への見通しが効く、中部リキアのキュアネアイも、序列の最下位からクサントスに次ぐ九位までその地位を上げられている。その後、九六〇年代、クレタ島に始まり、キプロス、アンティオキアが次々とビザンツ帝国の手に回復されると、クサントスはクサントス川の両岸、沿海と内陸、またミュラとクサントス河谷を縦横に連結する重要な要衝として、ますます、その聖堂の再建が急がれることになった。ただ、クサントスの聖堂の規模の小ささと、それと不釣り合いな内装の豊かさは、この聖堂が、住民のためのものというよりは、そこに常駐する兵士や役人のためのものであった可能性を示唆している。

トロスの主聖堂は、再々建工事の途中で放棄されてしまったので、その規模がどのくらいのものになるはずであったか、推測しかできない。とはいえ、身廊の西の入り口近くに二枚、聖障の障柵が置かれ、また、拝廊の細石モザイクの剝がれてしまったかなり広い部分が補修用の煉瓦で覆いつくされているのは、この聖堂が、クサントスの聖堂とは異なり、オリジナルに近い規模で、全面的に復興される計画であったことを物語っているように思われる。トロスは、地中海岸から五〇キロ、三〇〇〇メートル級のアクダー山脈のすそ野に突き出た岩塊の上にあり、クサントス河谷の中流域を睥睨《へいげい》する天然の要塞都市であった。西リキアの住民にとって、トロスは、海からのイスラーム教徒の攻撃に対して、クサントス以上に安全な場所とみなされたことであろうし、クレタ島の回復以後は、クサントス川の沖積平野やアクダー山脈の産物を、河川就航により供給するにも至便な位置にあった。トロスの主聖堂が、もともとの規模で復興を図られたとすれば、それは、この地にそれだけの人口が維持され、住民によって復興を期待されていたからという可能性が高い。さもなくば、序列の低い主教座聖堂の規模の方が大きい理由がわからなくなってしまう。もしこうした推測が当たっているとすれば、クサントスの聖堂が国策一本槍で復興されたのに対し、トロス聖堂は、国策に加え、地域社会の実情や要請も踏まえて再建を試みられたということになるだろう。

トロスで、主聖堂が使用できない期間は、第二期聖堂の崩落以後、数世紀の長きにわたったが、その間、大浴場の温浴室を身廊に、熱浴室を拝廊に改造した小さな教会堂が機能し、冷浴室は墓地とされて、そこには少なくとも五〇基の墓が作られていた。(34) 浴場の教会堂からは、一一世紀後半までの貨幣が見つかっている。また、未発掘ながら、クロノス神殿脇には、中期ビザンツのものと思われる構造物もいくつか存在している。さらに、主聖堂のベーマの床面と第七室の床面からは、おそらく一一世紀のトロス主教のものと思われる未使用の封鉛が一枚ずつみつかっている。そのように、主聖堂自体の機能が失われていた時期にも、主聖堂の内外には、古代末期以来機能し続けていたひとつの生活圏が存在し、その中で主教を頂点とする聖職者組織が、経済的・行政的活動の中心として地域社会と帝国を結ぶ役割を果たしていたと推定されるのである。マケドニア朝の断絶とそれに引き続く帝国の混乱、セルジュク朝の進出等、一一世紀後半に起こった様々な事件は、おそらく帝国政府からの財政的援助の継続を不可能とし、その結果、トロス主聖堂再々建の試みも結局完成を見ることはなかった。第三期における聖堂の最終的放棄の後、トロスのキリスト教共同体がどのような運命をたどったか痕跡は残されていない。とはいえ、本稿のはじめに述べたような、キリスト教的ミクロコスモスは、一一世紀まで確かにトロスに息づいており、今後、主聖堂とクロノス神殿の間の未発掘区画や、アクロポリス南麓のビザンツ期の居住域の発掘がなされれば、中世におけるトロスの歴史は、さらに解明されることになるに違いない。古代から中世にかけての都市とその聖域の歴史を、発掘成果に基づき丹念に跡付けた研究は、リキアでも、また小アジアのほかの地域でもほとんどなく、今次のトロス主聖堂の発掘、また今後引き続き行われるであろう周辺の発掘は、稀有の貴重なデータを提供してくれるものと大いに期待されるのである。

注

（1）本研究はJPSP科研費JP24401030の助成を受けたものである。

（2）我が国では、カソリックが司教、正教が主教の語をそれぞれ用いる。トロスは、現在もカソリックの名目司教座Titular Seeのひとつであるが、以下ではビザンツ史の慣例に従って、小アジア内については「主教」で統一する。

（3）都市の教会堂には、城壁のすぐ外、殉教者の墓地の周辺に作られるものがあったほか（ローマの聖ピエトロ聖堂が代表例）、また都市中心部に作られるものも、かつての都市の主神殿を解体したあとに建てられたり（カエサレア・マリティマやアフロディシアスなど）、あえてそうした旧来の宗教の中心地を避けて作られたり（エフェソスの聖母聖堂）、その成り立ちの具体的様相は様々であった。B. R. Ward-Perkins, The End of the Temples: An Archaeological Problem, in: J. Hahn (ed.), *Spätantiker Staat und religiöser Konflikt. Imperiale und lokale Verwaltung und die Gewalt gegen Heiligtümer*, De Gruyter, 2011, 201-220.

（4）B. Bitton-Ashkelony and A. Kofsky, *Christian Gaza in Late Antiquity*, Brill, 2004.

（5）キリスト教の典礼については、J・A・ユングマン『古代キリスト教典礼史』（石井祥裕訳、平凡社、一九九七年（Jungmann, *Liturgie der christlichen Frühzeit bis auf Gregor den Großen*, Universitätverlag Freiburg, 1967））。

（6）*ACO* ii, 1, 1 S.62, Nr.242 et passim.

（7）未発表ながら、神殿基壇上からは中期ビザンツの彩釉陶器が発見されており、クロノス神殿は聖堂が最終的に放棄される段階ですら、崩落せずに存在し続けていた。Ç. Uygun, forthcoming.

（8）クサントス東バシリカのモザイクを担当した工房については、M. -P. Raynaud, *Corpus of the Mosaics of Turkey*, vol. 1, Lycia, Xanthus Part 1, The East Basilica, Ege Yayınları, 2009, 130-145を参照されたい。工房Aはもっぱら単純な連続幾何学文の舗床を担当し、工房Cは、工房Bより陰影が深く直線で構成される、硬い印象のモチーフを描いた。

（9）村田光司「トロス司教座聖堂発掘報告（二〇一六）――出土貨幣および封について」（『史苑』七七―二、二〇一七年（掲載予定））。

（10）Raynaud, 144, n.46. しかし、ライノーは、具体的にどの建築・装飾様式、どの土器の型式が五世紀半ばから六世紀後半と特定しうるのか、具体例もリファレンスも示してはいない。

（11）*CIL*. 3 12133, 12134 = *AE* 1996,1498.

（12）S. Corcoran, Galerius's Jigsaw Puzzle: The Caesariani Dossier, *An. Tard*. 15, 2007.

（13）*TAM* ii 553; *PLRE* ii 718, s.v. *Marciamus 18*.

（14）T. Korkut, *Tlos. A Lycian City on the Slopes of the Akdağ Mountains*, Yayınları, 2016, 102-106.

（15）村田光司「トロス司教座聖堂発掘報告（二〇一四）――出土貨幣および封緘について」（『史苑』七五―二、二〇一五年）三四六―三五五頁。

（16）例えばチュニジアのSidi Jdidiが最近発掘された遺跡の中でそのような構造を示す顕著な事例である。A. B. A.-B. Khader, M. Fixot et S. Roucole, *Sidi Jdidi II. Le groupe episcopal*, Ecole Francaise de Rome, 2011.

（17）R. Krautheimer, *Early Christian and Byzantine Architecture*, Yale University Press, 1986 (4th ed.), 99-103.

(18) H. Hellenkemper, Early Church Architecture in Southern Asia Minor, in: K. Painter (ed.), *Church Built in Ancient Times: Recent Studies in Early Christian Archaeology*, Accordia Research Centre, 1994, 215.

(19) P. Niewöhner, Spätantike Reliquienkapellen in Lykien, *Jahrbuch für Antike und Christentum* 48-49, 2005-6, 77-113. はトロスを扱っていないが、リキアの付属礼拝堂についての現時点で最も信頼に足る総合的研究である。

(20) 一枚は裏返してベーマ北東に（したがって表のレリーフは確認できない）、十字架の意匠を削り取られたもう一枚はベーマ中央西寄りに、いずれも床材として敷かれていた。表面に傷がついており、第二期には利用されなかったものであろう。

(21) **Raynaud, op.cit., 144** はこの地震が五一五／六年にロドス島を襲った地震であった可能性を有力とみる。しかし、彼女自身、五二九／三〇年にミュラ、五五四年にコス島、あるいは、五六〇年のアリュカンダを襲った地震等の可能性も排除していない。

(22) 六角タイルは北側から西にかけてそれぞれ九点と三点が現存しており、南西の隅には二点分の陰影が残る。

(23) 上で第一期の祭壇の側板ではないかと推測した、ベーマの床材に使われていた石板は、サイズも大型で加工も入念なので、なぜそれらが説教壇の手すりや、あるいは新しい祭壇の側板に転用されなかったのかという疑問は生じる。しかしながら、少なくともそのひとつ、十字架のレリーフが削り取られた石板の表面にはひびが入っているので（写真7）、瑕疵品として、転用を避けられたものと考えられる。なお、十字架のレリーフが削り取られた理由は、やはり十字架を足蹴にしないためであったろう。削り取り加工は入念で、水を掛けないとそこに十字文があったかどうかわからないほどであった。

(24) このほかに、南側廊の南壁と西壁の隅に、立派な郭室を備えた床下墓が一基あったものと推察されるが、破壊的盗掘のために重要な情報は与えてくれない。

(25) この部屋の第六室との境の仕切り壁に沿って高さ三〇センチほどの枠組が煉瓦で作られ、幅一メートルずつのふたつの区画に分けられているのが見つかった。当初、家族墓かと思われたこの構造体からは人骨は発見されず、多数のネズミの骨が見つかったのみであった。こうした知見に照らせば、この煉瓦造りの枠組は、その上に木造で何らかのキャビネットを作りつけるための土台であったかもしれない。

(26) ただし、上述のフォカス帝の銅貨を、第二期聖堂の崩壊と結びつける解釈は成り立つ。すなわち、T. M. P. Duggan, A Short Account of Recorded Calamities (Earthquakes and Plagues) in Antalya Province and Adjacent, *Adalya* 7, 2004, 123-170 が指摘するように、七世紀前半にこの地域は地震に見舞われたが、それがA. Di Vita, I terremonti a Gortina in età romana e proto-bizantina. una nota, *Annuario della Scuola Archeologica di Atene e delle Missioni Italiane in Oriente*, n.s. 41 (2), 435-440 が推定するクレタ島を襲った六一八〜六二〇年の地震と関連しているならば、その地理的位置から考えて、トロスがその被害をこうむったとしても不思議はないからである。もし、この解釈が当たっていれば、第二期の聖堂はごく短期間しか使われなかったと考えなければならない。他方、この地震をトロス主聖堂の第二期再建にきっかけを与えたそれとみなすこともできる。その場合は、フォカス帝の貨幣は再建工事の過程で落とされたものということになろう。

(27) コリント式柱頭は、身廊の主梁を支えるのに片側七つずつ、一四点必要だが、聖堂の内外から八点しか見つかっていない（内訳は北側廊一、身廊三、南側廊二、南翼廊から一、聖堂外の洗礼堂一）。それに対し、ビザンツ式柱頭は計六点（完形は五点）見つかっていて、総計すると一四となり、勘定が合う。

(28) 村田光司「トロス司教座聖堂発掘報告（二〇一三）——出土貨幣および封緘について」（『史苑』七四—二、二〇一四年）一五八—一六〇頁。

(29) 同前。

(30) J. -P. Sodini, Une iconostase byzantine à Xanthos, *Actes du Colloque sur la Lycie Antique*, Adrien Maisonneuve, 1980, 119-148 は、小アジア各地で見つかっていた同様の聖障の飾り梁の木口のモチーフとの比較検討によって、一〇世紀後半から一一世紀後半の再建とする。

(31) J. Darrouzès, *Notitiae Episcopatuum Ecclesiae Constantinopolitanae, Texte critique, introduction et notes*, Institut Français d'Études Byzantines, 1981.

(32) P. Komatina, Date of the Composition of the Notitiae Episcopatuum Ecclesiae Constanpolitanae no.4, 5 and 6,

ЗРВИ 50, 2013, 195-214.

（33）C. Zuckerman, Byzantium's Pontic Policy in the Notitiae Episcopatuum, in: Idem (ed.), *La Crimée entre Byzance et le Khaganat Khazar*, Monographies 25, Paris, 2006 は、H. Gelzer, Ungedruckte und ungenügend veröffentliche Texte der Notitiae Episcopatuum. Ein Beitrag zur byzantinischen Kirchen- und Verwaltungsgeschichte, *Abhandlungen der k. Akademie der Wiss.*, I, XXI, III, München, 1900, S.529-641 や Darrouzès, *Notitiae episcopatuum ecclesiae Constanpolitanae, texte critique, introduction et notes*, Institute Français d'Études Byzantines, 1981 による九〇一年から九〇七年までのいずれかの年という通説的年代推定を退け、九二〇年以降の編纂とする。拙稿『史苑』（七六―二、二〇一五年、八四―九一頁）参照。

（34）T.Korkut, Arkeolojik Kalıntılar, in Arkeoloji, Epigrafi, Jeoloji, Doğal ve Kültürel Peyzaj Yapisiyla Tlos Antik Kenti ve Teritoryumu, *Seydikemer Kaymakamligi Yayinlari*, 2015, 31.

あとがき

仙台市の七北田川と仙台新港の間に、蒲生干潟という鳥獣保護区特別地区がある。いわゆるバードサンクチュアリ、「鳥の聖域」である。二〇一一年の震災で「壊滅的な被害」を受けたと報道された。私がそう耳にしたのは、テレビのニュースでアナウンサーが伝える県の担当者の言葉としてであったと記憶しているが、その後も、役所がそのように認定しているのは間違いない。二年前、干潟環境保全のため、新たにかさ上げされた堤防の位置を干潟から最大八〇メートル内陸に動かす計画を記した宮城県仙台土木事務所の文書（「七北田川河川災害復旧事業　蒲生干潟隣接部の計画変更について」二〇一四年一二月一二日付）が、まさにこの言葉を使っているからである。

そもそも干潟と潟湖は、淡水の川と塩水の海の水が入り混じるところに形成された汽水域であり、そこに多様で豊かな動植物の生態系が形成されることから保護の対象となっていたはずである。それらは、津波のような自然現象によって海が内陸に進み、また台風や大雨のような別の自然現象により川が氾濫することの繰り返しによって形成されるのであり、長期的な目で見れば、二〇一一年の大津波は、動植物にとって住みやすい環境ができるための一コマにすぎないともいえる。実際、震災から五年を経た二〇一六年には、かなりの数の渡り鳥も戻ってきているという（仙台市科学館「蒲生調査レポート速報版」No.103、二〇一六年一月一五日)。学術的に言えば、壊滅的被害devastating damageという表現は、使いにくい言葉であり、仙台市科学館の蒲生調査レポートも、第一回の速報の表題に「被害」という言葉を一度使ったのみで、その後、一三〇号を数える速報の中でまったく使っていない。

にもかかわらず、どうしてそのような言葉が使われることになったのであろうか。その問いにこたえる鍵は、おそらく、バードサンクチュアリを通した自然環境と人間社会の関係の中にある。

上記の堤防建設位置の計画変更についての県の文書は、「干潟環境の回復」がみられていることを前提に「国指定の鳥獣保護区特別保護地区」の「環境の保全」に配慮する必要から、「堤防位置の移動」を計画したと説明し、それ「により影響が生じる背後の土地区画整理事業の地権者」や地元住民に対して説明会を実施すると述べている。つまり、壊滅的被害を受けたにもかかわらず、国が保全すべきと定めた環境が回復してきたから、それへの配慮をしなければならない、地域住民にもそのことへの理解を求めたい、というのが宮城県の立場である。それに対し、この同じ問題をめぐる仙台市の立場は、もっと立ち入ったものとなる。すなわち、仙台市の都市計画審議会の議事録(第一八九回、二〇一五年三月二四日付)で担当課長らは、こうした計画変更が、災害復旧事業であることを再三強調する。保護区域の拡大は、地権者にとって不利益となる都市計画区域の縮小を伴うが、自然環境を旧に復するためには、やむを得ない措置であるというのである。堤防かさ上げ工事の事業主体は県であり、そのためのお金の出所は、復興事業予算を管理する国であるから、県は、「環境保全」に配慮した事業計画を策定し、説明会を開き、国交省と協議して予算執行承認をもらえば、それで大きな目的を達する。それに対し、市は、地権者や地域住民、環境保護団体、また都市計画区域内に工場や倉庫の建設を計画する民間事業者等とじかに向き合い、その利害を調整しつつ、都市計画を策定していかねばならない。その場合、「(環境)復旧事業」であることを前面に押し出すことは、利害関係者の同意を得やすくするだろう。地域住民(の一部)は、安全のため、一刻も早い堤防建設を望んでいる。環境保護団体は拙速に堤防建設が進められてしまうことを心配している。事業者たちは、この地が高速道路のインターチェンジや港湾施設に近いことから、より幅広い事業展開の可能な工業地帯への指定変更を望んでいる(第一九二回議事録)。他方で、地元の大学教授は地域の子供たちなどの声を受け、干潟のすぐ西側、仙台藩の貞山堀が都市計画の中で整備されることを考慮すべきと唱えている。そのように利害や意見が千々に異なる中、どれかに意見を集約することは困難で、調整には長い時間を要する。ただ、壊滅的で甚大な被害をこうむった保護地区を復旧するという大義名分こそが、膠着と対立を排除し、迅速な合意を得るのに有効なのである。ただし、その際、バードサンクチュアリに象徴された「自然環境」というのは、字義通りの「自然なまの環境」ということではありえない。復旧の対象となるべき、震災以前の、「様々な社会的利害関係の中で形成され、管理されてきた、自然にかかわる環境」である。

＊

古代地中海世界の聖域を扱った本書を結ぶにあたって、現代のバードサンクチュアリの話題を持ち出したのはほかでもない。古代地中海の「聖域」のあり方が、現代日本のそれのあり方と、パラレルで同根のものに思われるからである。それらはいずれも、人間社会の利害の中で空間的に切り取られ、人間社会の合意によって管理された自然である。私は、序章で、人間が自然に対する畏敬の念から、超自然的な神々を構想し、その存在に、自然を統御してほしいと願う場として聖域が発展したと述べた。現代、とくにその行政手続きにおいては、超自然的神々の存在など持ち出す余地もないが、人間の自然に対する畏敬の念は常にどこかで生き残っていて、自身の都合だけでどんどんそれを失くしていってよいわけではないと誰もが思っている。しかし、人間は、そうは思いつつも、自らの経済的利益や社会的欲望を犠牲にしたくないとも思う。その間の利害を調整するのが、世俗化された神、すなわち「お上」という幾許かの聖性を帯びた権力の役割であり、その結果得られる社会の合意のみが鳥と人にとっての「聖域」を確保する。調整と合意のためのお題目は、被害からの復旧である。つい先ごろまで存在していた貴重なものを取り戻す、という保守的な思考である。すなわち、「聖域」の「被害」を強調し、「復旧」を唱える論理は、現代官僚の旧套墨守主義のそれと侮ってはならない。科学的ではないにせよ、古代の「聖域」を生んだのと共通の、優れて文化的でレトリックに満ちたそれなのである。

蒲生の干潟に、蘆の湿原はまだ戻らない。復旧・復興工事は、やはり自然環境を破壊しているとして、まず防潮堤ありきの発想を批判する声も、自然保護団体には依然として根強くあるという。「復旧」という権力のレトリックに対し、不屈に抵抗しようとする科学者たちの姿勢には頭が下がる。しかし、それ以上に編者の関心を惹くのは、かの大津波により若い命を落とした子息たちのため跡地に観音を祀り、集会所を作った家族が、この地域一帯を襲った悲惨な災害の記憶を後世に残すため、それらを残してほしいと希望しているという事実である（「蒲生干潟防潮堤　公聴会で批判相次ぐ」河北新報二〇一六年一二月一七日付）。その訴えは、地震や津波という自然の猛威を前にした人間存在の脆弱さの記憶を後世に伝えるため、現代日本のこの地に、いわば「記憶のタイムカプセル」として、あらたな「聖域」を作る必要があるという、ともすれば聞き落とされてしまう地域社会の声に他ならないだろう。

今後、干潟が戻る時、ひとびとは、自然が取り戻されたと、何がしかの安心を感じることになるかもしれない。なにせ、日本は、「蘆原《あしはら》の中国《なかつくに》」と神話に謳われた国である。ひとびとの、野鳥や魚介を育む原風景への憧憬は深い。ちなみに、本書で何人かの著者が取り上げているアルテミス聖域のあるエフェソスの地も、古くホメロスによって、「アシアなる蘆原の、カユストロス川の流れのほとり（『イリアス』第二歌四六一、松平千秋訳を改変）」と謳われた地であった。洋の東西で、八百万《やおよろず》の神々の信仰とその聖域を豊かに発展させた両地域の間には、海と陸のはざまにある蘆原への特別の思いが共通しているに違いない。しかし、その干潟を眺める時、わたしたちは、同時に、自然は、ひとによって守られるだけの受動的な存在ではなく、ひとの統御の力の及ばない、鋭い牙を剝きうる荒々しい存在であるということも思い浮かべずにはいられない。高速道路のインターチェンジと港湾施設が近いから、ここを物流の拠点として復興すべきであり、以前の堤防の高さが足りなければもっと高くすればよい、とする当局者や経済人の考え方には、どこかに人間の力を過信した傲慢がある。無数の野鳥の羽音で「鳴りとよむ」蒲生海岸に、荒々しい津波によって尊い生命を落としたひとびとの記憶を刻み、新たな生命の再生を願う祠が立つ。そのような光景が現れることに思いをはせつつ、現代社会の合意のもと、かつての鳥の聖域だけでなく、人間と自然の調和のとれた関係の契りが、願わくば、人の聖域の形でも取り戻される（＝根本的な意味で復旧される）ことを祈念して、本書を結びたい。序章で述べたように、祈りとその場の歴史は、経済・社会・政治の歴史よりずっと古く、それらのかけがえのないことは、ひとびとの記憶に消し難く刻み込まれているのだから。

編者記す

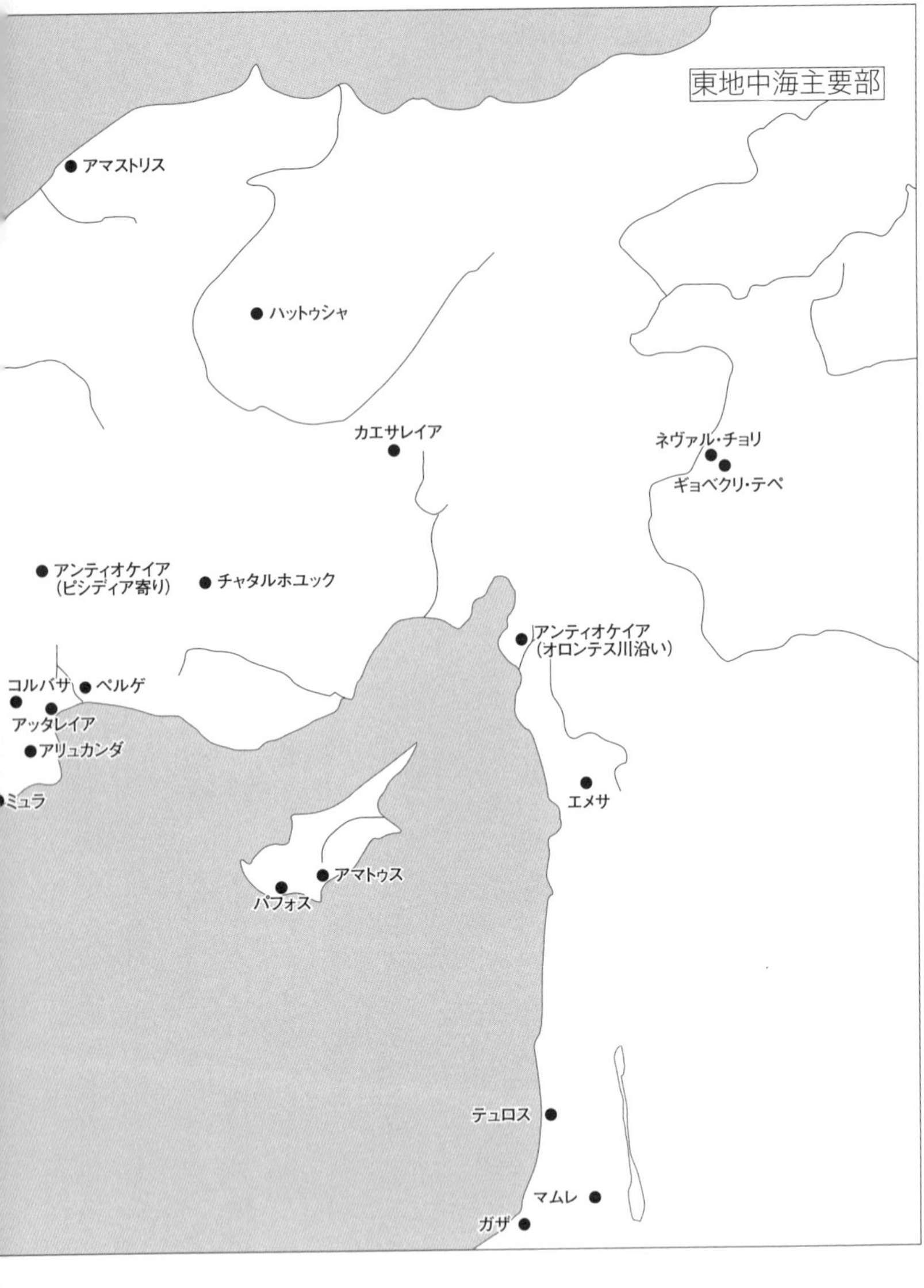
東地中海主要部
アマストリス
ハットゥシャ
カエサレイア
ネヴァル・チョリ
ギョベクリ・テペ
アンティオケイア
(ピシディア寄り)
チャタルホユック
アンティオケイア
(オロンテス川沿い)
コルバサ
ペルゲ
アッタレイア
アリュカンダ
ミュラ
エメサ
アマトゥス
パフォス
テュロス
マムレ
ガザ

地図

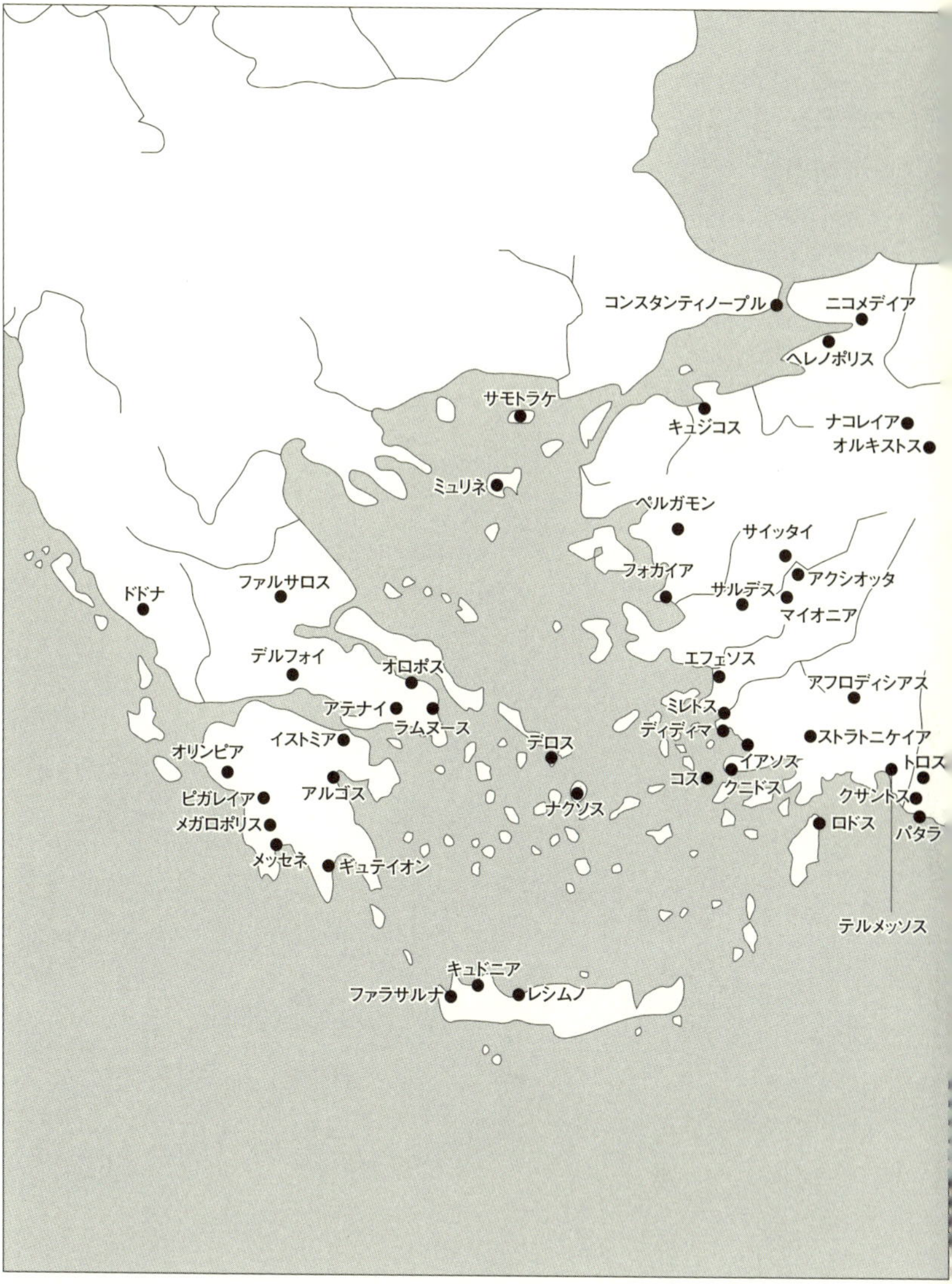
コンスタンティノープル
ニコメディア
ヘレノポリス
サモトラケ
キュジコス
ナコレイア
オルキストス
ミュリネ
ペルガモン
サイッタイ
フォカイア
アクシオッタ
サルデス
マイオニア
ドドナ
ファルサロス
デルフォイ
オロポス
エフェソス
アフロディシアス
アテナイ
ラムヌース
ミレトス
ディディマ
ストラトニケイア
イストミア
デロス
オリンピア
イアソス
トロス
コス
クニドス
アルゴス
ピガレイア
クサントス
ナクソス
メガロポリス
ロドス
パタラ
メッセネ
ギュテイオン
テルメッソス
キュドニア
ファラサルナ
レシムノ

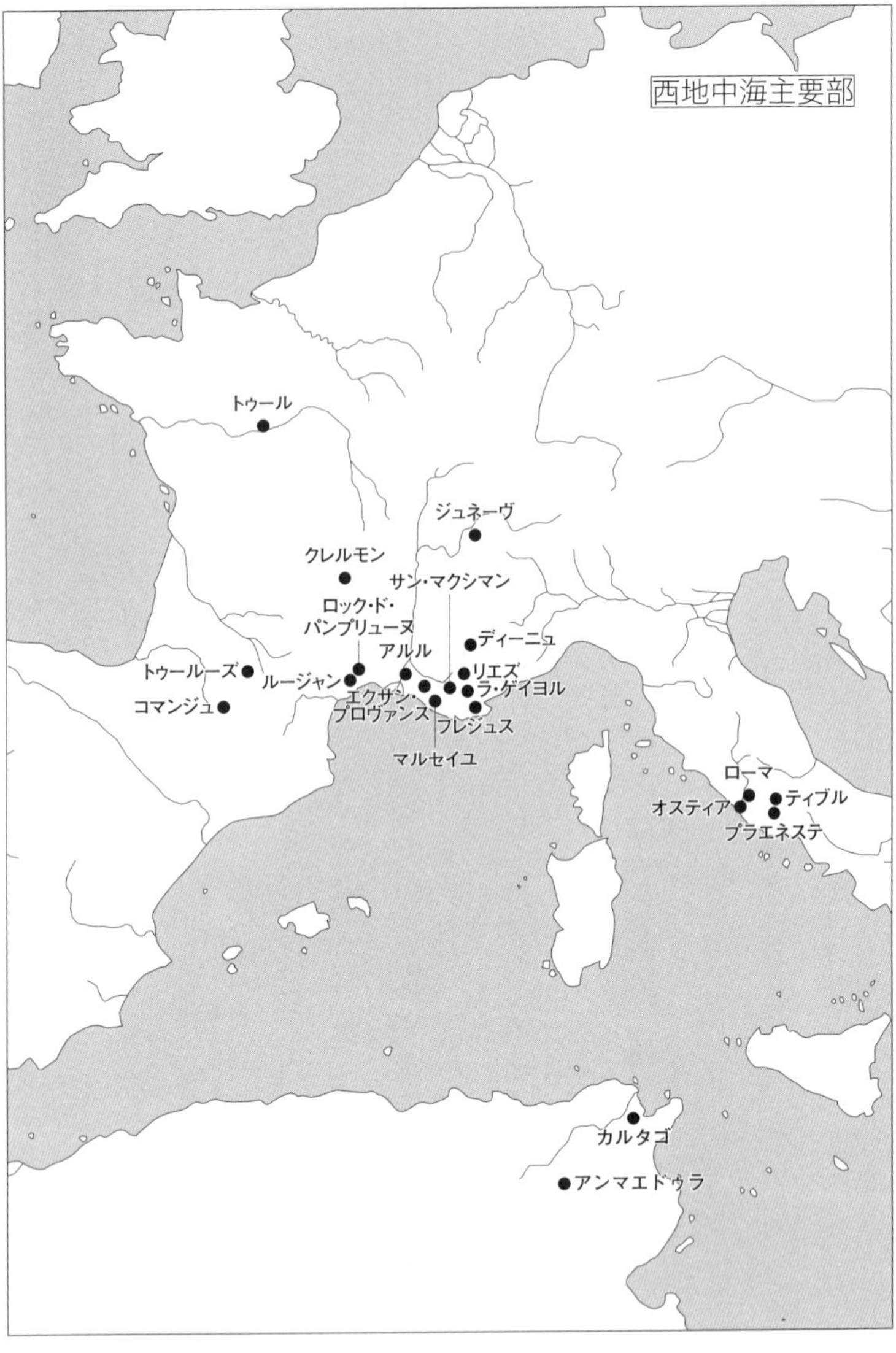
西地中海主要部
トゥール
ジュネーヴ
クレルモン
サン・マクシマン
ロック・ド・
パンプリューヌ
ディーニュ
アルル
トゥールーズ
リエズ
ルージャン
ラ・ゲイヨル
コマンジュ
エクサン・
プロヴァンス
フレジュス
マルセイユ
ローマ
ティブル
オスティア
プラエネステ
カルタゴ
アンマエドゥラ

年表

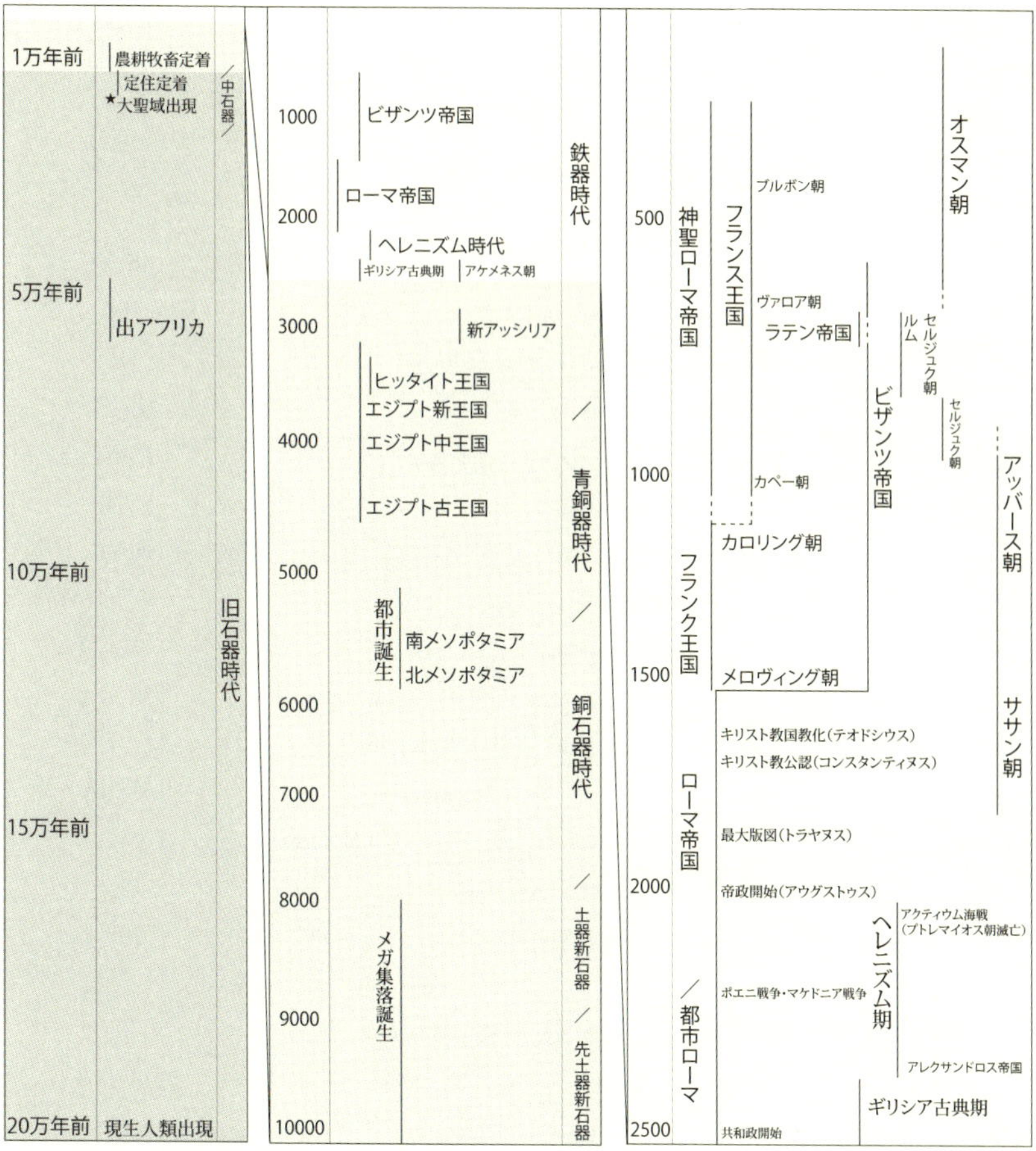

1．年代は現代から何年前か（BP）で表示。

2．濃さの異なる三種の網掛けが示す時代幅（濃:20万年、中濃:1万年、薄:2500年）は、右表に行くにつれて、対応範囲を拡大して表示。

3．王朝・国名はゴチック体で、歴史的な画期、事件、時代区分は明朝体で表示。

4．★は、ギョベクリ・テペで推定される大聖域の成立年代を表示。

ローマ皇帝在位表		在位期間
アウグストゥス	Imp. Caes. Augustus	27 BC-AD14
ティベリウス	Ti. Caesar Augustus	AD 14-37
ガイウス	C. Caesar Augustus Germanicus	37-41
クラウディウス	Ti. Claudius Caesar Augustus Germanicus	41-54
ネロ	Imp. Nero Claudius Caesar Augustus Germanicus	54-68
ガルバ	Ser. Sulpicius Galba Imp. Caesar Augustus	68-69
オト	Imp. M. Otho Caesar Augustus	69
ウィテリウス	A. Vitellius Augustus Germanicus Imp.	69
ウェスパシアヌス	Imp. Caesar Vespasianus Augustus	69-79
ティトゥス	Imp. Titus Caesar Vespasianus Augustus	79-81
ドミティアヌス	Imp. Caesar Domitianus Augustus	81-96
ネルウァ	Imp. Caesar Nerva Augustus	96-98
トラヤヌス	Imp. Caesar Nerva Traianus Augustus	98-117
ハドリアヌス	Imp. Caesar Traianus Hadrianus Augustus	117-138
アントニヌス・ピウス	Imp. Caesar T. Aelius Hadrianus Antoninus Augustus Pius	138-161
マルクス・アウレリウス	Imp. Caesar M. Aurelius Antoninus Augustus	161-180
ルキウス・ウェルス	Imp. Caesar L. Aurelius Verus Augustus	161-169
コンモドゥス	Imp. Caesar M. Aurelius Commodus Antoninus Augustus	176-192
ペルティナクス	Imp. P. Hervius Pertinax Augustus	193
ディディウス・ユリアヌス	Imp. Caesar M. Didius Severus Julianus Augustus	193
セプティミウス・セウェルス	Imp. Caesar L. Septimius Severus Pertinax Augustus	193-211
クロディウス・アルビヌス	Imp. Caesar D. Clodius Septimius Albinus Augustus	193-197
ペスケンニウス・ニゲル	Imp. Caesar C. Pescennius Niger Justus Augustus	193-194
カラカラ	Imp. Caesar M. Aurelius Antoninus Augustus	198-217
ゲタ	Imp. Caesar P. Septimius Geta Augustus	209-211
マクリヌス	Imp. Caesar M. Opellius Macrinus Augustus	217-218
ディアドゥメニアヌス	Imp. Caesar M. Opellius Antoninus Diadumenianus Augustus	218

エラガバルス	Imp. Caesar M. Aurelius Antoninus Augustus	218-222
セウェルス・アレクサンデル	Imp. Caesar M. Aurelius Severus Alexander Augustus	222-235
マクシミヌス	Imp. Caesar C. Julius Verus Maxminus Augustus	235-238
ゴルディアヌス一世	Imp. Caesar M. Antonius Gordianus Sempronianus Romanus Africanus Senior Augustus	238
ゴルディアヌス二世	Imp. Caesar M. Antonius Gordianus Sempronianus Romanus Africanus Iunior Augustus	238
バルビヌス	Imp. Caesar D. Caelius Calvinus Balbinus Augustus	238
プピエヌス	Imp. Caesar M. Clodius Pupienus Augustus	238
ゴルディアヌス三世	Imp. Caesar M. Antonius Gordianus Augustus	238-244
フィリップス	Imp. Caesar M. Julius Philippus Augustus	244-249
デキウス	Imp. Caesar C. Messius Quintus Traianus Decius Augustus	249-251
トレボニアヌス・ガッルス	Imp. Caesar Vivius Trebonianus Gallus Augustus	251-253
ウォルシアヌス	Imp. Caesar C. Vibius Afinius Gallus Veldumenianus Volusianus Augustus	251-253
アエミリアヌス	Imp. Caesar M. Aemilius Aemilianus Augustus	253
ウァレリアヌス	Imp. Caesar P. Licinius Varelianus Augustus	253-260
ガリエヌス	Imp. Caesar P. Licinius Egnatius Gallienus Augustus	253-268
クラウディウス二世	Imp. Caesar M. Aurelius Claudius Augustus	268-270
クインティッルス	Imp. Caesar M. Aurelius Claudius Quintillus Augustus	270
アウレリアヌス	Imp. Caesar Domitius Aurelianus Augustus	270-275
タキトゥス	Imp. Caesar M. Claudius Tacitus Augustus	275-276
フロリアヌス	Imp. Caesar M. Annius Florianus Augustus	276
プロブス	Imp. Caesar M. Aurelius Probus Augustus	276-282
カルス	Imp. Caesar M. Aurelius Carus Augustus	282-283
カリアヌス	Imp. Caesar M. Aurelius Carinus Augustus	283-285
ヌメリアヌス	Imp. Caesar M. Aurelius Numerius Augustus	283-284
ディオクレティアヌス	Imp. Caesar C. Aurelius Valerius Diocletianus Augustus	284-305
マクシミアヌス	Imp. Caesar C. Aurelius Valerius Maximianus Augustus	286-305
コンスタンティウス	Imp. Caesar Flavius Varelius Constantius Augustus	305-306

ガレリウス	Imp. Caesar C. Galerius Valerius Maxmianus Augustus	305-311
セウェルス	Flavius Valerius Severus Augustus	306-307
マクセンティウス	M. Aurelius Valerius Maxentius Augustus	306-312
コンスタンティヌス	Imp. Caesar Flavius Valerius Constantinus Augustus	307-337
リキニウス	Imp. Caesar Valerius Licinianus Licinius Augustus	308-324
マクシミヌス	C. Valerius Galerius Maximinus Augustus	308/9-313
コンスタンティヌス二世	Imp. Caesar Flavius Claudius Constantinus Augustus	337-340
コンスタンティウス二世	Imp. Caesar Flavius Iulius Constantius Augustus	337-361
コンスタンス	Imp. Caesar Flavius Iulius Constans Augustus	337-350
マグネンティウス	Imp. Caesar Magnus Magnentius Augustus	350-353
ユリアヌス	Imp. Caesar Flavius Claudius Iulianus Augustus	360-363
ヨウィアヌス	(Imp. Caesar) Flavius Iovianus Augustus	363-364
ウァレンティニアヌス一世	Imp. Caesar Flavius Valentinianus Augustus	364-375
ウァレンス	Imp. Caesar Flavius Valens Augustus	364-378
グラティアヌス	Imp. Caesar Flavius Gratianus Augustus	367-383
ウァレンティヌアヌス二世	Imp. Caesar Flavius Valentinianus Augustus	375-392
テオドシウス一世	Imp. Caesar Flavius Theodosius Augustus	379-395
マグヌス・マクシムス	Magnus Maximus Augustus	383-388
アルカディウス	Imp. Caesar Flavius Arcadius Augustus	383-408
ホノリウス	Imp. Caesar Flavius Honorius Augustus	393-423

＊この表のアウグストゥスからコンスタンティヌスまでは、F. Millar, *The Emperor in the Roman World*, Duckworth, 1992 (2nd ed.) の付表に従っており、その趣旨も、ミラーが述べるように、それぞれの皇帝が有していた複雑な称号を正確に提示するためではなく、称号の基本構成要素を示し、皇帝在位年の本文中での繰り返しを避けるためである。四分統治期の皇帝の在位年は正帝（Augustus）としてのそれを示す、という点でもミラーに従う。

鳥と人間をめぐる思考
環境文学と人類学の対話

環境文学と人類学の双方の視点から、人間が鳥をどのように捉え、語り、描いてきたのかを探る。人間中心主義から脱却するための思考を提示する試み。

野田研一／奥野克巳 編著・本体三四〇〇円（＋税）

博物館という装置
帝国・植民地・アイデンティティ

近代化に伴って強固になった自他の認識、そして他者を陳列・掌握するという欲望が「博物館」という装置を作り上げた。その意義と歴史的位置を捉えなおす。

石井正己 編・本体四二〇〇円（＋税）

アジア遊学165

ヨーロピアン・グローバリゼーションの歴史的位相
「自己」と「他者」の関係史

ヨーロッパ文化が非ヨーロッパ世界と接触し数多くの社会を内包してゆく過程で起きた、民族と宗教の対立の淵源を、グローバル化という視点から描きだす。

渡辺昭一 編・本体二四〇〇円（＋税）

古代製紙の歴史と技術

東洋・西洋の製紙事情を比較しながらその歴史と技術を豊富な図版をまじえて詳述。世界の製紙技術と歴史研究の基本文献として知られる名著。

ダード・ハンター 著／久米康生 訳・本体五〇〇〇円（＋税）

【編者略歴】

浦野　聡（うらの・さとし）

立教大学文学部史学科教授。専門は古代ギリシア・ローマ史ならびに古代末期史。特に、ローマ帝国の社会について、財政、租税制度、生業、位階、宗教、農民などに着目しながら、その構造と動態の解明をめざしている。主な編著書に、『人文資料科学の現在〈1〉』立教大学人文叢書（春風社、2006年）、『古代文字史料の中心性と周縁性』（春風社、2006年）、*Centrality and Marginality of Ancient Documents*（Seikokai Shuppan, 2009）などがある。

古代《こだい》地中海《ちちゅうかい》の聖域《せいいき》と社会《しゃかい》

2017年2月28日　初版発行

編　者　浦野聡
発行者　池嶋洋次
発行所　勉誠出版 株式会社
〒101-0051　東京都千代田区神田神保町 3-10-2
TEL：(03)5215-9021(代)　FAX：(03)5215-9025
〈出版詳細情報〉http://bensei.jp/

印刷　太平印刷社
製本　大口製本
装丁　宗利淳一

ISBN 978-4-585-22167-8 C3022

索　引

—か—

—さ—

—た—

―な―

―は―

―ま―

—や—

—ら—

執筆者一覧（掲載順）

【編者】

浦野　聡（うらの・さとし）

立教大学文学部史学科教授。専門は古代ギリシア・ローマ史ならびに古代末期史。特に、ローマ帝国の社会について、財政、租税制度、生業、位階、宗教、農民などに着目しながら、その構造と動態の解明をめざしている。主な編著書に、『人文資料科学の現在〈1〉』立教大学人文叢書（春風社、2006年）、『古代文字史料の中心性と周縁性』（春風社、2006年）、*Centrality and Marginality of Ancient Documents*（Seikokai Shuppan, 2009）などがある。

【執筆者】

上野愼也（うえの・しんや）

共立女子大学文芸学部准教授。専門は古代ギリシア史。古典期のアテーナイの言説を分析しつつ、当時の社会にとって過去が持つ意味と機能を考えている。主な編著書に、『名著で読む世界史120』（共著、山川出版社、2016年）、Towards A Historical Interpretation of Isocrates' Panathenaicus, *Kodai* 16, 2015, 69–90、「古典教育と黄昏のイギリス帝国」（池田嘉郎編『第一次世界大戦と帝国の遺産』山川出版社、2014年）、'Appendix（Rhodes）（533）'（in: I. Worthington ed., *Brill's New Jacoby*, 2013）、「リュクルゴスの史筆――稽古の姿勢を読む」（桜井万里子、師尾晶子編『古代地中海世界のダイナミズム』山川出版社、2010年）などがある。

師尾晶子（もろお・あきこ）

千葉商科大学商経学部教授。専門は古代ギリシア史。特に、東地中海地域における複合的な政治文化の解明と碑文文化の展開に関心をもっている。主な編著

書に、『古代地中海世界の統一と変容』(共著、青木書店、2000年)、『古代オリンピック』(共著、岩波新書、2004年)、『古代地中海世界のダイナミズム』(共編、山川出版社、2010年)、*The Parthenon Frieze: The Ritual Communication between the Goddess and the Polis* (共著、Phoibos Verlag, 2016) などがある。

Ian Rutherford (イアン・ラザフォード)
英・レディング大学教授。専門は古代ギリシア史。古代ギリシアの詩、宗教、ギリシアとエジプトやアナトリア地方との交流などを主な研究対象としている。主な編著書に、*State pilgrims and sacred observers in Ancient Greece, A study of Theōriā and Theōroi*, (Cambridge University Press, 2013); *Greco-Egyptian interactions: literature, translation and culture, 500 BC-AD 300* (Oxford University Press, 2016) などがある。

竹尾美里 (たけお・みさと)
中京大学非常勤講師。専門は古代ギリシア史。聖域を介した都市国家間の関係、アイデンティティを主な研究テーマとする。主な論文に、「ペロポネソス戦争期アテナイの聖域管理と建設活動:デロス島アポロン聖域を中心に」(『西洋古典學研究』59、2011年) などがある。

中川亜希 (なかがわ・あき)
上智大学文学部史学科准教授 (2017年4月より)。専門は古代ローマ史。ローマ、あるいは皇帝と、主にイタリアの諸都市および諸階層との関係性について考察することで、ローマの支配について解明することをめざしている。イタリアでラテン碑文学について学んだ。主な編著書に、『古代地中海世界のダイナミズム』(山川出版社、2010年)、『ラテン語碑文で楽しむ古代ローマ』(研究社、2011年)、『ローマ帝国と地中海文明を歩く』(講談社、2013年) などがある。

藤井　崇 (ふじい・たかし)
関西学院大学文学部准教授。専門はヘレニズム史、ローマ史、ギリシア語銘文学。特に、ヘレニズム時代以降のギリシア人の都市、社会、宗教、死生観について、主に銘文を史料として研究を進めている。2014年よりアフロディシアス遺跡(トルコ)での調査活動に参加している。主な編著書に、*Imperial Cult and*

Imperial Representation in Roman Cyprus（Franz Steiner Verlag, 2013）、訳書としてクリストファー・ケリー『ローマ帝国』（南川高志解説、岩波書店、2010年）などがある。

田中　創（たなか・はじめ）
東京大学大学院総合文化研究科准教授。専門は古代ローマ史ならびに初期ビザンツ史。帝国行政、ローマ法などのハード面と、修辞学、宗教などソフト面双方に目配りしながら古代末期と呼ばれる時代の社会特性の解明を目指している。主な編著書に、『古代地中海世界のダイナミズム』（山川出版社、2010年）、『ローマ帝国と地中海文明を歩く』（講談社、2013年）、訳書としてリバニオス『書簡集1』（京都大学学術出版会、2013年）などがある。

奈良澤由美（ならさわ・ゆみ）
城西大学現代政策学部准教授。専門は古代末期・中世の考古学ならびに美術史。特に、宗教文化財、典礼空間、石材彫刻、装飾などについて、現地調査に基づく資料分析を重視しつつ研究を進めている。主な論文・著書に、「マルセイユの古代末期から初期中世の教会遺構——祭壇、聖遺物、祭司空間について」（『西洋中世研究』3、2011年）、「エウカリスティアの祭儀の典礼空間における聖性の強調と信徒の参加——フランスの事例を中心に」（『西洋美術研究』18、2014年）、*Les autels chrétiens du Sud de la Gaule: 5e–12e siècle*（Brepols Publishers, 2015）がある。

図版転載元一覧

序章

写真1　DAI. https://www.dainst.org/（参照 2017-01-17）
図1　H. Hauptmann, Frühneolithische Steingebäude in Südwestasien, in: K. W. Beinhauer et al. (eds.), *Studien zur Megalithik-Forschungsstand und Ethnoarchäologische Perspektiven*, Beier & Beran, 1999, 233, Abb.5 u. 7.
写真2　Studyblue. https://www.studyblue.com/notes/note/n/exam-1-art/deck/5593596（参照 2017-01-17）
写真3　ペルガモンのアクロポリス（著者撮影）
図2　Foro Romano, https://it.wikipedia.org/wiki/Foro_Romano（参照 2017-01-17）
写真4　ディディマのアポローン神殿（著者撮影）
写真5　ペルガモンの「赤のホール」（著者撮影）
図3　Studyblue. https://www.studyblue.com/notes/note/n/lecture-14-early-christian-architecture-theology-and-liturgy/deck/4009749（参照 2017-01-17）
写真6　告白碑文（Petzl, No.5）（著者撮影）
写真7　マーザダムラルのメン・アクシオッテーノスの聖域（著者撮影）
写真8　メン・アクシオッテーノスの聖域の北東隅の建築物土台（著者撮影）

第二章

写真1　プロピュライア側（西側）からみたパルテノン神殿の現状（2014年）（著者撮影）
写真2　プロピュライア側（西側）からみたパルテノン神殿の現状（2008年）（著者撮影）
図1　J. Travlos, *Pictorial Dictionary of Ancient Athens*, Praeger Publications, 1971, 447, fig. 565.
写真3　パルテノン神殿西側の岩盤にのこされた石碑の設置跡（著者撮影）

第四章

図1　F. Coarelli, *Rome*, 528.

写真1　遺跡から（著者撮影）

写真2　アンティウムの「フォルトゥーナ姉妹」の像（著者撮影）

図2　F. Coarelli, *I santuari*, 71.

写真3　女神の神殿（著者撮影）

写真4　神託所（著者撮影）

第五章

図1　P. Aupert and A. Hermary, Nouveaux documents sur le culte d'Aphrodite à Amathonte, *BCH*, 2006, 130, 84, Fig. 1bを基に作成

第七章

※本章については、本文図版キャプションに記載した。
特に記載がないものはすべて著者による。

最終章

図1　Studyblue. https://www.studyblue.com/#flashcard/view/126967（参照2017-01-17）

写真1　トロス主要部（著者作成）

図2　トロス主聖堂平面図（発掘物）（著者作成）

写真2a　M. -P. Raynaud, *Corpus of the Mosaics of Turkey*, vol. 1, Lycia, Xanthus Part 1, The East Basilica, Ege Yayınları, 2009, 55, fig.47.

写真2b　トロス主聖堂身廊の舗床モザイク（著者撮影）

写真3　マルキアヌスの城壁再建記念碑文（著者撮影）

写真4　市場アゴラ半地下店舗群天井のアーチ上に築かれた壁（著者撮影）

写真5　パタラの主聖堂（著者撮影）

写真6　床材に使われた側板（著者撮影）

図版転載元一覧

写真7　石板中央の削り落とされた十字架文（著者撮影）
写真8　生命の十字架の浮彫を持つ石棺の側板（著者撮影）
写真9　ベーマ（著者撮影）
写真10　南側廊壁面のフレスコ（著者撮影）
写真11　パラペットと舗床（著者撮影）
写真12a 祭壇の側板A（著者撮影）
写真12b 祭壇の側板A（著者撮影）
写真13a 祭壇の側板B（著者撮影）
写真13b 祭壇の側板B（著者撮影）
写真14　トロス主聖堂身廊の舗床モザイク（著者撮影）
写真15　説教壇の側板（著者撮影）
写真16　仕切り壁9に描かれたエンブレム文（著者撮影）
写真17　南翼廊の床上墓出土の聖遺物入れ（著者撮影）
写真18a 聖障の障柵（著者撮影）
写真18b 聖障の障柵（著者撮影）
写真18c 聖障の障柵（著者撮影）
写真19a ビザンツ式柱頭inv.058の背面（著者撮影）
写真19b ビザンツ式柱頭inv.145（著者撮影）
写真19c ビザンツ式柱頭inv.063（著者撮影）
写真20a 部分的に葉をそぎ落とされたコリント式柱頭（著者撮影）
写真20b コリント式柱頭のそぎ落とされた葉（著者撮影）
写真21　漆喰の造形で模したタイル列（著者撮影）
写真22a ベーマの北西角の穴（著者撮影）
写真22b ベーマの北東隅の穴（著者撮影）
写真23　ナルテックスの後代の舗装（著者撮影）
写真24　第七室に置かれた石材（著者撮影）
写真25　飾り梁木口のレリーフ（著者撮影）
図3　J. -P. Sodini, *Une iconostase byzantine à Xanthos, Actes du Colloque sur la Lycie Antique*, Adrien Maisonneuve, 1980, 139, fig.3.